本書經鄭板橋資深研究專家丁家桐先生審訂

鄭板橋年譜

增訂本

上冊

党明放 著

蘭臺出版社

鄭板橋年譜

翟墨題

翟墨先生題簽

鄭板橋畫像（據《清代學者像傳》複製）

爾學立身莫若先孝悌怡〻奉親長不敢生驕易戰〻復兢〻造次必於是戒爾
學干祿莫若勤道藝嘗聞諸格言學而優則仕不患人不知惟患學不至戒爾遠恥辱恭則近
乎禮自卑而尊人先彼而後已相鼠與茅鴟宜鑑詩人刺戒爾勿放曠放曠非端士周孔垂名
教齊梁尚清議南朝稱八達千載穢青史戒爾勿嗜酒狂藥非佳味能移謹厚性化為凶險
類古今傾敗者歷〻皆可記戒爾勿多言多言眾所忌苟不慎樞機災厄從此始是非毀譽間適
足為身累舉世重交遊擬結金蘭契忿怨容易生風波當時起所以君子心汪〻淡如水舉世好承
奉昂〻爭意氣不知承奉者以爾為玩戲所以古人疾籧篨與戚施舉世重游俠俗呼為氣義
為人赴急難往〻陷囚繫所以馬援書殷勤戒諸子舉世賤清素奉身好華侈肥馬衣輕裘揚
過閭里雖得市童憐還為識者鄙我乃羈旅臣遭逢堯舜理位重才不充戚〻懷憂懼深淵與薄
冰蹈之唯恐墜爾曹當閔我勿使增罪戾閉門斂蹤跡縮首避名勢〻位難久居必畢竟何足恃物盛
則必衰有隆還有替速成不堅牢亟走多顛躓灼〻園中花早發還先萎遲〻澗畔松鬱〻含晚翠賦
命有疾徐青雲難力致寄語謝諸郎躁進徒為耳

范魯公質為宰相從子杲嘗求奏遷秩質作詩曉之　康熙六十一年歲在壬寅嘉平月廿有七日詩小學至此不覺慨然歎息
想見質之為人至於君臣大義忠貞亮節姑置勿論矣　睢園鄭燮書

范質訓子詩，楷書，紙本，1722，廣州市美術館藏墨跡

墨竹圖，立軸，紙本墨筆，1753，南京博物院藏墨跡

蘭竹石圖，立軸，紙本墨筆，1756，上海市文物商店藏墨跡

墨竹圖，立軸，紙本墨筆，1753，南京博物院藏墨蹟跡

蘭竹石圖，立軸，紙本墨筆，1763，上海市文物商店藏墨跡

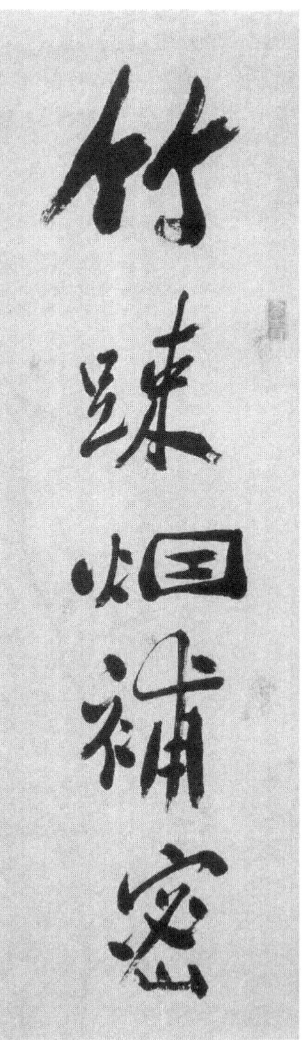

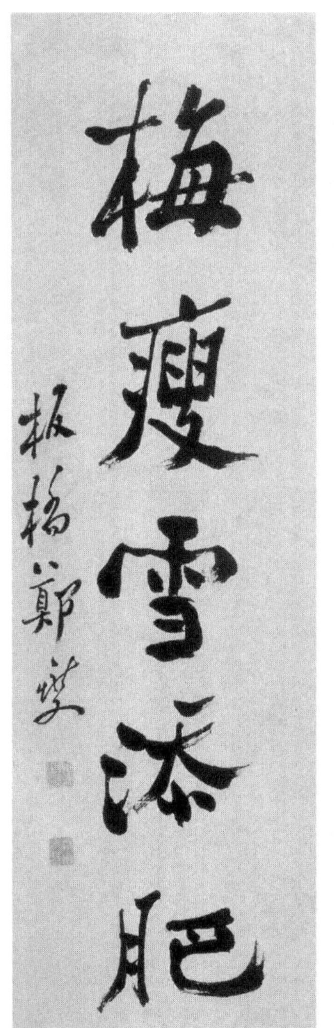

五言聯，行書，紙本，年代不詳，某私人藏墨跡

七言聯，行書，紙本，1765，揚州博物館藏墨跡

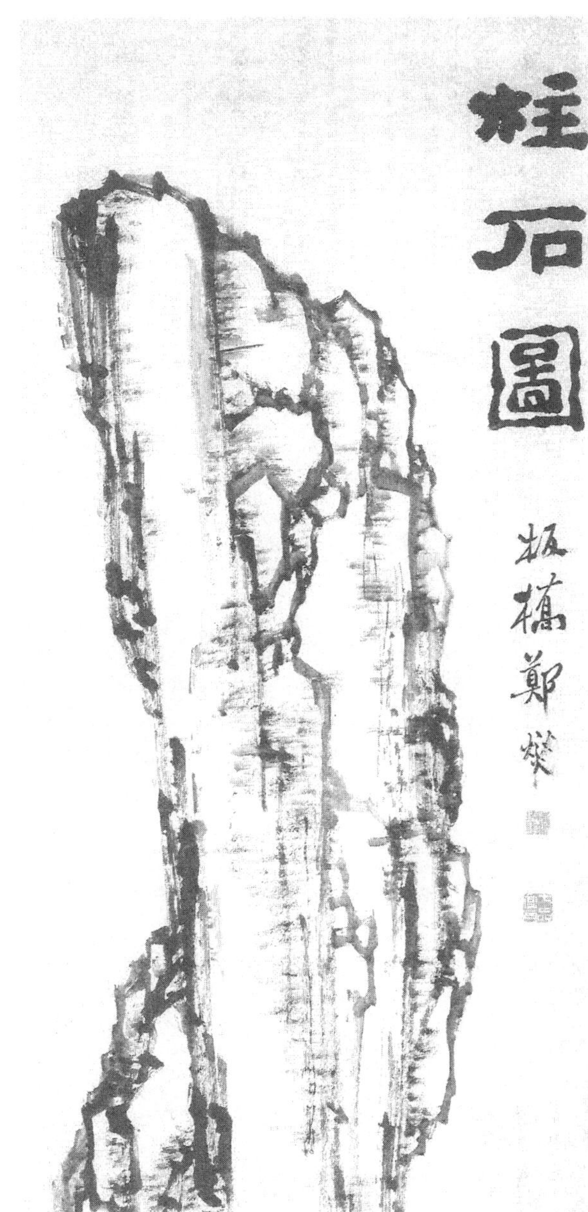

柱石圖，立軸，紙本墨筆，揚州博物館藏墨跡

判詞，行書，冊頁，紙本墨筆，中國國家博物館藏墨跡

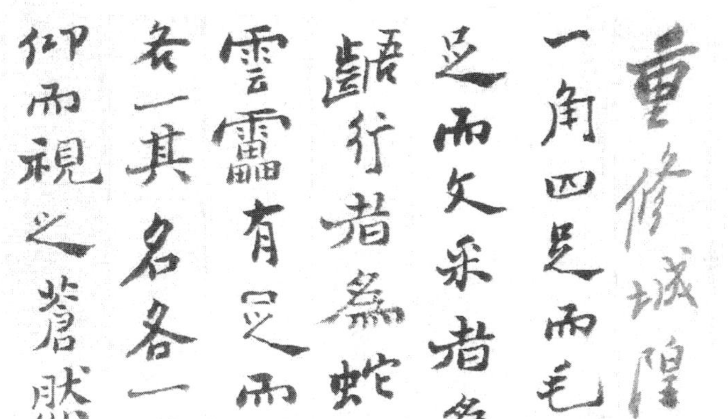

重修城隍廟碑記（局部），行書，紙本，1752，南京博物院藏墨跡

竹石圖，立軸，紙本墨筆，1754，上海博物館藏墨跡

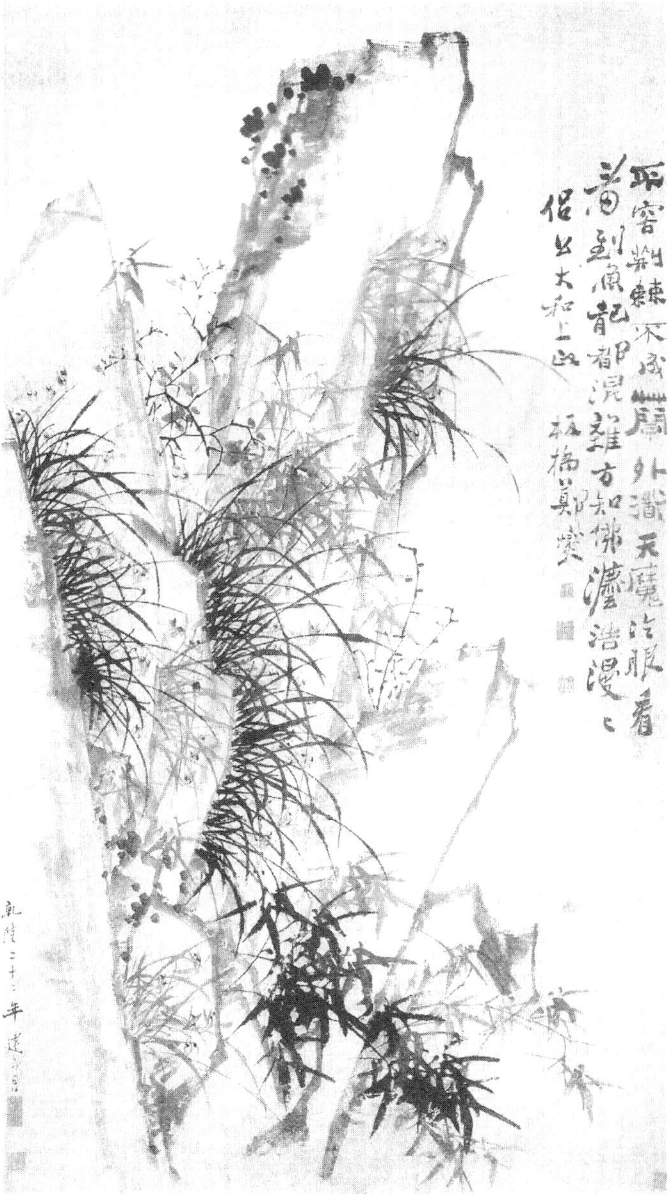

蘭竹荊棘圖，立軸，紙本墨筆，1757，常州市博物館藏墨跡

竹石圖，立軸，紙本墨筆，1758，上海博物館藏墨跡

竹石圖，立軸，紙本墨筆，1759，浙江省博物館藏墨跡

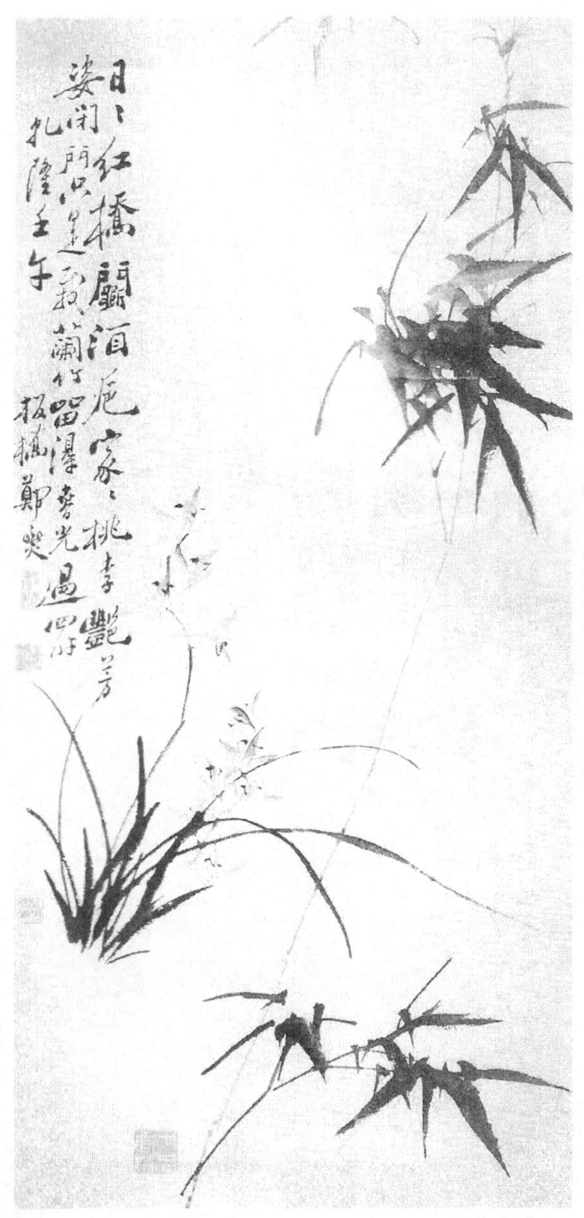

蘭竹圖，立軸，紙本墨筆，1762，浙江省博物館藏墨跡

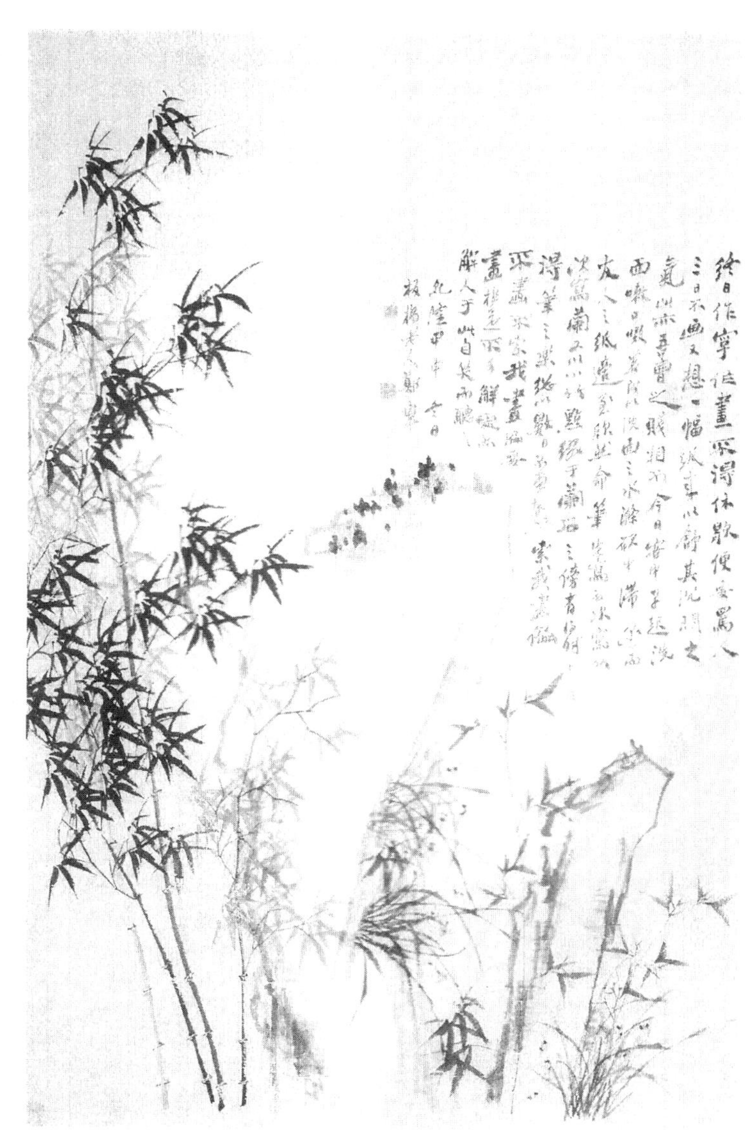

竹石蘭花圖，立軸，紙本墨筆，1764，上海博物館藏墨跡

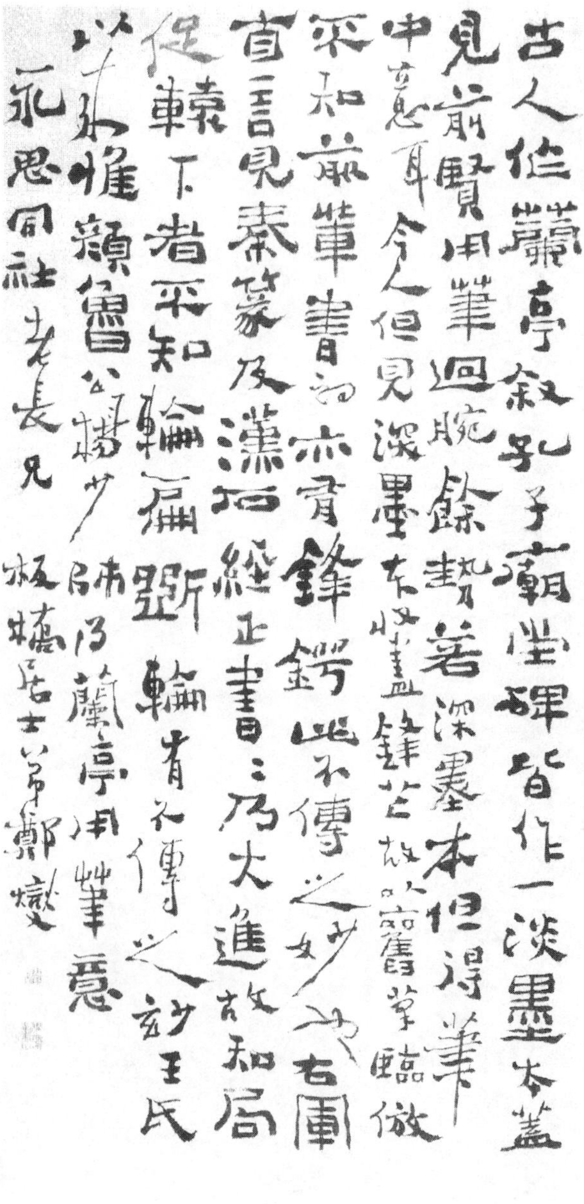

論淡墨本，六分半書，紙本，年代不詳，榮寶齋藏墨跡

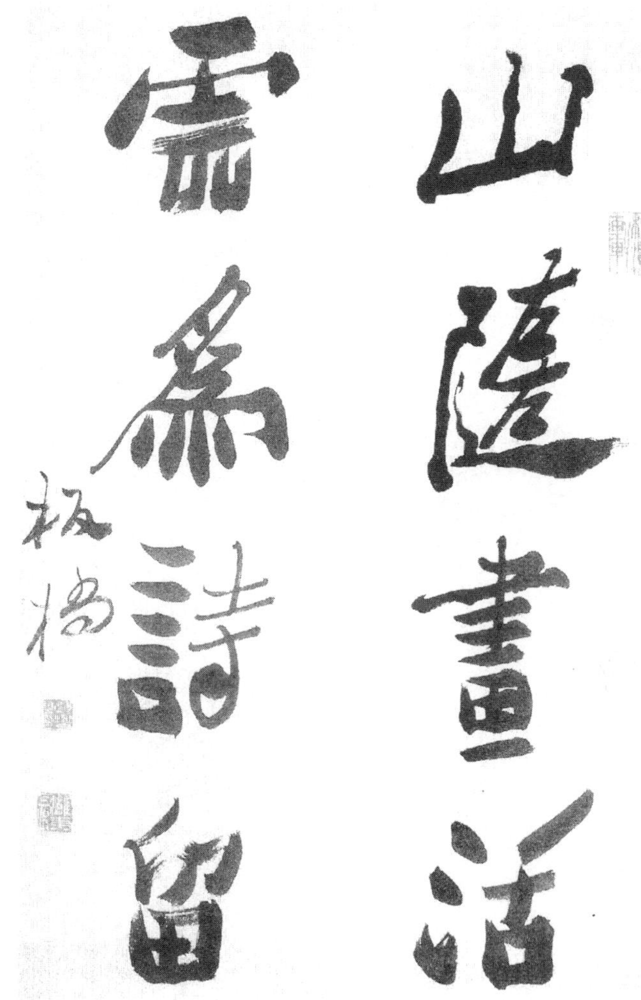

四言聯，行書，紙本，年代不詳，湖北省博物館藏墨跡

墨竹圖，立軸，紙本墨筆，年代不詳，廣東省博物館藏墨跡

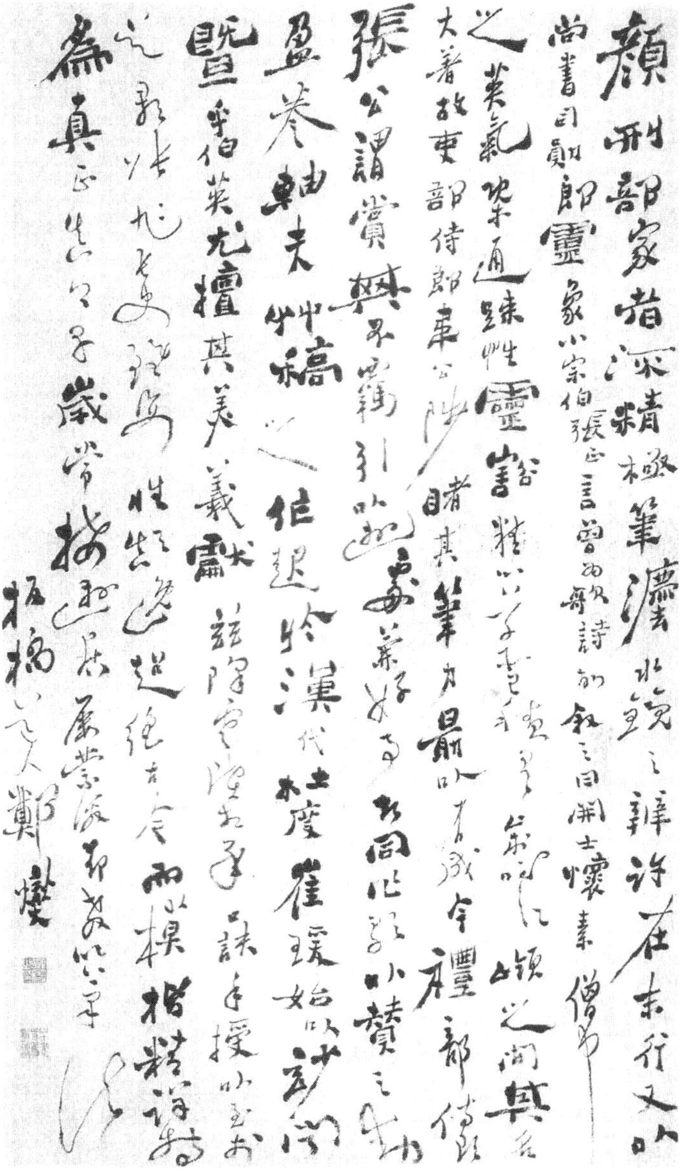

節錄懷素自敘帖，行草，紙本，年代不詳，天津藝術博物館藏墨跡

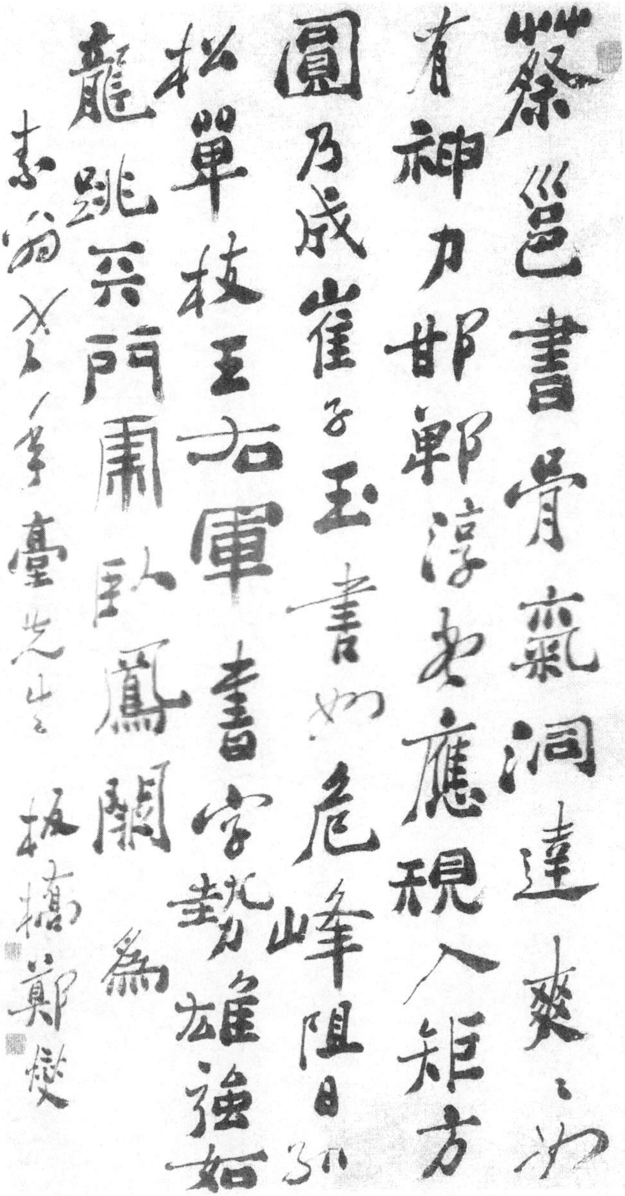

書梁武帝書評，行書，紙本，年代不詳，揚州博物館藏墨跡

蘭竹石圖，立軸，紙本墨筆，年代不詳，北京故宮博物院藏墨跡

板橋論書，行書，紙本，年代不詳，上海博物館藏墨跡

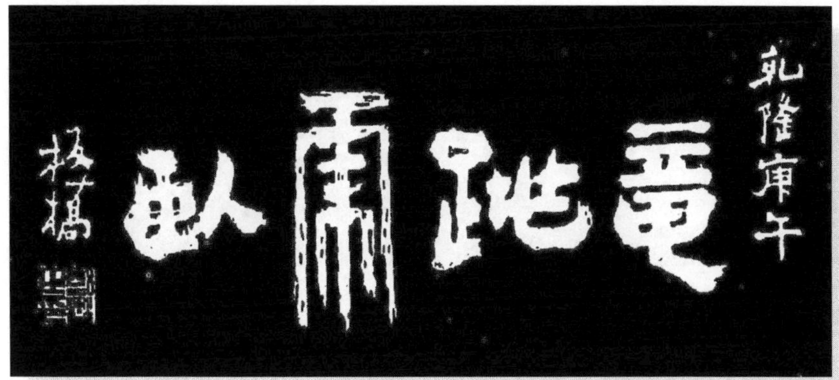

匾額，竜（龍）跳虎臥，1750，濰坊市博物館藏石刻

匾額，難得糊塗，1751，濰坊市十笏園藏石刻

匾額，歌吹古揚州，年代不詳，揚州博物館藏石刻

匾額，何須多構湖山，轉自《鄭板橋書畫拓片集》

目錄

附錄：

序一

丁家桐

党君明放和我一樣，均非中國藝術史之專業研究者，譬如梨園，均屬票友。上世紀90年代，興之所至，我寫了一點板橋的東西，謬種流傳，因而結識明放。板橋的人生理念、行爲準則、藝術情趣、文章見識，對我們同樣富於吸引力，我們從相熟進而相知，成爲忘年交。盡管彼此始終未嘗謀面。票友與名角不同，名角重業，票友重趣。重趣的人興致來時可能粉墨登場，也可能援筆千里。明放重趣，於是蘊十年之力，在專業之外，編撰了一本沉甸甸的《鄭板橋年譜》。

明放多次來信，說要爲鄭公修譜，我以爲說說而已。想不到前些日子樓下喊話，呼我取物。家裏詢問寄來的是什麼？我說是關中的一塊「城磚」。明放的書稿其大如磚，標明的重量八斤有餘，豈非「城磚」？我見過明放的照片，長髮披肩，留有短髭，目光中閃爍著睿智，眉宇間飛揚著神采，一副現代派青年藝術家風度。想不到十載青燈，身與古人相對，心與古人共鳴，打造的竟是一塊古「城磚」。明放其人，可謂癡矣。展讀之餘，深爲明放讀書之勤、研究之至感佩。

我曾讀過板橋年譜多種，大都均系專著或文集之附錄，簡而略。也曾見過某博士爲板橋修譜，極謹慎，富學術味，但可讀性不足。明放此著不同，廣搜博采，收羅詳盡，不但人生行跡與書畫作品繫年繫時，且附原作，原作又附註釋。所標版本，不僅保證了繫事的可靠性，而且也提高了文獻的實用價值。這樣，它就不是某種讀物之附屬品，而是一本數據完備、內容豐厚之讀物，一卷在手，可查閱，可欣賞，可反覆流連，不需要相關之工具書助讀。此乃本書的長處。作用略似於板橋辭典，或者是板橋大觀。

傳記、年譜之類的著述，一要資料齊全，二要考辨詳致。板橋系二百多年前人，生前文名藝名藉藉，史傳記載甚多，縱有歧異，但一生行藏、輪廓大致清晰。板橋書、畫、文學作品甚多，中年以後一般繫年，這一方面亦易辨識。但難點有二：一是作品真僞需認定，二是行跡繫年要準確。板橋時人及後人仿板橋書畫入市者甚多，濰人譚雲龍，一人一生之仿作，據云不下數萬件，直至92歲仍在摹寫板橋老人存世的筆意之作。今日揚州亦多仿板橋書畫糊口者，運用現代高新科技，幾至亂真。再如板橋尺牘之若干篇章，云真云假，也許再爭論100年，亦難定論。明放此著，收羅詳盡，我以爲備一家之見，也屬一格。譬如：今日出版之王羲之真跡，鋪天蓋地，請問：確系真跡的是那一本帖？流傳經過如何？有無多方證言？以《蘭亭序》例，善學者不管是神龍本、定武本、虞世南本、褚遂良本，統統拿來，爲我所用，細細揣摩。更何況，板橋不比書聖，距今年代較近，年譜所列，當屬妥恰。

我說過，我在中國藝術史研究的「梨園」中票友而已。興致來時粉墨登場，但生性散淡，別有所思時又另敲鑼鼓。明放所涉，廣我多矣，不敢言「審」，更不敢言「師」。同爲板橋仰慕者，爰書數語，誠懇地告訴讀者：這是明放精心撰寫的一部編年體史書，開卷總是有益的。

2003年仲夏江淮大水之際

序二

翟墨

頹唐偃仰各有態，常人盡笑板橋怪(1)。

鄭燮（1693—1765），字克柔，號板橋，又號理庵。是清代畫家「揚州八怪」之一。

既稱「八怪」，總有些「怪」的地方。這裡，想通過探索鄭板橋的「怪」，以窺見「揚州八怪」的「怪」之一斑。

一

過去，研究鄭板橋的文章談及他的「怪」時，往往較多地歸結於他的創新精神。做人不合時俗，爲藝我從我法。這無疑是對的。然而，僅僅論及這些還令人感到不甚切中肯綮。作爲與曹雪芹同時代、號稱「詩書畫三絕」的一代大藝術家，鄭板橋從生活、思想到創作都有更複雜、更深邃的東西值得探討。

筆者曾到四川作藝術考察，對四川的特產「怪味豆」很感興趣。這種以「怪」著稱的風味食品，你說它究竟是什麼味道？是甜？是鹹？是麻？是辣？又是，又不盡是。用哪一種味道去形容都不夠準確，只好還用它原來的名字——「怪」。

《說文》曰：「怪，異也。」所謂「怪」，就是異乎尋常。所以，對於鄭板橋的「怪」，我們也不要簡單地拿「甜、鹹、痲、辣」等尋常觀念去套，而要從他的生活、思想和創作實踐去考察。

二

丹納說，一定的環境產生一定的藝術，就像一定的環境產生一定的植物一樣。鄭板橋就是在封建勢力石板的高壓下倔強成長起來的一株被扭曲了的「怪」竹！

鄭板橋生活的年代，正是西歐資本主義國家迅速向前發展的時期。可是，這時的清王朝卻關起大門，正用痲藥和屠刀在強化中央集權的封建統治。它幾乎全部承襲了明朝封建政權專制制度的一切形式與內容，並集歷代民族統治政權之大成，把中國的封建統治推向登峰造極的地步。

清朝統治者一方面通過科舉和「博學鴻詞科」網羅知識份子，把他們投入枯燥的金石考證和浩繁的類書編纂中去；一方面又大興文字獄、瓜蔓抄，對「異端」自由思想進行殘酷鎮壓。清朝的文字獄是駭人聽聞的。這裡不妨列舉數則。

鄭板橋出生之前有名的莊廷鑨刻《明史輯略》案這裡就不詳述了，僅鄭板橋十八歲後就有：

康熙五十年（1711），翰林院編修戴名世著《南山集》，因引用同鄉方孝標《滇黔紀聞》中桂王抗戰事，被御史趙申喬告發，戴、方二族被殺及獄死百餘人，流放數百人。

雍正四年（1726），內閣大學士、江西主考官、浙江海寧人查嗣庭出試題「維民所止」。其實，「維止」二字出自《詩經》，本意要試子寫出正大、富裕、安寧的盛世景象，但被指爲惡意影射，「維止」乃去「雍正」之頭，嗣庭戮屍梟示，財產充官。族人被殺或流放三千里。

雍正八年（1730），內閣大學士、刑部尚書徐乾學之子、翰林院庶吉士徐駿詩集中有「明月有情還顧我，清風無意不留人」句，被指爲「思念明代，無意本朝，出語詆毀，大逆不道。」旋即照律斬決，文稿盡行燒毀。

乾隆年間，胡中藻《堅磨生詩抄》中有「一把心腸論濁清」句，被處死；江蘇東台舉人徐述夔《一柱樓編年詩》有「大明天子重相見，且把壺兒擱半邊」及「明朝期振翮，一舉去清都」句；浙江桐鄉人呂留良因「清風雖細難吹我，明月何嘗不照人」句；江蘇江甯車鼎豐、車鼎賁兄弟因校《全唐詩》時，吟「清風不識字，何故亂翻書」句；沈德潛〈詠紫牡丹〉有「奪朱非正色，異種也稱王」句，均被剖棺鞭屍。

廣東丹霞寺和尚藏有一部金堡的手稿，堡事桂王，失敗爲僧，稱澹歸和尚。著《遍行堂集》，帝以悖逆，遂命焚寺磨骸，寺僧五百餘人皆坐死。

考察歷史，文字獄肇始春秋戰國時期。文禍的慘烈與封建皇帝的殘暴及中國漢字的表述（形體、聲音、意義）和字形構成（象形、指事、會意）相關。文字獄起火於史學界，燎原於文學界。在文學領域裡，詩詞便是重災區。文字獄以清代最爲嚴重，清代的文字獄又以乾隆朝爲最，持續時間長達四十年之久。在乾隆執政的六十年間，共興文字獄一百三十五次以上，是清前朝的3.3倍。文禍橫飛，防不勝防，「筆墨招非，人心難測[2]。」所以，文字獄是中國文化的災星，是對人才的浩劫，實乃時代的悲劇。

但是，鄭板橋所在的揚州，又自有它的特點。「千家養女先教曲，十里栽花算種田⑶」，揚州的繁華爲資本主義的萌芽準備了肥沃的土壤；「揚州十日」、「嘉定三屠」的激烈鬥爭，在這土壤裡留下了民族仇恨的種子。所以，儘管統治者也南巡「安撫」牽制，但思想的控制畢竟相對地薄弱一些。

在這新思想緩緩崛起與舊勢力嚴酷鎭壓相交錯的複雜形勢下，知識份子階層出現了不同的情況。有的俯首聽命，歌功頌德；有的箝口不言，明哲保身；有的挺身而出，反對封建君主專制，甚至爲此獻出了生命。而作爲「康熙秀才雍正舉人乾隆進士」，而又善良正直、仕途坎坷、一生悲苦的鄭板橋呢？既不願像清初「四王」那樣屈服於封建正統的壓力，又不能像一代碩儒黃宗羲、顧炎武、王夫之那樣大張反封建的義旗。他像壓在沉重的石板下的竹筍，不得不長成一株扭彎了的竹子。這株「怪」竹，儘管未能「拂雲擎日」，然而卻在那漫漫長夜裡迎著險風惡雨，爲勞動人民灑下了同情的斑斑淚點，爲藝術發展掃出了嶄新的道路。

三

鄭板橋出身於一個家道中落的仕宦之家。他少年穎悟，讀書有獨到見解。其詩、書、畫都自成一家，所以「世咸以才人目之⑷」。這麼個「才人」，在儒家「齊家治國平天下」思想的影響下，是很想幹一番事業的。請看他的抱負：

英雄何必讀書史，直攄血性為文章。

不仙不佛不聖賢，筆墨之外有主張。

縱橫議論析時事，如醫療疾進藥方(5)。

他不願「優遊書史中」，而想「立功天地，字養生民(6)」。他以「掃雲掃霧」爲已任，以「染遍雲霞」爲理想。然而，由於他忠厚、嘯傲、放達，不肯因循苟且、隨聲附和以投時好；又才華過人，爲忌者所阻，不得入試，所以，他的仕途並不順利，直到五十歲時，才當上了個小小的范縣縣令。

按照清朝的規定，總督、巡撫是皇帝派向地方代表朝廷行使權力的最高長官。總督一般管數省，繫都察院右都御史銜，正二品；加兵部尚書銜，從一品。職責是「掌厘治軍民，綜制文武，察舉官吏，修飭封疆。」巡撫每省一人，繫都察院右副都御史銜，從二品；加兵部侍郎銜，正二品。職責是「掌宣佈德意，撫安齊民，修明正刑，興革利弊，考核群吏。」一般由滿人或大漢奸充任，並搞「雙複製」，用同級的滿人監視同級的漢人；而一般的州縣小官則由漢人充任，以達「以滿治漢」、「以漢治漢」的目的。這樣就堵塞了漢人升遷的通道。

鄭板橋的本意想作一名京官，對於縣令這樣的「七品芝麻官」實在沒有太大的興趣。從他寫的〈止足〉詩：「年過五十，得免孩埋；情怡慮淡，歲月方來；彈丸小邑，稱是非才。日高猶臥，夜戶長開」云云，可以看出，這是對「不止足」情緒的排遣，是無可奈何的搖頭苦笑而已。

鄭板橋的「雄心壯志」從此化爲泡影。雖然，「乾隆十三年，大駕東巡，燮爲書畫史，治頓所，臥泰山絕頂四十餘日，亦足豪矣(7)。」但是，他生性曠達，不拘小節，不懂官場上那一套「仕途經濟」，「長不合於時」，一直未能被重用。當時，一般當官的以武健嚴酷爲能，而板橋卻以慈惠簡易處之；一般小官對上司恭維逢迎，而板橋「如灌夫使酒罵座，目無卿相(8)」，又醉心於書畫，署中無紙，便在狀紙尾部作畫寫詩。他「日事詩酒」、「自范而濰，每多廢事」，深以當官爲苦。他在詩詞中多次流露了這種情緒：

十年蓋破黃綢被，盡歷遍、官滋味。雨過槐廳天似水，正宜潑茗，正宜開釀，又是文書累。

坐曹一片吆呼碎，衙子催人妝傀儡，束吏平情然也未？酒闌燭跋，漏寒風起，多少雄心退(9)！

正如曾衍東所說：「如板橋者，使之班清華，選玉堂，詞給藻，相與鼓吹休明，豈不甚善？奈何加以民社之任，顛倒於簿書鞅掌中哉！嗚呼！造物生才不偶，有才者不能見用，用矣又違其才，均可惜也(10)！」鄭板橋服官十二年，終因請賑忤大吏，罷官。

板橋在「有才不能見用」時，面對黑暗、不平的現實，曾經發出憤怒的呼喊：「把夭桃斫斷，煞他風景；鸚哥煮熟，佐我杯羹。焚硯燒書，椎琴裂畫，毀盡文章抹盡名(11)！」「難道天公，還箝恨口，不許長吁一兩聲(12)？」詩中充滿了撼人心魄的豪氣、銳氣和怒氣。「速裝我硯，速攜我稿；賣畫揚州，與李同老。詩學三人，老瞞與焉；少陵爲後，姬旦爲先。字學漢魏，崔蔡鍾繇；古碑斷碣，刻意搜求⒀。」而到「用矣又違其才」的十年任後，則多是「少不如人今老矣，雙白鬢，有誰憐⒁？」「恐青山笑我今非昨，雙鬢減，壯心弱⒂」之類的愁苦之詞了。

鄭板橋不僅仕途坎坷，個人生活上也是窘窮迫逼。人們說，童年喪母，中年喪妻，晚年喪子，是人生的三大不幸。這「三不幸」鄭板橋都占全了。在這接連不斷的打擊下，他的曠達性格也受到了很大的扭曲。他「愈憤怒，愈迫窘，愈斂厲，愈微細⒃」，這些複雜的情緒反映在作品中，也是忽而怒，忽而怨；忽而長嘯，忽而哀歎。其作品充滿「怒不同人之意」，世人不解，故目之爲「怪」。

四

文字獄的高壓、官場的黑暗、世間的不平、一生的悲苦，使鄭板橋深深感到，過分清醒地譏評時事，不僅不能匡正時弊，反而自己也要倒楣。他飽蘸著幾十年的辛酸淚水，於乾隆十六年（1751）濰縣任上寫下了頗帶點「怪」味兒的四個大字——「難得糊塗」，並在下面自注道：「聰明難，糊塗難，由聰明而轉入糊塗更難。放一著，退一步，當下心安，非圖後來福報也。」

在黑暗的封建專制制度下，能看透那些正人君子們滿口仁義道德背後隱藏的爾虞我詐，構陷傾軋的種種陰謀詭計是不容易的；看到了，又能克制自己，不動聲色，渾含不露，裝聾作啞，裝瘋賣傻，藉以明哲保身，就更加不容易。這種「少說話，多磕頭」的官場秘訣對鄭板橋不能不有所影響。「鄭板橋嘗書四字於座右，曰：「難得糊塗」，此極聰明人語也。余謂糊塗人難得聰明，聰明人又難得糊塗，須要於聰明中帶一點糊塗，方爲處世守身之道。若一味聰明，便生荊棘，必招怨尤，反不如糊塗之爲妙用也(17)。」所以，他在〈題高鳳翰披褐圖〉卷中寫道：「豈是人間褐徒，胸中錦繡要模糊」，也是這個意思。可見，鄭板橋的「難得糊塗」實際上是「難得聰明」的感慨之言。它包容著自我嘲解說，抗議之聲說，心安清醒說。

鄭板橋的「難得糊塗」也是他忠厚善良的代詞。他在〈題李方膺墨竹〉中寫道：「此二竿者可以爲簫，可以爲笛，必須鑿出孔竅；然世間之物，與其有孔竅，不若沒孔竅之爲妙也。」他在家書中更多次寫道：「吾輩存心，須刻刻去澆存厚(18)」、「試看世間會打算的，何曾打算得別人一點，直是算盡自家耳(19)！」這些，可以看作是「當下心安」的良好注腳。

正因爲如此，板橋爲秀才時，「檢家中舊書簏，得前代家奴契券，即於燈下焚去，並不返諸其人。恐明與之，反多一番形跡，增一番愧恧(20)。」他還認爲，「盜賊亦窮民耳，開門延入，商量分惠，有什麼便拿什麼去(21)。」有個叫吳其相的熬鹽戶，貌粗鄙，能誦《四時行樂歌》，板橋也爲之置酒爲壽，「同人皆以爲咄咄怪事」。

正因爲如此，別人都在追求那種脫離現實、脫離生活、脫離群眾的所謂「雅」，鄭板橋卻追求相反的所謂「俗」。他自認東漢經學家鄭康成爲遠祖，又是南宋畫家鄭所南的後裔，飽含激情地寫文人雅士們不屑爲之的「道情」、「小唱」、「竹枝詞」。這在清朝統治三百年間的知識份子當中是難能可貴的。

正因爲如此，鄭板橋對掙扎在水深火熱之中的勞動人民懷著深厚的同情，寫下了「墨點無多淚點多」的詩詞。像〈悍吏〉、〈姑惡〉、〈私刑惡〉，像〈孤兒行〉、〈逃荒行〉、《滿江紅・田家四時苦樂歌》、《瑞鶴仙・漁家》等等，都寫得哀婉悽楚，令人不能卒讀！「衙齋臥聽蕭蕭竹，疑是民間疾苦聲；些小吾曹州縣吏，一枝一葉總關情（22）。」與窮苦百姓有如此親密的關係，這在「揚州八怪」中也是並不多見的。

板橋深知老子「大直若屈，大巧若拙，大辯若訥(23)」極具中國色彩的辨證觀念。明代洪應明的「藏巧於拙，用晦而明，寓清於濁，以屈爲伸(24)」更是對老子學說的繼承和發展。

儘管鄭板橋想佯裝「糊塗」，但是他的耿直性格使他「糊塗」不下去。他深感「糊塗」之「難」。他的「糊塗」以一種不尋常的「怪」的面貌表現出來：

他當范縣令時，一到任，就叫人在衙署的牆壁上打了百餘個洞，直通大街。人們好奇地問他這是什麼意思，他說：「出前官惡習俗氣耳(25)！」遍查古今典籍，可曾見過用這種方式「出氣」的？只有藝術家氣質的鄭板橋，才會做出這種令人啼笑皆非的「怪」事來！

曾衍東《小豆棚・雜記》載：有個大鹽商扭送一名販賣私鹽的小販要求鄭板橋懲辦。鄭板橋一看這個小販衣裳襤褸，面目善良，不象歹人，便對大鹽商說：「你要求懲辦他，我讓他戴枷示眾如何？」商人點頭同意。鄭板橋就令衙役取來蘆席，編成一個大枷，高八尺，寬一丈，前面挖一小孔，讓小販鑽進去戴在頸上。鄭板橋從堂上拿了十幾張紙，用判筆劃上蘭竹，貼在枷上，把小販押到鹽店門口。這特殊的「畫枷」引來許多看熱鬧的人，從早到晚，鹽店像被封了門一樣。商人無奈，只好哀求鄭板橋別再讓小販示眾了。鄭板橋笑著釋放了小販。看，這又是一個畫家斷案的絕妙表演！鄭板橋在嘻笑之中袒護了善良窮苦的小販，懲治了奸滑的鹽商。這種頗有「怪」味的蘆席畫枷，恐怕也是空前絕後的創舉！

乾隆廿四年（1759），鄭板橋從拙公和尚議，別出心裁地擬了一個索取書畫酬勞的「潤格」：

大幅六兩，中幅四兩，小幅二兩，書條對聯一兩，扇子斗方五錢。凡送禮物食物，總不如白銀為妙；公之所送，未必弟之所好也。送現銀則中心喜樂，書畫皆佳。禮物既屬糾纏，賒欠尤為賴帳。年老神倦，亦不能陪諸君子作無益語也。

畫竹多於買竹錢，紙高六尺作三千；

任渠話舊論交接，只當秋風過耳邊。

這種赤裸裸的風趣聲明，脫去偽裝，敢說真話，像「傻瓜」一樣直接道出事物本質。它徹底撕破了假名士「貌爲口不言錢，而實故靳以要厚酬」的虛偽嘴臉。他的字畫賣了錢，一部分散給窮苦人，一部分則在酒館裡泡。

鄭板橋終究難以「糊塗」下去。竇鎭《國朝書畫家筆錄》卷二、阮元《淮南英靈集》、李斗《揚州畫舫錄》卷十說他「以歲饑，爲民請賑，忤大吏，罷歸」；曾衍東《小豆棚》卷十六說他「有罰某人金事，控發，遂以貪婪褫職。」「難得糊塗」的鄭板橋，終因其太真而不能見容於世。在一個處處皆假的社會裡，鄭板橋獨以真處之，被人目之爲「怪」，也是可以理解的了。

五

歷史上無數事實證明，當一個人平庸無爲時，他很少會處於非議之中。如果他有些與眾不同的創見、不同凡響的成績，便會招來種種攻擊和責難。鄭板橋的書畫被攻擊爲「怪」，正是他在藝術上獨闢蹊徑的結果。

鄭板橋有一副楹聯曰：「刪繁就簡三秋樹，領異標新二月花(26)。」領異標新，可以看作是他藝術創作的綱領。

鄭板橋「領異標新」的表現之一，是他一反「四王」的脫離現實、脫離生活，追尋古人筆墨趣味的形式主義潮流，偏要在書畫中抒寫懷抱、寄託感情。「人奪山人七品官，天與山人一枝筆」，他的書畫是他「怪」的思想情緒的藝術反映。他把自己的抱負、志趣、宦途失意的牢騷和對當時社會的抨擊都借書畫宣洩出來。他本人再叮囑人們對他的畫「莫當畫圖看」，而要研究它的「文裡機閑，字裡機關(27)」。

乾隆廿三年戊寅（1758），次女出嫁，適袁氏，年已六十六歲的板橋老人遂作《蘭竹圖》軸並題識：「官罷囊空兩袖寒，聊憑賣畫佐朝餐；最慚吳隱奩錢薄，贈爾春風幾筆蘭。乾隆戊寅，板橋老人爲二女適袁氏作。」這便是身居揚州賣畫的板橋爲女兒準備的特別「嫁妝」。在人類發展史上，此「怪」舉恐怕絕無僅有。

梅、蘭、竹、菊「四君子」，歷來被文人用來寄託自己高潔的節操。鄭板橋在此「四君子」

中，只畫蘭竹。蘭有「香祖」、「王者之香」、「天下第一香」之美稱。「竹有節而無花，梅有花而無葉，松有葉而無香。」獨蘭花三者兼而有之。他的蘭花葉秀花疏，幽香飄渺；給人以幽潔之感；他的竹子瘦勁孤高，超塵絕俗，有一種豪邁淩雲、倔強不馴之氣。枝葉不多卻濃淡交錯、疏密有致。板橋雖然在「四君子」中只取其二，縮小了範圍，但是卻擴大了興寄，賦予它們更爲豐富複雜的思想感情。

當鄭板橋志得意滿地面臨生活的風雨時，他是滿懷信心的。他畫的《風竹》，四枝雖然細瘦，卻透著堅韌的竹子被風吹得枝搖葉舞，但是，憑著竹枝的堅勁，也憑著竹後穩定的柱石，秋風縱然尖厲也顯得無能爲力。其畫題詩曰：「秋風昨夜渡瀟湘，觸石穿林慣作狂；惟有竹枝渾不怕，挺然相鬥一千場！」一股樂觀的銳氣躍然紙上。

鄭板橋雖然歷經坎坷，仍然壯心不已。他的《墨竹圖》一口氣畫了十一棵勁竹。右邊三棵較粗的竹子用有力的枯筆掃出，竹節堅硬，沒有一片竹葉；左邊粗細不等交叉了八棵竹子，除兩棵最細的竹子有幾片稀疏的竹葉把畫面連結起來以外，其餘也沒畫一片枝葉。這些顯然是飽經風霜之後更加蒼勁的竹子向人們顯示：「不過數片葉，滿紙俱是節。萬物要見根，非徒觀半截。風雨不能搖，雪霜頗能涉。紙外更相尋，干雲上天闕！」

鄭板橋常常以自己獨到的見解安排畫面。昔人畫《柱石圖》，皆居中正面，他卻把柱石畫到一邊，理由是：「國之柱石，如公孤保傅，雖位極人臣，無居正當陽之理。」他並把荊棘與蘭花畫在一起，通過「不容荊棘不成蘭」、「棘中之蘭，花更碩茂」，表達荊棘阻礙不了蘭花的生長，隱喻自己對官場鬥爭的看法。然而，他忽而以荊棘喻「小人」，忽而又以荊棘喻護衛國家的猛士，時褒時貶，從中可以看出他思想中「拆天」與「補天」的矛盾。

黑暗的封建專制制度，是不會給正直的知識份子以實現抱負的機會的。鄭板橋的〈半盆蘭蕊〉：「盆是半藏，花是半含；不求發洩，不畏凋殘」，雖然仍有倔強不馴之氣，但畢竟是銳氣大減了。

「不比尋常翰墨間，蕭疏各有凌雲意(28)。」這就是板橋書畫中「怪」的靈魂所在。

鄭板橋「領異標新」的表現之二，是他敢於逆模仿宋元之風轉而師法自然。當時，畫家們從理論到實踐都把「臨古」、「仿古」放在第一位。許多人拜倒在董其昌、黃公望的腳下，強調「皴擦無自撰之筆」，而鄭板橋卻「長游于古松、荒寺、平沙、遠水、峭壁、墟墓之間(29)」，認真觀察不同時間、不同環境中蘭竹的變化。他「日在竹中閒步」，特別醉心於觀看潮水漲時游魚從池中溢出，在竹根短草間追逐嬉戲。他的三間茅屋，「窗裡幽蘭，窗外修竹(30)。」許多畫趣，得於紙窗粉壁日光月影之中。這與從古人唾餘中去翻新相比，是一條多麼不同的創作道路！

鄭板橋師法自然卻並不照抄自然，而是經過了自己的提煉、概括、加工、變形。他對藝術作品構思過程有著深切的體會，有十分精闢的記述：

江館清秋，晨起看竹。煙光日影露氣，皆浮動於疏枝密葉之間。胸中勃勃遂有畫意。其實胸中之竹，並不是眼中之竹也。因而磨墨展紙，落筆倏作變相，手中之竹又不是胸中之竹也。總之，意在筆先者，定則也；趣在法外者，化機也。獨畫雲乎哉(31)！

他的由「眼中之竹」到「胸中之竹」再到「手中之竹」的變化過程，道出了藝術創作的普遍規律，歷來爲人們廣爲傳誦和引用。此外，他談創作靈感：「十日不能下一筆，閉門靜坐秋蕭瑟。忽然興至風雨來，筆飛墨走精靈出(32)」；談形神關係：「愛看古廟破苔痕，慣寫荒崖亂樹根；畫到情神飄沒處，更無真相有真魂(33)」；談工筆與寫意：「必極工而後能寫意，非不工遂能寫意也(34)」；談文藝批評：「搔癢不著贊何益，入木三分罵亦精！」等等，都言簡意賅，見解精闢，成爲許多畫家的座右銘。

鄭板橋「領異標新」的表現之三，是他學傳統而不爲傳統所囿，「學一半，撇一半」、「十分學七要拋三，各有靈苗各自探(35)。」鄭板橋十分佩服石濤，但是「彼務博，我務專」，石濤所畫的題材不下萬種，而板橋堅信「用志不分，乃凝於神(36)。」五十餘年主畫蘭竹，兼畫石、梅、松。板橋十分喜愛鄭所南、陳古白畫的蘭竹，但是又覺得鄭、陳二人仙肌仙骨，不大合自己的性格特點，所以並不怎麼學；而徐文長、高且園並不甚畫蘭竹，但是徐、高二人才橫筆豪，與自己的倔強不屈之氣不謀而合，所以頗下功夫學習。板橋說：「師其意不在跡象間也(37)」。在當時師古人之跡蔚然成風的情況下，板橋如此不肯隨聲附和以投時好，能不被看作「怪」嗎？

鄭板橋「領異標新」的表現之四，是「刪繁就簡」、「自樹其幟」，刻意追求並形成自己獨特的藝術風格。他認爲「畫蘭宜省」；畫竹「一竿瘦，兩竿夠，三竿湊」。「竹似賢，何哉？竹本固，固以樹德，君子見其本，則思建善不拔者；竹性直，直以立身，君子見其性，則思中立不倚者；竹心空，空以體道，君子見其心，則思應用虛受者；竹節貞，貞以立志，君子見其節，則思砥礪名行，夷險一致者。夫如是，故號「君子」(38)。」他筆下一兩三枝竹竿，四五六片竹葉，雖然淡淡疏疏卻神情畢現。爲了追求這種爐火純青的化境，他付出了畢生的精力：

始余畫竹，能少而不能多；既而能多矣，又不能少：此層功力，最為難也。近六十外，始知減枝減葉之法。蘇季子曰：簡煉以為揣摩。文章繪事，豈有二道！此幅似得簡字訣(39)。

簡，才便於突出形象的特徵；簡，才利於給欣賞者留下思考的餘地。「一以當十」、「以少少許勝多多許(40)」，這是藝術典型化的重要標誌；「少——多——少」，這是由低級的簡到高級的簡的發展規律。鄭板橋的藝術實踐，爲我們提供了可貴的經驗。

鄭板橋「領異標新」的表現之五，是融詩、書、畫、印於一爐，互相補充，互相襯托，互相配合，形成一個不可分割的有機體。

板橋的詩，對民間疾苦有深切的反映，已如前所述。但因他主沉雄而輕蘊藉，其詩失之過直。所以袁枚說他「詩非所長(41)」。然而其詞，特別是楹聯「以意外言外取勝」，所以不乏佳作，如：「月來滿地水，雲起一天山」、「竹疏煙補密，梅瘦雪添肥」、「草因地暖春先翠，燕爲花忙暮不歸」、「春風放膽來梳柳，夜雨瞞人去潤花」、「拈來舊稿花前改，種得新疏雨後肥」、「種十里名花，何如種德；修萬間廣廈，不若修身。」等等都是足可傳誦的。

板橋的書，李玉棻《甌鉢羅室書畫過目考》說它「法《瘞鶴銘》而兼黃魯直，合其意爲分書」，是很有見地的。鎮江焦山《瘞鶴銘》，據傳是梁代的茅山道士陶弘景的手跡，黃庭堅稱它爲楷書之祖；翁方綱也認爲：「寥寥乎數十字之僅存，而該兼上下數千年之字學」、「是銘有關於書法之大者，而六朝諸家之神氣，悉舉而淹貫之(42)」。板橋「取法乎上」，法《瘞鶴銘》，又吸取黃庭堅側險取勢，縱横奇倔的特點；以楷、隸爲主，又兼入魏碑、草書，創「六分半書」。自稱「破格書」。他並以畫意入書，構圖大小、疏密、斜正相參，打破了「館閣體」的方正框框，這種獨特的隸架楷骨行意篆格草神「板橋體」被譽爲「亂石鋪街」、「醉漢夜歸」、「浪裡插篙」、「搖波駐節」、「雨夾雪」等。「如雪柏風松，挺然而秀出於風塵之表(43)。」「如老翁拄杖，小孫牽袂；少男放肆，少女含羞；急者搶道，徐者閃讓；壯者擔物，弱者隨行……(44)」「或如風催雲湧，時得卷舒變幻之勢；或似飛花散雪，極盡自然灑脫之趣(45)。」這種驚人的大膽創造，是數千年來人們從來未曾見過的，真的「怪」到家了！

板橋的畫，很有書法美。蔣士銓稱讚說：「板橋作字如寫蘭，波磔奇古形翩翻；板橋寫蘭如作字，秀葉疏花見姿致(46)。」不過，細觀之，「板橋蘭竹雖佳，然力量氣局究不能與石濤相比耳(47)。」況且有些畫也似乎有點「程式化」的傾向。

板橋的印，多爲自刻，但流傳下來的不多。究其刀法，毛澀挺爽；究其印風，渾樸方拙。頗有浙派的味道。

板橋的詩、書、畫、印緊密配合，相得益彰。板橋正是這曲動人的「交響樂」的總指揮。

「揚州八怪」各有所長，「領異」者，可推板橋乎？

「牟子」曰：「少所見，多所怪，睹馲駝，言馬腫背。」鄭板橋也指出：「世俗少見多怪，聞言不信，通病也(48)。」世人對鄭板橋這樣獨特的藝術家因「少見」之，故「多怪」之。這大約也是鄭板橋「怪」的答案之一。

總之，鄭板橋和李鱓、金農、汪士慎、黃慎、高翔、李方膺、羅聘等揚州畫友，是清代畫壇上的一支勁旅，是繼徐渭、石濤、八大山人之後現實主義繪畫的新發展。這些人有著大體相似的經歷，或者終身不仕，或者當了幾年小官得罪了上司而罷歸，都與勞動人民有著較多的接觸。他們賣畫揚州，不同程度地較早接受了資本主義萌芽思想的影響。他們藝術上都敢於創新而又各有所長。他們的「怪」，是黑暗的時代、矛盾的思想、壓抑的感情和強烈的創造性的結合體。我們不贊成把他們捧得比清代的思想家黃宗羲、顧炎武、王夫之、戴震還要高，他們的思想還達不到那個高度；我們也不贊成把他們罵作統治階級的「幫兇」或者統治者捧起來的「偶像」。在當時的歷史條件下，透過他們「修、齊、治、平」的雄心壯志，慷慨激昂的抗議之聲，嘻笑怒罵的不平之氣，低迴婉轉的愁苦之詞，我們可以看到在資本主義萌芽時期，在封建勢力高壓之下，一代正直的中國知識份子的赤子之心和他們克服重重困難對中國藝術的孜孜探求。

六

我愛板橋的為人之真、為官之善、為藝之美。然而，鄭氏有關資料多散見於各種典籍，搜求不易。比較集中也較易見到的當推上海古籍出版社出版的《鄭板橋集》（1962.1初版，1979.12新1版），但全書也只有16萬字。党明放先生操持影像以為業，侍奉母病以盡孝。家業之餘，以鄭板橋爲隔代知音。1995年春，他藉赴京出席全國攝影盛會之機，談及擬爲板橋先生修譜，徵詢我的意見。編撰鄭氏年譜，當屬一項宏大的文化學術工程，非具過人之才之學之識，不易爲功。好在党明放藝學博洽且胸具通識，才穎兼能而堪任勞劇。我相信他對板橋人生，當會用心靈去感悟；對板橋人性，當會用真情去書寫。今天，《鄭板橋年譜》得以撰成，煌煌六十萬言，洵爲難得。

板橋是一位反叛封建文化的俠客，其悲壯滄桑、顛沛流離的人生體驗凝爲大量的「掀天揭地之文、震電驚雷之字、呵神罵鬼之談、無古無今之畫(49)。」他「是中國近三百年來最卓越的人物之一，其思想奇、文奇、書畫尤奇。觀其詩文及書畫，不但想見高致，而其寓仁慈于奇妙，尤爲古今天才之難得者(50)。」

當今學界浮躁蹈虛，好作大言空論。党明放能以自覺的學科建設意識，多方羅掘史源。充分利用各種字書類書、筆記小說、史典文集、地理方志、詩話繪畫並旁及相關家譜族譜等，一邊爬梳剔抉，一邊博訪遐尋。經年累月，進出百家。對其每通書劄、每篇序跋、每首詩詞、每則判牘、每件書畫、每副對聯、每塊匾額、每枚印鑒，力求尋原探委，比勘糾訛，惟正是編，足見其匠心和識力。

年譜，是按年月日順序依次記述人物生平事蹟、著述等活動的史書，系編年體之一種，與年表、傳略、譜策相表裡。被譜述的人物稱爲「譜主」。年譜創於宋代，興於元明，盛於清代，尤盛於現當代。宋人趙子櫟《杜工部年譜》、清人王懋竑《朱熹年譜》，今人黃錫珪《李太白年譜》、李嘉言《賈島年譜》、繆鉞《杜牧年譜》、王利器《鄭康成年譜》、于中航《李清照年譜》、鄧廣銘《辛稼軒年譜》、孔凡禮《蘇軾年譜》等頗有影響。其它尚有讀書譜、校書譜及藏書譜之分。

《鄭板橋年譜》記事始於康熙三十二年癸酉（1693），迄於乾隆三十年乙酉（1765），涵蓋譜主一生。是譜以時間爲經，以行跡爲緯；經緯交織，對接轉換。書中穿插板橋先生珍貴墨蹟百餘幅，以飽板橋愛好者眼福；全譜於記事後，均以注釋形式採錄原始資料，除標明資料來源出處外，並於多處復加案語，爲板橋研究者提供考索之便；凡譜主生平活動中涉及之人物、事件等，附加小注，原原本本、井然有序；每年記事末，均插以石濤及「揚州八怪」人物爲主的主要藝事及國朝重大事件摘記，以襄助板橋初識者。譜文末附錄板橋家世考略、板橋書畫印章知見錄、板橋僧友道友人名錄、歷代師法板橋書畫人名錄、歷代諸家詩評詞贊板橋、板橋書畫墨蹟主要收藏單位及書名、人名索引。所臚列參閱書目凡二百四十九種，以示對歷代諸賢學術研究成果的尊崇。因此，《鄭板橋年譜》頗合當代著述之要求。

「雲映日而成霞，泉掛岩而成瀑。」党明放是懷著強烈的學術責任感編撰此著的。「入乎其內」而又「出乎其外」。他對板橋的心靈不但作了一次精彩的探究，而且更爲「鄭學」研究者確立了一種「深度解讀」的模式。對於諸賢研究中的疏失，他只明確指正，而不妄加責難，體現出青年學人寬廣的胸懷。

《鄭板橋年譜》可謂迄今最新最全最厚重的一部編年體史書，具有重要的學術價值。稱其爲板橋研究所不可或缺之案頭書，當非虛譽。以像觀心，讀譜識人，答案也盡在其中了。

2003年夏・中國藝術研究院

【注釋】

(1)(46)蔣士銓《忠雅堂詩集・題鄭板橋畫蘭送陳望亭太守》

(2)梁詩正語

(3)《鄭板橋集・揚州》

(4)陳康祺《郎潛紀聞》卷十三

(5)《鄭板橋集・詩鈔・偶然作》

(6)(40)《鄭板橋集・家書・濰縣署中與舍弟第五書》

(7)(29)《鄭板橋集・補遺・板橋自敘》

(8)桂馥《國朝隸品》

(9)《鄭板橋集・青玉案・宦況》

(10)(25)曾衍東《小豆棚》卷十六

(11)(12)《鄭板橋集・沁園春・恨》

(13)《鄭板橋集・署中示舍弟墨》

(14)《鄭板橋集・唐多令・思歸》

(15)《鄭板橋集・賀新郎・西村感舊》

(16)《鄭板橋集·劉柳村冊子》
(17) 錢泳《履園叢話》卷二十四
(18)《鄭板橋集·焦山雙峰閣寄舍弟墨》
(19)(20)《鄭板橋集·雍正十年杭州韜光庵中寄舍弟墨》
(21)《鄭板橋集·范縣署中寄舍弟墨第二書》
(22)《鄭板橋集·濰縣署中畫竹呈年伯包大中丞括》
(23)《老子·四十五章》
(24) 洪應明《菜根譚·補遺》
(26) 板橋與韓生鎬論文
(27)《鄭板橋集·題蘭竹石調寄一剪梅》
(28)《鄭板橋集·補遺·題竹》
(30)《鄭板橋集·靳秋田索畫》
(31)(34)(39)《鄭板橋集·題畫》
(32)《鄭板橋集·又贈牧山》

(33)《鄭板橋集·黃慎》
(35)《鄭板橋集·題畫》
(36)《莊子·達生》
(37)《鄭板橋集·題畫》
(38)白居易《長慶集·養竹記》
(41)袁枚《隨園詩話》卷九
(42)陸九皋《京口今傳瘞鶴銘》
(43)《鄭板橋集·附錄·鄭燮小傳》
(44)丁家桐《絕世風流·鄭燮傳》
(45)房文齋《鄭板橋》
(47)張正宇《致馮其庸信》
(48)《鄭板橋集·與金農書》
(49)《鄭板橋集·亂蘭亂竹亂石與汪希林》
(50)徐悲鴻題《板橋蘭竹石圖》軸，無錫市博物館藏墨蹟

序　三

呼延華

在清代文學史和藝術史上，板橋詩峭拔蒼涼，覺人覺世；板橋文軒昂峻暢，經世濟世；板橋書震雷驚雷，獨步天下；板橋竹勁節扶疏，超塵絕俗；板橋蘭葉秀肥腴，幽香縹緲；板橋石蕭散神逸，空靈有致……。

因仰慕板橋德行、學問與藝術，得與党明放先生結識。先生乃板橋資深研究專家丁家桐公弟子。桐公風骨清舉，風神豪邁，人品、文品皆做到了極處。

方志學家朱士嘉云：「敘一人之道德、學問、事業，纖悉無遺而繫以年月者謂之年譜。」（《中國歷代名人年譜・序》）國學大師錢穆認爲：年譜是「圖史取材之資」的一種（《中國近三百年學術史》）。清代學者方東樹云：「年譜者，補國史家乘所不備而益加詳焉。」（《望溪先生年譜・序》）史學家余嘉錫云：「年譜於辨章學術最爲有益。」（《目錄學發微》）年譜是史籍中較爲特殊的一種人物傳記體裁，它雜糅了紀傳與編年二體。

年譜作爲知人論世之淵椒。它廣泛擷取譜主修身之言行，友朋之結契，師承之關係，際遇之坎坷，行蹤之遊歷。道人生之幽微，體人情與至細。明放先生以文學的視角和史學的思維，「守正出新」，並以本色、正直成就了寬容、獨立之氣象。脫稿後，間有歧出，則輒手劄錄書稿眉端。

考辨求真，屢有創獲。這種期於完善之舉令人心折。

獨立的年譜須宏富博大。《鄭板橋年譜》尚有如下突出特點：

一、挖掘了部分鮮爲人知的史料。如：雍正九年（1731）書於京口旅次的七言聯；乾隆四年（1739）書作的《金縷衣》軸；乾隆十五年（1750）書作梁武帝蕭衍《古今書人優劣評》軸等。

二、補遺了部分闕而不詳之文。如：乾隆二十五年（1760）的《劉柳村冊子》，共十二頁，原闕四頁，系殘本，計903字，此次補遺了535字。

三、考證了二百二十餘幅書法及繪畫作品題跋內容的出處。如：「一池荷葉衣無盡……」，系唐代大梅法常禪師詩偈；「波中濯出始昂頭……」，系天童悟禪師〈金山〉詩；「石墨相著而黑……」，分別系周太公〈硯銘〉、周武王〈盥盤銘〉、〈帶銘〉、〈杖銘〉、〈筆銘〉等。

四、訂正了百餘處執偏見曲之誤。如：己巳，即乾隆十四年（1749），非乾隆五年（1740）藏於蘇州博物館的行草「七絕二首」，非「七律詩」；藏於南京博物院的行書「李商隱七絕三首」，非「七律詩」（哪有七律是十二句的？）等。

本書採用了綱目式的編年記月之法，即按年月日爲綱記事，在綱題之下詳盡摘錄歷史資料，並廣泛吸取與譜主有關學者的論述，以曲暢旁通；又在目下另附案語，對記事或摘引的歷史資料詳爲考辨。一時難以全部入譜而棄之又不無可惜之處，便於譜尾增加附錄一體，以備參證。徵引書目多達320餘種，實屬不易。書目的臚列，既增加了年譜的信徵程度，又可方便有興趣的讀者去參驗。傳統編年體裁在本書中得到了恰當的運用，並獲得了現代學術意義上的完善和發展。

「漫掃白雲看鳥跡，自鋤明月種梅花。」明放先生學爲儒宗，行爲士表。既有讀書萬卷的淵博，又有行走萬里的遊歷，更有靜守書齋的淡然。他以「崇尚實學，去絕浮言」爲己任，奉學術爲圭臬，學術就是他最高的精神殿堂。他對「鄭學」愈探愈出，愈研愈入，愈往而不知其所窮。先生這種執著的學術追求源自於他赤誠的學術良知，赤誠的學術良知鑄就了他剛直的學術品格。堅持載道於無心的觀念不爲人遷。

興學弘道，止於至善。先生以嶄新的人文視野，凝重的歷史筆觸，全面地再現了清代藝術大師鄭板橋一生之「獨行」、「奇識」。本書堪稱鄭板橋去世之後的第一部氣勢恢弘之作，更是一部繼往開來之作，足以嘉惠學林。

清人張潮云：「著得一部新書，便是千秋大業；注得一部古書，允爲萬世宏功。」（《幽夢影》）先生以樂爲學，爲學多方，每觸類而旁通，遂遊刃而群藝。他的付出是責任的承擔和使命的交待。他追求是平淡中的別樣精彩！

板橋作爲一種文化資源、一種學術資源，期待先生能有更多的佳作問世。

是爲序。

2007年7月於北京

凡例

1. 本年譜記事始於康熙三十二年癸酉（1693），迄於乾隆三十年乙酉（1765），涵蓋譜主的一生。

2. 本年譜關於譜主生平活動之重要佐證資料均以譜主詩文集、傳世書畫作品題跋及相關史料爲依據。並從諸賢述學中多所吸納。

3. 關於譜主生平事蹟：凡有月有日者臚列於前；有月無日者列於月末；而只有年代，或經考辨知其大致年代者，均綴以「約」字繫於年末。

4. 凡採錄原始資料皆注明資料出處。原本有闕文者，必索相關影印真跡或權威校勘本訂正；無可參訂者，均以「□」標示；對於明顯的訛錯，則以「（ ）」可當作某字；對見解各異，或間有愚見者，盡在「明放案」中表述。

5. 凡譜主生平活動中所涉及之重要人物、事件等，均加注釋，詳略得當。

6. 爲完整揭示譜主所處的時代背景，每年末均附插以石濤及「揚州八怪」人物爲主的主要事蹟及當朝重大事件摘記。

7. 鄭板橋家世考略：主要依據嘉慶修《昭陽鄭氏族譜》。

8. 鄭板橋書畫印章：主要依據譜主傳世書畫作品、清人何雪漁舊藏《鄭板橋印冊》及清人徐兆豐《板橋先生印冊》文字並相關史料，經參交互考後采輯。對所采輯的印章分別附有釋文、刻者姓名、籍貫、印文內容及最早所鈐書畫。

9. 師法鄭板橋書畫人名錄：主要參考周積寅先生相關文章及表格編定。

10. 詩評詞贊鄭板橋：主要從相關著述中輯錄。此僅其中一小部分，閱者見諒。

康熙三十二年癸酉（1693）　一歲

◇**十四世長門進士**。

十月二十五日①子時，生於江南揚州府興化②縣城東門外古板橋③。姓鄭，名燮④，字克柔，號板橋，又號理庵。先世寓居蘇州閶門，明洪武三年（1370）播遷興化城內汪頭⑤。曾祖新萬，字長卿，十一世長門庠生⑥。生於明萬曆四十四年（1616）十一月十四日子時，娶吳氏，繼陳氏。歿於清康熙九年（1670）十一月廿八日辰時，葬於蘇顧莊。祖湜，字清之，十二世長門儒官。生於順治二年（1645）七月初八日未時，歿於康熙三十七年（1698）七月初四日丑時，葬於刹院寺；祖母蔡氏，江蘇揚州府興化縣蔡靈臯室女。父之本，字立庵，號夢陽、厚生。十三世長門廩生⑦。生於康熙十二年（1673）十月初四日未時，歿年未詳，葬於刹院寺。以文章品行為士先，設帳授徒數百輩，皆成就；生母汪氏，江蘇淮安府鹽城縣汪翊文室女。端嚴聰慧特絕。繼母郝氏，江蘇淮安府鹽城縣郝林森室女。叔父之標，字省庵。生於康熙十四年（1675）二月十一日巳時，娶陸氏。生子墨，字克己，號五橋，庠生。

嘉慶修《昭陽鄭氏族譜》

《鄭板橋集・補遺・板橋自敘》

注釋：

①十月二十五日，興化俗以雪婆婆生日。燮與之同日生，深感快慰，故有「雪婆婆同日生」之印（杭州身汝敬刻）。

②興化：位於江蘇省中部，隸屬揚州市管轄。春秋時屬吳，戰國時屬楚，楚懷王六年（前323），裂海濱之地為楚將昭陽（楚王族昭、屈、景三姓的後裔，曾與魏戰於襄陽，以下八城有功，受封於海濱之地，死後葬於城西陽山）的食邑。秦屬九江郡，漢屬吳王劉濞轄地。三國時期分屬吳、魏，隋開皇元年（581）屬歸海陵縣。唐時，興化先後隸屬古揚州，地臨淮、廣陵、江都，其範圍在海陵（今泰州）之北，鹽瀆（今鹽城）之南。五代楊（隆演）吳武義二年（920），由海陵縣北部析出，辟為招遠場，同年設興化縣，意取「興隆昌盛，教化改革」。南宋建炎四年（1130），升高郵軍為承州，割縣（興化）治之；紹興五年（1135）復興化縣治，隸屬泰州。紹興三十一年（1161）又建高郵為軍，仍以興化隸屬，後又隸泰州。淳熙四年（1177）復隸高郵。元代屬高郵府，隸揚州路。明代屬高郵州，隸揚州府。清代為揚州府高郵州興化縣，後直隸揚州府。1987年撤縣設市。境內海湖縱橫，煙波浩淼，素有「水鄉」之稱。

興化自明中葉後，相繼出現了高穀、李春芳、吳甡三位宰相。其中，李春芳還是狀元宰相。如今，在興化城中心的「四牌樓」上懸掛著四十七塊明清兩代興化人才匾額。其中的「才步七子」便是鄉人為燮所立。興化在清代為揚州府屬，故板橋有「揚州興化人」之印（天臺潘西鳳刻）。興化又稱昭陽、陽山、楚陽，故板橋在書畫中有「楚陽鄭燮」之署款。「三閭遺廟、景範明堂、木塔晴霞、東皋霽雨、陽山夕照、勝湖秋月、滄浪亭館、玄武靈台、南津煙樹、龍舌春雲」即為明代宰輔高穀所詠「昭陽十景」。

③古板橋：位於興化東門外南邊的護城河上。橋面原鋪木板，故稱古板橋。後變易板為磚。道光年間重修。20世紀60年代拆除。橋碑80於年代初找到。

④燮：《尚書・洪範》云：「燮友柔克。」孔傳：「燮，和也。世和順，以柔能治之。」鄭府添孫，鄭門有後，祖父便為其取此名。又字取「克柔」。燮臉上因有數顆淡淡的麻子，故父母又為其取乳名「麻丫頭」。後燮常在書畫作品上鈐「麻丫頭針線」印章，以示對父母賜名的珍愛。

⑤汪頭：位於興化城內北水關橋南，亦稱北汪頭。

⑥庠生：科舉制度中府、州、縣學生員的別稱。庠是古代學校之稱。

⑦廩生：科舉制度中生員名目之一。在清代，須經歲科兩試一等前列的，方可取得廩生名義，成為資歷較深的生員。廩生的主要職務是具結保證應考的童生無自家不清及冒名頂替等弊端。廩生由官府發給生活補貼，名為廩餼銀，規定每年四兩。像興化這樣的縣每年定額廩生約為20名。

明放案一：關於板橋的出生地，據今人黃俶成先生考證：應在古板橋東南約二、三里之距的夏甸。夏甸是座小島，當地人稱「垛子」。民間傳說就是當年夏禹治水往東海置放鎮海神針時留下的馬蹄印。

明放案二：關於板橋的遠祖，據今人丁家桐先生考證：乃東漢經學家鄭玄（127—220），字康成，北海高密（今屬山東）人。舊時同族有祠堂，供奉列祖列宗。據嘉慶修《昭陽鄭氏族譜》：興化鄭氏有祠堂名「書帶草堂」。「書帶草」即「麥冬」，亦稱「麥門冬」、「沿街草」。屬於一種頗具韌性的長草。漢代讀書人常用它來捆紮簡片，當為鄭玄的使用物。板橋曾刻「書帶草」白文印章，用以紀念這位遠祖。

◇冬日，石濤①於大樹堂作花卉屏通景並題跋。

注釋：

①石濤（1642—1718）：清初畫家。姓朱，名若極。本籍桂林（今廣西）人，僧籍全州（今廣西），為明靖江王朱贊儀十世孫。父亨嘉被翟式耜俘殺時，若極年尚幼，後隱身為僧，法名原濟，亦作元濟，號石濤，又號苦瓜和尚、大滌子、鈍銀、石道人、清湘陳人、清湘遺人、清湘老人、瞎尊者、半個漢、膏盲子、支下人、夢童生等。早年屢遊安徽敬亭山、黃山；中年住南京，晚年居揚州賣畫。擅山水，且「脫胎於山川」，「搜盡奇峰打草稿」，進而「法自我立」。所畫山水、蘭竹、花果、人物，講求新格，意境蒼莽新奇，書法擅隸、行。工詩，並擅園林疊石，王原祁贊為「江南第一」。對「揚州八怪」和近代中國畫影響極大。有《苦瓜和尚畫語錄》（即手寫刻本《畫譜》）及後人所輯《大滌子題畫詩跋》等。

石濤跋花卉屏通景云：「石文自清潤，層繡古苔錢。今人心目朗，招得米公顛。余顛顛未已，豈讓米公前？每畫一石頭，忘坐亦忘眠。更不使人知，卓破古青天。誰能袖得去，墨幻真奇焉！菊竹若青志，與爾可同年。真顛為誰老？苦瓜制此篇。」

丁家桐《石濤傳》

◇米價暴漲，廷禁釀酒。

◇擴大鄉、會試錄取名額。

◇《唐詩掞藻》八卷成，高士奇①編。

注釋：

①高士奇（1644—1703）：字澹人，號江村。錢塘（今浙江杭州）人。以諸生供奉內廷，入值南書房，為帝所寵信，官詹事府少詹事。因植黨營私被劾，解職歸田。後復召入京，官禮部侍郎。能詩文，善書法，精鑒賞，所藏書畫甚富。著有《天祿識餘》、《江村消夏錄》、《春秋地名考略》、《金鼇退食筆記》、《左傳紀事本末》、《扈從西巡日錄》、《清吟堂集》等。

康熙三十三年甲戌（1694）　二歲

◇秋八月，石濤於靜慧寺作山水八幀，並題跋。

石濤跋山水圖云：「此道從門入者，不是家珍，而以名振一時，得不難哉？高古之白禿清溪道山諸君輩，清逸之如梅壑漸江二老，乾瘦之如垢道人，淋漓奇古之如南昌八大山人，豪放之如梅瞿山雪坪子，皆一代之解人也。吾獨不解此意，故其空空洞洞，木木默默如此。問訊鳴六先生，予之評訂，其旨若斯，具眼者，得不絕倒乎？」

丁家桐《石濤傳》

◇正月，河道總督于成龍被革職。

◇七月，康熙帝巡邊。

◇帝詔王鴻緒①主修《明史》，萬斯同②審核。

注釋：

① 王鴻緒（1645—1723）：初名度心，字季友，號儼齋，又號橫雲山人，江南華亭（今上海

松江）人。康熙十二年（1673）一甲二名進士，授編修。康熙十四年（1675）主持順天府鄉試。康熙十八年（1679）詔修《明史》，大學士徐元文充總裁。康熙十九年（1680）帝諭旨，獎講官勤勞，加侍讀學士銜。徐元文去職，張玉書、陳廷敬繼之。康熙二十六年（1687）擢升為左都御史。康熙二十八年（1689）因與高士奇相互勾結，招權納賄，遭左都御史郭琇參劾，又因嘉定知縣聞在上私派累民，巡撫鄭端在審訊過程中，聞在上供出有五百塊銀錠藏於王鴻緒家，王鴻緒被逮候審，遂罷官回籍。康熙三十三年（1694）召返京修書，繼為總裁。自徐元文至王鴻緒，俱以黃宗羲弟子萬斯同主其事。累官戶部尚書，充任經筵講官。康熙四十八年（1709）罷官後，把全稿帶回家加以刪改，成《明史稿》三百十卷，康熙五十三年（1714）假託己作，「謹繕寫全稿，齎呈御覽，請宣付史館，以備參考。」帝覽，甚喜。次年詔令晉京，充任《省方盛典》總裁官。著有《賜金園集》、《橫雲山人集》及醫書《王鴻緒外科》等。

時隔五十餘年後，王鴻緒貪功好名之事被魏源、郭琇等揭露。乾隆四十三年（1778），國史館呈〈王鴻緒傳〉，帝命將對王鴻緒的劾疏同時載入，「使後世知鴻緒輩罪狀」。

② 萬斯同（1638—1702）：史學家。字季野，學者稱石園先生，浙江鄞縣人。萬斯大之弟，黃宗羲弟子。自幼聰穎超人，八歲能在客人面前全篇背頌漢代揚雄的《法言》而一字不漏。康熙十七年（1678）被浙江地方官薦為博學鴻詞，力辭不就。博通諸史，尤熟明代掌故。康熙十八年（1679）清廷開局修《明史》，以布衣身份參加編修，不署銜，不受俸，前後一十九年，成《明史稿》。他認為撰寫史書必須「事信而言文」。著有《歷代史表》、《歷代宰輔滙考》、《宋季宗義錄》、《河渠考》、《石經考》、《石鼓文考》、《南宋六陵遺事》、《群書疑辨》、《石園詩文

集》等。

◇帝詔高士奇回京入值南書房，授王鴻緒工部尚書。

康熙三十四年乙亥（1695）　三歲

◇李方膺①生。

崔莉萍《李方膺傳》

注釋：

①李方膺（1695—1754或1756）：畫家。字虬仲，號晴江、秋池、抑園、白衣山人等。通州（今江蘇南通）人。曾任樂安、蘭山、潛山、合肥知縣，去官後長期流寓南京借園，號借園主人。常往來揚州賣畫。善畫松竹蘭梅，法徐渭、陳淳。尤長寫梅，用筆放縱而蒼勁蟠曲；松石蘭竹，筆意恣縱，簡逸傳神。評者謂其梅「獨具靜逸氣」。能詩，詩中能抒發其不得志和孤傲之情。李玉棻《甌鉢羅室書畫過目考》中列為「揚州八怪」之一。

◇夏日，石濤①過巢湖，因風滯留，遂作《巢湖圖》，贈張太守。九月，為器老年翁作《山水冊》，並題跋。

石濤跋《山水冊》云：「無發無冠決兩般，解成畫裡一漁竿。蘆花淺水不知處，若大乾坤收拾間。」「無端清吹起長干，望入湘山曉色寒。我愛王猷多遠興，一枝持贈擬琅玕。」

丁家桐《石濤傳》

注釋：

①石濤：詳見康熙三十二年癸酉（1693）「◇冬日，石濤於大樹堂作花卉屏通景並題跋」注。

◇廷詔畫家王翬①作《北征圖》。

注釋：

①王翬（1632—1717）：清初畫家。字石谷，號耕煙散人、烏目山人、清暉主人、劍門樵客等。常熟（今屬江蘇）人。與王時敏、王鑒、王原祁合稱「四王」。加吳歷、惲壽平，稱「清六家」。

王翬出身繪畫世家。幼承家學，初學畫於張珂，後又得到王鑒、王時敏指點。擅山水，初摹黃公望，後廣泛師法唐宋元明諸家，轉益多師，加以發展變化，形成個人藝術風格。他說：「以元人筆墨，運宋人丘壑，而澤以唐人氣韻，乃為大成。」其畫筆墨功底深厚，長於摹古，幾可亂真，天機迸露，迥非時流所能。但又能不為成法所囿，部分作品富有寫生意趣，構圖多變，勾勒皴擦渲染得法，格調明快。但有時過於圓熟或刻露。晚年脫落，似有蒼茫之致。在「四王」中比較突出。其畫在清代極負盛名，康熙三十年（1691）奉詔繪製《康熙南巡圖》，三年完成，得到皇帝的褒獎，被視為畫之正宗，追隨者甚眾，因他為常熟人，常熟有虞山，故後人將其稱為「虞山派」。有《康熙南巡圖》（與楊晉等人合作）、《北征圖》、《秋山蕭寺圖》、《虞山楓林圖》、《秋樹昏鴉圖》、《太行山色》、《臨安山色》等傳世。其中：

《秋樹昏鴉圖》（設色，紙本。北京故宮博物館藏）是王翬81歲高齡時創作的佳品。畫面為高樹垂柳，竹林小徑，歸鴉點點，樓屋臨水。這幅畫佈局繁密，遠近景用寬闊平靜的水面隔開。遠處一片群山，山勢平緩。河流縱橫交錯，將峰巒分為一大一小兩部分。近處一片山坡，蒿草叢生，竹林中棵棵秀竹筆直挺立，十分齊整。此幅畫筆墨蒼老，墨色富於變化，人物形象生動，刻劃較工細，如此精密，可見王翬平生畫岡之一斑。畫面上端右側題詩曰：「小閣臨溪晚更嘉，繞簷秋樹集昏鴉。何時再借西窗榻？相對寒燈細品茶。」這首詩道出了畫中的情與景。

《臨安山色》（手卷），作於康熙三十五年（1696）。人們不禁為其筆墨技法所賦予的深邃與張力所震撼。浩然長卷使人心曠神怡，臨安山色盡在清暉主人筆墨營造的天地之間。60－70歲這一階段，無論是繪畫技法還是聲望地位，都達到一生的頂峰。在《臨安山色》這幅仿巨然粗筆之風的畫作中，作者十分講究用筆之粗細輕重、乾濕濃淡之變化，在明暗對比層次把握中講究體、塊、面，主次控制極有分寸，以短促的披麻皴、粗筆皴擦，筆精墨妙。山石的突出部與邊緣處筆簡墨淡，真切地表現出山巒的層次感和質感。設色以淡赭為主，色調溫和深沉，以卷首處平坡、山峰「起」勢，畫法與南京董源、巨然為主，長、短披麻皴並舉。王翬參合二者圓潤之筆，以簡潔、瀟灑的皴法層層擦寫，構建平緩厚潤的山脈。山間叢林用側鋒畫出，畫法不拘一格，雙勾、夾葉，亦圈亦點，神清氣爽，滿目森然，與山體皴法融為一體，盡得山巒渾厚蒼茫。山間以留白與簡單烘染表現縹緲的雲霧和遠水，使觀者隨山勢、樹木、平坡、房屋而依次遞進、延伸。密集繁實處似不透風，疏朗虛空處並無滯礙，遠山近水渾然一統。皴筆不多，而傳神恰恰在以少勝多的地方煥發出來，從容有度，真可謂：「應思落筆間，神會忘塵俗。」

《太行山色》（立軸，設色，絹本）在2005年中貿聖佳拍賣公司秋季拍賣會中被拍1100萬元。

◇汪熹儒編《唐詩評選》刻本十卷成。

◇十月，清廷發兵噶爾丹。

◇重修太和殿①。

注釋：

①太和殿：俗稱「金鑾殿」，北京故宮三大殿（太和、中和、保和）中最大的一個。明永樂十八年（1402）建，初名奉天殿，嘉靖時改名皇極殿。清順治二年（1645）始稱今名。今殿為康熙三十四年（1695）重修。建於三層漢白玉臺基之上，殿高35米，東西長64米，南北寬33米，總面積2377平方米。外有廊柱一列，全殿內外立有大柱84根。重簷廡殿式，黃色琉璃瓦頂。裝飾絢麗，金

碧輝煌，為全國最大的木構大殿。明清兩代帝王即位，或節日慶典、朝會大典等，均在此舉行。

◇於紹興蘭渚山麓重建蘭亭。

康熙三十五年丙子（1696）　四歲

◇生母汪氏病歿，育於費氏①。

「我生三歲我母無……」《鄭板橋集・詩鈔・七歌》

注釋：

①費氏：板橋《乳母詩》序云：「先祖母蔡太孺人之侍婢也。燮四歲失母，育於費氏。時值歲饑，費自食於外，服勞於內。每晨起，負燮入市中，以一錢市一餅置燮手，然後治他事。間有魚飧瓜果，必先食燮，然後夫妻子母可得食也。」

孺人：舊時對婦人的尊稱。明清則為七品官之母或妻的封號。

◇春，石濤在揚州為歙縣程浚（葛人）題所藏弘仁《曉江風便圖卷》；九月，於揚州作《春江垂釣圖》並題句，寄八大山人①。

丁家桐《石濤傳》

注釋：

①八大山人：即朱耷（1624或1626—1705），明甯王朱權後裔。南昌（今江西）人。明亡，一度為僧，又為道，住持南昌青雲譜道院。一生所用的別號多達數十，常用的主要有：雪個、個山、人屋、驢漢，最著名的當屬五十九歲後所用的「八大山人」，四字連綴寫成，似「哭之」、「笑之」，表現出了極端的內心矛盾。擅畫水墨花卉禽鳥，筆墨簡括凝煉，極富個性，所畫魚鳥每作「白眼向人」的情狀，形象誇張，創立新貌，逸氣橫生。山水學黃公望、董其昌，但用筆乾枯，多顯荒涼蕭索氣象。花鳥學沈周、陳淳、徐渭。題詩含意隱晦，多寄寓亡國之痛。與弘仁、髡殘、原濟（石濤）合稱「清初四僧」。

◇八大山人書〈桃花源記〉一段，寄石濤請其補圖。石濤補之，並題識成卷。

丁家桐《石濤傳》

◇二月，康熙帝出獨石口親征噶爾丹。

◇五月，昭莫多之戰，噶爾丹敗。

◇十一月，噶爾丹遣使納款。

王家誠《鄭板橋傳》
丁家桐《鄭燮傳》

康熙三十六年丁丑（1697）　五歲

◇約於本年，父立庵續娶郝夫人。

◇春日，石濤為博爾都仿仇英①《百美爭豔圖》巨卷，至秋日完成。石濤題跋。

石濤跋云：「蓋唐人士女，悉尚豐肥穠豔，故周昉直寫其習見，實父能盡其性情，纖悉逼真，不特其造詣之工，彼用心仿古，亦非人所易習也。」

注釋：

①仇英（約1501—約1551）：明畫家。字實父，號十洲，太倉（今屬江蘇）人。居蘇州。出身工匠，以賣畫為生。擅人物，尤工仕女，又善水墨、白描，皆精工妍麗。山水多學趙伯駒、劉松

年。青綠之作，細潤而風骨勁峭。亦善花鳥。晚年客於收藏家項元汴天籟閣從事臨摹和創作，足以亂真。與沈周、文徵明、唐寅並稱「明四家」。

明放案：博爾都跋云：「向隨駕南巡，覓得仇實父《百美爭豔圖》，索清湘先生寫之。」

◇顧氏秀野草堂刻本《溫飛卿詩集箋注》九卷成，明曾益箋注，顧予咸補注，清顧嗣立續注。

康熙三十七年戊寅（1698） 六歲

◇祖父鄭湜去世，壽五十三。

嘉慶修《昭陽鄭氏族譜》

◇春日，石濤①在揚州新建的大滌堂作《桐蔭圖》，並題跋。後又致書八大山人，求

作《大滌堂草圖》卷。

石濤跋《桐蔭圖》云：「百尺梧桐半畝陰，枝枝葉葉有秋心。何年脫骨乘鸞鳳，月下飛來聽素琴。」

丁家桐《石濤傳》

注釋：

①石濤：詳見康熙三十二年癸酉（1693）「◇冬日，石濤於大樹堂作花卉屏通景並題跋」注。

◇讀書堂刻本《杜工部詩集注解》二十卷成，張溍評注。

◇二月，于成龍偕西洋人安多得等勘察渾河。

◇七月，疏浚渾河竣工，始改永定河。

康熙三十八年己卯（1699）　七歲

◇乳母費氏為生活所迫，不告而去。

《鄭板橋集・詩鈔・乳母詩》

◇二月，曹寅①為石濤仿作《百美爭豔圖》題跋。四月，天津大悲院月翁世先生造訪大滌草堂，石濤作《山水》立軸相贈。

曹寅跋石濤仿作《百美爭豔圖》：「此巨卷百美圖，乃大滌子所制，今為問亭先生藏玩。己卯仲春過白燕堂始得一觀，見是卷中人物山水、亭閣殿宇，風采可人，各各出其意表，令觀者不忍釋手，直石老得意筆也，於是乎跋其後。」

丁家桐《石濤傳》

注釋：

①曹寅（1658—1712）：文學家。字子清，號荔軒，又號楝亭。先世漢族，原籍豐潤（今屬河北），自其祖父起為滿洲貴族的包衣（奴僕），隸屬正白旗。為《紅樓夢》作者曹雪芹之祖父。官至通政使、管理江甯織造、巡視兩淮鹽漕監察御史。善射騎，能詩詞，校勘古書頗精。著有《楝亭詩鈔》、《楝亭詞鈔》、《續琵琶記》、《楝亭五種》、《楝亭藏書十二種》等。

◇八大山人①著人送來《大滌堂草圖》，石濤題跋。

西江山人稱八大，往往遊戲筆墨外。心奇跡奇放浪觀，筆欹舞墨真三昧。有時對客發癡顛，佯狂詩酒呼青天。須臾大醉草千紙，書法畫法前人前。眼高百代古無比，旁人讚美公不喜。胡然圖就特丫叉，抹之大笑曰小伎。四方知交皆問予，廿年跡蹤那得知？程子抱犢問予道，雪個當年即是伊。公皆與我同日病，剛出世時天地震。八大無家還是家，清湘四海空霜鬢。公時聞我客邗江，臨溪新構大滌堂。寄來巨幅真堪滌，炎蒸六月飛秋霜。老人知意何堪滌，言猶在耳塵沙歷。一念萬年鳴指間，洗空世界聽霹靂。

丁家桐《石濤傳》

注釋：

①八大山人：詳見康熙三十五年丙子（1696）「◇春，石濤在揚州為歙縣程浚（葛人）題所藏弘仁《曉江風便圖卷》；九月，於揚州作《春江垂釣圖》並題句，寄八大山人」注。

◇孔尚任①傳奇劇本《桃花扇》成。

注釋：

①孔尚任（1648—1718）：戲劇作家。字聘之、季重，號東塘，別署岸堂，又稱雲亭山人。山東曲阜人。孔子六十四代孫。初隱居石門山中，過著養親不仕、閉門讀書的生活。康熙二十四年（1685），帝南巡至曲阜時，被詔御前講經，頗受賞識。破格授國子監博士。在此後的三年中，他隨工部侍郎孫古豐到淮、揚一代治水，游南京，憑弔前朝歷史遺跡，並接觸了明朝遺老冒辟疆、

石濤等人。獲得了關於南明興亡的遺聞和珍貴的史料。累遷戶部主事、員外郎等職。康熙二十九年（1690），他回到京師，不再熱衷於官宦生涯，決意完成傳奇劇本《桃花扇》，「借離合之情，寫興亡之感。」用以「懲創人心，為末世之一救。」（《桃花扇・小引》）康熙三十八年（1699），「三易其稿而書成」，獲得極大的成功。當時與《長生殿》的作者洪昇有「南洪北孔」之稱。康熙三十九年（1700），被革職罷官，遂還鄉。曾與顧天石合作《小忽雷》劇本。著有詩文集《湖海集》、《石門集》、《長留集》、《岸堂稿》、《闕里新志》等。

◇二月，康熙帝第三次南巡，至揚、蘇、杭等地，五月返回。

◇四月，始修明太祖陵於鍾山。

康熙三十九年庚辰（1700）　八歲

◇春，石濤作《石榴萱草圖》，贈自京口將歸鎮江的少文先生，賀其得子；秋，作《秋葵圖》，並題識；冬，為曠齋先生作墨筆《雙清圖》。除夕，作〈庚辰除夕詩〉律詩四首。

秋作《秋葵圖》題識：「不學桃花色，因非柳葉黃。芳心何處著，薄暮向斜陽。」

丁家桐《石濤傳》

◇金農隨父觀摩五代畫僧貫休①所作十六軸菩薩圖像。

張郁明《金農傳》

注釋：

① 貫休（832—912）：五代前蜀畫家、詩人。和安寺僧，俗姓姜，字德隱，婺州蘭溪（今屬浙江）人。七歲出家，工書畫，其書人稱「姜體」。以畫羅漢為最著名。筆法遒勁，形象誇張。在吳越為錢鏐所重。唐天復間入蜀，為蜀主王建所禮遇。號為禪月大師。存世《十六羅漢圖》，傳為其作品。著有《禪月集》。

◇八大山人畫幅開始出現以鹿為主體的題材。

◇于成龍卒，壽六十三。張鵬翮繼任河道總督。

◇畫家王原祁①奉詔鑒定書畫。

注釋：

①王原祁（1642—1715）：字茂京，號麓台、石師道人，太倉（今屬江蘇）人。王時敏孫。康熙九年（1670）進士。官戶部侍郎。命鑒定內府名畫，充《佩文齋書畫譜》總裁。山水學「元四家」，以黃公望為宗。祖父時敏稱其學黃公望「形神俱得」。善用乾筆焦墨，層層皴擦，用筆沉著，自稱筆端有「金剛杵」。更於淺絳法獨有心得。晚年好用元吳鎮墨法。弟子有黃鼎、唐岱等，稱「婁東派」。與王時敏、王鑒、王翬合稱「四王」，加吳歷、惲壽平，稱「清六家」。

康熙四十年辛已（1701）　九歲

◇博爾都復將石濤所仿作《百美爭豔圖》寄回，囑石濤代為裝裱，並題賦。

石濤賦云：「漢殿輕涼秋七夕，漏點無聲銀河白。未央虯鑰扃千門，露落芙蓉深宮掖。越羅嫌薄怯霄沉，紅粉含羞恨月魄。重重綺檻珠櫳開。一一衣裳裁錦匹。翠髩花鈿笑語低，九孔笙笛吹雲碧。香針疊成比目魚，錦繡衣裳鳳凰翮。鮮雲半斂起微風，苑外人家散香澤。當時秘事誰得摹？仇英寫來摭點綴。流傳世上只有一，今為東皋問亭得。茲軸向年余所臨，亦付收藏比拱璧。余于山水樹石花卉神像蟲魚無不摹寫，至於人物，不敢輒作也。數年來得越東皋博氏收藏人物甚富，皆系周昉、趙吳興、仇實父所寫，余得領略其神采風度，則儼然如生也。今將軍亦以宮霓索摹，不敢方命，依樣寫成，郵寄京師，復為當代公卿題詠，余何當得也？越數年，復寄來索余覓良裝潢，並索再題，是以贅此始末也。」

丁家桐《石濤傳》

明放案：《百美爭豔圖》上已佈滿朝野諸人題句。

◇吳敬梓①生。

注釋：

①吳敬梓（1701—1754）：小說家。字敏軒，號粒民，晚自稱文木老人，安徽全椒人。諸生。青年時生活豪縱，後家道衰落，移居江寧。二十三歲時中秀才，二十九歲參加科考遭到斥逐。三十六歲時，安徽巡撫趙國麟欲薦其應博學鴻詞試，他稱病不赴。晚年益貧，卒於揚州。善詩賦，尤以小說《儒林外史》著稱。有《文木山房集》等。

◇《芥子園畫譜》①二、三集成。

注釋：

①《芥子園畫譜》：又稱《芥子園畫傳》。中國畫技法圖譜。共三集：初集為山水集，五卷，清初王概以明李流芳課徒畫稿增編而成，康熙十八年（1679）木版彩色套印；二集為蘭、竹、梅、菊四譜，八卷，諸升、王質繪、王概、王蓍、王臬兄弟論訂；三集為花卉、草蟲及花木、禽鳥兩

譜，四卷，王氏兄弟編繪。木版彩色套印。每集首列畫法淺說，亦有畫法歌訣；次摹諸家畫式，附簡要說明；末為摹仿名家畫譜。畫譜系李漁婿沈心友刻於李漁在南京之別墅「芥子園」，故名。嘉慶二十三年（1818），書坊又將丁皋《寫真秘訣》一卷等合刻成第四集人物畫譜。光緒間，巢勳又將此四集重摹增編，在上海石印發行，流傳甚廣。

◇《刪訂唐詩解》成，二十四卷，吳昌祺評訂。

◇《香山詩鈔》成，二十卷，楊大鶴選。

◇十二月，連川瑤人反清。

康熙四十一年壬午（1702）　十歲

◇乳母費氏重返板橋家中。

「……後三年，來歸侍太孺人，撫燮倍摯。」

《鄭板橋集・詩鈔・乳母詩》

◇正月，石濤①為費密②作《先塋圖》，並題跋。八月，為哲翁五十壽辰作《石竹水仙圖》。

石濤跋云：「此度先生生前乞予為《先塋圖》，孝子之用心也。然規制本末，予不可知，先生將自寫其心目所及，為之嚮導，予乃從事筆墨焉。三數月後，先生之訃聞於我矣！令子甪伏攜草稿請速成之，以副先君子之志。因呵凍作此，靈其鑒之。故家生世舊成都，丘墓新繁萬里餘。俎豆淹留徒往事，兵戈阻絕走鴻儒。傳世奕葉心期切，削跡荒鄉歲暮孤。何意野田便永訣？不堪吾老哭潛夫！」

丁家桐《石濤傳》

注釋：

①石濤：詳見康熙三十二年癸酉（1693）「◇冬日，石濤於大樹堂作花卉屏通景並題跋」注。

②費密（1623—1699）：字此度，號燕峰、跛道人，四川新繁（今成都市新都區）人，生於明末清初，著名學者、詩人和思想家。

費密出身於書香世家，祖父嘉詁為四川大竹縣訓導，父經虞為雲南昆明知縣。他六歲從師讀書，好學窮理，深得長輩的讚賞。二十歲時，張獻忠率領的農民起義軍打到成都。他隻身去昆明探望父親，途中被少數民族擄劫，幸為父親贖回，受到鎮守嘉定的明將楊展任用。後楊展被投降張獻忠的武林定所殺，費密被俘。順治九年（1652），費密奉父舉家北行，遂至陝西沔縣（今陝西勉縣）定居。在沔縣，他謝絕了當地總兵官和重金聘用，而專心研究醫學。十四年（1657），又攜家至江蘇揚州。當時海內名流錢謙益、屈大均、萬斯同、朱彝尊、孔尚任等都與他交往密切。為了不斷增長學識，他於康熙十二年（1673）徒步千里，專程到河南衛輝蘇門山問學於儒學名士孫奇逢，得其真傳，學益進。次年春，他又到浙江與思想家呂留良切磋學問。費密一生學而不厭，誨人不倦，直至老死，葬於泰州野田村。

費密守志窮理，講學著述，在文學、史學、經學、醫學、教育和書法等方面都有很高的造詣。其主要著作有《中傳正紀》一百二十卷、《弘道書》十卷、《聖門舊章》二十四卷、《尚書說書》、《燕峰詩鈔》等40種298卷，並完成其父未竟的《劍閣芳華集》二十卷、《雅論》二十六卷。後代學者評論說：「以深厚為本，和平為調，以善寄託為妙，常戒雕巧快心之語。」「蜀中自楊升庵外，唯密著作最富，論說精闢，對後世頗有影響。」

費密生逢戰亂，長期寓居江南，不能回歸故鄉，曾請石濤繪《繁川春遠圖》寄託鄉思。故鄉人民也沒有忘記這位先賢。道光八年（1828），新繁知縣馬裕霖在新繁城南建費公祠，中華民國十一年（1922），新繁知事劉咸煊將費公祠移建於東湖，擴大規模，更名「四費祠」，以紀念費氏四代六位鄉賢。

◇八大山人①於南昌與羅牧等人組織「東湖書畫會」。

注釋：

①八大山人：詳見康熙三十五年丙子（1696）「◇春，石濤在揚州為歙縣程浚題所藏弘仁《曉江風便圖卷》；九月，於揚州作《春江垂釣圖》並題句，寄八大山人」注。

◇高翔①與鄭里馬秋玉正式訂交。

尹文《高翔傳》

注釋：

①高翔（1688—1753）字鳳岡，號西堂、樨堂，又號西堂，江蘇甘泉（今揚州）人。詩書畫篆刻皆工，畫擅山水花鳥，尤以蘭梅為佳。所畫墨梅，筆意清秀，墨法蒼潤，構圖雅潔，意趣簡淡，為世所重。山水師法石濤、漸江。與石濤於揚州訂為忘年交，石濤死時高年二十，每逢清明必掃墓，終生不輟。篆刻學程邃。為「揚州八怪」之一。善詩，著有《西唐詩鈔》。

◇黃慎①別母離家，拜師學畫。

李萬才《黃慎傳》

注釋：

①黃慎（1687—1768）：畫家。字恭壽，又字恭懋，號癭瓢子，福建寧化人。家貧，流寓揚州，以賣畫為生。書以草書為最，多取法懷素。人物畫學上官周，且間之以狂草筆法，筆墨放縱流暢，氣象雄偉，多以神話為題材，古韻十足。花鳥畫學徐渭，揮灑自如，縱逸潑辣，妙趣橫生。亦畫漁夫、乞丐，形象怪特，有時失之粗俗。能詩，主要作品有：《漱石捧硯圖》、《東坡玩硯

圖》、《瓶梅圖》、《醉眠圖》、《南蟹圖》、《群乞圖》、《溪鴨圖》等，著有《蛟湖詩鈔》等，為「揚州八怪」之一。

◇**萬斯同①卒，壽六十五。**

注釋：

① 萬斯同：詳見康熙三十三年甲戌（1694）「◇帝詔王鴻緒主修《明史》，萬斯同審核」注。

◇**洞庭席氏琴川書屋《唐詩百名家全集》刻本成，三百二十六卷，席啟寓編。**

◇**清廷限制外任官隨帶家口。**

康熙四十二年癸未（1703） 十一歲

◇**乳母費氏之子俊為操江提塘官，欲迎養其母，費氏不肯離去。**

「方來歸之明年，其子俊得操江提塘官，屢迎養之，卒不去，以太孺人及變故。」

《鄭板橋集．詩鈔．乳母詩》

◇秋，石濤為劉石頭作《苦瓜妙諦冊》十二幀；冬，又為汐丁老年台畫扇面。

丁家桐《石濤傳》

◇金農①結識同里項霜田，始與吳徵君、亦諳和尚往來。

張郁明《金農傳》

注釋：

①金農（1687—1763）：書畫家。字壽門，又字司農、吉金，號冬心先生、稽留山民、曲江外史、枯梅庵主、金牛山人、昔耶居士、金牛湖上詩老、蓮身居士、心出家庵粥飯僧、如來最小之弟等，浙江仁和（治今杭州）人。少年時受業於何焯。曾被薦舉博學鴻詞科，入京未試而返。好遊歷，客揚州，以書畫自給。工詩，嗜奇好古，藏金石文字甚富。書得古趣，在隸楷之間，號曰「漆書」。亦能篆刻，得秦漢法。五十歲後開始作畫，畫竹、梅、馬、人物、山水，格調拙厚淳樸，以梅花及佛像為最工。被目為當時畫壇高品。為「揚州八怪」之一。有《冬心先生集》、《冬心先生續集》、《冬心齋硯銘》、《冬心先生雜著》等。

◇高士奇①卒，壽六十。

注釋：

①高士奇：詳見康熙三十二年癸酉（1693）「◇《唐詩掞藻》八卷成，高士奇編」注。

◇蔣廷錫①登進士。

注釋：

①蔣廷錫（1669—1732）：字揚孫，又字酉君，號西穀，又號南沙、青桐居士，江蘇常熟人。進士出身，官至大學士。擅畫蘭石及花鳥，工於水墨寫生。所作花鳥神韻生動，風致超逸，為時所重。其畫風影響到康雍時御窯瓷器繪畫。傳世作品有《柳蟬圖》等。著有《青桐軒秋風集》、《片雲集》等。

◇《唐詩集經》成，四卷，闞廷偉選，顧元標注。

◇宋犖、丘邇求刻本《唐百家詩選》成，二十卷，宋王安石編。

◇棲鳳閣刻本《晚唐詩鈔》成，二十六卷，查克弘、林紹乾編。

◇正月，康熙帝第四次南巡，至杭而返。

◇十月，修治黃河粗成（前後十餘年），獎河道官員。

◇始建避暑山莊①。

注釋：

① 避暑山莊：一稱「承德離宮」，又稱「熱河行宮」。位於河北省承德市區北部，距北京市230公里。占地面積564萬平方米，石砌宮牆周長約10公里，別具一格、宏偉壯觀的皇家園林和園外漢、蒙、藏等不同民族風格的寺廟為後人留下了珍貴的古代園林建築傑作。與北京紫禁城相比，避暑山莊以樸素淡雅的山村野趣為格調，取自然山水之本色，吸收江南塞北之風光，成為中國現存占地最大的古代帝王宮苑。

避暑山莊是清代皇帝夏日避暑和處理政務的場所，清初第二個政治中心。為我國著名的古代帝王宮苑。始建於康熙四十二年（1703），至康熙五十二年（1713）建成圍牆及36景，雍正朝暫停營建。乾隆六年（1741）又繼續修建，新增加乾隆36景和山莊外的「外八廟」。到乾隆五十七年（1792）完工，歷時90餘年。山莊的建築佈局大體可分為宮殿區和苑景區兩大部分。宮殿區位於湖泊南岸，地形平坦，是皇帝處理朝政、舉行慶典和生活起居的地方，占地10萬平方米，由正宮、松鶴齋、萬壑松風和東宮（已毀）四組建築組成。正宮是宮殿區的主體建築，包括9進院落，分為前朝和後寢兩部分。主殿叫「澹泊敬誠」，是用珍貴的楠木建成，因此也叫楠木殿。各種隆重的大典都在這裡舉行。其後的殿堂分別叫「四知書屋」、「煙波致爽」、「雲山勝地」等，是皇帝處理朝政、讀書和居住的地方；苑景區又可分成湖區、平原區和山區三部分。苑內殿、堂、樓、館、亭、榭、閣、軒、齋、寺觀等建築一百多處，七十二景散佈其中。它的最大特色是山中有園，園中有山，山區占了整個園林面積的4/5。在東部和北部的山麓，分佈著金碧輝煌、宏偉壯觀的寺廟群，有溥仁寺、溥善寺、普樂寺、普寧寺、殊像廟、安遠廟、須彌福壽之廟、普陀宗乘之廟等12座。在這12座中，有8座隸屬清政府理藩院管理，因其都建在古北口外，故統稱「外八廟」（即口外八廟之意）。從西北部高峰到東南部湖沼、平原地帶，相對等差180米，形成了群峰環繞、溝壑縱橫的景觀，山谷中清泉湧流，密林幽深。當年利用山峰、山崖、山麓、山澗等地形，修建了多處園林、寺廟，其中最引人注目的是遙相對立的兩個山峰上的亭子，一個叫「南山積雪」，一個叫「四面雲山」。在亭子上遠眺，山莊的各風景點，山莊外的幾座大廟，以及承德市區，周圍山上的奇峰怪石，都可以一覽無遺。在另一座山峰上還有一座亭子叫「錘峰落照」，在這裡磬錘峰首先映入眼簾，每當夕陽西照，磬錘峰被紅霞照得金碧生輝，故名「錘峰落照」。整個山莊東南多水，西北多山，因山就水，順其自然，同時融南北造園藝術的精華於一身。它是中國園林史上一個輝煌的里程碑，是中國古典園林藝術的傑作，享有「中國地理形貌之縮影」和「中國古典園林之最高範例」的盛譽。

世界遺產委員會評價：承德避暑山莊，是清王朝的夏季行宮，位於河北省境內，修建於1703年到1792年。它是由眾多的宮殿以及其它處理政務、舉行儀式的建築構成的一個龐大的建築群。建築風格各異的廟宇和皇家園林同周圍的湖泊、牧場和森林巧妙地融為一體。避暑山莊不僅具有極高的美學研究價值，而且還保留著中國封建社會發展末期的罕見的歷史遺跡。承德避暑山莊和周圍寺廟於1994年12月被聯合國教科文組織列入《世界文化遺產名錄》。

明放案一：康熙三十六景

煙波致爽　芝徑雲堤　無暑清涼　延薰山館　水芳岩秀　萬壑松風　松鶴清樾

雲山勝地　四面雲山　北枕雙峰　西嶺晨霞　錘峰落照　南山積雪　梨花伴月
曲水荷香　風泉清聽　濠濮間想　天宇咸暢　暖流暄波　泉源石壁　青楓綠嶼
鶯囀喬木　香遠益清　金蓮映日　遠近泉聲　雲帆月舫　芳渚臨流　雲容水態
澄泉繞石　澄波疊翠　石磯觀魚　鏡水雲岑　雙湖夾鏡　長虹飲練　甫田叢越
水流雲在
明放案二：乾隆三十六景
麗正門　勤政殿　松鶴齋　如意湖　綺望樓　青雀舫　馴鹿坡　水心榭
頤志堂　暢遠台　靜好堂　冷香亭　采菱渡　觀蓮所　清暉亭　般若相
滄浪嶼　一片雲　萍香泮　萬樹園　試馬埭　嘉樹軒　樂成閣　宿雲簷
澄觀齋　翠雲岩　罨畫窗　凌太虛　千尺雪　寧靜齋　玉琴軒　臨芳墅
知魚磯　湧翠岩　素尚齋　永恬居

康熙四十三年甲申（1704）　十二歲

◇**約於是年，隨父讀書於真州①毛家橋②。**

《鄭板橋集・題畫・為馬秋玉畫扇》

注釋：

①真州：古州名。宋真宗大中祥符六年（1013）升建安軍置，治揚子（今江蘇儀徵真州鎮），轄境相當於今儀徵、六合等市縣地及南京市江北部分。明洪武二年（1369）廢。宋為東南水運衝要，為江淮、兩浙、荊湖等路發運使駐所，繁盛過於揚州。

②毛家橋：又名茅家橋。道光刻本《儀徵志》云：「在縣東北三十五里，近江都界。」

明放案：關於板橋讀書於真州毛家橋，因無年月稽考，今人丁家桐先生《絕世風流・鄭燮傳》所附〈鄭燮年譜〉、周積寅先生《鄭板橋》所附〈鄭板橋年表〉均繫於是年；上海古籍出版社《鄭板橋集》所附任乃賡先生遺作〈鄭板橋年表〉、王家誠先生《鄭板橋傳》所附〈鄭板橋年譜〉均將此事繫於康熙四十八年（1709），即板橋十七歲時。

◇四月，石濤①於耕心草堂作墨筆《筍竹》，並題跋。歲末，作墨筆《梅花》，並題跋。

石濤為墨筆《筍竹》跋云：「誰道非干俗?偏聯白石翁。漏雲常作雨，篩月不由風。有節無心抱，如琴似曲通。年年鶯筍後，莫放此君空。」

石濤為墨筆《梅花》跋云：「先生多在山中住，為愛橫斜影上窗。茁發僧從深澗徙，賴肩奴過別峰扛。和羹宰相調金鼎，止渴將軍擁碧幢。空谷不知如許豔，沽來春酒且開缸。」

丁家桐《石濤傳》

注釋：

①石濤：詳見康熙三十二年癸酉（1693）「◇冬日，石濤於大樹堂作花卉屏通景並題跋」注。

明放案：此系宋代鄭性之七律〈梅花〉詩。

◇戲曲作家洪昇①卒，壽六十。

注釋：

①洪昇（1645—1704）：戲曲作家。字昉思，號稗畦（一作稗村）、南屏樵者，浙江錢塘（今杭州）人。出身書香門第，世宦之家，才情高俊，勤奮好學。做過二十年國子監生。著有傳奇《長生殿》。當時與孔尚任齊名，有「南洪北孔」之稱。康熙二十八年（1689）因在佟皇后喪期演唱

所作《長生殿》，被劾入獄，革國子監生籍，後漫遊江南。康熙三十三年（1704）乘船經烏鎮，醉後失足落水而死。傳奇有《長生殿》、《回龍記》、《回文錦》、《鬧高唐》、《錦繡圖》、《天涯淚》、《孝節坊》、《長虹橋》、《青衫濕》等九種，雜劇《四嬋娟》一種。今僅存《長生殿》、《四嬋娟》兩種。另有《嘯月樓集》、《稗畦集》、《稗畦續集》等。

◇昭質堂刻本《唐詩審體》成，二十卷，錢良擇編。

◇四月，康熙帝派侍衛拉錫等自京探察黃河源，至星宿海而返。

康熙四十四年乙酉（1705）　十三歲

◇初夏，嚼公和尚以萬曆曾用筆見贈，石濤以詩謝；重九日，石濤於大滌草堂作《山水圖》贈滄洲道先生，並題跋。

石濤詩曰：「磁管袪炎筆，年從萬曆開。幾曾經固戀，半臂托蓬萊。化卻江南夢，情懷故土灰。感誠無可說，一字一徘徊。」

石濤跋《山水圖》：「老夫舊有登高興，筋力乖衰不自由。藜杖撇開樽酒伴，柴門閑熬菊花秋。飄零故友驚相見，妝點新詩亦解愁。碧水蒼山從可得，贈君圖畫與君遊。」

丁家桐《石濤傳》

◇秋後，八大山人①卒，壽八十。

注釋：

①八大山人：詳見康熙三十五年丙子（1696）「◇春，石濤在揚州為歙縣程浚題所藏弘仁《曉江風便圖卷》；九月，於揚州作《春江垂釣圖》並題句，寄八大山人」注。

◇王原祁①擢升侍講學士，入直南書房，充書畫總裁。

注釋：

①王原祁：詳見康熙三十九年庚辰（1700）「◇畫家王原祁奉詔鑒定書畫」注。

◇《全唐詩》①成，九百卷，康熙作序。

注釋：

①《全唐詩》：總集名。彭定求、曹寅等十人奉敕編。因康熙帝作序，故又稱《欽定全唐詩》。九百卷。以清初季振宜《唐詩》為底本，參取明人胡震亨《唐音統簽》增訂而成。共收唐、五代詩歌四萬九千四百零三首，殘句一千餘條，作者二千八百三十七人，以時代先後之序排列，

並附詩人小傳。光緒間有石印本。建國後有中華書局鉛印本。今人陳尚君有《全唐詩補編》，收錄王重民等補遺五種，存詩六千餘首。

◇二月，康熙帝第五次南巡，四月至揚州歸返。

康熙四十五年丙戌（1706）　十四歲

◇約於是年，繼母郝夫人卒。

無端涕泗橫闌干，思我後母心悲酸。十載持家足辛苦，使我不復憂饑寒……

《鄭板橋集．詩鈔．七歌》

任乃賡〈鄭板橋年表〉

◇三月望日，石濤①作潑墨《水亭閑趣圖》，並題句；七月，作《雲山無盡圖》，並題句；臘月，作《竹屋松岩圖》，並題句。

石濤題《水亭閑趣圖》句云：「劈開雲腳遮拙筆，老墨遊來不盡奇。一水一亭閑意趣，只憑消息冷人知。」

石濤題《雲山無盡圖》，云：「天半危峰通路細，溪邊水落石橋高。霜林葉露珊瑚影，一夜西風草木鏖。」

石濤題《竹屋松岩圖》云：「白雲來屋裡，綠樹繞溪灣。及早辭車馬，將身此處閑。」

丁家桐《石濤傳》

注釋：

①石濤：詳見康熙三十二年癸酉（1693）「◇冬日，石濤於大樹堂作花卉屏通景並題跋」注。

◇四月，金農①至蕭山訪毛奇齡②，遊會稽、探禹穴。

張郁明《金農傳》

注釋：

①金農：詳見康熙四十二年癸未（1703）「◇金農結識同里項霜田，始與吳徵君、亦諳和尚往來」注。

②毛奇齡（1623—1716）：經學家、文學家。字大可，號初晴，又以郡望稱西河。浙江蕭山人。四歲時其母口授《大學》即能背誦。入塾讀書時，與堂伯兄毛萬嶺齊名，被呼「小毛生」。推官陳子龍稱其為才子。明季諸生，明亡，卜居南山讀書。康熙十八年（1679）被薦為博學鴻詞科，試列二等。授翰林院檢討，充任《明史》纂修官。康熙二十四年（1685）充任會試同考官。此

後，病假歸鄉，不再復出。

毛奇齡淹貫群書，注重考證，自負在經學。曉音律，好駁辨，能詩文。被收入《四庫全書》的書目有四十餘部。主要著作有：《毛詩續傳》、《國風省篇》、《詩劄》、《毛詩寫官記》、《白鷺洲主客說詩》、《詩傳詩說駁議》、《古今通韻》、《仲氏易》、《推易始末》、《易小帖》、《古今尚書冤詞》、《經問》、《四書改錯》、《春秋毛詩傳》、《竟山樂錄》、《西河詩話》、《西河詞話》等。

◇十月，朝廷遣官查究山東周村一帶開爐私鑄小錢。

◇十二月，拉藏汗捕送假達賴喇嘛。

康熙四十六年丁亥（1707）　十五歲

◇春日，石濤為《摹蓬萊仙境長卷》題句；三月，為摹宋人《八鶴圖》作跋。七月，作《設色山水冊》十二幀，並作跋。秋、冬之交，石濤卒，壽六十六。葬於揚州平

山堂後蜀崗上。

石濤為《摹蓬萊仙境長卷》句云：「暘穀東升。此卷幅乃宋內宮刻絲蓬萊仙境。暘穀東升景象外，真天孫之技也。雖一代畫家亦不能摹寫，余仿其大意得此，並報友人之索也。」

石濤作《設色山水冊》十二幀款云：「丁亥七月病腕，寫於耕心草堂之南樓，極。」

丁家桐《石濤傳》

◇何義門①因服喪，歸里守制，金農讀書於何宅。

注釋：

①何義門：即何焯（1661—1723）。書法家。字屺瞻，號義門。長洲（今蘇州）人。康熙四十二年（1703）進士，授編修。長於考訂，校勘古碑版最精。喜臨摹晉、唐法帖，所作真、行書入能品。與姜宸英、汪士鋐、陳奕禧合稱「四大書家」。

◇《歷代題畫詩》成，一百二十卷，陳邦彥編。

◇正月，康熙帝第六次南巡，至杭州，五月而返。

康熙四十七年戊子（1708）　十六歲

◇芸香閣刻本《唐人萬首絕句選》成，七卷，王士禛編選。

◇帝詔孫岳頒、王原祁等編纂《佩文齋書畫譜》①成，一百卷，御制序。

注釋：

①《佩文齋書畫譜》：中國書畫藝術類書。帝令孫岳頒、王原祁等編纂。一百卷。分論書畫、書畫家傳、書畫跋、書畫辨證及書畫鑒藏等門。論書畫門又別為書體、書法、書學、書品及畫題、畫法、畫學、畫品等類。徵引古籍一千八百四十四種，注明出處，便於查考。

◇九月，帝廢皇太子允礽，並處分其黨羽。

康熙四十八年己丑（1709）　十七歲

王錫榮《鄭板橋交遊行蹤漫考》

◇從鄉先輩陸種園①先生學詞，同塾的有王竹樓②、顧萬峰③等。

注釋：

① 陸種園：名震，字仲遠，一字仲子，又字種園。號榕材，又號北郭生。江蘇興化人。康熙間諸生。劉熙載等《重修興化縣誌》卷八云：「陸震，……少負才氣，傲睨狂放，不為齪齪小謹。宋冢宰犖巡撫江南，期以大器。震淡於名利，厭制藝，攻古文辭及行草書。性情孤峭，貧而好飲，輒以筆質酒家，索書者出錢贖筆。家無擔石儲，顧數急友難。某負官錢，震出其先儀部奉使朝鮮方正學輩贈行詩卷，俾質金以償，後遂失之，某恧甚，震曰：「甑已破矣」，與其人交契如初。詩工截句，詩餘絕妙等倫，鄭燮從之學詞焉。」著有《茗芋堂文集》，未及刊行，稿已半佚。《陸種園詩集》，後有清末楊世沅抄本，系鄭燮、趙魚、胡士敏、任遐昌、周煌、夏瑚、周志彤、魏熉、繆函、楊必發、繆文炳、張舒甲、張泌、許冕等親友學生獻藏與通力搜羅而集成。書前有雍正六年同學弟吳宏謨序，後有宣統元年楊世沅跋。因故楊氏刻印無成，此書至今世無印本。

② 王竹樓（1692—1777?）：名國棟，字殿高，號竹樓。《興化縣誌》云：「乾隆六年

(1741)副榜。工詩，尤善書。客居揚、通、潤州等地，每日求書者甚多。嘗與黃慎、李鱓等往返酬唱。著《竹樓詩鈔》五卷，由「一柱樓詩」案犯徐述夔作序，後遭禁，書藏北京圖書館。

③顧萬峰(1693—?)：字萬峰，一字桐峰，又字澥陸，號桐峰、錫躬。《興化縣誌・文苑》云：「于觀性嗜古，不屑攻舉子業。書出入魏晉。杭太史(世駿)評其詩云：『綿邈滂沛，清消淒厲。』居鄉惟與李鱓、鄭燮友，目無餘子。客游四方，公卿大夫及知名士莫不折服，簡親王亦憐其才而下交焉。乾隆七年，張宮詹鵬翀錄其詩，進呈乙覽。十六年，高廟南巡，於觀獻賦頌恩，賜大緞。數奇不偶，恬然無怨尤意。嘗語人曰：『吾生平最得意事，惟登泰山絕頂，見雲氣噴薄有聲，俯視大海，茫茫洋洋，此時四顧無儔，作天地真人想，覺塵世富貴，無異鴟得腐鼠耳。』少為庠生，俄棄去，以山人終。」著有《澥陸詩鈔》等。

明放案一：丁家桐先生謂板橋學詞應在十七歲(康熙四十八年)，是依據板橋〈七歌〉「十載鄉園共遊憩」句，作者廿六歲至真州江村授徒，中經十年。王錫榮先生將板橋學詞繫於十六歲(康熙四十七年)，周積寅先生同；考辨依據如上；任乃賡先生遺作〈鄭板橋年表〉將此繫於二十歲(康熙五十一年)時，依據是從板橋作此歌之三十歲上推十年。王家誠先生同。

明放案二：板橋廿六歲時離家赴真州教館即與恩師陸震分別，故「十載」從廿六歲上推十年。

◇高鳳翰①游金陵宏濟寺。

常再盛、顧仁榮《高鳳翰傳》

注釋：

①高鳳翰（1683—1748或1749）：畫家。字西園，號南村，晚號南阜老人，又自稱老阜、石頑老子等。山東膠州人。舉孝友端方，為歙縣丞。公薦為泰州巡鹽分司，久寓揚州。工詩文書畫，擅篆刻。書法以草體勝，圓勁蒼鬱。山水畫學北宋各家之雄渾，又有元人的清逸，不拘成法，氣勢豪邁。花卉用筆奔放，筆墨秀潤，設色鮮麗。山石用筆硬健，勁逸奇麗。晚年右臂病殘，改以左手作畫，號左生，又號丁巳殘人。好硯，藏千餘方，均手自銘琢。傳世作品有《灣上送別圖》、《錦繡富貴圖》、《鳥鳴春樹圖》、《梅花圖》、《牡丹圖》等。著有《硯史》、《南阜山人全集》等。淩霞將其列入「揚州八怪」之一。

◇三月，復立允礽為皇太子。

◇六月，朝廷禁淫詞小說。

◇九月，朝廷命年羹堯①任四川巡撫。

注釋：

①年羹堯（1679—1726）：名將，字亮工，號雙峰，漢軍鑲黃旗人。康熙三十九年（1700）

進士，庶吉士散館後授檢討。先後任四川、廣東鄉試考官，累遷侍講學士、內閣學士。四十八年（1709）擢升四川巡撫。五十七年（1718），授四川總督，協助辦理松潘軍務，為清軍入藏驅逐準噶爾軍提供後勤保障。六十年（1721），奉詔返京覲見皇帝。六十一年（1722）康熙去世，雍正登基，召撫遠大將軍允禵還京奔喪，由年羹堯管理大將軍印務。雍正元年（1723），青海和碩特部首領羅卜藏丹津出兵進攻鄰部及軍政重地西寧，企圖割據青海。清廷命年羹堯為撫遠大將軍，岳鐘琪為參贊大臣，率師進討。他先遣軍分路遏其鋒、斷其後、絕其援，將其擊潰。然後令岳鐘琪率軍追擊，出敵不意，直抵柴達木，殲滅羅卜藏丹津軍。因功進一等公。二年（1724）十月，雍正賜給年羹堯雙眼花翎，四團龍補服、黃帶、金幣等，加一等阿思哈尼哈番世職。三年（1725）二月初一，出現「日月合璧，五星聯珠」吉兆，年羹堯上疏祝賀，竟把「朝乾夕惕」寫成「夕惕朝乾」，雍正認為是大不敬。改授杭州將軍，年羹堯拒不赴任。此時，山西巡撫伊都立、都統范時捷、川陝代理總督岳鐘琪、河南巡撫田文鏡等官員紛紛上奏參劾年羹堯的種種罪狀，大有牆倒眾人推之意，凡九十二款，當大辟。十二月，雍正令其在獄中自裁，終年四十八歲。

康熙四十九年庚寅（1710）　十八歲

◇朝廷命張英①、王士禎②等編撰《淵鑒類函》③成，凡四百五十卷。

注釋：

①張英（1637—1708）：字敦覆，號樂圃，江南桐城人（今屬安徽）。保和殿大學士、軍機大臣加太保張廷玉之父。康熙二年（1663）舉人，康熙六年（1667）進士。由翰林院編修充日講起居注官，擢侍讀學士，康熙十六年（1677）入值南書房，歷任兵部侍郎、禮部侍郎、工部侍郎、禮部尚書，康熙三十八年（1699）授文華殿大學士，兼禮部尚書。康熙帝稱張英「素性醇樸」、「恪恭盡職」。尤其稱道張英「每有薦舉從不令人知」。康熙四十年（1701）以原官致仕，歸桐城後親撰《聰訓齋語》及《恆產瑣言》兩部家訓。四十七年（1708）病逝，賜謚文端。性淡泊。

②王士禎（1634—1711）：清代詩人。字子真，一字貽上，號阮亭，別號漁洋山人。新城（今山東桓台）人。原名士禛，死後因避雍正（胤禛帝）諱改名士正，乾隆時，詔命改稱士禎。順治八年（1651）鄉試中舉，十二年（1655）會試中進士，時年僅二十二歲。初授江南揚州推官，五年中清理大案八十三件。康熙三年（1664）擢禮部主事，後累遷戶部郎中，十一年（1672）主持四川鄉試。改授翰林院侍講，不久，升為侍讀，入值南書房，漢官由部曹改詞臣自王士禎始。

康熙很欣賞王士禛的才華和詩文風格，集王士禛詩文三百首成冊，命名曰《御覽集》。不久，升遷為國子監祭酒，三十七年（1698），授都察院左都御史。四十三年（1704），因輕判王五、吳謙案被革職。四十九年（1710），康熙眷念舊臣，恢復王士禛刑部尚書職。五十年（1711），病死，壽七十八。乾隆三十年（1765）追謚號「文簡」。

王士禛論詩創「神韻說」。要求筆調清幽淡雅，富有情趣和含蓄性。王士禛的五、七言近體詩最能代表他的風格特色。他不重視文學對現實的反映，詩作多寫日常瑣事及個人情懷，模山範水，吟風詠月。亦能詞。偏於對藝術技巧和意境的追求。生前獨標神韻，蓋百家之聲望，為一代宗匠之尊。門生甚眾。著作有《帶經堂集》、《漁洋山人精華錄》、《漁洋詩話》、《衍波詞》、《居易錄》、《池北偶談》、《古夫於亭雜錄》、《香祖筆記》等多種。

③《淵鑒類函》：類書名。帝命張英等在《唐類函》的基礎上進行增補。《淵鑒類函》博采《太平御覽》、《玉海》、《山堂考察索》、《天中記》等書，廣收宋元明各代文章及事類。凡四百五十卷，分「天」、「歲時」、「地」、「帝王」、「后妃」等四十五部。每部之下又分若干子目，計有二千五百三十六小類。每類的內容又各分五項：一、釋名、總論、沿革、緣起；二、典故；三、對偶；四、摘句；五、詩文。且每類都分「原」、「增」兩部分。《淵鑒類函》版本較多，而清光緒九年（1883）上海點石齋石印本最便使用。

◇帝諭張玉書①、陳廷敬②等始編《康熙字典》③。

注釋：

①張玉書（1642—1711）：字素存，號潤甫，江南丹徒（今江蘇鎮江）人。順治十八年（1661）進士。官至文華殿大學士兼吏部尚書。曾數次視察黃河及運河河工，多所建議。曾諫止封禪。又參與《平定朔漠方略》、《明史》纂修，任總裁官。為相二十年，深得康熙倚重。後從聖祖出巡熱河，病死。著有《張文貞集》等。

②陳廷敬（1638—1712）：清代政治家、文學家、理學家和詩人。字子端，號說岩，晚號午亭。澤州（今山西晉城）人。歷任經筵講官（康熙帝之師）、禮部侍郎、都察院左都御史和吏、戶、刑、工四部尚書，官至文淵閣大學士兼吏部尚書加三級。

陳廷敬自幼聰穎過人，才華橫溢，5歲入私塾，9歲能賦詩，19歲中舉人，20歲中進士，輔佐康熙53年，升遷28次，對開創「康熙盛世」起了非常重要的作用。並以總裁官的身份領導編修了《康熙字典》、《佩文韻府》、《明史》等大型語言工具書和史志巨著。陳廷敬生平好學，詩、文、樂皆佳。與清初散文家汪琬，著名詩人王士禎皆有往來，「皆能得其深處，而面目各不相假」。康熙對陳廷敬有「房姚比雅韻，李杜並詩豪」的評價。著有《午亭文編》50卷和對我國傳統理學有深刻獨到研究的《困學緒言》，今存詩2600餘首，館臣提要譽之曰：「其著述大抵和平深厚，當時咸以大手筆推之。」又，清代最著名的清詩選本沈德潛的《國朝詩集別裁集》，選收乾隆朝前996人3952首詩，「以詩存人，不以人存詩。」標準甚嚴，陳詩被選入15首，名列前80名，反映了其詩壇地位。

陳氏家族以詩書耕讀傳家，家風淳樸嚴謹，所有子弟為官有政績，為文有著述，為商有遠見，形成了一個椿榮楦茂、芝秀蘭馨的書香門第，是清代中國北方第一文化大家族。

據陽城縣皇城《陳氏家譜》記載，陳廷敬始祖陳靠系潁川衍派名門之後，居於彰德府臨漳縣（今屬河北省）。明初遷居山凱撒州晉城縣天戶里溝南。溝南村在皇城村東北部，與皇城以樊山為界，僅數十里之遙。陳廷敬的七世祖陳林於明宣德四年（1429）從溝南遷入陽城縣郭峪里中道莊（即今皇城相府）。

以陳廷敬為代表的皇城陳氏這一大家族興起於明末清初，鼎盛於清康熙、雍正年間。明清陳氏一門共出舉人十九人，進士九人、翰林六人、九進士是：陳天佑、陳昌言、陳元、陳廷敬、陳豫朋、陳壯履、陳隨貞、陳觀禹、陳師儉。六翰林是：陳元、陳廷敬、陳豫朋、陳壯履、陳隨貞、陳師儉。後來，乾隆曾賜一副楹聯：「德積一門九進士，恩榮三世六翰林。」

③《康熙字典》：字書。張玉書、陳廷敬等奉詔，以明代梅膺祚《字彙》和清代張自烈《正字通》兩書為底本，「增《字彙》之闕遺，刪《正字通》之繁冗」，費時六年編纂而成。是我國第一部以「字典」命名、規模和影響較大的字書。系康熙「重文化」標誌性工程之一。

《康熙字典》基本上仿照《字彙》和《正字通》體例，以子、丑、寅、卯、辰、巳、午、未、申、酉、戌、亥標分為十二集，每集又分上、中、下三卷，按二百一十四個部首（《四庫全書總目提要》云二百一十九個部首，與今通行本不同）把字分錄在十二集內，「收字求其該洽而無遺漏，說解求其詳確而不繁冗」；「載古文以溯其字源，列俗體以著其變遷」。書前有「總目」、「檢字」、「辨似」、「等韻」各一卷，書後附收錄冷僻字的「補遺」及收有音無字或音義全無字的「備考」各一卷。共收字四萬七千零四十三個（99版《辭海》謂收字四萬七千零三十五個）

官修書《康熙字典》由於出自眾手，故錯誤較多，特別是鑒裁不精。清廷派訓詁學家王引之

（1766—1834）於道光七年（1827）主持對該書進行大規模的修訂，《康熙字典考證》臚列訛誤二千五百八十八條，由武英殿重新刊行。日本人渡部溫《康熙字典考異正誤》指出錯誤四千七百多條；中國語言學家王力（1900—1986）《康熙字典音讀訂誤》指出音讀之誤五千二百餘處。著名學者錢玄同、黃雲眉、蔣禮鴻、錢劍夫等均對《康熙字典》作過精深的考辨。

《康熙字典》的版本，清代有殿本和木刻本行世。晚清時，國文書局曾據殿本銅版影印。1963年，中華書局據殿本重印。2002年，上海世紀出版集團漢語大詞典出版社以清道光本為底本，參校別本，重新編排，隆重推出了標點整理本，其「忠原著，變今法」之奉獻精神和創新意識，使這一久負盛名的古老工具書重新與讀者見面。

◇王源①卒，壽六十二。

注釋：

①王源（1648—1710）：思想家。字昆繩，號或庵，直隸大興（今屬北京）人。康熙舉人。年輕時「喜任俠、言兵」。五十六歲時與李塨師事顏元，為顏李學派重要人物。主張「有田者必自耕」。著有《易傳》、《兵書》、《平書》、《居業堂文集》等。

康熙五十年辛卯（1711） 十九歲

張郁明《金農傳》

◇李鱓①中舉。

注釋：

①李鱓（1686—1762）：畫家。亦作觶。字宗揚，號復堂、懊道人、中洋等。江蘇興化人。康熙舉人，曾為宮廷畫師，後任滕縣知縣。去官後，寓居揚州賣畫。擅花卉蟲鳥。初師蔣廷錫，又師高其佩，亦取林良、陳淳、徐渭諸家。其畫縱橫馳騁，不拘繩墨，多得天趣。書法頗具顏筋柳骨。能詩，為「揚州八怪」之一。

◇高鳳翰①中秀才。補博士弟子員。

常再盛、顧仁榮《高鳳翰傳》

注釋：

①高鳳翰：詳見康熙四十八年己丑（1709）「◇高鳳翰游金陵宏濟寺」注。

◇盧見曾①中舉。

注釋：

①盧見曾（1690—1768）：文學家。字抱孫，號澹園，別號雅雨山人，室名雅雨堂，山東德州人。工詩文，性度高廓，不拘小節。康熙五十年（1711）舉人，六十年（1721）中第二甲進士。其父盧道悅，康熙九年（1670）進士，曾作過陝西隴西、河南偃師縣知縣，著有《公餘漫草》、《清福堂遺稿》。盧見曾幼時聰慧絕倫，師從王士禎、田雯，學問具有根柢。雍正三年（1725）為四川洪雅縣知縣，雍正九年（1731）任安徽蒙城知縣，後任六安、亳州知州，廬州、江寧、穎州知府，又任江西廣（信）饒（州）、九（江）南（昌）道道臺，兩淮鹽運使，「主東南文壇，一時稱海內宗匠。」後被誣謫戍（充軍）烏魯木齊。後經查明，平反賜還。又任灤州直隸知州，長蘆鹽運使，又復調兩淮鹽運使，「築蘇亭於使署，日與詩人相酬詠。一時文讌盛於江南……丁丑（1757）修禊虹橋，作七言律詩四首云……其時和修禊韻者七千餘人，編此得三百餘卷……」（李斗《揚州畫舫錄》卷十）板橋揚州賣畫，嘗與之交遊。致仕後，繼續著述，有《雅雨堂詩文全集》，輯錄有《金石三例》、《雅雨金石錄》、《國朝山左詩鈔》等。不惜鉅資，自刻自印，版本精良，世稱善本。雅雨堂藏書和書版毀於清末的一場大火。

崔莉萍《李方膺傳》

◇李方膺①與同里丁有煜②訂交。

注釋：

①李方膺：詳見康熙三十四年乙亥（1695）「◇李方膺生」注。

②丁有煜（1682—1746）：詩人、畫家。字麗中，一字介堂，號石可，晚號個道人。南通州（今江蘇南通）人。貢生。善繪事，尤長畫梅。工篆印。著《雙薇園詩鈔》、《崇川詩鈔匯存》、《清畫家詩史》等。

◇王士禎①卒，七十八。遺言收高鳳翰為門人。

注釋：

①王士禎：詳見康熙四十九年庚寅（1710）「◇廷詔張英、王士禎等編撰《淵鑒類函》成，四百五十卷」注。

◇王原祁①擔任總裁，主持繪製《萬壽盛典圖》。宮廷畫家冷枚、徐玫、顧天駿、金昆、金永熙、劉慶余、鄒文玉、李和、樊珍、楚恒、賀銓、佘熙璋、永治、徐名世等十四人參與其事。

注釋：

①王原祁：詳見康熙三十九年庚辰（1700）「◇畫家王原祁奉詔鑒定書畫」注。

◇十月，戴名世①《南山集》文字獄興，株連甚廣。

注釋：

①戴名世（1653—1713）：字田有，號褐夫，別號憂庵，人稱潛虛先生。安徽桐城人。擅長

古文，散文長於史傳。留心明代史事，訪問遺老，考訂野史，準備成書。康熙四十一年（1702）刊行《南山集》，其中多採用方孝標《滇黔紀聞》所載南明永曆帝事。康熙四十八年（1709）進士，任翰林院編修。康熙五十年（1711）為左都御史趙申喬參劾，以「大逆」罪被殺。此案株連數百人之多。

◇清廷普查，全國田畝六百九十三萬頃，人口二千四百六十二萬。

◇為慶祝康熙帝即位五十年，蠲免天下錢糧。

康熙五十一年壬辰（1712）　二十歲

◇高翔①於揚州城南之燕（宴）集作《揚州即景圖》冊頁。

尹文《高翔傳》

注釋：

① 高翔（1688—1753）：字鳳岡，號西唐，又號樨堂，甘泉（今江蘇揚州）人。終身布衣。晚

年右手殘廢，常以左手作畫。與石濤、金農、汪士慎友善。石濤死時，高翔年方二十。李斗《揚州畫舫錄》云：「石濤死，西唐每歲春掃其墓，至死弗輟。」擅山水，取法弘仁和石濤。所畫園林小景，多從寫生中來，秀雅蒼潤，自成格局。畫梅「皆疏枝瘦朵，全以韻勝。」也精寫真，金農、汪士慎詩集上的小像，皆系高翔手筆。線描簡練，神態逼真。精刻印，學程邃。亦善詩，著有《西唐詩鈔》。為「揚州八怪」之一。

李萬才《黃慎傳》

◇黃慎娶妻張氏。

◇曹寅①病卒，壽五十五。

注釋：

①曹寅：詳見康熙三十八年己卯（1699）「◇二月，曹寅為石濤仿作《百美爭豔圖》題跋」注。

◇王原祁①擢升戶部左侍郎。

注釋：

①王原祁：詳見康熙三十九年庚辰（1700）「◇畫家王原祁奉詔鑒定書畫」注。

◇二月，李光地①奉詔校理《性理精義》。

注釋：

① 李光地（1642—1718）：字晉卿，號厚庵，又號榕村，福建安溪人。順治十二年（1655），十四歲的李光地為了避盜，舉家蟄居於山岩中，脫險歸家後努力讀書。康熙九年（1670）進士，入翰林院庶吉士，散館授編修。三藩之亂時，他正在鄉，遂向朝廷獻用兵之計。康熙十九年（1680）李光地還京，授內閣大學士。康熙二十五年（1686）授翰林院掌管學士，向皇帝講經史，兼任起居注官、教習庶吉士。用為兵部侍郎。康熙三十年（1691）主持會試。康熙三十七年（1698）出任直隸巡撫。康熙四十四年（1705）為文淵閣大學士。康熙帝潛心理學，御纂《朱子全書》、《周易折中》、《性理精義》等書，皆由李光地校理。治程朱理學，著有《榕村全集》。

◇九月，再廢皇太子允礽。

康熙五十二年癸巳（1713）　二十一歲

◇李鱓①客京城，於一閣樓、萬柳莊作畫。九月，於熱河行宮向康熙獻畫，後供奉內廷，在南書房行走，受蔣廷錫②教習。

注釋：

①李鱓：詳見康熙五十年辛卯（1711）「◇李鱓中舉」注。

②蔣廷錫（1669—1732）：畫家。字南沙，一字西君、揚孫，號西谷，又號青桐居士。江蘇常熟人。御史蔣伊之子。康熙四十二年（1703）進士，雍正朝任禮部侍郎、戶部尚書。六十歲時官文華殿大學士、太子太傅。並任《明史》總裁。足見朝廷對他的看重。未第時，與馬元馭、顧雪坡遊，以逸筆寫生，風神生動，意度堂皇，點綴坡石水口，無不超逸。間作水墨折枝窠石，以及蘭竹小品，極有韻致。又能一幅中工率間出，色墨並施，而神韻生動。嘗畫塞外花卉七十種，為宮禁所寶。流傳真跡絕少，間有之，多為馬元馭、馬逸父子代筆。清初惲壽平在花鳥畫壇起衰之後，蔣廷錫學其沒骨畫技，變其纖麗之風，開創了根植江南、傾動京城的「蔣派」花鳥畫。

康熙駕崩，雍正曾下令他重編《古今圖書集成》。其中《古今圖書集成·醫部》共收醫書520卷，採集歷代名醫著作，為中醫學類書之冠。壽六十四。謚文肅。在詩壇上，他被宋犖稱許為「江左十五才子」之一，被詩人錢陸燦稱為「機杼於子美而縱橫出入於香山、東坡、山陰之間。」是「無所不學焉，無所不舍焉。」能夠「嶄然自成」。著有《青桐軒詩集》六卷、《片雲集》一卷、《西山爽氣集》三卷、《破山集》一卷及《秋風集》一卷等。其中有投贈詩、題畫詩、送別詩、紀遊詩、閒情詩、懷古詩等各種題材，讀之能夠看到蔣廷錫對於自然人情的認識以及在此基礎上對人生的感悟。傳世畫作有：《竹石圖》，藏中國美術館；《花卉圖》，藏南京博物院；《野菊圖》、《四瑞慶登圖》等。

◇仇兆鰲《杜詩詳注》成，計二十五卷。

◇二月，《南山集》案結，戴名世被誅。

◇康熙六十大壽，命吏部侍郎孫住代祭東嶽泰山①神。

吏部侍郎孫住代祭東嶽泰山神文曰：「惟神名著岱宗，位尊喬嶽，發生庶類，膏澤東維。朕纘受鴻圖，撫臨區宇，殫思上理，夙夜勤求，惟日孜孜，不惶遐逸。茲御極五十餘年，適當六旬初屬，所幸四方甯謐，百姓乂和，稼穡歲登，風雨時若，惟庶徵之協應，受群祀之備虔。特遣專官，式循舊典，冀益贊雍熙之運，尚永貽仁壽之庥。俯鑒精誠，用垂歆格。」

查志隆《岱史》

注釋：

① 泰山：在山東省中部，綿延起伏於長清、濟南、泰安之間，長約200公里。為片麻岩構成的斷塊山地。主峰玉皇頂在泰山市北，海拔1532米。古稱東嶽，一稱岱山、岱宗。山峰突兀峻拔，雄偉壯麗。從山腳到山頂，沿途古跡名勝三十多處，中路有壺天閣、王母池、斗母池、經石峪；西路有黑龍潭、扇子崖、長橋等。中西兩路匯合後為中天門等天險十八盤，有南天門、碧霞祠、瞻魯台、日觀峰。中西兩路之間有普照寺、馮玉祥墓。登日觀峰看日出，更為勝景。

泰山之尊，主要得益於歷代帝王的封禪。封禪為古代禮儀之最，甚至超過帝王的登基儀式，被稱為「曠世大典」。泰山現為全國重點風景名勝區。1987年12月被聯合國教科文組織列入《世界文化與自然雙遺產名錄》。

◇帝奉太后巡幸塞外，九月還京。

康熙五十三年甲午（1714）　二十二歲

◇約於本年，開始繪畫創作。

「今年七十有一，不學他技，不宗一家，學之五十年不輟，亦非首而已也。」

瀋陽故宮博物館藏墨蹟

◇二月，程羽宸①遊黃山，作《黃山紀遊詩》六十八首。

注釋：

①程羽宸：名鵁，字羽宸，江西（一作安徽歙縣）人，著有《練江詩鈔》。

◇金農①與厲鶚②訂交。

張郁明《金農傳》

注釋：

①金農：詳見康熙四十二年癸未（1703）「◇金農結識同里項霜田，始與吳徵君、亦諳和尚往來」注。

②厲鶚（1692—1752）：文學家。字太鴻，號樊榭，錢塘（今浙江杭州）人。康熙舉人，善詩能詞，詞論推崇周邦彥、姜夔，為浙西詞派的重要作家。著有《樊榭山房集》、《遼史拾遺》、《宋詩紀事》、《南宋院畫錄》等。

◇李鱓①雖以繪事供奉內廷，卻以詩文名動公卿。

黃俶成《李鱓傳》

注釋：

①李鱓：詳見康熙五十年辛卯（1711）「◇李鱓中舉」注。

◇冬，高鳳翰①作《芭蕉圖》軸。

常再盛、顧仁榮《高鳳翰傳》

注釋：

①高鳳翰：詳見康熙四十八年己丑（1709）「◇高鳳翰游金陵宏濟寺」注。

康熙五十四年乙未（1715） 二十三歲

任乃賡〈鄭板橋年表〉

◇與同邑徐氏成婚。

◇九月秋，出遊京師，寓北京甕山①漱雲軒手書小楷歐陽修②〈秋聲賦〉軸並跋。

歐陽子方夜讀書，聞有聲自西南來者，悚然而聽之，曰：「異哉！」初淅瀝以蕭颯，忽奔騰而砰湃，如波濤夜驚，風雨驟至。其觸於物也，鏦鏦錚錚，金鐵皆鳴；又如赴敵之兵，銜枚疾走，不聞號令，但聞人馬之行聲。

予謂童子：「此何聲也？汝出視之！」童子曰：「星月皎潔，明河在天，四無人聲，聲在樹間。」

予曰：「噫嘻悲哉！此秋聲也。胡為乎來哉？蓋夫秋之為狀也：其色慘澹，煙霏雲斂；其容清明，天高日晶；其氣栗洌，砭人肌骨；其意蕭條，山川寂寥。故其為聲也，淒淒切切，呼號奮發。豐草綠縟而爭茂，佳木蔥蘢而可悅；草拂之而色變，木遭之而葉脫；其所以摧敗零落者，乃一氣之餘烈。

夫秋，刑官也，於時為陰；又兵象也，於行為金；是謂天地之義氣，常以肅殺而為心。天之於物，春生秋實。故其在樂也，商聲主西方之音；夷則為七月之律。商，傷也，物既老而悲傷；

夷，戮也，物過盛而當殺。

「嗟夫！草木無情，有時飄零；人為動物，惟物之靈；百憂感其心，萬事勞其形；有動乎中，必搖其精；而況思其力之所不及，憂其智之所不能；宜其渥然丹者為槁木，黟然黑者為星星。奈何非金石之質，欲與草木而爭榮？念誰為之戕賊，亦何恨乎秋聲！」童子莫對，垂頭而睡。但聞四壁蟲聲唧唧，如助予之歎息。

乙未九月秋，山中尋菊，感黃葉之半零，望孤雲而不返；殘陽水面，渺渺寒濤；古寺山腰，淒淒晚磬；棲鴉欲定而猶驚，涼月雖升而未傾。偶翻歐賦，遂錄是篇。諷詠未終，百端交集。村醪數盞，任涼露之侵衣；清夢半床，聽山雞之送曉。聊書所歷，有愧前賢。

板橋鄭燮寫於甕山之漱雲軒。「克柔」（朱文）、「板橋」（朱文）、「鄭燮」（白文）。

上海陸平恕先生藏墨蹟

注釋：

①甕山：吳長元《宸垣識略》卷十四云：「甕山在京城西三十里玉泉之東，西湖當其前，金山拱其後。乾隆十六年（1751）賜名萬壽山，山前為清漪園。」即今頤和園之萬壽山。卷十四又云：「甕山，相傳有老父鑿石甕，上有華雕刻文，中有物數十種，悉為老父攜去。置甕於山之西，留讖曰：石甕徙，貧帝里。嘉靖初，甕不知所在，嗣是物力漸耗。」

②歐陽修（1007—1072）：北宋傑出文學家、史學家。字永叔，號醉翁、六一居士。吉水（今江西。一說江西廬陵）人，天聖進士，官館閣校勘。因直言論事被貶職夷陵。慶曆中任諫官，支持范仲淹，要求在政治上有所改良，被貶滁州。官至翰林學士、樞密副使、參知政事。謚文忠。力主

文學應「明道」、「致用」，反對宋初以來靡麗險怪之風，散文說理暢達，抒情委婉；詩受李韓影響，氣勢豪邁，流暢自然；詞襲南唐餘風，婉麗多采，情思深遠。曾與宋祁合修《新唐書》，並獨撰《新五代史》。又喜集金石文字，編為《集古錄》。著有《歐陽文忠集》。為「唐宋八大家」之一。

◇七月，李鱓於宮廷作《石畔秋英圖》軸，絹本，著色。

◇十月十六日，高翔①於煮字窩題呂半隱《山水》掛軸。

注釋：

①高翔：詳見康熙五十一年壬辰（1712）「◇高翔於揚州城南之燕（宴）集作《揚州即景圖》冊頁」注。

◇蒲松齡①卒，壽七十六。

注釋：

①蒲松齡（1640—1715）：文學家。字留仙，一字劍臣，別號柳泉居士，世稱聊齋先生。山東淄川（今屬山東淄博）人。少有文名，為施閏章、王士禎所器重。因醉心科舉功名，十九歲應童子試，考中縣府道三個第一，補博士弟子員，從此後便屢試不第，七十一歲始成貢生。中年一度除在寶應、高郵充幕賓外，長期在家鄉為塾師。家貧。能詩，善作俚曲。著有《聊齋志異》、《聊

齋文集》、《聊齋詩集》、《聊齋俚曲》等。

◇王原祁①卒，壽七十四。

注釋：

①王原祁：詳見康熙三十九年庚辰（1700）「◇畫家王原祁奉詔鑒定書畫」注。

◇義大利畫家郎世甯①來京傳教，旋供奉內廷作畫並輸入西洋技法。

注釋：

①郎世寧（Giuseppe Castiglione，1688—1766）：天主教耶穌會修道士、畫家兼建築家。義大利人，出生米蘭。原名朱塞佩·伽斯底裡奧內。年輕時在歐洲學習繪畫，曾為教堂繪製聖像。康熙五十四年（1715）來北京傳教，次年抵達澳門，起漢名郎世寧。繼而北上，約於雍正元年（1723）進如意館，旋任宮廷畫師。又因他精通建築學，曾參與增修圓明園建築工事。擅人物肖像、花鳥、走獸，尤工畫馬。所作參酌中西畫法，注意透視與明暗，刻畫細緻，注重寫實。為中西文化藝術的交流作出了積極貢獻，頗得皇家青睞。去世後葬於北京阜城門外。存世作品有《百駿圖》、《弘曆觀馬戲圖》、《嵩獻英芝圖》等。

◇素心堂刻本《唐詩貫珠》成，六十卷，胡以梅箋注。

◇是年，英東印度公司與廣東清吏簽訂通商合同。

康熙五十五年丙申（1716） 二十四歲

◇**考取秀才。**

明放案一：「童試」，亦稱「小考」，系明清時期取得生員（秀才）資格的入學考試。三年兩考；丑、未、辰、戌年為歲考。

明放案二：關於板橋「康熙秀才」，研究者持論不一：王家誠〈鄭板橋年譜〉一說在十七歲（康熙四十八年），又一說在二十四歲（康熙五十五年）；陳書良、李湘樹〈鄭板橋年表〉說是二十歲前後（康熙五十一年）；柳聲白《楊州八怪資料》說是二十二歲（康熙五十三年）；丁家桐、周積寅、楊士林均說是二十四歲（康熙五十五年）。依采此說。

◇**金農①染疾，病臥家中，自號「冬心」。**

張郁明《金農傳》

注釋：

①金農：詳見康熙四十二年癸未（1703）「◇金農結識同里項霜田，始與吳徵君、亦諳和尚往來」注。

明放案：金農30歲那年（1716），患了惡性瘧疾，「寒熱互戰，膚悴而削。」當時生活又十分窘困，「一月閉門恒自饑」，且不說治療，吃飯也成了問題。於貧病交迫中，他發出了「中歲以往萬事輸」、「早衰吾欲稱老夫」的感慨。病中，金農「寒宵懷人，不寐申旦，遂取崔國輔『寂寞抱冬心』之語以自號」，曰「冬心先生」，並作《懷人絕句三十首》。取名《景申集》。厲鶚作序，鮑西岡為之雕版。

◇汪士慎①寓揚州佛寺，以賣字畫為生。

尹文《汪士慎傳》

注釋：

①汪士慎（1686—約1762）：畫家。字近人，號巢林、溪東外史等，原籍安徽休寧，流寓江蘇揚州。精篆刻，工隸書、花卉，尤善墨梅，管領冷香，清妙獨絕。筆墨疏落，氣清神暢。偶畫人物，能詩，傳世作品較多，主要有：《春風香國圖》、《空裡疏花圖》、《墨梅圖》等。著有《巢林詩集》。為「揚州八怪」之一。

◇**程夢星告歸揚州，建篠園，立詩社。**

◇**毛奇齡①卒，壽九十四。**

注釋：

①毛奇齡：詳見康熙四十五年丙戌（1706）「◇四月，金農至蕭山訪毛奇齡，遊會稽、探禹穴」注。

◇**袁枚①生。**

注釋：

①袁枚（1716—1797），清代詩人。字子才，號存齋，一號簡齋、隨園老人，浙江錢塘（今杭州）人。乾隆四年（1739）進士，乾隆七年（1742）知溧水，八年（1743）改知江浦，復從江浦改知沭陽。乾隆十年（1745）調知江寧。十三年（1748）秋解組。僑居江甯，築園林於城西小倉山，號隨園。論詩主張抒寫性情，創「性靈說」。與主張「主格調」的沈德潛爭雄長。遠近投詩文者竟無虛日。多數詩篇盡寫閒情逸致。部分作品能對漢儒和程朱理學進行抨擊，並宣稱：「《六經》盡糟粕」。詩以新穎靈巧見長，其文不拘義法。書信頗具特色。廣結四方文士，為一派宗主。與蔣士銓、趙翼並稱「江右三大家」。以才運情，享盛名五十年。著述有《小倉山房詩集》正三十七卷、補二卷；《小倉山房文集》正二十四卷、續十一卷；《小倉山房外集》正六卷、補二卷；《小倉山房尺牘》十卷；《子不語》正二十四卷、續十卷；《隨園詩話》正十六卷、補十卷；《隨園

隨筆》二十八卷；《隨園食單》一卷；《牘外餘言》一卷等。編纂有《續同人集》十四卷；《紅豆村人詩稿》十四卷；《南園詩選》二卷；《八十壽言》六卷；《碧腴齋詩存》八卷；《袁家三妹合稿》四卷；《州縣心書》一卷；《隨園女弟子詩選》席佩蘭等，六卷；《州縣心書》一卷；《日記》；《幽光集》袁枚亡友；《五家集》袁樹、陸建；《今雨集》袁枚詩友；《積翠軒詩稿》高瞻；《童二樹詩稿》童鈺；《陳淑蘭詩稿》陳淑蘭。

◇閏三月，《康熙字典》成。

康熙五十六年丁酉（1717） 二十五歲

◇堂弟墨生。

「我年四十二，我弟年十八。」《鄭板橋集・詩鈔・懷舍弟墨》

◇李方膺成婚，補通州生員。

◇華喦①客京召試，列為優等，授縣丞②職以歸。

崔莉萍《李方膺傳》

王冰《華喦傳》

注釋：

①華喦（1682—1756）：畫家。原字德嵩，改字秋岳，號新羅山人、白沙道人、東園生、布衣生、離垢居士等，福建上杭人。曾在造紙作坊做徒。少喜繪畫，後流寓揚州，以賣畫為生。擅山水、人物，尤精花鳥、草蟲、走獸，遠師馬和之，近學陳洪綬、惲壽平及石濤。重寫生，構圖新穎，形象生動。時用枯筆乾墨淡彩，敷色鮮嫩不膩，畫格松秀明麗，空靈有致，獨樹一幟。工書，取法鐘繇、虞世南。傳世作品有：《松鼠啄栗圖》、《薔薇山鳥圖》、《白雲松舍圖》、《林梢雀躍圖》、《天山積雪圖》、《鳥悅明花圖》、《桃潭浴鴨圖》、《鳥鳴秋樹圖》等，能詩。著有《離垢集》、《解弢館詩集》等。

②縣丞：官名。丞，始於戰國，秦漢沿置，每縣各置一人。典文書及倉獄，為縣令輔佐。與尉合稱為長吏。歷代所置略同。清代縣丞為正八品官。

◇二月，《皇輿全覽圖》①成。

注釋：

①《皇輿全覽圖》：繼利瑪竇之後，西方地圖學相繼傳入中國。康熙年間，中國政府聘請西方傳教士白晉（Joachim Bouvet）、雷孝思（J.B.Régis）、杜德美（PetrusJartoux）等十人來中國從事大地測量和繪製地圖，並傳授這方面的知識，從而引進了西方大地測量學和地圖製圖學。

自訂立《尼布楚條約》之後，法國傳教士張誠曾向康熙呈上一份從歐洲來的缺少中國詳情的亞洲地圖。康熙從這份地圖受到啟發，決定利用張誠等人的西方測繪技術，組織人力繪製一份全國地圖。於是，購買儀器。當他到全國各地巡視時，命外國專家隨行，測定各地的經緯度，為製圖作準備。康熙四十七年（1708），由各國傳教士及何國棟、索柱、白映棠、貢額以及欽天監的喇嘛楚兒沁藏布蘭木占巴、理藩院主事勝住等中國學者二百餘人混編的測量隊伍組成。全國範圍的三角測量和繪製地圖工作陸續開始進行。至五十六年（1717），這支測繪隊伍走遍了東北、華北、華東、華中、西南各省，繪製了一幅幅各省地圖。全圖告成。康熙將之命名為《皇輿全覽圖》。

《皇輿全覽圖》此圖採用經緯圖法，梯形投影，比例為 1：1400000。全圖共計41幅，借鑒科學技術實測後繪製，以天文觀測為基礎，使用三角測量法進而測圖。採用了偽圓柱投影，以經緯度製圖法繪製。以漢、滿文共注地名，其中滿文用以邊疆，漢文用以內地。第一次實測了臺灣省地圖。在尺度丈量上的全國統一，實地測量地球的子午線弧長等，都給清代地圖製圖充實了依據，提高了製圖品質。《皇輿全覽圖》的測繪，由此成為世界地理學史上的一件大事。

《皇輿全覽圖》在中國地圖發展史上具有劃時代的意義，自清中葉至民國初年國內外出版的各種中國地圖基本上都源於此圖，其範圍之廣，內容之詳，超過了以往任何中國地圖。

康熙費30年心力，組織領導測繪全國地圖，不但在中國是第一次，在亞洲也是創舉，意義十分重大。規定使用固定統一的尺度，以工部營造尺（1尺＝0．317米）為標準尺和計算單位。以營造尺18丈為1繩，10繩為1里，天上1度即地下200里，也就是200里合地球經線1度。用繩量地法測量各地的距離里數，採用三角測量法、梯形投影法等等，這些都是首次運用，很有創見，不僅奠定了中國地理學、測繪學的基礎，對世界地理學也是一大貢獻。

《皇輿全覽圖》（又名《皇輿遍覽全圖》），木刻墨印設色，不注比例，板框210cm×226cm，現存於故宮博物院。康熙五十六年（1717）內府刻本，是康熙朝繪製全國輿圖中刊刻年代較早而又罕見的善本輿地圖。

◇蔣廷錫①擢升內閣學士。

注釋：

①蔣廷錫：詳見康熙五十二年癸巳（1713）「◇李鱓客京城，於一閣樓、萬柳莊作畫。九月，於熱河行宮向康熙獻畫，後供奉內廷，在南書房行走，受蔣廷錫教習」注。

◇冷枚①等十四人合繪《萬壽盛典圖》二卷完稿。

注釋：

①冷枚：清畫家。字吉臣，號金門外史，一作金門畫史。膠州（今山東膠縣）人。康熙朝宮廷畫家。焦秉貞弟子。善畫人物，尤精仕女，兼善界畫。工中帶寫，工細淨麗。《膠州志》卷三十

云：「工丹青，妙設色，畫人物尤為一時冠。」亦能畫樓臺殿宇界畫和山水。所畫人物工麗妍雅，筆墨潔淨，色彩韶秀，其畫法兼工帶寫，點綴屋宇器皿，筆極精細，亦生動有致。圖繪一身著長裙的仕女，髮髻高挽，一手支頤，一手持書，側身倚桌案而立。其神態文靜閒適中略帶倦意，大家閨秀清閒寂寞的生活，刻畫得細緻入微。圖中人物比例勻稱，衣紋線條圓潤流暢，可以看出畫家的深厚功底。而背景的描繪也顯得獨具匠心，無論懸於牆上的畫幅、笛子，還是膝下的小犬都不是可有可無之物，圖中人物的生活情趣和身份均由此得到印證。此作如此精妙地刻畫出人物的精神層面，無疑堪稱人物畫佳作。傳世畫作有《東閣觀梅圖》、《桐陰刺繡圖》、《羅漢冊》、《避暑山莊圖》等。

康熙五十七年戊戌（1718）　二十六歲

◇**設塾於真州江村①。**

任乃賡〈鄭板橋年表〉

注釋：

①江村：《儀徵縣續志》卷六云：江村在遊擊署（遊擊署在城南海濱）前。里人張均陽築，

今廢。興化鄭板橋燮嘗寓此，與呂涼州輩倡和，有聯云：「山光撲面因新雨，江水回頭為晚潮。」呂奐：《儀徵縣續志》卷八云：「呂奐，字涼州，歙詩人呂音子也。工詩，好奕。所居江村，占山水之勝，與興化鄭板橋諸名流歌飲其中。」

◇作〈曉行真州道中〉詩。

僮僕飄零不可尋，客途長伴一張琴。五更上馬披風露，曉月隨人出樹林。麥秀帶煙春郭迴，山光隔岸大江深。勞勞天地成何事，撲碎鞭梢為苦吟。

《鄭板橋集・詩鈔》

◇高鳳翰①遊嶗山絕頂。

常再盛、顧仁榮《高鳳翰傳》

注釋：

①高鳳翰：詳見康熙四十八年己丑（1709）「◇高鳳翰游金陵宏濟寺」注。

◇李鱓①於宮廷乞歸。

黃俶成《李鱓傳》

注釋：

①李鱓：詳見康熙五十年辛卯（1711）「◇李鱓中舉」注。

◇夏日，金農①與厲鶚②訪鮑西岡又同遊岩溪。

張郁明《金農傳》

注釋：

①金農：詳見康熙四十二年癸未（1703）「◇金農結識同里項霜田，始與吳徵君、亦諳和尚往來」注。

②厲鶚：詳見康熙五十三年甲午（1714）「◇金農與厲鶚訂交」注。

◇盧見曾①登進士。

注釋：

①盧見曾：詳見康熙五十年辛卯（1711）「◇盧見曾中舉」注。

◇孔尚任①卒，壽七十一。

注釋：

①孔尚任：詳見康熙三十八年己卯（1699）「◇孔尚任傳奇劇本《桃花扇》成」注。

◇九月，清軍駐西藏拉薩。

康熙五十八年己亥（1719） 二十七歲

◇于江村作〈村塾示諸徒〉詩。盡抒困頓失意之感，表示願過漁隱生活。

飄蓬幾載困青氈①，忽忽村居又一年。得句喜拈花葉寫，看書倦當枕頭眠。蕭騷②易惹窮途恨，放蕩深慚學俸錢。欲買扁舟從釣叟，一竿春雨一蓑煙。

《鄭板橋集・詩鈔》

丁家桐《鄭燮傳》

注釋：

① 青氈：儒生的家傳舊物。《晉書・王獻之傳》：「夜臥齋中，因有偷人入其室，盜物都盡。獻之徐曰：『偷兒，青氈我家舊物，可特置之』。群偷驚走。」杜甫〈與任城許主簿游南池〉詩：「晨朝降白露，遙憶舊青氈。」元好問〈贈馮內翰〉詩：「青氈持去故家盡，白帽歸來時事新。」這裡借指窮儒。

② 蕭騷：形容風吹雨灑樹木聲。薛能〈寄河南鄭侍郎〉詩：「寒窗不可寐，風地葉蕭騷」。亦形容蕭條淒涼之境。羅隱〈經耒陽杜工部墓〉詩：「奠君江畔雨蕭騷」。

明放案：任乃賡、王家誠、周積寅、王鳳珠、陳書良、李湘樹先生均將此詩繫於

康熙五十七年（1718），惟丁家桐先生繫於是年，此采丁說。

◇黃慎①出遊建寧、贛州、南昌、廣東、南京等地賣畫。於建寧作扇面《碎琴圖》，圖繪十三人，以陳子昂為中心人物。署「江夏盛」。

李萬才《黃慎傳》

注釋：

①黃慎：詳見康熙四十一年壬午（1702）「◇黃慎別母離家，拜師學畫」注。

◇李鱓於石城旅舍作《雜花》卷，開始「丹青縱橫三千里」的賣畫生涯。

黃俶成《李鱓傳》

◇正月，詔准功臣子弟襲父位。

◇銅板圖《皇輿全覽圖》總印行四十一幅。

康熙五十九年庚子（1720）二十八歲

◇初夏，高鳳翰作《荷花蘆葦圖》。

常再盛、顧仁榮《高鳳翰傳》

◇仲冬，金農客揚州作《麻姑仙壇記跋》。並與陳撰、厲鶚相聚，常出入程夢星之「篠園」。

張郁明《金農傳》

◇黃慎在綠天書屋作《洛神》、《陶令簪菊飲酒》、《琴趣》、《西山招鶴》、《東坡事蹟》等人物圖冊。

李萬才《黃慎傳》

◇文學家厲鶚中舉。

◇清軍遠征西藏，驅逐策妄阿拉布坦，並扶持達賴六世在西藏的統治。

康熙六十年辛丑（1721） 二十九歲

◇金農為高翔贈畫題句，並在家著手整理《冬心齋石刻禊帖》。

張郁明《金農傳》

◇黃慎為避免與南海一畫家同名，始改「黃盛」為「黃慎」。

李萬才《黃慎傳》

◇高鳳翰遊琅琊。

常再盛、顧仁榮《高鳳翰傳》

◇厲鄂南歸，《南宋院畫錄》成書。

◇是亦山房刻本《唐詩摘鈔》成，四卷，黃生選評。

康熙六十一年壬寅（1722）　三十歲

◇**父立庵卒**。

嘉慶修《昭陽鄭氏族譜》

◇**師陸種園①卒**。

注釋：

①陸種園：詳見康熙四十八年己丑（1709）「◇從鄉先輩陸種園先生學詞，同塾的有王竹樓、顧萬峰等」注。

◇**作〈七歌〉詩**。

《鄭板橋集·詩鈔·七歌》

鄭生三十無一營，學書學劍皆不成。市樓飲酒拉年少，終日擊鼓吹竽笙。今年父歿遺書賣，剩卷殘編看不快。爨下荒涼告絕薪，門前剝啄①來催債。嗚呼一歌兮歌逼側②，皇遽③讀書讀不得！

注釋：

①剝啄：象聲詞，指敲門聲。高適〈重陽〉詩：「豈有白衣來剝啄，一從烏帽自欹斜。」

②逼側：一作「逼仄」，狹窄。杜甫〈逼仄行贈畢曜〉：「逼仄何逼仄，我居巷南子巷北」。

③皇遽：一作「遑遽」，同「惶遽」。驚懼慌張。陳壽《三國志・吳志・虞翻傳》：「權（孫權）於是大怒，手劍欲擊之，侍坐者莫不惶遽。」

我生三歲①我母無，叮嚀難割繈中孤。登床索乳抱母臥，不知母歿還相呼！兒昔夜啼啼不已，阿母扶病隨啼起。婉轉噢撫兒熟眠，燈昏母咳寒窗裡。嗚呼二歌兮夜欲半，鴉棲不穩庭槐斷②！

注釋：

①據板橋〈乳母詩〉：「……燮四歲失母，……」得知其「三歲」實為「三年」之意。

②比喻母歿孤兒無所依靠，極含悲淒之情。

無端涕泗橫闌干，思我後母心悲酸。十載持家足辛苦，使我不復憂饑寒。時缺一升半升米，兒怒飯少相觸抵。伏地啼呼面垢汙，母取衣衫為湔洗。嗚呼三歌兮歌彷徨，北風獵獵吹我裳！有叔有叔偏愛侄，護短論長天覆匿。倦書逃藥無事無，藏懷負背趨而逸。布衾單薄如空橐，敗絮零星兼臥惡①。縱橫溲溺②漫不省，就濕移乾叔夜醒。嗚呼四歌兮風蕭蕭，一天寒雨聞雞號。

注釋：

①臥惡：躺或睡時手腳胡動亂踹，極不安寧。

②溲溺：便溺，謂遺尿。

幾年落拓①向江海，謀事十事九事殆。長嘯一聲沽酒樓，背人獨自問真宰。枯蓬吹斷久無根，鄉心未盡思田園；千里還家到反怯②，入門忸怩妻無言。嗚呼五歌兮頭髮豎，丈夫意氣閨房沮。

注釋：

①落拓：亦作「落托」。猶落泊、貧困失意。

②此句化用李頻〈渡漢江〉：「近鄉情更怯」詩意。

我生二女復一兒，寒無絮絡饑無糜。啼號觸怒事鞭樸，心憐手軟翻成悲。蕭蕭夜雨盈階戺，空床破帳寒秋水。清晨那得餅餌持，誘以貪眠罷早起。嗚呼眼前兒女兮休呼爺，六歌未闋思離家。

《鄭板橋集・詩鈔》

種園①先生是吾師，竹樓②、桐峰③文字奇。十載鄉園共遊憩，壯心磊落無不為。二子辭家弄筆墨，片語千人氣先塞。先生貧病老無兒，閉門僵臥桐陰北。嗚呼七歌兮浩縱橫，青天萬古終無情！種園先生陸震、竹樓王國棟、桐峰顧于觀。

注釋：

①陸震、②竹樓、③桐峰：詳見康熙四十八年己丑（1709）「◇從鄉先輩陸種園先生學詞，同塾的有王竹樓、顧萬峰等」注。

◇十二月二十七日，作小楷《范質①訓子詩》軸。

戒爾學立身，莫若先孝悌。怡怡奉親長，不敢生驕易。戰戰復兢兢，造次必於是。戒爾學干祿，莫若勤道藝。嘗聞諸格言，學而優則仕。不患人不知，惟患學不至。戒爾遠恥辱，恭則近乎禮。自卑而尊人，先彼而後已。〈相鼠〉與〈茅鴟〉，宜鑒詩人刺。戒爾勿放曠，放曠非端士。周孔垂名教，齊梁尚清議。南朝稱八達，千載穢青史。戒爾勿嗜酒，狂藥非佳味。能移謹厚性，化為兇險類。古今傾敗者，歷歷皆可記。戒爾勿多言，多言眾所忌。苟不慎樞機，災厄從此始。是非毀譽間，適足為身累。舉世重交遊，擬結金蘭契。忿怨容易生，風波當時起。所以君子心，汪汪淡如水。舉世好承奉，昂昂爭意氣。不知承奉者，以爾為玩戲。所以古人疾，籧篨與戚施。舉世重遊俠，俗呼為氣義。為人赴急難，往往陷囚繫。所以馬援書，殷勤戒諸子。舉世賤清素，奉身好華侈。肥馬衣輕裘，揚揚過閭里。雖得市童憐，還為識者鄙。我乃羈旅臣，遭逢堯舜理。位重才不充，戚戚懷尤懼。深淵與薄冰，蹈之唯恐墜。爾曹當閔我，勿使增罪戾。閉門斂蹤跡，縮首避名勢。勢位難久居，畢竟何足恃。物盛則必衰，有隆還有替。速成不堅牢，亟走多顛躓。灼灼園中花，早發還先萎。遲遲澗畔松，鬱鬱含晚翠。賦命有疾徐，青雲難力致。寄語謝諸郎，躁進徒為耳。

范魯公質為宰相，從子杲嘗求奏遷秩，質作詩曉之。康熙六十一年歲在壬寅嘉平月廿有七日，讀小學至此，不覺慨然歎息，想見質之為人。至於君臣大義、忠貞亮節，姑置勿論矣。

睢園鄭燮書。

廣州美術館藏墨蹟

注釋：

①范質（911—964）：字文素，大名府宗城（今河北威縣）人。自幼好學，九歲能文，十三歲誦五經。後唐明宗長興四年（933）進士。授忠武軍節度推官，遷封丘令。後晉高祖天福年間，宰相桑維翰奏為監察御史，隨桑維翰為泰甯、晉昌節度從事。出帝天福八年（943）三月，桑維翰入為侍中，薦其為主客員外郎、入史館。開運元年（944）六月，為翰林學士。後晉亡，為草降表。後漢初，加中書舍人。隱帝乾祐元年（948）四月，為戶部侍郎。後周初為樞密副使。太祖廣順元年（951）二月，為兵部侍郎。六月，為中書侍郎、同平章事。後周顯德四年（957），加封爵邑。范質上書朝廷，建議重修法令，領銜編定了宋代第一部法典《宋刑統》。先後晉左僕射、門下侍郎、司徒等。顯德六年（959）夏，世宗病危，臨終托孤，命范質為顧命大臣，輔佐七歲的恭帝柴宗訓，加開府儀同三司，封蕭國公。顯德七年（960）正月初三，趙匡胤「陳橋兵變」還京，范質率百僚以降。宋太祖命范質為大禮使，負責太祖祭天事。乾德元年（963）封魯國公，范質奉表固辭，太祖不允。二年（964）正月，加拜太子太傅。九月，卒，年五十四。

范質性卞急，好面折人，以廉介自持。所得祿賜，多給孤遺。臨終時「家無餘資」，宋太祖曾對侍臣們說：「聞范質只有宅第，不置田產，真宰相也。」范質在趙匡胤稱帝后「降階受命」，有負世宗所托，宋太宗也說：「循規矩，慎名器，持廉節，無出質右者。但欠世宗一死，為可惜耳。」范質的侄子范杲官居六品，曾來書求范質為其夤緣人事，求奏升遷。范質作詩八百言，諄諄教誨。其詩時人傳誦，以為勸戒。臨終前告戒范旻：不要向皇帝請封謚號，不要刻碑立傳，品格之高殊屬少有。工詩文，有《范魯公集》30卷、《五代通錄》65卷、《晉朝陷蕃記》4卷、《桑維翰傳》3卷、《魏公家傳》3卷及《格言後述》5卷等。

明放案：此系紙本，楷書，縱79釐米，橫48釐米。

◇八月朔日，高翔①於五嶽草堂作《峰巒迭秀圖》。 尹文《高翔傳》

注釋：

①高翔：詳見康熙五十一年壬辰（1712）「◇高翔於揚州城南之燕（宴）集作《揚州即景圖》冊頁」注。

◇金農之師、文學家何義門①逝世。

注釋：

①何義門：詳見康熙四十六年丁亥（1707）「◇何義門因服喪，歸里守制，金農讀書於何宅」注。

◇正月，帝舉行千叟宴，與宴者一千零二十人。

◇十一月十三日，康熙帝玄燁崩，壽六十九。

◇十二月，皇四子胤禛繼位，年四十四，年號雍正。

◇陳夢雷等輯《古今圖書彙編》①成。

注釋：

①《古今圖書集成》：原名《古今圖書彙編》，類書名。最初由誠郡王（允祉）命其門客陳夢雷等纂集，雍正時，又命蔣廷錫等據《彙編》重為編校，改稱《古今圖書集成》。全書一萬卷，目錄四十卷，分六編三十二典六千一百零九部，總字數達一億六千萬左右。一、曆象編，分乾象、歲功、曆法、庶徵四典；二、方輿編，分坤輿、職方、山川、邊裔四典；三、明倫編，分皇極、宮闈、官常、家範、交誼、氏族、人事、閨媛八典；四、博物編，分藝術、神異、禽蟲、草木四典；五、理學編，分經籍、學行、文學、字學四典；六、經濟編，分選舉、銓衡、食貨、禮儀、樂律、戎政、祥刑、考工八典。每典分若干部，每部先匯考，次總論，有圖、表、列傳、藝文、選句、紀事、雜錄、外編等項目。

《古今圖書集成》是現存類書中一部規模最大、用處最廣、體例最為完善的類書。它比《大英百科全書》多三、四倍，有「康熙百科全書」之稱。雍正四年（1726）以銅活字排版，共印六十四部。1934年上海中華書局曾據殿版原本縮小影印，共印八百部。1985年起，中華書局、巴蜀書社聯合影印中華本。

◇是年，全國地畝八百五十一萬餘頃，人丁戶口二千五百三十餘萬。

◇王鳴盛①生。

注釋：

①王鳴盛（1722—1797）：史學家、經學家。字鳳喈，一字禮堂，別字西莊，晚號西沚，江南嘉定（今屬上海市）人。乾隆十二年（1747）鄉試以「五經魁」中舉。乾隆十九年（1754）一甲二名進士，授翰林院編修。詞臣考試第一，擢升為侍讀學士。乾隆三十三年（1768）典福建鄉試，升為內閣學士兼禮部侍郎，隨即左遷光祿寺卿。後母喪歸里，遂不復出。居蘇州三十年，潛心治史，以文自給。並以漢儒為宗，研治《尚書》。又對中國古代制度、器物、碑刻等均有考證。著有《十七史商榷》一百卷、《尚書後案》、《蛾術編》一百卷。另有《耕養齋詩文集》、《西沚居士集》。

雍正元年癸卯（1723）　三十一歲

◇**初春，遊海陵①，宿彌陀庵，始與梅鑒上人②訂交。**

雍正十一年重九日，板橋〈別梅鑒上人〉詩云：「十年不見亦如斯……。」

李福祚《昭陽述舊編》卷一

注釋：

①海陵：即今江蘇泰陵市。古縣名。春秋時吳地，漢置海陵縣。因其地高阜而又傍海得名。南北朝時曾為海陵郡治所，五代南唐以後為泰州治所。唐武德三年（620）置吳州，武德七年（624）廢，縣復海陵。隸屬邗州。

②梅鑒上人：海陵城南彌陀庵主持。

◇賣畫揚州約十年左右。

鄭板橋詩云：「十載揚州作畫師，長將赭墨代胭脂。寫來竹柏無顏色，賣與東風不合時……。」

《鄭板橋集・詩鈔・和學使者丁殿元枉贈之作》

◇作〈哭犉兒五首〉。

天荒食粥竟為長，慚對吾兒淚數行。今日一匙澆汝飯，可能呼起更重嘗！
歪角髮兒好戴花，也隨諸姊要盤鴉。於今寶鏡無顏色，一任朝光滿碧紗。
墳草青青白水寒，孤魂小膽怯風湍。荒塗野鬼誅求慣。為訴家貧楮鏹①難。
可有森嚴十地開，兒魂一去幾時回？啼號莫倚嬌憐態，邏刹②非而父母來。
蠟燭燒殘尚有灰，紙錢飄去作塵埃。浮圖③似有三生說，未了前因好再來。

《鄭板橋集・詩鈔》

注釋：

①楮鏹：祭祀時焚化用的紙錢串。《剪燈新話・滕穆醉游聚景園記》：「翌日，具肴醴焚楮鏹於墓下，作文以吊之。」

②邏刹：亦作「羅刹」。全名「羅叉娑」或「阿落刹娑」。印度神話中的惡鬼。

③浮圖：一譯「浮屠」。佛陀窣堵波的訛略。即佛塔。

明放案：王家誠先生將此詩繫於雍正二年（1724），即板橋三十二歲時。

◇作《賀新郎・送顧萬峰①之山東常使君②幕》詞二闋。

擲帽悲歌起，歎當年父母生我，懸弧③射矢。半世銷沉兒女態，羈絆難逾鄉里。健羨爾蕭然攬轡，首路春風冰凍釋，泊馬頭浩渺黃河水，望不盡，洶洶勢。　到看泰岱從天墜，矗空青千岩萬嶂，雲揉月洗。封禪碑銘④今在否？鳥跡蟲魚怪異，為我吊秦皇漢帝。夜半更須陵日觀，紫金球湧出滄溟底，盡海內，奇觀矣。

獨有難忘者，寧不見慈親黑髮，於今雪灑。檢點裝囊針線密，老淚潺湲而瀉，知多少夢魂牽惹。不為深情酬國士，肯孤蹤獨騎天邊跨？遊子歎，關山夜。　頗聞東道兼騷雅，最羨是峰巒十萬，青排腳下。此去唱酬官閣裡，灑在冰壺共把，須勖以仁風遍野。如此清時宜樹立，況魯鄒舊俗非難化，休沉溺，篇章也！常君名建極，字近辰，旗下人。有〈登泰山絕頂〉詩云：「一二三星斗胸前落，十萬峰巒腳底青。」又云：「煙霞歷亂迷齊魯，碑版零星倒漢唐。」皆警句也。

《鄭板橋集・詞鈔》

任乃賡〈鄭板橋年表〉
王家誠《鄭板橋傳》

注釋：

①顧萬峰：詳見康熙四十八年己丑（1709）「◇從鄉先輩陸種園先生學詞，同塾的有王竹樓、顧萬峰等」注。

②常使君：名建極，字近辰，滿洲正藍旗人，監生出身。康熙五十三年任揚州府泰州州同，五十五年至五十九年任山東泰安府東平州州判。使君：漢時稱刺史為使君。漢以後用於對州郡長官的尊稱。

③懸弧：古代風俗尚武，若生了男孩，便懸弓於門左首。弧：弓。

④封禪碑銘：古代帝王常至泰山頂上所壘起的土堆前祭天，稱封；還要在泰山下的一座小山上所平出的一塊地前祭地，稱禪。刻石以紀其事。

明放案：此兩闋詞，王錫榮先生繫於康熙六十一年（1722）；周積寅先生繫於雍正二年（1724）；任乃賡、王家誠、丁家桐先生繫於雍正元年（1723）。但任乃賡先生云：「板橋贈詞三闋。」王家誠先生云：「一說，作《賀新郎》詞三闋。」

張郁明《金農傳》

◇金農往山東蓬萊，途經臨淄邂逅趙執信。

◇**黃慎客廣東韶州作畫，於納涼季節旋返揚州賣畫。**

李萬才《黃慎傳》

◇**汪士慎至揚州賣畫，初客於馬秋玉小玲瓏館之七峰草堂。並為厲鶚等七人所著《南宋雜事詩》作序。**

尹文《汪士慎傳》

◇**鄭方坤①登進士。**

注釋：

①鄭方坤：字則厚，號荔鄉，福建建安（一作建寧）人，鄭方城之弟。雍正元年（1723）進士，知直隸邯鄲縣。舉卓異，擢知景州。歷任山東登州、沂州、武定、兗州知府，以足病自免。在官多善政。博學有才藻，為詩下筆不休，有淩厲之概，與兄方城友于最篤，競爽齊名，有《卻埽齋倡和集》。自著有《蔗尾詩集》十五卷、《蔗尾文集》二卷、《補五代詩話》十卷、《全閩詩話》十二卷、《本朝名家詩鈔小傳》二卷，及《嶺海叢編》共百卷。《清史稿》卷484有傳。

◇**三月，帝向直省總督以下各地方官頒發諭旨十一道。**

◇**七月，帝准直隸巡撫李維鈞奏請，詔令在全國推行「攤丁入地」。**

◇八月，帝詔實行秘密立儲法。

◇清廷確立大學士管理部務體制。

◇清廷特簡各部院堂官中漢大臣兼管順天府尹事。

◇清廷恢復京察，改舊例六年一行為三年，以子、卯、午、酉年為察期。

任乃賡〈鄭板橋年表〉
丁家桐《鄭燮傳》

雍正二年甲辰（1724）　三十二歲

◇出遊江西，於廬山①結識無方上人②。

注釋：

①廬山：一稱匡山或匡廬。相傳殷、周間有匡姓兄弟結廬隱此得名。在江西省九江市南部，聳立鄱陽湖、長江之濱。為古老變質岩斷塊山。主峰漢陽峰，海拔1474米。山中群峰林立，飛瀑流泉，林木蔥蘢，雲海彌漫，集雄奇秀麗於一體，自古有「匡廬奇秀甲天下」之譽。山上雲霧縹緲，夏季涼爽宜人。著名勝蹟有小天池、大天池、花徑、白鹿洞、仙人洞、三疊泉、含鄱口、五老峰、香爐峰、龍首崖、文殊台、東林寺、廬山溫泉等。為全國重點風景名勝區，並被列入《世界文化遺產名錄》。

②無方上人：字無方，號剩山。俗姓盧，江西人。初為江西廬山寺僧，後住錫京師甕山圓靜寺。後又遷孝兒營。無方得法於曙山（超崙），傳臨濟正宗第三十四世，「大法了徹」。曾為恂勤郡王說法，郡王「深禮敬之」。乾隆二十四年（1759），三月十五日示寂於彌勒寺，世壽七十五。據永忠《延芬室集》載，無方是一位深諳禪理佛法和擅長詩畫篆刻的沙門，保祿以「西江馬大師」目之。無方重交誼，常與詩僧蓮峰、狂士顧萬峰、朱青雷、詩人成雪田、成桂、士人保祿等酬唱。雍正二年（1724），板橋出遊江西，在廬山與之訂交。板橋與無方是接觸最多、結交最長、歷時最久的一位。橋所作詩文有〈贈甕山無方上人二首〉、〈甕山示無方上人〉、〈懷無方上人〉；繪畫有《為無方上人寫竹》、《畫盆蘭勸無方上人南歸》；尺牘有〈范縣答無方上人〉、〈寄無方上人〉。

上人：佛教指德智兼備可為僧眾之師的高僧。南朝宋以後多用為僧人的尊稱。《圓覺要覽》云：「內有德智，外有勝行，在人之上，曰上人。」鮑照有〈秋日示休上人〉詩，杜甫有〈已上人茅齋〉詩。

丁家桐《鄭燮傳》

◇於無方上人處結識筆帖式①保祿。

注釋：

①筆帖式：官名。清代在各衙署中設置的低級官員。掌管翻譯滿、漢章奏文書，以滿洲、蒙古和漢軍旗人擔任。筆帖式為滿語「士人」之義（一說為漢語「博士」的音譯）。

明放案：板橋官范時曾作〈保祿〉詩：字雨村，滿洲筆帖式。遇於江西無大師家，贈詩云：「西江馬大士①，南國鄭都官②。」曾把都官目板橋，心知誑哄又虛驕；無方去後西山遠，酒店春旗何處招？（《鄭板橋集・詩鈔・絕句二十一首》）

注釋：

①馬大士：即唐佛教禪宗高僧道一（709—788）。本姓馬，故後世也稱「馬祖」或「馬祖道一」。漢州什邡縣（今屬四川）人。師事懷讓。曾在佛跡嶺（在今福建建陽）、龔公山（在今江西南康）等處傳授禪法。主張「自心是佛」、「見所見色，即是見心」的道理。大士：佛教稱佛、菩薩為大士。這裡比擬無方上人。

②鄭都官：即唐代詩人鄭谷（848—911）字守愚。袁州（今江西宜春）人。7歲能詩。父史，開成中（838）為永州刺史，與侍郎司空圖同院，圖見而異之。光啟三年（887）進士，授京兆鄠縣尉。遷右拾遺補闕。乾寧四年（897）為都官郎中，人稱「鄭都官」。又嘗賦〈鷓鴣〉詩得名，號「鄭鷓鴣」。谷詩清婉明白，不俚而切，為薛能、李頻所賞。與許棠、任濤、張蠙、李棲遠、

張喬、喻坦之、周繇、溫憲、李昌符唱答往還，號「芳林十哲」。僧齊己攜詩來謁，谷讀至〈早梅〉：「前村深雪裡，昨夜數枝開」句，乃曰：「數枝非早也，未若一枝佳。」齊己不覺拜倒曰：「我一字師也」。後歸隱仰山書屋，卒於北岩別墅。谷嘗從僖宗登三峰，朝謁之暇，寓於雲陽道舍，編所作為《雲台編》三卷。歸，編《宜陽集》三卷，及撰《國風正訣》一卷，並傳於世。前輩詩人司空圖稱其「當為一代風騷主」。《全唐詩》收錄鄭谷詩327首。今宜春市東風大街南段，民國時期曾名鷓鴣路，以紀念鄭谷而名。這裡暗指板橋。

◇遊洞庭湖，作《浪淘沙．和洪覺範①瀟湘八景②》詞。

•瀟湘夜雨

風雨夜江寒，篷背聲喧，漁人穩臥客人歎。明日不知晴也未？紅蓼花殘。　晨起望沙灘，一片波瀾，亂流飛瀑洞庭寬。何處雨晴還是舊？只有君山。

•山市晴嵐

雨淨又風恬，山翠新添，薰蒸上接蔚藍天。惹得王孫芳草色，醞釀春田。　朝景尚拖煙，日午澄鮮，小橋山店倍增妍。近到略無些色相，遠望依然。

•漁村夕照

山迴暮雲遮，風緊寒鴉，漁舟個個泊江沙。江上酒旗飄不定，旗外煙霞。　爛醉作生涯，醉夢清佳，船頭雞犬自成家。夜火秋星渾一片，隱躍蘆花。

•煙寺晚鐘

日落萬山顛，一片雲煙，望中樓閣有無邊。惟有鐘聲攔不住，飛滿江天。
秋水落秋泉，晝夜潺湲，梵王鐘好不多傳。除卻晨昏三兩擊，悄悄無言。

•遠浦歸帆

遠水淨無波，蘆荻花多，暮帆千疊傍山坡。望裡欲行還不動，紅日西矬。
名利竟如何？歲月蹉跎，幾番風浪幾晴和。愁水愁風愁不盡，總是南柯。

•平沙落雁

秋水漾平沙，天末澄霞，雁行棲定又喧嘩。怕見洲邊燈火焰，怕近蘆花。
是處網羅賒，何苦天涯，勸伊早早北還家。江上風光留不得，請問飛鴉。

•洞庭秋月

誰買洞庭秋，黃鶴樓頭，槐花半老桂花稠。才送斜陽西嶺去，月上簾鉤。
漭漭大荒流，煙淨雲收，萬條銀線接天浮。不用畫船沽酒去，我自神遊。

•江天暮雪

雪意滿瀟湘，天淡雲黃，梅花凍折老松僵。惟有酒家偏得意，簾旆飄揚。
不待揭簾香，引動漁郎，蓑衣燎濕暖鍋傍。踏碎瓊瑤歸路遠，醉指銀塘。

《鄭板橋集·詞鈔》

注釋：

①洪覺範：北宋僧惠洪（1070—1128）。俗姓彭，名覺範。筠州（今江西高安）人。一作新昌（今浙江新昌）人。擅書法，工詩詞，著有《冷齋夜話》等。

②瀟湘八景：謂瀟、湘流域的八處勝景。為宋．沈括《夢溪筆談．書畫》所描述。歷代皆有才子追和。清．孫承澤《庚子消夏記》載：元人繪有《瀟湘八景圖》。洪覺範所作《瀟湘八景》詞，後有賡和。元．馬致遠《落梅鳳》、鮮于必仁《普天樂》等，均寫此八景。

明放案：牧谿（約1207—約1282），南宋畫家，僧，名法常，俗姓李，號牧谿。蜀（今四川）人。舉人。曾在臨安（今浙江杭州）長慶寺被使為雜役。因不滿朝廷政治腐敗而出家為僧，從師徑山寺住侍無准師範佛鑒禪師。嗜酒，擅畫。師法梁楷，以水墨為主。所畫猿、鶴、觀音、羅漢等，造型嚴謹，筆墨淋漓。傳以甘蔗渣代替畫筆來點染，韻味自然，層次豐富，一洗刻意雕琢之氣。風格縱逸，天然巧成。與「馬一角」、「夏半邊」的簡率畫風互相呼應，墨戲情趣愈見濃鬱。於秀逸清冷中透出禪意。畫作有《觀音圖》、《猿圖》、《鶴圖》、《羅漢圖》、《寫生蔬果圖》、《松樹八哥圖》、《花果翎毛圖》等傳世。宋代釋妙倫〈牧谿〉云：「百草頭邊意已賒，鞭繩放下臥平沙。覺來古岸東風急，橫笛一聲山日斜。」遺跡多流傳日本。對日本的水墨畫影響很大，被日本視為「國寶」。

牧谿在中國繪畫史上並未受到尊重。但日本卻把牧谿視為最高的極致。日本大東急紀念文庫所藏古籍《松齋梅譜》中評價牧谿的繪畫：「皆隨筆點墨而成，意思簡當，不費裝綴。」中國《畫繼補遺》卷上載：「牧谿，僧法常。善作龍虎、人物、蘆雁、雜畫，枯淡山野，誠非雅玩，僅可僧房道舍，以助清幽耳。」

《瀟湘八景》是瀟湘地區的八處著名風景。這既是八種景觀，也是觀照瀟湘風景的八種方式，八個角度。最早記載繪畫中《瀟湘八景》的，是北宋·沈括的《夢溪筆談》：「度支員外郎宋迪，工畫，尤善為平遠水，其得意者，有「平沙雁落」、「遠浦歸帆」、「山市晴嵐」、「江天暮雪」、「洞庭秋月」、「瀟湘夜雨」、「煙寺晚鐘」、「漁村夕照」，謂之八景，好事者多傳之。」

水墨長卷《瀟湘八景圖》為牧谿的代表作。約於南宋末年流入日本。其中的一些畫面成為日本庭園設計的起源。著名的「近江八景」即為典型的模仿之作。日本研究者認為：「八景」是作為一個完整的畫卷傳入的，表達的也是統一的主題。然經數百年歷史風雲，八景已各自分離成單獨的掛軸，如今僅存四幅真跡：

《煙寺晚鐘圖》：以淡墨表現濃霧，左側有樹木叢生，透過樹叢，隱隱約約可見寺院的房檐。正是這寧靜而淡泊的一角房檐暗示出了作品的主題，悠揚的鐘聲彷佛穿透煙雲飄然而至。在畫面正中，有一條微弱的光帶撥開霧靄，此為黃昏時分的最後一線光亮。

《漁村夕照圖》：同樣雲霧彌漫，三條光帶從密雲的間隙傾瀉而下，左側是隱沒於險峻山巒之中的小漁村，在畫面正中，搖盪著寥寥數筆勾出的一葉漁舟。

《遠浦歸帆圖》：左下角是以疾筆描繪出來的狂風中搖曳欲倒的樹木，不見枝葉。濃淡不同的墨色表現出了風雨捲襲中樹木的遠近。

《平沙落雁圖》：在寬闊的的畫面中，遠方的群雁依稀可見。近處四羽大雁，神態各異。

以上作品表現的是夕陽西沉時的最後一瞬。整幅畫卷留下了一種空濛清寂的韻味。《煙寺晚鐘圖》被列為「國寶」，現藏東京白金台富士紀念館明月軒中；《漁村夕照圖》亦被列為「國寶」，現藏東京青山根津美術館；《遠浦歸帆圖》系日本「重要文化財」，現藏出光美術館。據此畫幅所押「道有」印章推斷，把整體的「八景」切分為單一的「八景」，正是室町幕府的三代將軍足利義滿。義滿熱愛中國繪畫，他將「寶物」收藏在出家後的別墅「北山山莊」裡。《瀟湘八景圖》當然也在其中。義滿死後，按其遺言，將「北山山莊」改為「鹿苑寺」，現京都的名勝金閣寺即其遺跡。1994年金閣寺被列入世界文化遺產，在日本被稱為「中國風格禪寺建築的頂點」。義滿切分「八景」之後約五十年，文化的中心轉移到銀閣寺所在的嵐山，代表人物是八代將軍足利義政。

在中國，牧谿的畫作被視為「誠非雅玩」，在日本，卻被奉為神品。東京藝術大學竹內順一教授說：「牧谿式的美代表了阿彌眾們典型的審美價值觀。」牧谿的繪畫已成為日本美的一部分，《瀟湘八景圖》則成為室町時代首屈一指的珍寶。

江戶時代中期，《瀟湘八景圖》曾一度被狩野榮川臨摹複製，摹本現藏根津美術館。而為這一複製工程進行搜集「八景圖」者是江戶幕府八代將軍德川吉宗。關於「瀟湘八景」的排列順序，東京大學小川裕充教授根據現存四幅真跡上蟲蛀小洞大小、位置及間距推斷：「八景圖」確曾是一幅長卷，但在傳入日本時是分別卷成兩卷的。其順序如下：《漁村夕照圖》、《山市晴嵐圖》、《煙寺晚鐘圖》、《瀟湘夜雨圖》、《江天暮雪圖》、《平沙落雁圖》、《洞庭秋月圖》、《遠浦歸帆圖》。遺憾的是，其中的四幅畫作真貌已不得而知。

2001年6月30日，日本NHK電視臺，在「國光探訪」欄目播出了「『大氣、光、憧憬的土地』瀟湘八景圖」，解說詞云：「從印象派上溯到600年前，中國的畫家牧谿就已經成功地用繪畫藝術表現了大地與光影。描繪出了中國雄渾大地的瀟湘八景圖，引導了日本的美。」

◇過黃陵廟①，為黃陵廟女道士畫竹，並題云：

湘娥②夜抱湘雲哭，杜宇③鷓鴣淚相逐。叢篁密篠遍抽新，碎剪春愁滿江綠。赤龍賣盡瀟湘水，衡山夜燒連天紫。洞庭湖渴莽塵沙，惟有竹枝幹不死。竹梢露滴蒼梧君④，竹根竹節盤秋墳。巫娥亂入襄王夢⑤，不值一錢為賤雲。

《鄭板橋集・題畫》

周積寅、王鳳珠《鄭板橋年譜》

注釋：

①黃陵廟：在湘水入洞庭處。《水經注》云：「湘水西流，經二妃廟南，世謂之黃陵廟。」唐・韓愈《黃陵廟碑》云：「湘旁有廟曰黃陵，自前古以祠堯之二女，舜之二妃者。」《括地志》云：「黃陵廟在岳州湘陰縣北五十七里，舜二妃之神。」

②湘娥：即舜妃娥皇、女英。

③杜宇：傳說為周朝蜀帝，號曰望帝。後歸隱，讓位於其相開明。明適二月，子鵑鳥鳴，蜀人懷之，故呼子鵑為杜鵑。一說蜀帝通於其相之妻，慚而亡去，其魂化為鵑。見《蜀王本紀》、《華陽國志・蜀志》。唐・鄭谷〈鷓鴣詩〉云：「雨昏青草湖邊過，花發黃陵廟裡啼。」

④「竹梢」句：〈述異志〉云：「舜南巡，葬於蒼梧。堯二女娥皇、女英淚下沾竹，文悉為之

斑。」

⑤「巫娥」句：楚・宋玉〈高唐賦序〉：「（懷王）夢見一婦人曰：『妾巫山之女也，為高唐之客，聞君游高唐，願薦枕席。』王因幸之。」又〈神女賦序〉云：「楚襄王與宋玉遊於雲夢之浦，使玉賦高唐之事，其夜王寢，夢與神女遇。」夢遇神女系懷王，非襄王，巫女即入懷王之夢，又入襄王之夢，同私父子，故曰「亂入」。

明放案：清・韓夢周〈和鄭板橋為黃陵廟女道士畫竹〉：皇娥有恨淚成血，六月幽皇戛飛雪；九嶷明滅隔蒼煙，洞庭浪泣君山裂。千枝萬枝壓宮牆，杜宇無聲秋草黃；西風欲下行人絕，參差哀怨滿三湘。貌作荒江悲帝子，老筠慘澹淩風起；嬋娟太息空揚靈，一幅《離騷》照秋水。（韓夢周《理堂詩集》）

◇金農①自揚州天寧寺②移居淨業精舍。

張郁明《金農傳》

注釋：

①金農：詳見康熙四十二年癸未（1703）「◇金農結識同里項霜田，始與吳徵君、亦諳和尚往來」注。

②天寧寺：位於揚州城北，江南名刹之一。本為晉太傅謝安別墅，後建謝司空寺。東晉義熙十五年（419），尼泊爾名僧佛駄跋陀羅在此譯《大方廣佛華嚴經》六十卷。唐證聖元年（695）

建證聖寺。天復年間（901—904）易名廣福寺。北宋政和元年（1111）改名天寧寺。後被毀。明洪武年間重建。清康熙年間，曹寅在兼任兩淮巡鹽御史時，曾受命在此設立書局。主持刊刻《全唐詩》，纂修《佩文韻府》。乾隆二十二年（1757）弘曆帝巡遊揚州，曾在寺內建造行宮、御花園和御碼頭。御花園的文匯閣內藏有手抄本《四庫全書》一部。現存建築為清同治、光緒年間重建。尚有山門、天王殿、大雄寶殿、金剛殿、羅漢堂、萬佛樓、方丈樓及兩廂廊房等。

◇九月，黃慎①在揚州作《金帶圍圖》。

李萬才《黃慎傳》

注釋：

①黃慎：詳見康熙四十一年壬午（1702）「◇黃慎別母離家，拜師學畫」注。

◇杭世駿①中舉。

注釋：

①杭世駿（1696—1773），字大宗，別字堇浦，浙江仁和人。少負異才，於學無所不貫。所藏書，擁榻積几，不下數萬卷，沉潛其中，目睇手纂，幾忘晨夕。雍正二年（1724）鄉試舉人。受聘為福建同考官。乾隆元年（1736）召試博學鴻詞，授編修。官至御史。校勘武英殿《十三經》、《二十四史》，纂修《三禮義疏》。先生博聞強記，口如懸河。時方苞負重名，先生獨侃侃與辨，方遜避之。先生性簡傲通脫，不事修飾；雖同輩時或遭其睥睨。然自謂：「吾經學不如吳東壁，

史學不如全榭山，詩學不如厲樊榭。」先生兼通禮學，有〈請復漢儒盧植從祀議〉。又議；當制服可以立師道，厲澆季。朋友不制服，防不肖者貢媚權勢，賢者結怨流俗。時論皆以為治。在館閣嘗自《永樂大典》抄輯宋元來諸儒禮記說數百卷，以續宋衛正叔書。著有《道古堂文集》四十八卷、《道古堂詩集》二十六卷、《石經考異》二卷、《諸史然疑》一卷、《兩漢蒙拾》二卷、《晉書補傳贊》一卷、《文選課虛》四卷、《續方言》二卷、《榕城詩話》三卷、《三國志補注》六卷、《質疑》二卷、《詞科掌錄》、《史記考異》、《兩漢書疏證》、《三國志補注》、《北史搴稂》若干卷，均刊行。《續禮記集說》若干卷，近始付梓於浙局。《金史補》殘存五卷，藏江南圖書館。另有著述《史漢北齊疏證》、《歷代藝文志》、《兩浙經籍志》、《續經籍考》等遺稿，均不可得矣。

罷歸，杜門奉母，自號秦亭老民。偕里中耆舊及方外友結南屏詩社。後迎駕湖上，賜復原職。壽七十八。

◇紀昀①生。

注釋：

①紀昀（1724—1805）：學者、文學家。字曉嵐，一字春帆，晚號石雲，觀弈道人，孤石老人。直隸河間府獻縣（今河北滄州市滄縣崔爾莊）人。其高祖紀坤，字厚齋，系明末人。能文，著有《花王閣剩稿》。其父紀容舒，字遲叟，清康熙五十二年（1713）恩科進士，曾供職刑部和戶部，做過雲南姚安知府，故稱姚安公。撰有《唐韻考》、《杜律疏》、《玉臺新詠考異》等。紀

昀才華橫溢，文思敏捷，勤奮好學。博古通今。乾隆十年（1745）秀才，十三年（1748）順天鄉試第一名舉人，十九年（1754）二甲第四名進士，入翰林院為庶吉士，授任編修，辦理院事。外放福建學政一年，丁父憂。服闋，即遷侍讀、侍講，晉升為右庶子，掌太子府事。乾隆三十三年（1768），授貴州都勻知府，未及赴任，即以四品服留任，擢為侍讀學士。同年，因坐盧見曾鹽務案，謫烏魯木齊佐助軍務。召還，授編修，旋復侍讀學士官職，官至禮部尚書、協辦大學士。乾隆間，曾任四庫全書館總纂官，纂定《四庫全書總目提要》。並主持寫定《四庫全書總目》200卷，論述各書大旨及著作源流，考得失，辨文字，為代表清代目錄學成就的巨著。

能詩文，文筆簡約精粹，不冗不滯，敘事委曲周至，說理明暢透闢，但多應制奉和、歌功頌德之作，屬於典型的「廊廟文學」。少數述懷、紀行詩歌尚清新可誦。因其「敏而好學可為文，授之以政無不達」（嘉慶帝御賜碑文），死後謚文達。鄉里世稱文達公。有《紀文達公遺集》32卷、《評文心雕龍》10卷、《歷代職官表》63卷、《史通削繁》4卷、《河源紀略》、《鏡煙堂十種》、《畿輔通志》、《沈氏四聲考》36卷、《唐人詩律說》1卷、《才調集》、《瀛奎律髓評》、《李義山詩》、《陳後山集鈔》21卷、《張為主客圖》、《史氏風雅遺音》、《庚辰集》5卷及《景成紀氏家譜》等。

◇讀書齋刻本《唐詩金粉》成，十卷，沈炳震編。

◇閏四月，清廷命纂修《大清會典》①。

①《大清會典》，書名，簡稱《清會典》，清代官修政書。康熙時初修，雍正、乾隆、嘉慶、光緒各朝迭加續纂。有康熙二十九年（1690）成書一百六十二卷；雍正十一年（1733）成書二百五十卷；乾隆二十八年（1763）成書一百卷；嘉慶二十三年（1818）成書八十卷；光緒二十五年（1899）成書一百卷。《會典》採取「以官統事，以事隸官」的寫法，以政府機構為綱，繫以各種政事。各朝所修《會典》敘事時間相接，彙編清代各官衙的執掌、政令、事例，及職官、禮儀等制度。為研究清代典章制度的重要資料。各書成書時均有殿本。

◇六月，清廷禁江西「邪教」。

◇帝祭歷代帝王時，親改一上香為三上香。

◇帝清明時謁陵敷土改十三擔為一擔。按：一說為乾隆二年。待考。

◇清廷徵地丁銀二千六百三十萬兩，雜賦六十九萬八千兩。

◇清廷賜明裔朱之璉一等侯。

雍正三年乙巳（1725）　三十三歲

◇**得尹會一①、馬曰琯②資助，第二次出遊京師。**

丁家桐《鄭燮傳》

注釋：

①尹會一（1691—1748）：字元孚，號健餘，直隸博野（今屬河北）人。雍正二年（1724）進士，曾任襄陽、揚州等地知府。治民力效呂坤，且頗有政聲。乾隆元年（1736）署兩淮都轉鹽運使。二年（1737）署廣東巡撫，後調署河南巡撫。於河南農政、紡織、倉儲多有建議。黃河水災，以工代賑。十一年（1746）以吏部侍郎督江南學正，曾命各州縣立社學，以擴廣理學。十三年（1748）卒。著有《健餘詩稿》、《健餘先生撫豫條教》。其中：《健餘先生撫豫條教》曾被奉為官箴書之經典。

②馬曰琯（1688—1755），字秋玉，號嶰谷。諸生。原籍安徽祁門，後以行鹽致富寓居揚州。著作有《沙河逸老小稿》。弟曰璐（1697—1766），字佩兮，號半槎。著作有《南齋集》。兄弟倆勤敏好學，擅詩詞，喜交友，時稱「揚州二馬」。馬氏兄弟喜愛藏書、抄書、印書。於揚州東關街馬家園林內築「街南書屋」，後以園中的「小玲瓏山館」聞名於世，其中的叢書樓藏書百

櫥，積10萬餘卷，頗多秘笈與善本。《四庫全書》編纂時，徵求海內秘本，經馬曰璐之子馬裕進獻而被採擇的達776種。徐珂《清稗類鈔》云：「此次贈銀二百兩。」

◇入京，作〈鄴城〉、〈銅雀台〉、〈泜水〉、〈易水〉詩。

鄴城①

劃破寒雲漳水流，殘星畫角動譙樓。孤城旭日牛羊出，萬里新霜草木秋。銅雀荒涼遺瓦在，西陵②風雨石人愁。分香一夕雄心盡，碑版仍題漢徹侯③。

《鄭板橋集・詩鈔》

注釋：

①鄴城：古都邑名。建安十八年（213年）曹操為魏公，定都於此。鄴為五都之一，舊址（河北省臨漳西南鄴鎮村一帶）北臨漳水，城西北隅自北而南列峙冰井、銅雀、金虎三台。

②西陵：曹操墓地。

③徹侯：爵位名，秦制二十等爵之最高一級。漢襲秦制，後因避武帝諱，改稱通侯，又改列侯。此句謂曹操稱帝的雄心至死沒能實現。據曹操〈述志令〉云：他曾想到死後墓道能夠題「漢故征西將軍曹侯之墓」的字樣，就心滿意足了。

銅雀台①

銅雀台，十丈起，掛秋星，壓寒水。漳河之流去不已，曹氏風流亦可喜。西陵松柏是新栽，松下美人皆舊妓。當年供奉本無情，死後安能強哭聲。繐幃八尺催歌舞，懶慢盤鴉鬢不成。若教賣履分香後，盡放民間作佳偶。他日都梁②自撿燒，回首君恩淚沾袖。

《鄭板橋集・詩鈔》

注釋：

①銅雀台：雀，亦作爵。陳壽《三國志・魏志・武帝紀》：「建安十五年冬，作銅爵台。」在今河北臨漳西南古鄴城西北隅，與金虎、冰井合稱三台，現台基大部分已被漳水沖毀。《潛確類書》云：「銅爵台瓦宜於制硯，相傳貯水不躁，見稱於世。」

②都梁：都梁香，蘭草的別名。亦名澤蘭。李時珍《本草綱目》卷十四云：「都梁有山，下有水清淺，其中生蘭草，因名都梁香。」都梁，即今之武岡州。

泜水①

泜水清且淺，沙礫明可數。漾漾浮輕波，悠悠匯遠浦。千山倒空青，亂石兀崖堵。我來恣游泳，浩歌懷往古。逼側井陘道，卒列不成伍。背水造奇謀，赤幟立趙土。韓信②購左車，張耳③陋肺腑。何不赦陳餘④，與之歸漢主？

《鄭板橋集・詩鈔》

注釋：

①泜水：即今槐河，源出河北贊皇西南，東流經元氏南至甯晉南，折南入滏陽河。司馬遷《史記・張耳陳餘列傳》：漢三年（前204）「遣張耳與韓信擊破趙井陘，斬陳餘泜水上。」

②韓信（?—前196），漢初軍事家。淮陰（今江蘇淮陰市西南）人。早年家貧，曾從人寄食。秦末，初屬項羽起義軍，未得重用。繼歸劉邦，被任為大將。楚漢戰爭時，劉邦采其策，攻佔關中。劉邦在滎陽、成皋間與項羽相持時，他率軍襲擊項羽後路，破趙取燕、齊。後被劉邦封為齊王。不久率軍與劉邦會合，擊滅項羽於垓下（今河南靈壁南）。漢朝建立，改封楚王。有人告其謀反，降為淮陰侯。又被告與陳豨勾結在長安謀反，蕭何與呂后定計，誘其入宮殺之。善於將兵，曾著有《韓信》兵法三篇，今佚。

③張耳（?—前202），漢初諸侯王。大梁（今河南開封）人。戰國末為魏國外黃（今河南民權西北）令，與陳餘為刎頸交。秦末與陳餘共立武臣為趙王，自任丞相。項羽分封諸侯王時被封常山王。後因與陳餘交惡，被襲擊，投附劉邦，被立為趙王。

④陳餘（?—204），秦末大梁（今河南開封）人。與張耳為刎頸交。陳勝起義後，他與張耳共立武臣為趙王，自任大將軍。武臣被殺後，他又與張耳立舊貴族趙歇為王。後與張耳交惡。項羽封張耳為常山王，改封趙歇為代王，他擊走張耳，仍奉趙歇為趙王，並自為代王。在韓信破趙之戰中兵敗被殺。

易水①

子房②既有椎，漸離③亦有筑，荊卿④利匕首，三人徒碌碌。世濁無鳳麟，運否縱蛇蝮。雷霆避其威，人謀焉得速！蕭蕭易水寒，悄悄燕丹哭。事急履虎尾，僨轅終敗輹。酒酣市上情，一往不可復。

注釋：

①易水：在河北省西部。大清河上源支流，有北、中、南三支，均源出易縣境，匯合後入南拒馬河，東南流注大清河。秦始皇十九年（前228），燕太子丹遣荊軻謀刺秦始皇，入秦之日，燕丹等送至易水之上。軻慨而悲歌：「風瀟瀟兮易水寒，壯士一去兮不復還！」遂去，果死於秦。

②子房：即張良（？—前189），漢初大臣。字子房。相傳為城父（今河南寶豐東）人。祖與父相繼為韓國五世相。秦滅韓後，他謀圖恢復，結交刺客，在博浪沙（今河南原陽東南）狙擊秦始皇未中。後聚眾歸劉邦，不久遊說項梁立韓貴族成為韓王，任韓司徒。後韓王被項羽所殺，復歸劉邦，為其重要謀士。漢朝建立，封留侯。曾建議劉邦西都關中，惠帝得立為太子，亦為他所策劃。

③漸離：即高漸離，戰國末燕人。擅長擊筑。燕太子丹派荊軻謀刺秦王政，到易水送行，他擊筑，荊軻和歌。秦朝建立後，變姓名，為人傭保。秦始皇聞其善擊筑，乃熏瞎其目，使擊筑。他在筑內暗藏鉛塊，撲擊始皇，不中被殺。

④荊卿：即荊軻（？—前227），戰國末刺客。衛國人，衛人稱為慶卿。遊歷燕國，燕人稱為荊卿，亦稱荊叔。後被燕太子丹尊為上卿，派往刺秦王政。燕王喜二十八年（前227）他攜秦逃亡將軍樊於期的頭和夾有匕首的督亢（今河北易縣、涿州、固安一帶）地圖，進獻秦王。獻圖時，圖窮匕首見，刺秦王不中，被殺。

◇客京，寓慈仁寺。

「鄭燮，……壯歲客燕市，喜與禪宗尊宿及期門、羽林諸子弟遊。日放言高談，臧否人物，無所忌諱，坐是得狂名……」

李桓《國朝耆獻類徵》初編卷二百三十三

◇二月二十四日，題宋拓虞永興①《〈破邪論〉②序》冊。

書法與人品相表裡。方煬帝征遼時，世南草檄，袁寶兒顧盼殿上，帝佯優之，命賦一詩而罷，終身不復見用。及太宗皇帝定天下，乃起從之。卓為學者宗師，可不謂神龍出沒隱現，各得其時哉！士固有遇有不遇，藉使開皇之末，仍然五季，天下土崩，無復聖天子出，雖終其身蓬室樞戶可也，豈區區於仕進乎！夫區區仕進，必不完於煬帝時矣。今觀其所書《廟堂碑》③及《〈破邪論〉序》，介而和，溫而栗，峭勁不迫，風雅有度，即其人品，於此見矣。昔有評右軍書云：位重才高，調清詞雅，聲華未泯，翰牘仍存。吾於世南亦云。題《〈破邪論〉序》後。

時乙巳清明後一日。板橋鄭燮。

裴景福《壯陶閣書畫錄》卷二十二

注釋：

①虞永興：即虞世南（558—638）。唐初書法家、文學家。字伯施，越州餘姚（今屬浙江）人。官至秘書監，封永興縣子。人稱虞永興。能文辭，工書法，親承王羲之七代孫僧智永傳授，繼承了二王（羲之、獻之）的書法傳統，外柔內剛，筆致圓融遒麗，與歐陽詢、褚遂良、薛稷並

稱為唐初四大書家。正書碑刻有《孔子廟堂碑》。詩多應制之作，文辭典麗。編有《北堂書鈔》一百六十卷。

②《〈破邪論〉序》：唐法林法師文，虞世南撰序並書。小楷三十六行，行二十字。前銜題「太子中書舍人吳郡虞世南撰並書」。

③《廟堂碑》：即《孔子廟堂碑》。唐刻碑。正書。虞世南撰文並書。立於唐太宗貞觀年間。記述高祖武德九年（626）封孔子三十三世後裔孔德倫為褒聖侯，及修葺孔廟等事。書法俊朗圓腴，內剛外柔，為唐楷典範之一。原石久佚，北宋時流傳拓本已極少。有重刻本二：一在今陝西西安碑林，稱「陝本」，或「西廟堂碑」，為宋初王彥超摹刻；一在今山東城武，亦稱「城武本」，或「東廟堂碑」，無刊刻年月。今存有元康里傳修藏原石拓本，所缺四分之一的字，用陝本配補。

◇秋，治「思古」印，並題刻邊款。

題刻邊款云：乙巳秋日，板橋道人燮。　秦祖永《七家印跋》

◇十月十九日，於燕京憶花軒作〈《花品》跋〉，以抒發自己胸中之悶。

僕江南逋客，塞北羈人。滿目風塵，何知花月；連宵夢寐，似越關河。金尊檀板，入疏籬密竹之間；畫舸銀箏，在綠若紅蕖之外。癡迷特甚，惆悵絕多。偶得烏絲，遂抄《花品》。行間字裡，一片鄉情；墨際毫端，幾多愁思。書非絕妙，贈之須得其人；意有堪傳，藏者須防其蠹。

雍正三年十月十九日，板橋鄭燮書於燕京之憶花軒。

上海王鳳琦先生藏墨蹟

《鄭板橋集・補遺》

◇始與慎郡王允禧①交往。

慎郡王乾隆十一年（1746）作〈喜得板橋書自濰縣寄到〉云：「二十年前晤鄭公，談諧親見古人風。」

允禧《紫瓊崖詩鈔》卷中

注釋：

① 允禧（1711—1758）：康熙帝玄燁第二十一子。雍正之弟，乾隆叔父。為熙嬪妃陳氏所生。字謙齋，號紫瓊道人，又號春浮。雍正八年（1730）二月封貝子，五月進貝勒。雍正十三年（1735）八月，高宗（弘曆）即位，晉慎郡王。官宗室左宗正。與乾隆同歲。《清史稿・聖主諸子》謂：「（允禧）詩清秀，尤工畫，遠希董源，近接文徵明。」沈德潛《清詩別裁集》謂：「（允禧）勤政之暇，禮賢下士。畫宗元人，詩宗唐人，品近河間、東平，而多能遊藝，又間平所未聞也。」

◇大中丞孫丈①預告歸里，作《盆蘭圖》相贈，並題識。

宿草②栽培數十年，根深葉老倍鮮妍；而今歸到山中去，滿眼名葩③是後賢。

《鄭板橋集・題畫》
丁家桐《鄭燮傳》

注釋：

①孫丈：即孫勷，字子未，號娥山。以大理寺少卿致仕，未至巡撫（大中丞），但宰相隆科多曾以巡撫官銜拉攏過他，被他拒絕。孫於雍正四年辭官歸里，雍正三年即將此意預先告知板橋，板橋作此詩畫以贈。

②宿草：謂多年的蘭草。此喻孫勷。

③名葩：謂名花。此喻當代名人。

◇拜見同邑、兵部職方司主事孫兆奎①，作〈送職方員外孫丈歸田諱兆奎〉七律二首。

先生六月江南去，敝橐秋風亦徑歸。鱸膾先嘗應憶我，蕨薇堪飽莫開扉。故人幾輩頭俱白，後學相看識者稀。淮海文章終自在，任渠披謁絳紗幃。

鶴兒灣②畔藕花香，龍舌津③邊粳稻黃。小艇霧中看日出，青錢柳下買魚嘗。村墟古廟紅牆立，天末孤雲白帶長。借取漁家新箬笠，一竿煙雨入滄浪。

《鄭板橋集・詩鈔》
丁家桐《鄭燮傳》

注釋：

①孫兆奎：字斗文，一字鶴浦。江蘇興化人。學識淵博，專於評文。康熙四十二年（1703）

進士，歷任廣西武緣知縣、兵部知方司主事、吏兵二部則例館纂修官，後官至員外郎，乞歸。著《孫斗文文稿》。與堂弟孫宗緒、孫麒稱「三孫」，比為「三鳳和鳴」，立匾以志。

②鶴兒灣：《興化縣誌・山水》云：「在興化城西北七里。」

③龍舌津：又名東灣。《興化縣誌・城池圖》云：「在興化東門外。」

◇作〈燕京雜詩〉三首。

不燒鉛汞不逃禪，不愛烏紗不要錢。但願清秋長夏日，江湖長放米家船。

偶因煩熱便思家，千里江南道路賒。門外綠楊三十頃，西風吹滿白蓮花。

碧紗窗外綠芭蕉，書破繁陰坐寂寥。小婦最憐消渴疾，玉盤紅顆進冰桃。

《鄭板橋集・詩鈔》

明放案：任乃賡、丁家桐、王家誠、周積寅、陳書良諸先生均將此組詩繫於是年：惟王錫榮先生謂：「這組詩可能作於乾隆一、二年，板橋中進士後於京逗留之際。」此依前說。

◇返揚後，因不得志，始作《道情》①十首以遣興。

乾隆二年人日（即正月初七），板橋作行書《道情》卷贈西峰老賢弟，跋云：「雍正三年，歲在乙巳，予落拓京師，不得志而歸，因作《道情》十首以遣興……。」

注釋：

①：道情：曲藝的一個類別。淵源於唐代道教的「道曲」，是以道教故事為題材的。也可以說是漢江流域文化孕育出來的一個民間說唱藝術品種。「道情」一詞始見於南宋，南宋時用漁鼓伴奏、簡板擊節，因此也稱「漁鼓」，或道情漁鼓連稱。到元代其形式趨於穩定。元人雜劇《岳陽樓》、《竹葉舟》等劇均有穿插演唱。明清以來流傳甚廣，題材也有所擴大。特別是乾隆年間，由於一批文人雅士介入道情創作，使道情得到了空前的發展。從此使道情開始走出道觀，進入茶肆里巷。道情隊伍主體已不再是身背葫蘆，雲遊五嶽的道人、道姑，而逐漸變成城鄉各色的藝人等。不僅道情的曲目有所拓寬，其唱腔也逐漸由朦朧虛幻、「飛馭天表、遊覽太空」的「仙樂」而被各地的世俗音樂所取代。正如阿英在《小說閒談》中所說：「道情也有一個盛世，這個盛世就是在乾隆，就是在鄭板橋時代。那時候大概是因為國泰民安吧，雅人高士們在『多閑之餘』，便以道情作為『山房清玩』，一時成了風氣。」而在各地，道情同民間歌謠相結合而發展成許多曲種。有的稱「道情」，如陝北道情，山西則有臨縣道情、離石道情、洪洞道情、永濟道情、陽城道情、長子道情、晉北道情等十來種道情；晉北道情還分為右玉道情等；有的稱「漁鼓」，如湖北漁鼓、桂林漁鼓等；在四川則稱「竹琴」。共同特點是以唱為主，以說為輔，由於曲目的拓寬，道情的唱腔也隨之而發生了變化。在漢江流域道情漁鼓的唱腔中，雖然還保留了「道士腔」、「還魂腔」等道教音樂，但它在道情唱腔中已不是主體，而只能算作道教音樂的餘存罷了。也有只唱不說的。在音樂上則有板腔體和聯曲體之分。

◇作《沁園春・恨》詞，曲盡人生之不平。

花亦無知，月亦無聊，酒亦無靈①。把夭桃斫②斷，煞③他風景；鸚哥煮熟，佐我杯羹。焚硯燒書，椎④琴裂畫，毀盡文章抹盡名。滎陽鄭⑤，有慕歌家世，乞食風情。　單寒骨相⑥難更，笑席帽青衫⑦太瘦生。看蓬門⑧秋草，年年破巷；疏窗細雨，夜夜孤燈。難道天公，還箝⑨恨口，不許長吁一兩聲？顛狂甚，取烏絲⑩百幅，細寫凄清。

《鄭板橋集・詞鈔》

注釋：

①花亦無知，月亦無聊，酒亦無靈：花，「梅令人高，蘭令人幽，菊令人野，蓮令人淡，春海棠令人豔，牡丹令人豪，竹令人韻，秋海棠令人媚，松令人逸，桐令人清，柳令人感。」月，「月下聽禪，旨趣益遠；月下說劍，肝膽益真；月下論詩，風致益幽；月下對美人，情意甚篤。」酒，揉春為酒，剪雪成詩。飲酒，是對生存的感悟，是對生活的眷念，是對生命的顧盼。是眉批天空，是放縱心跳，是張揚個性，是豪爽，是風流，是浪漫……「所謂美人者，以花為貌，以鳥為聲，以月為神，以柳為態，以玉為骨，以冰雪為膚，以秋水為姿，以詩詞為心。」謂花、月、酒都不足以消愁解恨。

②斫：本意為大鋤。引申為砍、斫。唐代杜甫〈短歌行贈王郎司直〉：「王郎酒酣拔劍斫地歌莫哀。」

③煞：同「殺」。殺傷。《白虎通・五行》：「金味所以辛何？西方煞傷成物，辛所以煞傷之也。」

④椎：椎擊具。椎打。西漢・司馬遷《史記・魏公子列傳》：「椎殺晉鄙。」

⑤滎陽鄭：滎陽為鄭氏郡望，相傳鄭元和為滎陽人。科考時偶遇妓女李亞仙，二人墮入情網，待金錢散盡，被棄。流落長安，後被李家老僕認出領回，亞仙之父將其逐出家門，幾死街頭，唱《蓮花落》乞食於市。後亞仙悔悟，救生於困頓之中。後來，元和考取功名，做了大官，封亞仙為國夫人。唐代白行簡《李娃傳》即隱匿姓名敘其事。

⑥骨相：指人的骨骼相貌。舊謂骨相好壞，註定人生命運。

⑦席帽青衫：席帽：大帽。俗稱大頭巾。

⑧蓬門：謂貧者居所。

⑨箝：同「鉗」。夾住、鉗制。東漢・班固《漢書・異姓諸侯王表》：「箝語燒書。」

⑩烏絲：全稱烏絲欄。指有黑格線的絹素或紙箋。李肇《唐國史補》卷下：「又宋、亳間，有織成界道絹素，謂之烏絲欄。」《通雅・器用》：「烏絲，箋之畫欄者也。」也有紅色的，叫「朱絲欄」。

明放案一：此次燕京之行，鄭板橋滿懷希望，想在宰輔之地仕進。到頭來，落拓燕京，卻還是滿目風塵，「筆底明珠無處賣」。似乎是本朝天子不聖明。於是，作為一介狂生的板橋於窮途末路之時傷時罵天。抒發胸中積鬱已久的沉悶之氣，終於發出了響遏雲天的悲壯的抗議之聲！

明放案二：查禮《銅鼓書堂遺稿・詞話》卷三十二云：鄭燮，……能詩、能文，長短句別有意趣。未遇時曾譜《沁園春・書懷》一闋云：「花亦無知，月亦無聊，……細寫淒情。」其風神豪邁，氣勢空靈，直逼古人。

◇春日，金農初遊京師，于阿雲舉家觀摩都豐廉《地獄變相》。後赴山凱撒州，寓陳幼安午亭山莊三年。

張郁明《金農傳》

◇十月，李鱓作《三秋圖》。

黃俶成《李鱓傳》

◇黃慎移居李氏之三山草堂。

李萬才《黃慎傳》

◇汪士慎於攤萬山堂書《繩伎詩》。

尹文《汪士慎傳》

◇九月，帝詔蔣廷錫等重輯《古今圖書集成》成。全書一萬卷，目錄四十卷。分六編，三十二典，六千一百零九部。

◇《杜律通解》成，四卷，李文煒箋釋。

◇十二月，賜年羹堯①獄死；處《西征隨筆》作者汪景祺死，其妻發黑龍江為奴。

注釋：

①年羹堯：詳見康熙四十八年己丑（1709）「◇九月，廷命年羹堯任四川巡撫」注。

◇是年，清廷禁家僕告主。

◇帝詔圓明園為春、夏、秋臨御聽政之所。

◇帝敕封關羽曾祖、祖、父分別為光昭公、裕昌公、成忠公，並製神牌，安奉後殿，增春、秋二祭。

◇清廷徵鹽課四百四十三萬兩。

雍正四年丙午（1726）　三十四歲

◇作《滿江紅・田家四時苦樂歌 過橋新格》詞。

細雨輕雷，驚蟄後和風動土。正父老催人早作，東畬南圃。夜月荷鋤村犬吠，晨星叱犢山沉霧。到五更驚起是荒雞，田家苦。　疏籬外，桃華灼；池塘上，楊絲弱。漸茅簷日暖，小姑衣薄。春韭滿園隨意剪，臘醅半甕邀人酌。喜白頭人醉白頭扶，田家樂。

麥浪翻風，又早是秧針半吐。看壟上鳴槔滑滑，傾銀潑乳。脫笠雨梳頭頂髮，耘苗汗滴禾根土。更養蠶忙殺採桑娘，田家苦。　風蕩蕩，搖新箬；聲淅淅，飄新籜。正青蒲水面，紅榴屋角。原上摘瓜童子笑，池邊濯足斜陽落。晚風前個個說荒唐，田家樂。

雲淡風高，送鴻雁一聲悽楚。最怕是打場天氣，秋陰秋雨。霜穗未儲終歲食，縣符已索逃租戶。更爪牙常例急於官，田家苦。　紫蟹熟，紅菱剝；桄桔響，村歌作。聽喧填社鼓，漫山動郭。挾瑟靈巫傳吉兆，扶藜老子持康爵。祝年年多似此豐穰，田家樂。

老樹槎丫，撼四壁寒聲正怒。掃不盡牛溲滿地，糞渣當戶。茅舍日斜雲釀雪，長堤路斷風吹雨。盡村舂夜火到天明，田家苦。　草為榻，蘆為幕；土為銼，瓢為杓。砍松枝帶雪，烹葵煮藿。秫酒釀成歡里舍，官租完了離城郭。笑山妻塗粉過新年，田家樂。

明放案一：丁家桐先生謂此詞作於是年，周積寅先生繫於雍正七年（1729）。此《鄭板橋集·詞鈔》依丁說。

明放案二：陸仲園夫子《滿江紅·贈王正子》：

驀地逢君，且攜手壚邊細語。說蜀棧十年烽火，萬山鼙鼓。楓葉滿林愁客思，黃花遍地迷歸路。歎他鄉好景最無多，難常聚。

同是客，君尤苦；兩人恨，憑誰訴？看囊中罄矣，酒錢何處？吾輩無端寒至此，富兒何物肥如許！脫敝裘付與酒家娘，搖頭去。

◇五月，為黃慎①《鍾馗嫁妹圖》題跋。

五月終南進士家，深杯巨盎醉生涯。笑他未嫁嬋娟妹，已解宜男是好花。

板橋鄭燮題。「老畫師」（白文）、丙辰進士（朱文）。

四川省博物館藏墨蹟

注釋：

①黃慎：詳見康熙四十一年（1702）「◇黃慎別母離家，拜師學畫」注。

明放案：此畫黃慎署款為「雍正四年夏五月，閩中黃慎敬圖」。據所鈐「老畫師」、「丙辰進士」印推知，題句當系板橋於乾隆元年之後所補。

◇黃慎在揚州用瘿木製成「瘿瓢」，後隨身攜帶。書板橋《道情》十首（初稿）。

李萬才《黃慎傳》

◇高翔①於上方寺作《山水圖》十二幀並題記。

尹文《高翔傳》

注釋：

①高翔：詳見康熙五十一年壬辰（1712）「◇高翔於揚州城南之燕（宴）集作《揚州即景圖》冊頁」注。

◇蔣廷錫①擢升戶部尚書。

注釋：

①蔣廷錫：詳見康熙四十二年癸未（1703）「◇畫家蔣廷錫登進士」注。

◇廷以銅活字排印《古今圖書集成》，共印六十四部。

◇八月，帝親至太學釋祭孔子。

◇九月，查嗣庭①「維民所止」試題獄起。

注釋：

① 查嗣庭（?—約1726）清朝大臣。字橫浦，浙江海寧人。康熙四十七年（1708）進士，翰林院編修，庶吉士。雍正元年（1723），查嗣庭由隆科多薦舉，在內廷行走，授內閣學士，兼禮部侍郎銜。蔡珽又復薦舉，授禮部左侍郎，加經筵講官。四年（1726），典江西鄉試，查嗣庭根據科舉八股文命題的慣例，以《詩經・商頌・玄鳥》中「維民所止」的句子為題。被人告發試題「維止」二字，蓄意在去「雍正」之頭。是為大不敬。雍正遂以「諷刺時事，心懷怨望」罪將查氏革職下獄，交三法司定擬具奏，又查其筆劄詩鈔，認為「語多悖逆」。雍正為產除隆科多黨羽，次年五月以「腹誹朝政，謗訕君上」被淩遲處死，並將查嗣庭戮屍梟示。查氏家族及親朋中十六歲以上的被處斬刑，十五歲以下的兒子以及查嗣庭的二哥查嗣傈及其諸子均流放三千里。並停浙江人會試。由於查嗣傈死於戍所，到乾隆即位後被赦歸的也就只剩下被流放的查嗣庭的兒子與侄子二人了。

雍正五年丁未（1727）　三十五歲

◇遊南通州，作〈游白狼山〉①七絕兩首。

積雨空山草木多，山僧晨起斫煙蘿；崖前露出一塊石，悄坐松陰似達摩②。

懸岩小閣碧梧桐，似有人聲在半空；百叩銅環渾不應，松花滿地午陰濃。

《鄭板橋集・詩鈔》

丁家桐《鄭燮傳》

注釋：

①白狼山：顧祖禹《讀史方輿紀要》云：白狼山在「通州直隸州（今江蘇南通市）南、長江北岸。相傳白狼居此。」

②達摩：菩提達摩的簡稱。中國佛教禪宗創始人。被尊為西天（印度）禪宗二十八祖和東土（中國）禪宗初祖。相傳為南天竺（今印度）人。南朝宋末航海到廣州，又往北魏洛陽傳佈禪學。陳志良等《中國佛家》云：達摩過金陵時，因與梁武帝話不投機，遂渡江北去。後住嵩山少林寺。傳說達摩在此面壁打坐九年。後遇慧可（487—593），授其《楞枷經》四卷及其心法，於是禪宗得以流傳。

明放案：今狼山准提庵藏有板橋所書「十子成林」匾額，題為彼公和尚。鈐「雪浪齋」（朱文）、「板橋鄭燮」（白文）、「丙辰進士」（朱文）。

◇正月，李鱓過湖州，途中作《土牆蝶花圖》。　黃俶成《李鱓傳》

◇黃慎返寧化接母至揚州；五月，於廣陵雅閣樓草書板橋《道情》詞卷；九月，作《八仙圖》。　李萬才《黃慎傳》

◇金農作〈憶康山舊遊〉詩。　張郁明《金農傳》

◇高鳳翰為安徽歙縣縣丞，自編詩集《岫雲集》成冊。　常再盛、顧仁榮《高鳳翰傳》

◇五月，查嗣庭案結。

◇十二月，禁錮大臣科隆多。

◇朝廷始派駐藏大臣。

◇帝詔病痊官員，凡情願起用者，可赴部引見。

◇清廷頒佈《大清律集時例》，律文計四百三十六條。

◇冊封富察氏為弘曆嫡福晉。

雍正六年戊申（1728）　三十六歲

◇春，與陸白義①、徐宗於②讀書於揚州天寧寺③，呫嗶之暇，默寫《論語》、《孟子》、《大學》、《中庸》全篇，不足兩月即成。經核對原文，無一字之誤，後即合裝為《四書手讀》。

戊申之春，讀書天寧寺，呫嗶之暇，戲同陸、徐諸硯友賽《經》□生熟。市坊間印格，日默三五紙，或一二紙，或七、八、十餘紙；或興之所至，間可三二十紙。不兩月而竣工。雖字有真草訛滅之不齊，而語句之間，實無毫釐錯謬。固誦讀之勤，亦刻苦之驗也……。

黃涪翁有《杜》詩抄本，趙雪松有《左傳》抄本，皆為當時欣慕，後人珍藏，至有爭之而致訟者。板橋既無涪翁之勁拔，又鄙雪松之圓熟，徒矜奇異，創為真隸相參之法，而雜以行草，究之私心自用，無足觀也。博雅之士，幸仍重之以經，而書法之優劣，萬不必計。

《鄭板橋四子書真跡》影印本

《鄭板橋集．補遺》

注釋：

①陸白義：書法家。名駿，字白義，號左軒。江蘇興化人。邑學生員（秀才）。工文，善行楷，尤精狂草，有龍蛇夭矯之勢。書與鄭板橋、顧于觀齊名。

②徐宗於：生平不詳。

③天寧寺：詳見雍正二年甲辰（1724）「◇金農自揚州天寧寺移居淨業精舍」注。

明放案：任乃賡〈鄭板橋年表〉、王家誠〈鄭板橋年譜〉、丁家桐〈鄭燮年譜〉、陳書良、李湘樹〈鄭板橋年表〉均作「讀書興化之天寧寺」。周積寅、王鳳珠作「讀書於揚州天寧寺」。丁家桐先生云：「其實，興化有天寧寺，揚州也有天寧寺」。

◇八月，於天甯寺為黃慎①《米山小幀圖》題跋。

蒼茫一晌揚州夢，鄭李兼之對榻僧。記我依欄論畫品，濛濛海氣隔簾燈。

嘗在東萊鰲勺亭，與友共論癭瓢畫，登萊間人極重其畫也。

雍正六年八月與李復堂同寓揚州天寧寺作。

翁方綱《復初齋詩集》卷五十二

注釋：

① 黃慎：詳見康熙四十一年壬午（1702）「◇黃慎別母離家，拜師學畫」注。

明放案：王家誠〈鄭板橋年譜〉將板橋「與李鱓、黃慎同寓揚州天寧寺內，品詩論畫」誤繫於雍正八年（1730）。

◇九月，與李鱓寓都門定性庵。

黃俶成《李鱓傳》

◇九月，汪士慎於七峰草堂作《貓》圖；十月，送吳載皇赴趙州，並作《梅花》手卷及七律三首相贈。

尹文《汪士慎傳》

◇秋日，金農自澤州南返，過太行途中，作〈馬棰銘〉。

張郁明《金農傳》

◇黃慎寓楊倬雲刻竹草堂。

李萬才《黃慎傳》

◇李方膺①受福建延津郡道魏壯推薦，舉賢良方正②；在漳州奉父命作《三代耕田圖》。

崔莉萍《李方膺傳》

注釋：

①李方膺：詳見康熙三十四年乙亥（1695）「◇李方膺生」注。

②賢良方正：漢代選拔統治人才的科目之一。漢文帝為了詢訪政治得失，始詔「舉賢良方正能直言極諫者」。中選者授予官職。武帝時復詔舉賢良或賢良文學。至乾隆元年（1736）始有定制。五年（1740），所保薦之人須赴部驗看，之後，須在太和殿試時務第一道，箋奏一道。道光時期，改在保和殿舉行，與試御史同。

◇秋，高鳳翰①赴京舉賢良方正，列一等，雍正帝於圓明園召見，授修職郎。

常再盛、顧仁榮《高鳳翰傳》

注釋：

①高鳳翰：詳見康熙四十八年己丑（1709）「◇高鳳翰游金陵宏濟寺」注。

◇范氏稼石堂刻本《杜律直解》成，五卷，范廷謀撰。

◇清廷命各省修志。

◇清廷定給在京官發雙俸。

雍正七年己酉（1729）　三十七歲

◇初定《道情》十首並譜曲。

板橋《劉柳村冊子》（殘本）云：「……《道情》十首，作於雍正七年，改削十四年，而後梓而問世……」

青島陳子良先生藏墨蹟
《鄭板橋集·補遺》

◇作草書《滿江紅·田家四時苦樂歌過橋新格》詞卷。

細雨輕雷，驚蟄後和風動土。正父老催人早作，東畬南圃。夜月荷鋤村犬吠，晨星叱犢山沉霧。到五更驚起是荒雞，田家苦。　疏籬外，桃華灼；池塘上，楊絲弱。漸茅簷日暖，小姑衣薄。春韭滿園隨意剪，臘醅半甕邀人酌。喜白頭人醉白頭扶，田家樂。

麥浪翻風，又早是秧針半吐。看壟上鳴槔滑滑，傾銀潑乳。脫笠雨梳頭頂髮，耘苗汗滴禾根土。更養蠶忙殺採桑娘，田家苦。　風蕩蕩，搖新箬；聲淅淅，飄新籜。正青蒲水面，紅榴屋角。原上摘瓜童子笑，池邊濯足斜陽落。晚風前個個說荒唐，田家樂。

雲淡風高，送鴻雁一聲悽楚。最怕是打場天氣，秋陰秋雨。霜穗未儲終歲食，縣符已索逃租戶。更爪牙常例急於官，田家苦。　紫蟹熟，紅菱剝；桄桔響，村歌作。聽喧填社鼓，漫山動郭。挾瑟靈巫傳吉兆，扶藜老子持康爵。祝年年多似此豐穰，田家樂。

老樹槎丫，撼四壁寒聲正怒。掃不盡牛溲滿地，糞渣當戶。茅舍日斜雲釀雪，長堤路斷風吹雨。盡村春夜火到天明，田家苦。　草為榻，蘆為幕；土為銼，瓢為杓。砍松枝帶雪，烹葵煮藿。秫酒釀成歡里舍，官租完了離城郭。笑山妻塗粉過新年，田家樂。

上海博物館藏墨蹟

《鄭板橋集・詞鈔》

明放案一：此系紙本，墨筆。縱26.4釐米，橫158.7釐米。

明放案二：清人謝章鋌《賭棋山莊集》卷九云：「《滿江紅》舊有平仄二體，板橋填《田家四時苦樂歌》一闋前後苦樂分押，目為「過橋新格」，亦詞苑別調也。」

◇三月，金農自揚州北上，遊晉祠、太原、平定，在娘子關墜馬，後又去澤州。是年，自畫小像。

張郁明《金農傳》

◇七月，黃慎在楊開鼎之雙松堂作《蜀岡逢故人圖》。

李萬才《黃慎傳》

◇冬日，李鱓旅吳陵，並作《山水圖》。

黃俶成《李鱓傳》

◇李方膺①隨父自閩入京，雍正帝於勤政殿召見，以山東知縣任用。父擢升福建按察使。父子出京，於涿州分手分別赴任。

崔莉萍《李方膺傳》

注釋：

①李方膺：詳見康熙三十四年乙亥（1695）「◇李方膺生」注。

◇高鳳翰①自編《鴻雪集》詩集成書。

常再盛、顧仁榮《高鳳翰傳》

注釋：

①高鳳翰：詳見康熙四十八年己丑（1709）「◇高鳳翰游金陵宏濟寺」注。

◇吳敬梓①參加科考遭到斥逐。

注釋：

①吳敬梓：詳見康熙四十年辛巳（1701）「◇吳敬梓生」注。

◇陳宏謀任揚州知府。

◇五月，呂留良①著作案起。

注釋：

①呂留良（1629—1683）：明清之際思想家。初名光輪，字用晦、莊生，號晚村，崇德（今浙江桐鄉）人。與黃宗羲等結識。明亡，散家財結客，圖謀復興。事敗，家居授徒。舉博學鴻詞，誓死不就。後削髮為僧，名耐可，字不昧，號何求老人。與張履祥等講程朱之學，自云：「與友人言必句朱子為斷」。精通醫學，曾注《醫貫》。著有《呂晚村文集》、《東莊吟稿》。死後，因曾靜案，被剖棺戮屍，全家遭禍，著述焚毀。

◇六月，謝濟世①注釋《大學》案起，十二月，案結。遭流放。

注釋：

①謝濟世（1689—1755）：字石霖，號梅莊。廣西全州人。康熙五十一年（1712）進士。授翰林院檢討。雍正四年（1726）官監察御史，聲振天下，因彈劾河南巡撫田文鏡而流放戍邊。雍正七年（1729），謝世濟因注釋《大學》不宗程、朱，遂被控為譭謗程朱，雍正認為其意不在譭謗程朱，而「藉以抒寫其怨望誹謗之私」，是借用古語「拒諫飾非」影射現實，「令充苦差以挫折之」。乾隆即位後，得旨寬免，授湖南糧道。不久，便遭讒言解任。真相大白後，改驛鹽道。以病乞休，家居十二年卒。世濟居塞外九年，得究心經籍。著有《以學居案集》、《史平》、《纂言內外篇》、《離騷解》、《西北域記》等，《清史列傳》並傳於世。

◇七月，陸生楠①《通鑑論》案起。

注釋：

①陸生楠：舉人。廣西人。選授江南吳縣知縣，擢工部主事。在京覲見皇帝，雍正帝說他態度傲慢，必是謝濟世一黨，命奪官發往軍前，與謝濟世同效力軍前。陸生楠在軍中撰《通鑑論》十七篇，內中論及建儲和隋煬帝事。雍正七年（1729）五月，駐守阿勒泰的振武將軍、順承郡王錫保疏劾陸生楠《通鑑論》十七篇，文中「抗憤不平之語甚多，其論封建之利，言辭更屬狂悖，顯系排議時政。」《通鑑論》隨本繳進。雍正得奏，於七月初三日諭內閣，對《通鑑論》中的「狂悖」議論逐條加以批駁。批駁完，雍正「提議」將「罪大惡極，情無可逭」的陸生楠就地正法，命九卿、翰詹、科道定擬陸生楠應治之罪。謝濟世與陸生楠均議軍前正法。從官當然遵旨惟謹，本

年底，陸生楠在阿勒泰軍中處死刑。赦謝濟世在軍中服役贖罪。

◇九月，雍正帝頒佈《大義覺迷錄》①。

注釋：

①《大義覺迷錄》：雍正六年（1728）秋，湖南永興人曾靜，遣徒張熙（化名張倬）赴西安向陝西總督岳鍾琪投書策反。九月二十六日上午，當岳鍾琪正乘轎抵總督署衙門前時，張熙手捧書信攔轎阻道，聲言要親交總督岳鍾琪，並有要事與他講。岳鍾琪命隨員接過書信，見那書信封面上寫：天吏元帥岳鍾琪。岳甚為驚奇，隨將投書人交巡捕看守。急忙趕回總督署衙，走進密室，拆書細讀。這封策反信署名南海無主遊民夏靚、張倬。所謂「無主遊民」，就是不承認是清王朝統治下的民人。原信從未公開過，但從以後的審訊口供和《清文字獄檔》中記載，大致有四個方面的內容：一、強調「華夷之分大於君臣之倫」。認為雍正帝是滿洲女真人，就是夷狄，「夷狄即是禽獸」，「滿人」入主中原是夷狄」盜竊王位，清朝歷經「八十餘年天運衰歇，地震天怒，鬼哭神號」，這是夷狄統治帶來的惡果，所以要反對清朝的統治。二、譴責雍正帝是失德的暴君。列出雍正帝謀父、逼母、弒兄、屠弟、貪利、好殺、酗酒、淫色、懷疑誅忠、好諛任佞十大罪狀。這麼多的罪狀，根本無資格當皇帝。三、指責雍正是用陰謀詭計而篡位的。因而天地不容，使天下「寒暑易序，五穀少成」，出現「山崩川竭，地暗天昏」。百姓饑寒交迫，流離失所，屍橫遍野，反清憤忿，一觸即發。四、策劃岳鍾琪同謀造反。稱岳是宋代抗金民族英雄岳飛的後裔，勸其繼承先祖遺志，不應效忠清王朝，要他用手握重兵之機，適時地舉事謀反，為列祖列宗報仇，

替大漢民族雪恥。岳鍾琪讀完謀反書信，更加驚駭恐懼。他才平息了瘋子盧宗漢持同樣理由的謀反事件。今又兀自碰到張熙投書策劃謀反，他更加火上加火。於是，他當即向雍正帝如實地上了奏本，從而使曾靜、張熙投書事，成為雍正朝最大文字獄肇起的導火線。

《大義覺迷錄》中的「上諭」部分，內容主要是關於兩方面的：一是雍正對呂留良夷夏大防言論作了全面批駁；二是雍正對曾靜指責他弒父逼母奪嫡自立之事，逐條進行反駁。

《大義覺迷錄》內容以曾靜供詞最多。這些供詞有的是「奉旨問訊」，有的是「杭奕祿等問訊」。其形式都是對曾靜〈上岳鍾琪書〉及《知新錄》等書中大逆不道的言論提出質問，而曾靜的供詞則痛悔前非，並備述雍正之隆厚聖德、浩大皇恩，令人不忍卒讀。如所謂「彌天重犯今日始知聖恩高厚，雖堯舜不過如此」，「皇上至德深仁，遍及薄海內外，其用意於民，固可謂亙古少媲」，「此是心肝上的實話」等等。連雍正也覺得他「諂媚」。雍正明令將《大義覺迷錄》刊行天下，乃是出於政治宣傳的需要。但此書不僅保存了曾靜、呂留良和嚴鴻逵大量激烈的反清言論，還部分揭示出康熙時諸皇子爭奪王位、雍正得位及其後的相應措施等具體細節。它的刊佈並未能收到預期效果，反而在實際上傳播了對清王室極為不利的言論，因此在即位之初即下令禁毀。但這也正是這本書獨特的史料價值之所在。

《大義覺迷錄》是雍正朝御製國書，是中國歷史上最高封建統治者編纂的一部很有特色的文獻，保存了許多珍貴的歷史資料。刊行全國使其家喻戶曉，欲以使人人「覺迷」。轉眼之間，乾隆繼位宣佈為特號禁書，凡有私藏者，即有殺頭滅身之罪，惟恐有一人「覺迷」。從此《大義覺迷錄》成為絕世罕見的一部皇帝撰寫的御製國書，湮沒二百多年不見天日，這一切更增加了它的神秘色彩。乾隆之所以與雍正處置曾靜謀反案大相徑庭，有他周密的考慮。他在青年時代目睹了這場文字案的前前後後，他清楚認識到：父皇對曾靜謀反案和呂留良文字獄案的公開審訊和批判，實際是把父皇自己推上審判台；雍正的「華夷之別」的新釋、十大罪狀的自我辯解、皇宮中的秘聞醜事洩露、皇子間爾虞我詐、文武大臣間明槍暗箭等等，統統詳細地記錄於《大義覺迷錄》一書中，損害了萬乘之尊皇帝的光輝形象，暴露了國祚和宮廷的絕密，起到反宣傳作用，根本達不到使臣民「覺迷」的目的，只能更增強人們的反清排滿情緒。因此必須徹底剪除禁錮異端思想的蔓延，肅清其流毒。同時留著這兩個彌天重犯當「反面教員」，更難以起到「感化」教育的作用。證明他父皇失德確有其事。乾隆深思熟慮，甘願冒著違犯父皇遺命的罪名，誅殺了曾靜、張熙，以絕後患。乾隆此舉，實際上是秦始皇「焚書坑儒」的翻版，比其乃父的深謀遠慮「出奇料理」低劣多了。清朝文字獄是我國歷史上數量最多的朝代。康熙、雍正、乾隆三代正是清王朝興盛時期，這三代皇帝都具有雄才大略有所作為，希圖傳江山於萬世，留英名於百代，採取政治上消除敵對勢力，而且加強思想文化領域的絕對統一，故而這一歷史時期文字獄相對苛繁頻仍。這三代皇帝製造的文字獄，有案可查的就有一百七十多起，但就其文字獄的特色來看，都遠不及雍正朝時的曾靜、呂留良文字獄最富有特色，雍正朝時這樁文字獄案，不僅株連規模之廣，治罪誅戮之嚴酷，而且處置上的「出奇料理」，堪稱文字獄案的絕無僅有。雍正敢於公開全案的詳細末節，敢於公開大批判大辯論，敢於向天下刊發《大義覺迷錄》，讓人人皆知；敢於無罪赦免「彌天重犯」。

《大義覺迷錄》四卷。今存雍正年間內府原刻本及外省翻刻本，另有光緒末年香港仁社書局鉛印本，解放後中華書局有鉛印本。

◇是年始禁吸食鴉片。

◇清廷始設軍機房。

雍正八年庚戌（1730）　三十八歲

◇夏五月，為旭旦作草書《賀新郎·送顧萬峰①之山東常使君幕》軸。

擲帽悲歌起，歎當年父母生我，懸弧射矢。半世銷沉兒女態，羈絆難逾鄉里。健羨爾蕭然攬轡，首路春風冰凍釋，泊馬頭浩渺黃河水，望不盡，洶洶勢。　到看泰岱從天墜，矗空青千岩萬嶂，雲揉月洗。封禪碑銘今在否？鳥跡蟲魚怪異，為我吊秦皇漢帝。夜半更須陵日觀，紫金球湧出滄溟底，盡海內，奇觀矣。

獨有難忘者，寧不見慈親黑髮，於今雪灑。檢點裝囊針線密，老淚潺湲而瀉，知多少夢魂牽惹。不為深情酬國士，肯孤蹤獨騎天邊跨？遊子歎，關山夜。　頗聞東道兼騷雅，最羨是峰巒十萬，青排腳下。此去唱酬官閣裡，灑在冰壺共把，須勖以仁風遍野。如此清時宜樹立，況魯鄒舊俗非難化，休沉溺，篇章也！常君〈登泰山絕頂〉詩云：「二三星斗胸前落，十萬峰巒腳底青。」又云：「煙霞歷亂迷齊魯，碑版零星倒漢唐。」皆警句也。

送顧萬峰之山東常使君幕口口作調寄賀新郎。旭旦先生正之。雍正庚戌夏五，板橋鄭燮書。「？」（朱文）、「鄭燮私印」（白文）。

上海博物館藏墨蹟

注釋：

①顧萬峰：詳見康熙四十八年己丑（1709）「◇從鄉先輩陸種園先生學詞，同塾的有王竹樓、顧萬峰等」注。

明放案：此系紙本，墨筆。縱128.4釐米，橫31.3釐米。

◇李鱓①第二次被召入宮，繼續充任畫師。

黃俶成《李鱓傳》

注釋：

①李鱓：詳見康熙五十年辛卯（1711）「◇李鱓中舉」注。

◇九月，黃慎①作《麻姑獻壽圖》及《陳摶出山圖》。

李萬才《黃慎傳》

注釋：

①黃慎：詳見康熙四十一年壬午（1702）「◇黃慎別母離家，拜師學畫」注。

崔莉萍《李方膺傳》

◇李方膺①任山東樂安知縣。秋日，開倉賑濟，募民築堤。

注釋：

①李方膺：詳見康熙三十四年乙亥（1695）「◇李方膺生」注。

尹文《汪士慎傳》

◇仲秋，汪士慎①於壽萱堂作《梅花蘭石圖》。

注釋：

①汪士慎：詳見康熙五十五年丙申（1716）「◇汪士慎寓揚州佛寺，以賣字畫為生」注。

張郁明《金農傳》

◇十一月，金農①返抵揚州，作《寒柳圖》。

注釋：

①金農：詳見康熙四十二年癸未（1703）「◇金農結識同里項霜田，始與吳徵君、亦諳和尚往來」注。

◇**邊壽民①作《百雁圖》。**

韋明鏵《邊壽民傳》

注釋：

① 邊壽民（1684—1752）：原名維祺，字壽民，更字頤公，號漸僧，又號葦間居士。晚號綽翁、綽綽老人。江蘇山陽（今江蘇淮安）人。不與塵事，為淮上高士。精畫工書，擅花草、鱗介，蘆雁尤負海內重名。有「邊蘆雁」之稱。能詩詞，著有《葦間老人題畫集》、《葦間書屋詞稿》等。為「揚州八怪」之一。

◇**十月，清廷賞張廷玉、蔣廷錫一等輕車都尉世職，是為漢族文人獲得世爵的起始。**

◇**十月，清廷以「明月有情還顧我，清風無意不留人」詩句興獄，誅翰林院庶吉士徐駿。**

◇**清廷重修曲阜孔廟成。黃瓦畫棟，悉仿宮殿制。**

◇**清廷國庫存銀六千二百一十八萬兩。**

雍正九年辛亥（1731）　三十九歲

◇鄭府為祖先安葬。

板橋〈懷舍弟墨〉：「……我年四十二，我弟年十八。……前年葬大父，壙有金蝦蟆……」

《鄭板橋集・詩鈔》

丁家桐《鄭燮傳》

◇妻徐夫人病故，生有二女一子。

任乃賡〈鄭板橋年表〉

◇春日，作草書節錄懷素①《自敘帖》。

草稿之作，起於漢代。杜度、崔瑗始以妙聞，迨乎伯英，尤擅其美。羲、獻茲降，虞、陸相承。口訣手授，以至於吳郡張旭長史，雖資性顛逸，超絕古今，而模楷精詳，特為真正。真卿早歲常接游居，屢蒙激昂，教以筆法。

雍正九年春日，板橋鄭燮。「鄭燮之印」（白文）、「克柔」（朱文）。

南通博物院藏墨蹟

注釋：

① 懷素（725—785，一作737—799）：唐書法家。僧人。字藏真，本姓錢，長沙（今屬湖南）人。精勤學書，以善「狂草」出名。相傳禿筆成塚，並廣植芭蕉，以蕉葉代紙練字，因名其所居曰「綠天庵」。好飲酒，興到運筆，如驟雨旋風，飛動圓轉，雖多變化，而法度具備。晚年趨於平淡。前人評其狂草繼承張旭，而又有所發展，謂「以狂繼顛」，並稱「顛張醉素」，對後世影響很大。存世書跡有《自敘帖》、《苦筍帖》等。

◇七月十四日，作小楷《滿江紅·金陵懷古》並跋。

淮水東頭，問夜月何時是了？空照徹飄零宮殿，淒涼華表。才子總緣杯酒誤，英雄只向棋盤鬧。問幾家輸局幾家贏？都秋草。

流不斷，長江淼；拔不倒，鍾山硝。剩古碑荒塚，淡鴉殘照。碧葉傷心亡國柳，紅牆墮淚南朝廟。問孝陵松柏幾多存？年年少。

雍正辛亥秋七月旬有四日，揚州興化縣鄭燮。

李佳《左庵一得敘錄》

明放案：此系紙本，墨筆。十四頁。無印章。

◇秋遊興化，作〈由興化迂曲至高郵七截句〉詩。

百六十里荷花田，幾千萬家魚鴨邊。舟子搠篙撐不得，紅粉照人嬌可憐。
煙蓑雨笠水雲居，鞋樣船兒蝸樣廬。賣取青錢沽酒得，亂攤荷葉擺鮮魚。
湖上買魚魚最美，煮魚便是湖中水。打槳十年天地間，鷺鷥認我為漁子。
買得鱸魚四片腮，蓴羹點豉一尊開。近來張翰無心出，不待秋風始卻回。
柳塢瓜鄉老綠多，麼紅一點是秋荷。暮雲卷盡夕陽出，天末冷風吹細波。
一塘蒲過一塘蓮，荇葉菱絲滿稻田。最是江南秋八月，雞頭米賽蚌珠圓。
船窗無事哺秋蟲，容易年光又冷風。繡被無情團扇薄，任他霜打柿園紅。

《鄭板橋集．詩鈔》

明放案：王家誠、陳書良、李湘樹、任乃賡均將此詩繫於乾隆廿二年（1757）；丁家桐、周積寅、王錫榮均繫於是年。且王錫榮云：「這首詩可能作於板橋四十歲上下。板橋三十歲以後揚州賣畫，詩中有『打槳十年天地間』之句，可能是經過十年揚州賣畫生涯之後。又：詩中有『繡被無情團扇薄』之句，說明作者新近喪偶。另外，詩言『近來張翰無心出，不待秋風始卻回』，說明既不是作於將要做官的五十歲前後，也不是作於六十一歲辭官之後。」此依後說。

◇作〈客揚州不得之西村之作〉。

自別青山負夙期，偶來相近輒相思。河橋尚欠年時酒，店壁還留醉後詩。落日無言秋屋冷，花枝有恨曉鶯癡。野人話我平生事，手種垂楊十丈絲。

《鄭板橋集．詩鈔》
丁家桐《鄭燮傳》

◇書杜甫七古〈丹青引〉。

將軍魏武之子孫，於今為庶為清門。英雄割據雖已矣，文采風流今尚存。學書初學衛夫人，但恨無過王右軍，丹青不知老將至，富貴於我如浮雲。開元之中常引見，承恩數上南熏殿。淩煙功臣少顏色，將軍下筆開生面。良相頭上進賢冠，猛將腰間大羽箭。褒公鄂公毛發動，英姿颯爽來酣戰。先帝御馬玉花驄，畫工如山貌不同。是日牽來赤墀下，迥立閶闔生長風。詔謂將軍拂絹素，意匠慘澹經營中。斯須九重真龍出，一洗萬古凡馬空！玉花卻在御榻上，榻上庭前屹相向。至尊含笑催賜金，圉人太僕皆惆悵。弟子韓幹早入室，亦能畫馬窮殊相。幹惟畫肉不畫骨，忍使驊騮氣凋喪？將軍善畫蓋有神，必逢佳士亦寫真。即今漂泊干戈際，屢貌尋常行路人。窮途反遭俗眼白，世上未有如公貧。但看古來盛名下，終日坎壈纏其身。

徐珂《清稗類鈔》

◇十二月二十九日，作〈除夕前一日上中尊汪夫子①〉詩。

瑣事貧家日萬端，破裘雖補不禁寒。瓶中白水供先祀，窗外梅花當早餐。結網縱勤河又沍，賣書無主歲偏闌。明年又值掄才會，願向秋風借羽翰②。

《鄭板橋集・詩鈔》

注釋：

①中尊汪夫子：指當時興化縣令汪芳藻。汪芳藻，江南休寧人。雍正七年（1729）舉人。雍正九年（1731）由教習知縣事，蒞任三載。「凡語言文學皆足以振勵風俗」，民望政聲極佳。清人周榘〈題板橋先生行吟圖〉云：「君之嗣子葛衣粗，君之愛弟已無居。當時邑宰賢無匹，今日空聞作販書。」汪邑宰芳藻，余之舊識也。曾於除夕見板橋詩，即大贈金，玉成其進士，邑中之美談也。近聞取公之詩詞板刷書，作歸遺計，同販夫矣，可發一哂。幔仙。汪芳藻著有《春暉樓四六》4卷，雍正七年（1729）刻本。

②羽翰：羽，本指鳥類或昆蟲的翅膀。《禮記・月令》：「鳴鳩拂其羽。」翰：高飛。陸機〈文賦〉：「浮藻聯翩，若翰鳥纓繳而墜曾雲之峻。」劉禹錫〈宣上人遠寄和禮部王侍郎放榜後詩，因而繼和〉詩云：「自吟白雪詮詞賦，指示青雲借羽翰」。

明放案：《板橋先生行吟圖》影跡初刊於1929年4月21日《藝林旬刊》第四十八期，未署畫者名氏。據1980年第六期《復旦學報》載：喻蘅先生之〈板橋行吟圖及其題跋〉一文推測，該圖可能出自周榘所繪。真跡今藏北京榮寶齋。

◇**作六分半書七言聯。**

四面有山皆入畫；
一年無日不看花。

雍正九年書於京口旅次，板橋鄭燮。「動而得謗名亦隨之」（白文）、「雪婆婆同日生」（白文）。

上海藝趣山房古玩店藏墨蹟

◇**李鱓於宮廷隨入侍之刑部侍郎高其佩學畫。**

黃俶成《李鱓傳》

◇**李鱓為板橋題額：「適我居」。**

黃俶成《李鱓傳》

◇**黃慎作《盲叟圖》。**

李萬才《黃慎傳》

◇**高翔去浙江苕溪。在松陵桐里之雙井院作《竹樹小山圖》扇頁。**

尹文《高翔傳》

◇高鳳翰知安徽績溪縣。

常再盛、顧仁榮《高鳳翰傳》

◇黃慎於端午日作《鍾馗依樹圖》；十二月作《攜琴仕女圖》，以草書題云：「樂哉新婚，鼓瑟鼓簧；為以旨酒，載笑載觴。悠悠長道，露浥碧草；愁來煎心，匪不我好。歷歷三台，下土飛回；今我不樂，日月相催。仰視霄漢，出門天旦；鋏好誰彈，長吁累歎。」

李萬才《黃慎傳》

◇李方膺①被青州府彈劾，田文鏡②未予置理。清廷諭修小清河，奉命查勘。

崔莉萍《李方膺傳》

注釋：

①李方膺：詳見康熙三十四年乙亥（1695）「◇李方膺生」注。

②田文鏡（1662—1733）：漢軍正黃旗人。監生出身。為雍親王（雍正帝）藩邸莊頭。康熙二十二年（1683）授福建長樂縣丞。先後擢為山西寧鄉知縣、直隸易州知州，爾後又從外官轉為京官，歷任吏部員外郎、郎中、御史直至內閣侍讀學士。康熙五十五年（1716）奉旨巡視長蘆鹽政。雍正元年（1723）奉命祭祀西嶽華山，並署山西布政使。次年任河南巡撫。旋加兵部尚書銜，授河南總督。雍正四年（1726）遭直隸總督李紱及御史謝濟世等結黨誣陷。後又兼領山東，稱河

東總督。他與李衛同為雍正朝最被信任的封疆大吏。晚年隱匿災情，致百姓流離。帝命解任還京，以老病還鄉。著有《撫豫宣化錄》等。

◇張師載任揚州知府。

◇水雲漁屋刻本《笠澤叢書》成，五卷，唐陸龜蒙作。

雍正十年壬子（1732）　四十歲

◇秋，赴金陵鄉試。

清初開科取仕一仍明代，分童試、鄉試、會試三種。乾隆二十六年以後又有殿試。鄉試三年一科，定於子、午、卯、酉之年。江南行省（轄今之江蘇、安徽兩省）鄉試於撫臺衙門所在之地金陵舉行。因江南省舊稱南直隸，鄉試俗稱南闈，順天鄉試則俗稱北闈。鄉試於八月初九舉行第一場，考時文（即制藝，或稱八股）；十二日舉行第二場，考論、詔、誥、表；八月十五日舉行第三場，考經、史、時務策。

丁家桐《鄭燮傳》

◇鄉試後，游南京名勝古跡，作《念奴嬌·金陵懷古》詞十二首。

石頭城①

懸岩千尺，借歐刀吳斧②，削成江郭。千里金城回不盡，萬里洪濤噴薄。王浚樓船，旌麾直指，風利何曾泊。船頭列炬，等閒燒斷鐵索。　而今春去秋來，一江煙雨，萬點征鴻掠。叫盡六朝興廢事，叫斷孝陵殿閣。山色蒼涼，江流悍急，潮打空城腳。數聲漁笛，蘆花風起作作。

《鄭板橋集·詞鈔》

注釋：

①石頭城：在今南京西清涼山。本楚威王所置金陵邑，東漢建安十七年（212）孫權重築改名。東晉義熙時加固。六朝時，江流緊迫山麓，城負山面江，南臨淮（秦淮）口，當交通要衝，為建康軍事重鎮。因形勢險固，宛如虎踞，故有「石頭虎踞」之稱。唐武德九年（626）後，此城遂廢。

②歐刀吳斧：春秋時龍泉寶劍鼻祖歐冶子和吳國所鑄造的兵器。

周瑜宅①

周郎年少，正雄姿歷落，江東人傑。八十萬軍飛一炬，風捲灘前黃葉。樓櫓雲崩，旌旗電掃，標②射江流血。咸陽三月，火光無此橫絕。　想他豪竹哀絲，回頭顧曲，虎帳談兵歇。公瑾伯符天挺秀，中道君臣惜別。吳蜀交疏，炎劉鼎沸，老魅成奸黠。至今遺恨，秦淮夜夜幽咽。

《鄭板橋集・詞鈔》

注釋：

①周瑜宅：相傳在今南京市，明時為應天府邸，清時為江寧府邸。但據後人考證，其說不可信。周瑜（175—210）：三國吳國名將，字公瑾，廬江舒縣（今安徽廬江西南）人，少與孫策為友。後歸策，助策在江東創立孫氏政權。策死，與張昭同輔孫權，任前部大都督。建安十三年（208），曾親率吳軍大破曹軍於赤壁，後病死。精音樂，當時有「曲有誤，周郎顧」之語。

②標：迸飛的火焰。《淮南子・說林訓》：「一家失標，百家皆燒。」

桃葉渡①

橋低紅板，正秦淮水長，綠楊飄撇。管領春風陪舞燕，帶露含淒惜別。煙軟梨花，雨嬌寒食，芳草催時節。畫船簫鼓，歌聲繚繞空闊。　究竟桃葉桃根，古今豈少，色藝稱雙絕。一縷紅絲偏繫左，閨閣幾多埋滅。假使夷光，苧蘿②終老，誰道傾城哲。王郎一曲，千秋豔說江楫。

《鄭板橋集・詞鈔》

注釋：

①桃葉渡：在秦淮河與青溪匯合處。相傳東晉王獻之送妾桃葉於此渡江。獻之贈〈桃葉詩〉一首，桃葉以〈團扇詩〉作答。後人遂名其地為桃花渡。

②苧蘿：在浙江諸暨南，春秋時越國美女西施、鄭旦的出生地。

勞勞亭①

勞勞亭畔，被西風一夜，逼成衰柳。如線如絲無限恨，和雨和煙僝僽。江上征帆，尊前別淚，眼底多情友。寸言②不盡，斜陽脈脈淒瘦。　半生圖利圖名，閑中細算，十件長輸九。跳盡猢猻妝盡戲，總被他家哄誘。馬上旌笳，街頭乞叫，一樣歸烏有。達將何樂，窮更不若株守。

《鄭板橋集·詞鈔》

注釋：

①勞勞亭：在今南京市西南近江渚處，三國吳築，為送別之所。李白〈勞勞亭詩〉：「天下傷心處，勞勞送客亭。」（見《江寧府志》）

②寸言，謂內心之言。錢起〈逢俠者〉：「寸心言不盡，前路日將斜。」

莫愁湖①

鴛鴦二字，是紅閨佳話，然乎否否？多少英雄兒女態，釀出禍胎冤藪。前殿金蓮②，《後庭玉樹》③，風雨摧殘驟。盧家何幸，一歌一曲長久。　即今湖柳如煙，湖雲似夢，湖浪濃於酒。山下藤蘿飄翠帶，隔水殘霞舞袖。桃葉身微，莫愁家小，翻借詞人口。風流何罪，無榮無辱無咎。

《鄭板橋集·詞鈔》

注釋：

①莫愁湖：在南京市水西門外。相傳南齊洛陽少女莫愁遠嫁江東盧家時居此，故名。面積41.27公頃，其中水域面積33公頃。湖面寬闊，周長6公里，波光嵐影，幽雅明淨。有勝棋樓、鬱金堂、湖心亭，水榭等勝跡。勝棋樓傳為朱元璋與徐達下棋處，鬱金堂西有莫愁石雕像。

②前殿金蓮：齊帝蕭寶卷曾以「黃金為蓮花以貼地，令潘妃行其上，曰：此步步生蓮花也。」（見《南史・東昏侯紀》）他做皇帝不到三年，便被臣下誅殺。

③《後庭玉樹》：即《玉樹後庭花》，陳後主所作樂府歌辭。後主寵貴妃張麗華，歌酒遊宴，淫靡無度，在位七年被隋所滅。

長干里①

逶迤曲巷，在春城斜角，綠楊蔭裡。赭白青黃牆砌石，門映碧溪流水。細雨餳簫，斜陽牧笛，一徑穿桃李。風吹花落，落花風又吹起。　更兼處處繅車，家家社燕，江介風光美。四月櫻桃紅滿市，雪片鰣魚刀鮆。淮水秋青，鍾山暮紫，老馬耕閑地。一丘一壑②，吾將終老於此。

《鄭板橋集・詞鈔》

注釋：

①長干里：一作長干巷。六朝時建康南五里秦淮河兩岸有山岡，其間平地，為吏民雜居之所，江東稱山隴之間為「干」，故名。有大小長干巷相連，大長干巷在今南京市中華門外；小長干巷在今南京市鳳凰臺南，巷西通長江。

②一丘一壑：謂適於隱居之地。

臺城①

秋之為氣，正一番風雨，一番蕭瑟。落日雞鳴山下路，為問臺城舊跡。老蔓藏蛇，幽花濺血，壞堞零煙碧。有人牧馬，城頭吹起觱栗②。　當初麵代犧牲，食惟菜果，恪守沙門律。何事餓來翻掘鼠，雀卵攀巢而吸？再曰「荷荷」，趺跏竟逝，得亦何妨失。酸心硬語，英雄淚在胸臆。

《鄭板橋集・詞鈔》

注釋：

①臺城：本三國東吳之後苑城，東晉成帝時改建，為東晉、南朝臺省（中央政府）和宮殿所在地，故名臺城。侯景之亂，梁武帝蕭衍被困於此，病餓而死。故址在今南京市雞鳴山南乾河沿岸北。今習稱雞鳴寺北與明城牆相連的一段為臺城遺址，乃後人附會。

②觱栗：亦作「篳篥」、「悲栗」，又名「笳管」。中國古簧管樂器。漢代起源於西域龜茲（今新疆庫車一帶），後為隋唐燕樂及唐宋教坊音樂的重要樂器。

胭脂井①

轆轤轉轉，把繁華舊夢，轉歸何許？只有青山圍故國，黃葉西風菜圃。拾橡瑤階，打魚宮沼，薄暮人歸去。銅瓶百丈，哀音歷歷如訴。　過江咫尺迷樓，宇文化及，便是韓擒虎。井底胭脂聯臂出，問爾蕭娘②何處？《清夜遊》詞，《後庭花》曲，唱徹江關女。詞場本色，帝王家數然否？

《鄭板橋集・詞鈔》

注釋：

①胭脂井：南朝陳景陽宮中景陽井。相傳井欄以手試之作胭脂色，故名。陳後主禎明三年（589），隋大將韓擒虎攻入建康，陳後主與張麗華、孔貴嬪二妃藏於井中，被俘獲，故又名辱井。（見《南史・陳後主紀》、《江寧府志》）

②蕭娘：女子的泛稱。這裡指隋煬帝的嬪妃。按：抑或指蕭后乎？

高座寺①

暮雲明滅，望破樓隱隱，臥鐘殘院。院外青山千萬疊，階下流泉清淺。鴉噪松廊，鼠翻經匣，僧與孤雲遠。空梁蛇脫，舊巢無復歸燕。　可憐六代興亡，生公寶志②，絕不關恩怨。手種菩提心劍戟，先墮釋迦輪轉。青史譏彈，傳燈笑柄，枉作騎牆漢。恒沙無量，人間劫數自短。

《鄭板橋集・詞鈔》

注釋：

①高座寺：在今南京市中華門外雨花臺梅岡上。相傳東晉時西天竺僧人帛尸梨蜜多羅來中國，為丞相王導等所禮敬，因號所居為高座。既卒，於塚側立刹，謝鯤因名為高座寺。（見光緒重刊《江寧府志》）

②寶志：齊梁時高僧，深受梁武帝敬事，曾主持高座寺。

孝陵①

東南王氣，掃偏安舊習，江山整肅。老檜蒼松盤寢殿，夜夜蛟龍來宿。翁仲②衣冠，獅麟頭角，靜鎖苔痕綠。斜陽斷碣，幾人繫馬而讀。　聞說物換星移，神山風雨，夜半幽靈哭。不記當年開國日，元主泥人淚簇。蛋殼乾坤，丸泥世界，疾卷如風燭。老僧山畔，烹泉只取一掬。

《鄭板橋集・詞鈔》

注釋：

①孝陵：即明孝陵。明太祖朱元璋墓。在南京鍾山南麓。陵前有石人、石獸群、神功聖德碑等。孝陵現為全國重點文物保護單位。

②翁仲：傳說秦阮翁仲身長一丈三尺，異於常人，始皇命他出征匈奴，死後鑄銅像立於咸陽宮司馬門外。後因稱銅像、石像為「翁仲」。《史記・陳涉世家》：「鑄以為金人十二」。司馬貞《索隱》：「各重千石，坐高二丈，號曰翁仲」。柳宗元〈衡陽與夢德分路贈別〉詩：「翁仲遺墟草樹平。」

方景①兩先生祠

乾坤欹側，借豪英幾輩，半空撐住。千古龍逢原不死，七竅比干肺腑。竹杖麻衣，朱袍白刃，樸拙為艱苦。信心而出，自家不解何故。　也知稷、契、皋、夔，閎、顛、散、適②，岳降維申甫。彼自承平吾破裂，題目原非一路。十族全誅，皮囊萬段，魂魄雄而武。世間鼠輩，如何妝得老虎！

《鄭板橋集・詞鈔》

注釋：

① 方景：即明代方孝孺和景清。方孝孺（1357—1402）：字希直，又字希古，浙江寧海人。人稱正學先生。宋濂弟子。惠帝時任侍講學士、《太祖實錄》總裁。燕王成祖兵入京師（今江蘇南京）後，他不肯為成祖起草登極詔書，燕王朱棣將其磔於午門內，滅及十族（九族及學生），死者達八百七十餘人。著有《遜志齋集》。景清：惠帝時御史大夫。燕王入京，他約方孝孺殉國，自挾利刃入朝，欲行刺，被發覺，滅族。後人為方、景立祠於紫金山下孝陵之側。

② 閎（閎夭）、顛（太顛）、散（散宜生）、適（南宮適）：均為文王時賢臣。

弘光①

弘光建國，是金蓮玉樹，後來狂客。草木山川何限痛，只解征歌選色。燕子銜箋，春燈說謎，夜短嫌天窄。海雲分付，五更攔住紅日。　更兼馬、阮當朝，高、劉作鎮，犬豕包巾幘②。賣盡江山猶恨少，只得東南半壁。國事興亡，人家成敗，運數誰逃得！太平隆萬，此曹久已生出。

《鄭板橋集·詞鈔》

注釋：

① 弘光：南明皇帝朱由崧年號（1644—1645）。

② 幘：包頭巾。

明放案：此十二闋詞雖未注明年代，丁家桐先生謂「約作於應考前後」，此從丁

說。

◇作《滿江紅・金陵懷古》詞。

淮水東頭，問夜月何時是了。空照徹飄零宮殿，淒涼華表。才子總緣杯酒誤，英雄只向棋盤①鬧。問幾家輸局幾家贏，都秋草。　流不斷，長江淼；拔不倒，鍾山峭。剩古碑荒塚，淡鴉殘照。碧葉傷心亡國柳，紅牆墮淚南朝廟②。問孝陵松柏幾多存？年年少。

《鄭板橋集・詞鈔》

周積寅、王鳳珠《鄭板橋年譜》

注釋：

①棋盤：比喻戰場或政治鬥爭的場所。

②南朝廟：南朝（宋、齊、梁、陳）在南京建都時所遺存的寺廟。杜牧〈江南春〉詩：「南朝四百八十寺，多少樓臺煙雨中。」

◇作〈白門①楊柳花〉詩。

白門楊柳花飄飄，陌上遊人互見招；明璫翠袖車中手，錦帶彎弓馬上腰。少年何必曾相識，好鳥名花②天下惜；妾住青樓第幾家，映門桃柳方連刻。家有水亭新綠荷，東風不大生微波；願得晴明好天氣，郎來倚檻流清歌。郎意溫勤自安妥，郎情佻薄誰關鎖？陌上遊人盡愛儂，儂得郎憐然後可。

《鄭板橋集・詩鈔》

丁家桐《鄭燮傳》

注釋：

①白門：南京市舊稱。六朝時，都城建康（今南京市）的正南門宣陽門，世稱白門，故名。

②好鳥名花：比喻英俊的少男和漂亮的少女。

◇作〈長干女兒〉詩。

長干女兒年十四，春遊偶過南朝寺。鬟髮纖鬆拜佛遲，低頭墮下金釵翠。寺裡遊人最少年，閑行拾得翠花鈿。送還不識誰家物，幾嗅香風①立悵然。

《鄭板橋集・詩鈔》

丁家桐《鄭燮傳》

注釋：

①香風：指金釵的香氣。

◇作〈長干里〉詩。

牆裡花開牆外見，籬門半覆垂楊線。門外春流一派清，青山立在門當面。老子栽花百種多，清晨擔賣下前坡。三間古屋無兒女，換得鮮魚供阿婆。繅絲織繡家家事，金鳳銀龍貢天子。花樣新添一線雲，舊機不用西湖水。機上男兒百巧民，單衫布褐不遮身。中原百歲無爭戰，免荷干戈敢怨貧！

《鄭板橋集・詩鈔》

丁家桐《鄭燮傳》

◇**錢塘江①觀潮，作〈觀潮行〉詩。**

銀龍翻江截江入，萬水爭飛一江急。雲雷風霆為先驅，潮頭聳並青山立。百里之外光熒熒，若斷若續最有情。崩轟喧豗倏已過，萬馬飛渡蕭山城。錢塘岸高石五丈，古松大櫟盤森塽。翠樓朱檻沖波翻，羽旗金甲雲濤上。伍胥②文種③兩將軍，指揮鯤鱷鯨鼉蟒。杭州小民不敢射，蕩豬擊彘來相享。我輩平生多鬱塞，豪情逸氣新搔癢。風定月高潮漸平，老魚夜哭蛟宮蕩。

《鄭板橋集・詩鈔》

丁家桐《鄭燮傳》

注釋：

① 錢塘江：舊稱浙江。浙江省最大河流。上游新安江源出安徽省東南部休寧縣六股尖，匯蘭江後，東北流到海鹽縣澉浦以下注入杭州灣。全長605公里，流域面積4.88萬平方公里。源頭稱馮村河，安徽歙縣浦口以上稱率水、浙江，浦口以下至浙江建德市梅城間稱新安江；梅城至桐廬間稱桐江；桐廬至蕭山市聞堰間稱富春江；聞堰至閘口段河道曲折如「之」字，故稱之江；閘口以下始稱錢塘江。主要支流有常山港（衢州以下稱衢江、蘭江）、桐溪、浦陽江等。江口呈喇叭狀，海潮倒灌，成著名的「錢塘潮」。幹、支流大部可通航。下游建有錢塘江大橋（有二橋）。中

上游建有富春江、新安江、湖南鎮、黃壇口等水庫。並建有新安江和富春江水電站。錢塘江風光綺麗，千島湖（新安江水庫）、富春江為中國著名旅遊勝地。

②伍胥（？—前484）：春秋時吳國大夫。名員，字子胥。楚大夫伍奢次子。楚平王七年（前522）伍奢被殺後經宋、鄭等國入吳。後助闔閭刺殺吳王僚，奪取王位，整軍經武，國勢日盛。不久攻入楚都，以功封於申，又稱申胥。吳王夫差時，勸王拒絕越國求和並停止伐齊，漸被疏遠。後吳王賜劍命他自殺。死後屍首被裝入馬皮袋，拋入錢塘江中。

③文種：春秋末年越國大夫。字少禽（一作子禽）。楚國郢（今湖北荊州西北）人。越王勾踐三年（前494），越被吳擊破，勾踐困守會稽（今浙江紹興東南）。他獻計赴吳賄賂太宰嚭，得免亡國。勾踐入吳為質三年，由他主宰國家。勾踐歸國後，君臣們齊心協力，終於滅吳。後勾踐聽信讒言，賜劍命他自殺。

明放案：錢塘觀潮始於魏晉。東晉畫家顧愷之曾作〈觀潮賦〉。盛於唐宋。有唐詩人劉禹錫《浪淘沙·八月濤聲》、北宋潘閬《酒泉·長憶觀潮》、陳師道〈觀潮二首〉等。南宋夏珪尚有《錢塘觀潮圖》冊頁。（此畫現藏蘇州博物館）。

◇作〈弄潮①曲〉詩。

錢塘小兒學弄潮，硬篙長楫捺復捎。舵樓一人如鑄鐵，死灰面色睛不搖。潮頭如山挺船入，檣櫓掀翻船豎立。忽然滅沒無影蹤，緩緩浮波眾船集。潮平浪滑逐沙鷗，歌笑山青水碧流。世人歷險應如此，忍耐平夷在後頭。

《鄭板橋集・詩鈔》

王家誠《鄭板橋傳》

注釋：

①弄潮：候潮戲水。蘇轍〈競渡〉詩：「父老不知招屈恨，少年爭作弄潮遊。」《武林舊事・觀潮》云：「弄潮兒都是本地人，潮來時，幾百個一夥，披散著頭髮，渾身刺著花繡，分持十幅大彩旗，爭先鼓勇，迎潮而上，出沒於驚濤駭浪之中，騰身起舞，旗尾絲毫不被沾濕。」

明放案：鄭板橋詩中所描述的小兒弄潮與《武林舊事・觀潮》記載殊異。

◇作《沁園春・西湖①夜月有懷揚州舊遊》。

飛鏡懸空，萬疊秋山，一片晴湖。望遠林燈火，乍明還滅；近堤人影，似有如無。馬上提壺②，沙邊奏曲，芳草迷人臥莫扶。非無故，為青春不再，著意蕭疏。　十年夢破江都，奈夢裡繁華費掃除。更紅樓③夜宴，千條絳蠟；彩船春泛，四座名姝。醉後高歌，狂來痛哭，我輩多情有是夫。今宵月，問江南江北，風景何如？

《鄭板橋集・詞鈔》

周積寅、王鳳珠《鄭板橋年譜》

注釋：

①西湖：漢時稱明聖湖，唐時因湖在城西，始稱西湖。原為淺海灣，與揚州灣相通。後由泥

沙堰塞，海面被隔斷，在沙嘴內側的海水成為一個瀉湖。湖周約15公里，面積5.66平方公里。環湖有南高峰、北高峰、玉皇山等。以孤山、白堤、蘇堤分隔為外西湖、裡西湖、後西湖、小南湖及岳湖。湖中有小瀛洲、湖心亭、阮公墩三個小島。小瀛洲是一個水上庭園，洲南湖中有著名的「三潭印月」。舊以「三潭印月」、「蘇堤春曉」、「平湖秋月」、「雙峰插雲」、「柳浪聞鶯」、「花港觀魚」、「曲院風荷」、「斷橋殘雪」、「南屏晚鐘」、「雷峰夕照」為「西湖十景」，西湖現為全國重點風景名勝區。

②馬上提壺：在馬背上拎提著酒壺。劉伶〈酒德頌〉：「止則操巵執觚，動則挈榼提壺，惟酒是務，焉知其餘。」

③紅樓：舊常指富家女子的住處。韋莊〈長安春〉詩：「長安春色本無主，古來盡屬紅樓女。」這裡指歌樓妓館。

◇作〈韜光①〉詩。

韜光古庵嵌山巇，北窗直吸餘杭縣。葛洪小兒峰嶺低②，南屏一片排秋扇。錢塘雪浪打西湖，只隔杭州一條線。海日烘雲濕已乾，下界奔雷作蛇電。山中老僧貌奇古，十年不踏西泠土。厭聽湖中歌吹聲，肯來伺候衙門鼓？曲房幽澗養神魚，古碑剔蘚蝌蚪書。銅瓶野花烏幾靜，湘簾竹榻清風徐。飲我食我復導我，茅屋數間山側左。分屋而居分地耕，夜燈共此琉璃火。我已無家不願歸，請來了此前生果。

《鄭板橋集・詩鈔》

注釋：

①韜光：在杭州靈隱寺西北的巢枸塢內。相傳唐長慶（821—824）年間，四川著名詩僧韜光在此結庵，因而得名。當時杭州郡守白居易常慕名往訪，吟詩唱和，傳為佳話。1960年改建，有韜庵、誦芬閣及呂洞賓煉丹台。台前置觀海亭，正對錢塘江。唐代詩人宋之問有「樓觀滄海日，門對浙江潮」詩聯。西湖風景裡的「韜光觀海」景目，即由此而來。在韜庵東端，還有金蓮池，為韜光引水種金蓮處。

②葛嶺：在杭州西湖北岸。海拔166米。綿延數里，與棲霞嶺相接，相傳東晉咸和（326—334）年間葛洪於此處煉丹，故名。有煉丹台、煉丹井、葛仙庵等遺址。由流紋岩組成。其東寶石山建有保俶塔。

明放案：葛洪（約284—343）東晉道教理論家、醫學家、煉丹術家。字稚川，自號抱朴子。丹陽句容（今屬江蘇）人。三國吳方士葛玄從孫。少好神仙導養之法，從葛玄的弟子鄭隱受煉丹術。任掾、諮議參軍等職，賜爵官內侯。聞交趾出丹砂，求為勾漏令。攜子侄至廣州，止於羅浮山煉丹。在山積年而卒。著作有《抱朴子內篇》、《抱朴子外篇》、《肘後備急方》、《神仙傳》等。又曾託名漢・劉歆撰《西京雜記》。

◇客韜光庵，為松岳上人①作畫，並題五絕一首。

天陰作圖畫，紙墨俱潤澤②。更愛嫩晴天，寥寥三五筆。

《鄭板橋集・題畫》

周積寅、王鳳珠《鄭板橋年譜》

注釋：

① 松岳上人：杭州韜光庵主持僧人。

② 潤澤：滋潤。《孟子・滕文公上》：「若夫潤澤之，則在君與子也。」比喻恩澤。《史記・李斯列傳》：「群臣莫不被潤澤，蒙厚德。」

◇作家書〈雍正十年杭州韜光庵中寄舍弟墨〉。

誰非黃帝堯舜之子孫，而至於今日，其不幸而為臧獲、為婢妾、為輿台、皂隸，窘窮迫逼，無可奈何。非其數十代以前即自臧獲婢妾輿台皂隸來也。一旦奮發有為，精勤不倦，有及身而富貴者矣，有及其子孫而富貴者矣，王侯將相豈有種乎！而一二失路名家，落魄貴冑，借祖宗以欺人，述先代而自大。輒曰：彼何人也，反在霄漢；我何人也，反在泥塗。天道不可憑，人事不可問。嗟乎！不知此正所謂天道人事也。天道福善禍淫，彼善而富貴，爾淫而貧賤，理也，庸何傷？天道迴圈倚伏，彼祖宗貧賤，今當富貴，爾祖宗富貴，今當貧賤，理也，又何傷？天道如此，人事即在其中矣。愚兄為秀才時，檢家中舊書麓，得前代家奴契券，即於燈下焚去，並不返諸其人。恐明與之，反多一番形跡，增一番愧恧。自我用人，從不書券，合則留，不合則去。何苦存此一紙，使吾後世子孫，借為口實，以便苛求抑勒乎！如此存心，是為人處，即是為己處。若事事預留把柄，使入其網羅，無能逃脫，其窮愈速，其禍即來，其子孫即有不可問之事、不可測之憂。試看世間會打算的，何曾打算得別人一點，直是算盡自家耳！可哀可歎，吾弟識之。

《鄭板橋集・家書》

任乃賡〈鄭板橋年表〉

◇**作〈羅隱〉①詩。**

羅隱終身不負唐，君王原自愛文章。諸臣瑣瑣憂輘轢，改面更衣卻事梁。吳越山川黯寂寥，秀才心事有蒭蕘②。如何萬弩橫江上，不射朱溫卻射朝？

《鄭板橋集・詩鈔》

周積寅、王鳳珠《鄭板橋年譜》

注釋：

①羅隱（833—909）：唐代文學家。字昭諫，杭州新城（今浙江富陽西南）人。本名橫，十舉進士不第，遂改名隱。在咸通、乾符中，與羅鄴、羅虯合稱「三羅」。光啟中，入鎮海軍節度使錢鏐幕，後遷節度判官、給事中等職。朱溫代唐，以諫議大夫召，不至，且勸錢鏐舉兵討溫。其詩文多憤慨時事之作，著有詩集《甲乙集》和《讒書》、《兩同書》等，清人輯有《羅昭諫集》。

②蒭蕘：割草叫蒭，打柴叫蕘。引申為草野鄙陋之人。

◇**九月，書作《道情》十首冊。**

《清鄭板橋書道情卷》云：「余又藏一冊，僅十首，雍正十年九月書。」

裴景福《壯陶閣書畫錄》卷十八

◇**中舉人。**

《板橋自敘》云：「……板橋康熙秀才、雍正壬子舉人、乾隆丙辰進士。」

楊蔭溥先生藏墨蹟

《鄭板橋集・補遺》

◇**在杭州①，接到中舉的消息後，作〈得南闈捷音②〉詩。**

忽漫泥金③入破籬，舉家歡樂又增悲。一枝桂影功名小，十載征途發達遲。何處寧親惟哭墓，無人對鏡懶窺帷。他年縱有毛公檄，捧入華堂卻慰誰？

《鄭板橋集・詩鈔》

注釋：

①杭州：位於浙江省北部、錢塘江下游，大運河南端。今浙江省會。秦置錢唐縣，隋為杭州治。唐改錢塘縣，五代吳越國都。南宋遷都於此，並為臨安府治。明、清為杭州府治。西湖西部諸山，舊時統稱武林山，故杭州又別稱武林。名勝古蹟有靈隱寺、飛來峰、岳墳、虎跑泉、六和塔、宋城等。建有錢塘江大橋三座。杭州現為中國歷史文化名城。

②南闈捷音：南闈：明代國子監分設南北兩京，南北兩京監生應試稱南闈北闈。清初裁南

京國子監，故無南闈之稱。捷音：指考中舉人的喜訊。

③泥金：用金箔和膠水製成的顏料。古時常用於書寫喜慶帖子。王仁裕《開元天寶遺事・泥金帖子》：「新進士才及第，以泥金書帖子，附家書中，用報登科之喜。」本詩即指此類帖子。

◇作《竹石圖》。

款署：雍正壬子，板橋鄭燮。

鎮江市金山工藝美術石刻

◇黃慎作《天官賜福圖》。

李萬才《黃慎傳》

◇李方膺改署莒州知州。

崔莉萍《李方膺傳》

◇夏日，金農於揚州為汪士慎題《蘭竹》；秋日，由真州登舟，游楚中，本年東返。

張郁明《金農傳》

◇冬日，汪士慎去淮陰賣畫。

尹文《汪士慎傳》

◇尹會一①任揚州知府。

注釋：

①尹會一：詳見雍正三年乙巳（1725）「◇得尹會一、馬曰琯資助，第二次出遊京師」注。

◇蔣廷錫①卒，壽六十四。

注釋：

①蔣廷錫：詳見康熙四十二年癸未（1703）「◇畫家蔣廷錫登進士」注。

◇鄂爾泰擢升保和殿大學士兼兵部尚書。

◇十月，陝西總督岳鍾琪①以「誤國負恩」罪被革職拘禁。

注釋：

①岳鍾琪（1686—1754）：大將。字東美，號容齋，先祖河南湯陰，宋代岳飛二十一世孫。父岳昇龍任四川提督時入籍四川為成都人。康熙五十年（1711）由捐納同知改武職。授四川松潘鎮中軍遊擊，再遷升為四川永甯協副將。康熙五十八年（1719）率軍入西藏平亂，康熙六十年（1721）還師，授左都督，不久，擢升為四川提督。雍正元年（1723）隨撫遠大將軍年羹堯破青海蒙古族羅卜藏丹津叛亂立大功，授封三等公、參贊軍機大臣。雍正三年（1725）七月，雍正解除年羹堯的兵權，命岳鍾琪署川陝總督。川陝地處險要，南可控制雲貴湖廣，東可牽制晉冀豫和京

都地帶，是和青藏甘高原聯絡的根據地，因而清王朝把它作為西北邊防的重要防衛線。這個重要職位，自康熙十九年（1680）定例，是滿族八旗要員的專缺，岳鍾琪被破例提升這個要位，正說明他受到雍正帝的寵信。雍正六年（1728）九月，湖南生員曾靜派遣他的學生張熙往陝，策動他舉兵反清，岳鍾琪命陝西巡撫西琳將張熙拘訊。雍正八年（1730）五月，帝命甯遠大將軍岳鍾琪回京商量作戰方案。雍正九年（1731）春，返回四川，十二月，帝追究科舍圖之役慘敗的責任，命其還京，雍正十年（1732）以「誤國負恩」罪削爵革職，拘兵部。雍正十二年（1734），被大學士鄂爾泰、副將軍張廣泗等奏擬斬決，聖上改為斬監候（緩期執行），後獲釋家居。乾隆十三年（1748），金川之役師久無功，岳鍾琪以總兵銜啟用。不久，授四川提督。乾隆十四年（1749）正月，隨經略大學士傅恒參與大金川之戰，輕騎入勒烏圍，說降大金川土司沙羅奔，金川平定。加太子少保，授兵部尚書銜，還四川提督任，賜號威信。乾隆十九年，於鎮壓陳琨起義時，病死於四川資州（今四川資中）。諡襄勤。著有《薑園集》、《蛩吟集》等。

岳鍾琪沉毅多智，御士卒嚴，而與同甘苦，人樂為用。終清之世，漢族大臣拜大將軍，滿洲士卒隸麾下受節制，惟他一人。高宗稱之為「三朝武臣巨擘」。

◇清廷改軍機房為軍機處①。

注釋：

①軍機處：官署名。全稱「辦理軍機事務處」。清代輔佐皇帝的政務機構，俗稱御用秘書班子。雍正朝用兵西北，以內閣地處太和門外，恐機密洩露，雍正七年（1729）設軍機房於隆宗

門內，選內閣中謹密者入值繕寫。因隆宗門地近內廷，便於召見。雍正十年（1732）正式更名軍機處。軍機處的特點是簡（簡單）、速（快捷）、密（保密）。軍機處只設軍機大臣和軍機章京二職。大臣由親王、大學士或各部院尚書、侍郎充任，屬差遣官，但任命時亦按各人的資歷分別稱為軍機處行走、軍機大臣上行走、軍機大臣學習上行走。習呼大軍機，其人數一般是三、四人到七、八人。軍機章京的正式稱謂是「軍機處司員」或「軍機司員上行走」，俗稱小軍機，乾隆時定為滿、漢兩班，各八人，後增至四班三十二人。每班設領班一人，滿語稱為「達拉密」。章京的人選多來自內閣或各部院的一般屬員，亦系差遣職。軍機處除每日晉見皇帝，處理軍國要務外，凡特旨簡放大員，如大學士、六部、九卿、督撫、將軍、提督、都鎮、學差、主考及駐外使臣，皆由軍機大臣開單請旨。軍機處「有官而無吏」，「其權屬於君」，咸豐十年（1860）成立總理各國通商事務衙門，軍機之權漸次移屬後者。宣統三年（1911）成立內閣，軍機處即被撤銷。

雍正十一年癸丑（1733）　四十一歲

◇叔父省庵公卒。

板橋〈懷舍弟墨〉詩云：「……年來父叔歿，移家就他宅。」

《鄭板橋集・詩鈔》

丁家桐《鄭燮傳》

◇患瘡，未能赴京院試，繼續養病於小海外祖父家。

◇在小海，為朱子功先生作行書《恭祝子功八十二壽》壽序通屏。盡敘兩家世誼。

東海之濱，有君子焉，姓朱氏，人稱子功先生，蓋予先君子之良友而愚小子之父執也。東海之濱，土堅燥，人勁悍，率多慷慨英達豪俠詭激之徒，而恂恂退讓君子絕少。先生自少以孝友聞，家本素封，父安如公酷嗜讀書，不問家人生產作業，又好施與，其家遂少落。先生曲承父志，不敢違；完婚姻、助喪葬、拯乏困、濟顛危，不可一、二數；古廟壞決，有葺之，使整完；清明寒食，念荒塚無後人，令奴子奔土覆之，雖無酒漿麥飯之薦，而地下之感，倍人世也。然先生絕不著於顏色，與人處若無一能無一長者。事伯兄如父，事長嫂如母。其幼弟極能文，不幸早逝，先生哭其哀，淚盡而繼以血。平生孝友德讓不能盡，其大概可見者如此。至於內自節儉，外歷勤苦，家道之隆較昔倍之。然則世之鄙吝者何必富，而好施者何必貧耶！先君子館西團，常過小海造先生之廬而謁焉。其心慕口誦，為予小子言者歷歷也。東海之風，亦於斯一變矣。令嗣麟標、丹五兩世兄，幼與予善，迄今廿有餘載，其人斂英才于學力，渾義勇於從容，所見者大，所識者遠也。其孫秉琳如芝草五色而映日，蘭芽初茁而帶露也。蓋先生之孝友德讓足以動天而報以後人，有以夫！雍正十一年，先生八十有二，子始克祝於其家，請先生而謁焉。其氣清貌古，意渾神閑，益信先君子之言不謬。而兩世兄之根柢深而枝葉茂也。古人以百二十歲為上壽，以百歲為中壽，以八十為下壽。先生孝友著于家庭，德讓化於鄉黨，子孫邁於今人，壽考自當孚於上世，今之八十其初發軔乎。如巒嶠聳峙而澗壑渟泓，淵淵乎。其莫測也，如玉之初剖、珠之方瑩，而今之出鑛，而就鎔也；如鸞鳳之羽毛鮮潔，鼎彝之青翠斑駁而未有艾耶！後三十八年而復來為壽，恭祝子翁老伯先生八十二壽。

年家眷教小姪鄭燮拜首拜撰。「板橋」（白文）、「鄭燮」（白文）、「克柔」（朱文）。

江蘇省大豐縣文化館藏墨蹟

《文物》1985年第4期

明放案：立庵公設館西團時，常去小海造訪朱子功先生。而板橋也與其兩公子友善，兩家過從甚密。此壽屏十二幀，紙本，每幀縱182釐米，橫49釐米，計六百零四字。此墨蹟已由朱氏後裔朱光熙先生捐獻國家。

◇重九日，第二次客海陵①，於彌陀庵作〈別梅鑒上人②〉詩。

海陵南郭居人少，古樹斜陽破佛樓。一徑晚煙籬菊瘦，幾家黃葉豆棚秋。雲山③有約憐狂客④，鐘鼓⑤無情老比邱⑥。回首舊房留宿處，暗窗寒紙颯颼颼。

《鄭板橋集・詩鈔》

任乃賡〈鄭板橋年表〉

注釋：

① 海陵：詳見雍正元年癸卯（1723）「◇初春，遊海陵，宿彌陀庵，始與梅鑒上人訂交」注。

② 梅鑒上人：泰州南山寺彌陀庵主持。約在雍正元年（1723），板橋與之訂交。板橋作〈別梅鑒上人〉詩。

③ 雲山：雲霧繚繞的山峰。唐代王維〈桃源行〉：「峽裡誰知有人事，世中遙望空雲山。」又因佛寺多建在深山，此處借指佛寺。

④ 憐狂客：寵愛縱情任性或放蕩驕恣之客。唐代白居易〈白牡丹〉詩：「憐此皓然質，無人自芳馨。」此處為作者自指。

⑤ 鐘鼓：鐘，梵語「犍椎」。懸掛於佛寺。唐代張繼〈楓橋夜泊〉詩：「姑蘇城外寒山寺，夜半鐘聲到客船。」

鼓，樂器。圓柱形中空，兩面蒙皮，擊之發聲。此指僧人誦經時所奏的樂器。

⑥ 老比邱：比邱，即比丘，俗稱和尚。梵語Bhiksu的音譯。亦譯「苾芻」，意為「乞者」。佛教出家五眾之一。指出家修行的男僧。按照佛教章程，少年出家，初受戒，稱為沙彌；到二十歲時再受具足戒，成為比丘。《魏書・釋老志》：「桑門為息心，比丘為行乞。」

十年不見亦如斯，遂日相從了不奇。挑菜舊藍猶掛壁，種花新隴欲通池。風霜漸逼慵縫衲，楮墨重尋但索詩。此別無多應會面，雪花飄落馬頭時。

此雍正十一年重九日奉別梅鑒和尚之作也，時結交已十餘載。乾隆二十年，余自山左南歸，重過海陵，師請再書，遂作一大幅，又一小幅，以供方丈，他日二徒可分守矣。

李福祚《昭陽述舊編》卷一

◇始與高鳳翰①訂交。

「高鳳翰……雍正年，官泰壩監掣。時缺系新設，鳳翰任後，多所創建。喜吟詠，暇日與興化鄭燮、邑中王家桐、田雲鶴輩相唱和。」

曹懋堅等《泰州志》卷二十

注釋：

①高鳳翰：詳見康熙四十八年己丑（1709）「◇高鳳翰游金陵宏濟寺」注。

◇得徽商程羽宸①資助，乃赴焦山②讀書。

丁家桐《鄭燮傳》

注釋：

①程羽宸：詳見康熙五十三年甲午（1714）「◇二月，程羽宸遊黃山，作《黃山紀遊詩》六十八首」注。

②焦山：系「京口三山」名勝之一，向以山水天成，古樸幽雅聞名於世。其位於市區東北，巍然聳峙於揚子江心，與對岸象山夾江對峙。山高71米，周長2000餘米，因東漢焦光隱居山中而得名。又因碧波環抱，林木蓊鬱，綠草如茵，滿山蒼翠，宛然碧玉浮江，是萬里長江中唯一四面

環水的遊覽島嶼，「萬川東注，一島中立」，有江南「水上公園」之喻。身臨其境，確有「砥柱中流」之感，好似登上普陀仙島，贏得中外遊人慕名而至。

焦山之所以享譽中外，其一是因為焦山聳峙于江心，似砥柱中流，拔地擎天。於滿山蒼翠中，掩映著峨崖峭壁和古老的棧道，拾級登山，過華嚴閣，便能一覽陡壁峭崖上自六朝以來的歷代名人的詩文石刻，猶如一座天然的「峭壁書廊」。氣勢磅礴；加上山寺隱約，林木蒼翠，水域廣闊，環境幽美，宛若人間仙島在水中縹緲。其次是由於焦山藏有許多珍貴的文物和著名的古跡，摩崖石刻於世皆知。寶墨軒，即著名的焦山碑林，始建於北宋初年，藏碑刻460餘方，楷、草、隸、篆、行各領風騷，詩、書、畫、碑各展風流，集歷史書法藝術之大成，為僅次於西安碑林的全國第二大碑林，漢・蔡邕的《焦君贊》、梁・江淹的《焦山述懷》、唐・王瓚詩及大字之祖《瘞鶴銘》為焦山碑林「四古」。寶墨軒中墨寶多，王羲之的《破邪論序》、顏真卿的《題多寶塔五言詩》、米芾的《城市山林》、蘇東坡的《觀文同墨竹題記》、文徵明的《錢王先生志銘》等諸家手筆，觀之令人留連忘返。一路秀色邀君遊，一路書法伴君行，觀江、觀景又觀書，可以盡情領略焦山這座書法名山的千年文化積澱。其三是焦山多禪寺精舍亭臺樓閣。寺庵有定慧寺、別峰庵、自然庵、玉峰庵、香林庵、海雲庵等十多個庵寺。鄭板橋詩云：「靜室焦山十五家，家家有竹有籬笆……。」每個寺廟都有名僧，能詩詞歌賦，善琴棋書畫，清代禪僧幾谷，六靜和尚是著名的畫家，鶴州是拓碑能手，都曾享名一時。鄭板橋、柳亞子、康有為等人，曾在焦山攻讀。焦山還辦過佛學院，慕名來此朝佛受戒的學徒很多，因此，焦山有「文化山」之喻。亭臺樓閣有華嚴閣、觀瀾閣、文昌閣、汲江樓、東升樓、御碑亭、槐影書屋、黃葉樓、乾隆行宮、浮玉齋、枇杷園、蝴蝶廳等古建築精華，點綴扛山，在自然山水中增添了絢麗的色彩。因此，古人又稱焦山十六景：華嚴月色、定慧潮音、山門松影、庵院槐陰、海雲墨寶、石屋藏銘、西岸遠景、東麓新林、江亭禮佛、岩洞尋仙、自然問道、安隱棲禪、危樓觀日、枯木品香、香林花圃、別峰裡園。故中國佛教協會主席趙樸初在此揮筆題寫了「無盡藏」三字，耐人尋味。日本森本長老留戀地說：「焦山是我第二故鄉」。

焦山的寺廟、樓閣等名勝古蹟頗具特色，大多掩映在山蔭雲林叢中，故有「山裹寺」之諺。焦山與金山不同，焦山高大雄偉，金山小巧玲瓏；焦山以蒼翠的竹木取勝，金山以輝煌的塔寺建築爭長。自古以來，就流傳著「焦山山裹寺，金山寺裹山」的民諺。

焦山還具有珍貴的「四古」。古寺廟（定慧寺）是明代之建築物，主體建築是綠瓦朱欄，十分古雅。古樹木（六朝柏、宋代槐、明代銀杏），多呈虬奇古怪之態，散佈在山腰水畔寺前廟後，為山寺增添上一層幽邃雅靜、青翠蔥鬱的色彩，極宜遊賓休憩。此外，還有古碑刻、崖銘文物皆著名於世。

焦山屹立于大江之中，自古以來就是軍事要地。唐代潤州刺史和鎮江節度史韓滉，曾造樓船和戰艦30餘艘，配備海軍官兵5000多人在大江上操練。南宋德祐元年二月，元軍攻佔鎮江後，宋代抗元將領張世傑在同年七月，率領大批軍艦與元朝水師決戰於焦山，呈現出「焦圃險要屯包港，宋代興亡戰夾灘」的壯烈搏鬥。南宋抗金英雄韓世忠曾率領官兵數千人，駐紮焦山反擊金兵之事，已成為歷史佳話，英風千載，流傳後世。明正德四年（1509）七月十六日，直隸右都御史史叢蘭因江西寧王反叛，親自率領江淮一帶水兵，在焦山江面進行操演。清道光二十二年（1842）七月，英帝發動了揚子江侵略戰役，英軍艦侵入長江時，曾遭到副都統海齡率領鎮守焦山的青州兵和旗兵數千人，英勇抵抗和沉重打擊英軍，在近代反帝鬥爭史上，寫下了光輝的一頁。

焦山，山峰高聳，天塹幽深，怪石嶙峋，花卉爭妍，香色迎人，很堪觀賞。每逢秋月，豔紅的楓樹、盛開的菊花，吸引著四方遊客，贏得詩人「焦山秋意濃，丹黃葉不同。霜楓盛春花，古剎展新容」的讚美。1953年園林局在山麓地帶新闢了焦山公園，園內設有假山、水池、曲橋、渡亭、花房、果園、苗圃、菊壇、松徑、竹叢等美化基地，使焦山更加秀媚多姿、生機勃勃，蒼翠欲滴。加至江面上帆船點點，龍舟競駛，汽笛爭鳴，飛天翱翔，名魚躍水，俊鶻摩空，鳧雁浮江，點綴其間，美不勝收。

焦山上的千年古剎定慧寺，是全國著名寺廟之一。定慧寺始建於東漢興平年間，距今已有1800多年歷史。原名普濟寺，宋朝時稱普濟禪院，元代改稱焦山寺，清康熙南巡來游焦山時將其改名為「定慧寺」，一直沿用至今。「定慧」是佛教修行的精髓，「定慧」取於佛家「由戒生定」，因定發慧和寂照雙融，定慧均等之意。「定」，即去掉一切私心雜念，思想高度集中；「慧」，即由「聞、思、修」三條途徑來增長智慧。「定慧」二字是佛家修行之綱領，可見「定慧」二字頗有深意。定慧寺規模宏大，明代為全盛時期，有殿宇98間、和尚3000人，參禪的僧侶達數萬人，加上定慧寺兩旁還有18個庵寺，稱「十八房」，故在佛教禪寺中有著顯赫地位，是中國古代著名的古剎，曾有「十方叢林」、「歷代祖庭」之稱。大雄寶殿始建於唐代初年，由玄奘大師的弟子寶寂發起興建，宋景定四年（1263）焚毀後重建，為重簷廡殿式結構，大殿正中梁上有清代康熙皇帝御書「香林」二字匾額，閃爍於燭光香煙之中，更顯得金碧輝煌，莊嚴肅穆。

明放案：任乃賡、王家誠先生將此事繫於雍正十三年（1735）；丁家桐、周積寅先生將此事繫於是年。此依後說。

◇羅聘①生。

李曉廷、蔡芃洋《羅聘傳》

注釋：

①羅聘（1733—1799），字遯夫，號兩峰、花之寺僧，江蘇甘泉（今揚州）人。自題所居為「朱草詩林」。金農弟子。畫人物、佛像、花果、梅竹、山水，自成風格。作《鬼趣圖》，藉以諷刺當世。袁枚、姚鼐、錢大昕、翁方綱等為之題詠。能詩，有《香葉草堂集》。為「揚州八怪」之一。

◇汪士慎①由方可村作伴，去明州（今寧波）一帶賣畫。年底返揚。

尹文《汪士慎傳》

注釋：

①汪士慎：詳見康熙五十五年丙申（1716）「◇汪士慎寓揚州佛寺，以賣字畫為生」注。

◇金農①自序《冬心先生集》、《冬心齋硯銘》；十月，《冬心先生集》於廣陵般若庵開雕。

張郁明《金農傳》

注釋：

①金農：詳見康熙四十二年癸未（1703）「◇金農結識同里項霜田，始與吳徵君、亦諳和尚往來」注。

◇李方膺①修《樂安縣志》並序。

崔莉萍《李方膺傳》

注釋：

①李方膺：詳見康熙三十四年乙亥（1695）「◇李方膺生」注。

◇正月，清廷命各省建立書院；並賜銀千兩作為資費。

◇七月，大學士陳元龍年老乞休，帝命加太子太傅銜，以原官致仕。

◇十月，令各地不得擅立牙行①。

注釋：

①牙行：舊時為買賣雙方說合交易並抽取傭金的居間商行。明清規定設牙行須經官府批准，所領憑證名牙帖；領帖繳帖費，每年繳稅銀，稱牙稅。通商港口經營對外貿易的商行也是牙行，宋有「牙儈」，元有「舶牙」，清有「外洋行」等。

◇清廷修成《西寧青海番夷成例》。

雍正十二年甲寅（1734）　四十二歲

◇作〈懷舍弟墨〉詩。

我無親弟兄，同堂僅二人；上推父與叔，豈不同一身！一身若連枝，葉葉相依因；樹大枝葉富，樹小枝葉貧。況我兩弱幹，荒河蔓草濱。走馬折為鞭，樵斧摧為薪；含淒度霜雪，努力愛秋春。我年四十二，我弟年十八。憶昔幼小時，清臞欠肥肭。老父酷憐愛，謂叔晚年兒；餅餌擁其手，病飽不病饑。出門幾回顧，入門先抱持。年來父叔歿，移家僦他宅；幸有破茅茨，而無飽糠覈。老兄似有才，苦不受繩尺；賢弟才似短，循循受謙益。前年葬大父，壙有金蝦蟆，或云是貴徵，便當興其家。起家望賢弟，老兄太浮誇。家貧富書史，我又無兒子；生兒當與分，無兒盡付爾。離家一兩月，念爾不能忘。客中有老樹，枝葉鬱蒼蒼。東枝近簷屋，西枝過鄰牆；兩枝不相顧，剪伐誰護將？感此傷我懷，苦樂須同嘗！

《鄭板橋集・詩鈔》

任乃賡〈鄭板橋年表〉

◇續娶郭氏為妻。

板橋〈恭頌徐母、蔡二姑母〉詩云：「羅幃空復繡鴛鴦，……廿年婚嫁今才畢……」

南京徐石橋先生藏墨蹟

明放案：板橋廿三歲娶徐氏，下推二十年，即四十二歲。

◇七月九日，作〈為顧世永代弟買妾事手書七律一首〉。

一夜花枝泣別離，東風無復訂佳期。櫻桃熟後憑人摘，梅子酸時只自知。何幸荊釵完夙契，免教破鏡惹相思。人間處處風波在，莫打鴛鴦與鷺鷥。

德遠老親台老年翁為其弟世美買妾，既成價矣，聞其有夫，即還之，不責其值，且贈以金。此義舉也。中尊汪夫子既旌其廬，復歌詠其事。燮不揣固陋，賦詩謹和。時雍正十二年七月九日也。

《鄭板橋集・補遺》

◇九秋，書作《恭頌徐母蔡二姑母》詩。

羅幃空復繡鴛鴦，月淡燈寒夜正長。被底孤雛惟解睡，夢中雙雁不成行。廿年婚嫁今才畢，百尺松筠老更強。慘澹自臨樓上鏡，不堪青鬢總蒼蒼。

憶昔相從□□年，外家池屋傍紅蓮。侄方憑虎矜神駿，姑正描鸞坐繡簾。眴眼風光歸落葉，兩家人物付奔川。惟餘妙理談無盡，羯末終輸道韞賢。

小詩二章，恭頌徐母蔡二姑母。雍正甲寅九秋，愚表姪鄭燮拜稿。

南京徐石橋先生藏墨蹟

◇十月，為李鱓《蕉竹月季圖》題識。

君家蕉竹浙江東，此畫還添柱石功。最羨先生清貴客，宮袍南院四時紅。

板橋居士弟鄭燮拜手，為復堂先生題畫。

北京故宮博物院藏墨蹟

◇十一月十日，與李鱓①、蓮若上人②登李世兄宅。

自在心情蓋世狂，開遲開早說何妨。可憐習染東籬竹，不想淩雲也傲霜。

此畫不知作於何時，雍正甲寅十一月十日，同板橋居士、蓮若上人過登李世兄宅，乃泚筆足成之。懊道人記。（李鱓《竹菊坡石圖》）

揚州博物館藏墨蹟

注釋：

①李鱓：詳見康熙五十年辛卯（1711）「◇李鱓中舉」注。

②蓮若上人：法號照徹。康熙間出家於江蘇宜興磐山寺，懂醫術，善書畫。後駐錫蘇州開元

寺。雍正十二年（1734）十一月十日，板橋與之訂交。

◇約於是年，作小楷秦觀《水龍吟・春詞》冊頁。

小樓連遠橫空，下窺繡轂雕鞍驟。朱簾半卷，單衣初試，清明時候。破暖輕風，弄晴微雨，欲無還有。賣花聲過盡，斜陽院落，紅成陣、飛鴛甃。

玉佩丁東別後，悵佳期、參差難又。名韁利鎖，天還知道，和天也瘦。花下重門，柳邊深巷，不堪回首。念多情，但有當時皓月，向人依舊。

秦太虛春詞。板橋居士寫。

南京蕭平先生藏墨蹟

明放案：此與秦觀《淮海居士長短句》卷上字句略有不同：「小樓連遠」原作「小樓連院」；「朱簾半卷」原作「珠簾半卷」；「斜陽院落」原作「垂陽院落」；「玉佩丁東別後」原作「玉佩玎冬別後」；「念多情」原作「歎多情」；「但有」原作「只有」；「向人依舊」原作「照人依舊」。

◇正月，高鳳翰作《指畫冊》十頁；二月，請黃鉽為其畫像；後於泰州壩自補景並題為《西亭詩思圖》。

常再盛、顧仁榮《高鳳翰傳》

◇八月六日，汪士慎於七峰草堂作《蘭竹圖》。後又於青杉書屋作《梅花圖》。

尹文《汪士慎傳》

◇李鱓第二次離開宮廷畫院。

黃俶成《李鱓傳》

◇金農客揚州，開始留髯，人稱「髯金」。

張郁明《金農傳》

◇秋，黃慎請馬榮祖為〈送黃山人歸閩中〉作序。是年作《耄耋圖》。

李萬才《黃慎傳》

◇歲末，李方膺改任蘭山知縣。

崔莉萍《李方膺傳》

◇揚州梅花書院①落成。

注釋：

① 梅花書院：清代李斗《揚州畫舫錄》卷三云：「劉重選建梅花書院，親為校士。而無掌

院，迨劉公後，歸之有司，皆屬官課。朱公修復，乃與安定同例。均歸鹽務延師掌院矣。安定書院自王步青始，梅花書院自姚鼐始。」

◇九月，清廷禁各省童生罷考。

雍正十三年乙卯（1735）　四十三歲

◇二月，遊揚州北郊，問玉勾斜①遺蹟，識饒五姑娘，為其書寫《道情》詞，並作《西江月》一闋，作為與饒五姑娘締結姻緣之盟定信物。

微風曉雨初歇，紗窗旭日才溫；繡幃香夢半朦朧，窗外鸚哥未醒。　蟹眼茶聲靜悄，蝦鬚嗛②影輕明。梅花老去杏花勻，夜夜胭脂怯冷。

鄭板橋《揚州雜記卷》
上海博物館藏墨蹟

注釋：

①玉勾斜：在揚州城西北十五里的雷塘附近。雷塘，又名雷陂。隋義寧二年（618），隋煬帝

楊廣南游江都（今江蘇揚州），當他陶醉在古城的湖光山色、玉女金食之中而忘乎所以時，被他最親密的寵臣、禁軍將領宇文化及縊殺。死後葬於吳公臺下，唐代遷葬於雷塘。而玉勾斜是荒淫君主大批無辜宮女的殉葬地。故又稱「宮女斜」。唐代孟遲〈宮女斜〉詩：「雲慘煙愁苑路斜，路旁丘塚盡宮娃。茂陵不是同歸處，空寄香魂著野花」。

②㡘：布簾子。《說文・巾部》：「㡘，帷也。」

◇書作王維《山中與秀才裴迪書》。

近臘月下，景氣和暢，故山殊可過。足下方溫經，猥不敢相煩，輒便往山中，憩感配寺，與山僧飯訖而去。北涉玄灞，清月映郭。夜登華子岡，輞水淪漣，與月上下。寒山遠火，明滅林外。深巷寒犬，吠聲如豹。村墟夜舂，復與疏鐘相間。此時獨坐，僮僕靜默，多思曩日，攜手賦詩，步仄徑，臨清流也。當待仲春，草木蔓發，春山可望，輕鯈出水，白鷗矯翼，露濕青皋，麥隴朝雊，斯之不遠，倘能從我遊乎？

雍正乙卯小春月書似翼周年學先生清賞，楚陽板橋小弟鄭燮。「二十年前舊板橋」（朱文）、「燮印」（白文）。

1993年3月《書法叢刊》

明放案一：「倘能從我遊乎？」下缺：「非子天機清妙者，豈能以此不急之務相邀。然是中有深趣矣！無忽。因馱黃蘗人往，不一。山中人王維白。」

明放案二：此系紙本，墨筆。縱31.5釐米，橫21釐米。

◇**夏赴焦山溫書迎考，作家書〈焦山讀書寄四弟墨〉。**

僧人偏滿天下，不是西域送來的。即吾中國之父兄子弟，窮而無歸，入而難返者也。削去頭髮便是他，留起頭髮還是我。怒眉嗔目，叱為異端，而深惡痛絕之，亦覺太過。佛自周昭王時下生，迄於滅度，足跡未嘗履中國土。後八百年而有漢明帝，說謊說夢，惹出這場事來，佛實不聞不曉。今不責明帝，而齊聲罵佛，佛何辜乎？況自昌黎辟佛①以來，孔道大明，佛焰漸息，帝王卿相，一遵《六經》②、《四子》③之書，以為齊家治國平天下之道，此時而猶言辟佛，亦如同嚼蠟而已。和尚是佛之罪人，殺盜淫妄，貪婪勢利，無復明心見性之規。秀才亦是孔子罪人，不仁不智，無禮無義，無復守先待後之意。秀才罵和尚，和上（尚）亦罵秀才。語云：「各人自掃階前雪，莫管他家屋瓦霜。」老弟以為然否？偶有所觸，書以寄汝，並示無方師一笑也。

《鄭板橋集・家書》

任乃賡〈鄭板橋年表〉

注釋：

① 昌黎辟佛：佛教自東漢明帝永平十年（67）傳入中國以來，尤其到唐中葉，盛行之至。元和十四年（819）憲宗李純（778—820）欲將陝西川（今扶風）法門寺的一塊佛骨迎入皇宮供奉，並「歷送諸寺」巡迴展出。「王公士民瞻奉舍施，惟恐弗及」。鑒於事佛信祖所帶來的嚴重後果，當時任刑部侍郎的韓愈（自謂郡望昌黎，世稱韓昌黎）上表諫阻憲宗迎佛骨，被貶為潮州刺史。

後官至吏部侍郎。卒謚文，世稱韓文公。政治上反對藩鎮割據，思想上尊儒排佛。極力維護儒家思想在封建社會的正統地位。

②六經：即六部儒家經典：即《詩》、《書》、《禮》、《易》、《樂》、《春秋》。《樂經》今不傳。（後世學者認為《樂經》因秦始皇焚書而毀；或認為儒本來就沒有《樂經》，「樂」即包括在《詩》、《禮》之中。）始見《莊子・天運》篇。

③四書：即《大學》、《中庸》、《論語》、《孟子》的合稱。「四書」之名始於南宋淳熙年間（1174—1189），朱熹撰《四書章句集注》。以後長期成為封建社會科舉取仕的初級標準書。

明放案：王家誠先生將此家書繫於雍正十二年（1734），即板橋42歲時。

◇五月廿四日，作家書〈焦山別峰庵①雨中無事書寄舍弟墨〉。

秦始皇燒書②，孔子亦燒書。刪書斷自唐、虞，則唐、虞以前，孔子得而燒之矣。《詩》三千篇，存三百十一篇，則二千六百八十九篇，孔子亦得而燒之矣。孔子燒其可燒，故灰滅無所復存，而存者為經，身尊道隆，為天下後世法。始皇虎狼其心，蜂蠆其性，燒經滅聖，欲剜天眼而濁人心，故身死宗亡國滅，而遺經復出。始皇之燒，正不如孔子之燒也。自漢以來，求書著書，汲汲每若不可及。魏、晉而下，迄于唐、宋，著書者數千百家。其間風雲月露之辭，悖理傷道之作，不可勝數，常恨不得始皇而燒之。而抑又不然，此等書不必始皇燒，彼將自燒也。昔歐陽永叔讀書秘閣中，見數千萬卷，皆黴爛不可收拾，又有書目數十卷亦爛去，但存數卷而已。視其人名皆不識，視其書名皆未見。夫歐公不為不博，而書之能藏秘閣者，亦必非無名之子。錄目數卷中，竟無一人一書識者，此其自焚自滅為何如！尚待他人舉火乎？近世所存漢、魏、晉叢書③，唐、宋叢書④，《津逮秘書》⑤，《唐類函》⑥，《說郛》⑦，《文獻通考》⑧，杜佑《通典》⑨，鄭樵《通志》⑩之類，皆卷冊浩繁，不能翻刻，數百年兵火之後，十亡七八矣。劉向《說苑》⑪、《新序》⑫，《韓詩外傳》⑬，陸賈《新語》⑭，揚雄《太玄》⑮、《法言》⑯，王充《論衡》⑰，蔡邕《獨斷》⑱，皆漢儒之矯矯者也。雖有此零碎道理，譬之《六經》，猶蒼蠅聲耳，豈得為日月經天，江河行地哉！吾弟讀書，《四書》之上有《六經》，《六經》之下有《左》、《史》、《莊》、〈騷〉，賈、董策略，諸葛表章，韓文杜詩而已，只此數書，終身讀不盡，終身受用不盡。至如《二十一史》⑲，書一代之事，必不可廢。然魏收穢書、宋子京《新唐書》⑳，簡而枯；脫脫《宋書》㉑，冗而雜。欲如韓文杜詩膾炙人口，豈可得哉！此所謂不燒之燒，未怕秦灰，終歸孔炬耳。《六經》之文，至矣盡矣，而又有至之至者：渾淪磅礴，闊大精微，卻是家常日用，〈禹貢〉、〈洪範〉、〈月令〉、〈七月流火〉㉒是也。當刻刻尋討貫串，一刻離不得。張橫渠〈西銘〉㉓一篇，魏然接《六經》而作，嗚呼休哉！雍正十三年五月二十四日，哥哥字。

《鄭板橋集．家書》

注釋：

①別峰庵：位於焦山雙峰之陰的別嶺上，翠竹環抱之中，有一座別致的方形四合院，稱「別峰庵」。別峰乃指該嶺有別於焦山山頂之主峰（東峰和西峰）之意。清代大書畫家、詩人鄭板橋當年曾在這裡讀過書，別峰庵因此名聞遐邇。

別峰庵始建於宋代，明萬曆六年（1578）重建。宋代高僧佛印法師詩云：「絕頂無尋處，何人為指南。回頭見知識，原在別峰庵。」明人章詔又詩云：「竹密凝無路，雲開忽到門。轉看諸院子，獨見一峰尊。」深山孤寺，人跡罕至的別峰庵，庵內北側有古樸清雅的小齋三間，天井中有一花壇，桂花樹兩株，修竹數竿，清雅幽絕。現在過道門頭上題有「鄭板橋讀書處」的橫額，門上還保留著當年鄭板橋手書「室雅何須大；花香不在多」的對聯。

清代趙曾望題別峰庵鄭板橋讀書處聯云：得《瘞鶴銘》而拓之，見八法中第一真書，始知翰墨精華，任鬼忌神謀，不及山靈呵護；問瓜牛廬之繼者，數兩漢後無雙國士，若論煙霞痼癖，惟公賓我主，庶幾水乳交融。

今人秦淮夫子作〈七律．題鎮江焦山別峰庵〉：身似閑雲隨所偶，浮圖走馬望長亭。朝飛孤鶩天生白，暮卷寒潮地上青。世味從來入茶苦，塵緣一去任飄萍。但看歲晚田園在，更有高人醉未醒。

② 秦始皇燒書：秦始皇三十四年（前213），博士淳于越反對郡縣制，要求根據古制，分封子弟。丞相李斯反駁其議，主張禁止儒生以古非今，以私學誹謗朝政。秦始皇採納李斯的建議，下令焚燒《秦記》以外的列國史記，對不屬於博士官的私藏《詩》、《書》等亦限期繳出燒毀；「所不去者醫藥、卜筮、種樹之書。」（《史記．秦始皇本紀》）

③ 漢魏叢書：明嘉靖間何鏜輯。一百種。所收多古經逸史，稗官野乘之作。原稿未刻，至萬曆間程榮選刻三十八種。後經何允中補刻增至八十種，題為《廣漢魏叢書》。清乾隆間王謨重加編次，增至九十六種，題為《增訂漢魏叢書》。

④ 唐宋叢書：明末鐘人傑、張遂辰輯。一百零三種。分經翼、別史、子餘、載籍四類。體例

選材略同於《漢魏叢書》，所輯多為唐宋人著作，但取材於《說郛》，多為刪節之本。清・陳蓮塘又增為一百六十四種。

⑤《津逮秘書》：明崇禎間毛晉輯。十五集，一百四十一種。萬曆間，胡震亨曾輯刻《秘冊匯函》，毛晉得其殘版，合併家藏舊籍，輯成此編，內多宋元人著作，偏重掌故瑣記。前此各家叢書，如《百川學海》、《寶顏堂秘笈》，多不足之本，而此著所收全帙較多。

⑥《唐類函》：明萬曆間俞安期所輯類書。二百卷，四十三部。滙輯唐人類書，以《藝文類聚》為主，並取《北堂書鈔》、《初學記》、《六帖》等刪其重複而成；其缺略之處，選取韓鄂《歲華記麗》、杜佑《通典》等有關資料加以補充。實為唐代類書之彙編。

⑦《說郛》：筆記叢書。元末陶宗儀編。一百卷。系選輯漢魏至宋元各種筆記而成。於經史諸子及詩話、文論等皆有收入。採用之書多達六百餘種，其中少數作品已世無傳本。原本已佚者，近人張宗祥據明代抄本配齊，有涵芬樓排印本。另有一百二十卷本，系清人陶珽所增訂，收書達一千多種，但錯誤較多。珽復採摘明人說部諸書編為《說郛續》四十六卷。後兩種均有清順治間宛委山堂刻本。

⑧《文獻通考》：宋元之際馬端臨撰。三百四十八卷。元成宗大德十一年（1307）成書。記載上古到宋甯宗時的典章制度的沿革。門類較杜佑《通典》分析詳細，計有田賦、錢幣、戶口、職役、徵榷、市糴、土貢、國用、象緯、物異、輿地等二十四門。除因襲《通典》外，兼采經史、會要、傳記、奏疏、議論及其它文獻等，資料較《通典》為詳，於宋代制度尤稱詳備，不少為《宋史》諸志所無。自序謂「引古經史謂之『文』，參以唐宋以來諸臣之奏疏、諸儒之議論謂之

『獻』，故名曰《文獻通考》。」

⑨《通典》：書名。唐．杜佑撰。二百卷。從大曆元年（766）開始，完成於德宗貞元十七年（801），記載歷代典章制度的沿革，上起傳說中的唐虞，下迄唐肅宗代宗時。分類八門。作者綜合群經諸史和歷代文集、奏疏等，分類編纂，極有條理，於唐代敘述尤詳。

⑩《通志》：南宋．鄭樵撰。二百卷。高宗紹興三十一年（1161）完成。綜合歷代史料而成的通史。分本紀、年譜、記略、世家、列傳。紀傳自三皇至隋，依各史抄錄。其中略共二十，多襲用《通典》舊文，惟氏族、六書、七音、都邑、昆蟲草木五略，為舊史所無。舊以此書與《通典》、《文獻通考》合稱《三通》。但本書系通史，與《通典》、《通考》並列，殊為不當。

⑪《說苑》：西漢．劉向撰。原二十卷，後僅存五卷，經宋代曾鞏搜輯，復為二十卷。內分君道、臣術、建本、立節等二十門，分門纂輯先秦至漢代史實和傳說，雜以議論，藉以闡明儒家的政治思想和倫理觀念。

⑫《新序》：西漢．劉向撰。原本三十卷，至北宋初僅存十卷。後經曾鞏搜集整理，仍釐為十卷。內〈雜事〉五卷，〈刺奢〉一卷，〈節士〉二卷，〈善謀〉二卷。採集舜、禹至漢代史實和傳說，分類編纂，所記史實與《左傳》、《戰國策》、《史記》等頗有出入。與《說苑》一書性質相類。

⑬《韓詩外傳》：西漢．韓嬰撰。今本作十卷。其書雜述古事古語，雖每條皆徵引《詩經》中的句子（今本有二十八條未引，當系缺脫），然實系引《詩》以與古事相印證，非引事以闡釋《詩經》本義。

⑭《新語》：西漢・陸賈著。上、下兩卷。共十二篇。為幫助漢高祖劉邦總結秦漢失得天下經驗教訓的奏章。劉邦號為「新語」，認為朝代更替「非天所為」。

⑮《太玄》：亦稱《太玄經》。西漢・揚雄著。共十卷。體裁模擬《周易》，分為一玄、三方、九州、二十七部、八十一家、七百二十九贊，以仿《周易》的兩儀、四象、八卦、六十四重卦、三百八十四爻等；內容則是儒、道、陰陽三家的混合體。以「玄」為中心思想（相當於《老子》的「道」和《周易》的「易」）。有北宋・司馬光《太玄集注》。

⑯《法言》：西漢・揚雄摹擬《論語》體裁寫成。共十三卷。內容以儒家傳統思想為中心，兼采道家思想。是一部講述政治、倫理、道德、學問等的雜著。

⑰《論衡》：東漢・王充著。三十卷。八十五篇。現缺〈招致〉一篇。撰寫歷時三十多年。自稱「仿偽書俗文多不實誠，故作《論衡》之書」（〈自紀〉）。是一部充滿唯物主義精神的哲學論著。曾被統治階級斥為「異端邪說」。

⑱《獨斷》：東漢末蔡邕撰。其書考論舊制，綜述遺文，與《白虎通義》、《風俗通義》相似。

⑲《二十一史》：明嘉靖時校刻史書。於宋人所稱十七史外，加宋、遼、金、元四史，合稱二十一史。清乾隆時，《明史》告成，又有二十二史之稱。

⑳《新唐書》：宋・歐陽修、宋祁等撰。二百二十五卷。紀傳體唐代史。編撰時間約始於仁宋慶曆四年（1044），迄於嘉祐五年（1060）。本書在史料上對《舊唐書》有所補充，首創〈兵〉、〈儀衛〉、〈選舉〉三志，並增撰各表，又專立〈藩鎮傳〉記述沿革，作者自稱「事增于

前，文省於舊」。但不如《舊唐書》史料有價值。成書後，吳縝即撰《新唐書糾謬》二十卷，舉其八失。

㉑《宋書》：即元・脫脫所撰《宋史》，四百九十六卷。本書卷帙浩繁，成書倉促，北宋詳，南宋略，理宗、度宗以來尤多缺漏。資料裁剪，史實訂考，訛舛頗多。明清以來對《宋史》進行改作和補充者頗多，成書的有柯維騏《宋史新編》、錢士升《南宋書》及陸心源《宋史翼》等。

㉒〈禹貢〉、〈洪範〉、〈月令〉、〈七月流火〉：〈禹貢〉、〈洪範〉系《尚書》二篇名。前篇用自然分區方法記述當時中國的地理情況，對全國山川、土地、物產河流、交通記述較詳。是中國最早的一部科學價值極高的地理著作。後篇論述帝王統治人民的各項政治經濟原則。舊傳為商末箕子向周武王陳述的「天地之大法」；近人疑為戰國時期的作品。〈月令〉：《禮記》名篇。傳為周公所作。實由秦漢間人將《呂氏春秋》十二記的首章彙集而成。記述每年夏曆十二個月的時令及其相關事物，並把各類事物歸納在五行相生的系統中，比最早的行事月曆〈夏小正〉（《大戴禮記》篇名）豐富而系統。〈七月流火〉：即《詩經・豳風》中之〈七月〉。詩中寫及西周時期農夫們一年間每月為貴族從事的農業勞動和生活情況。現代研究者認為是農業奴隸反映其所受剝削和壓迫的作品。《詩序》稱系周公「陳王業」之作。全詩凡八章八十八句，為《國風》中第一長篇。

㉓西銘：北宋張載著。原為《正蒙・乾稱篇》的一部分。作者曾於學堂雙牖各錄〈乾稱篇〉一部分，左書〈砭愚〉，右書〈訂頑〉。後由程頤將〈砭愚〉改稱〈東銘〉，將〈訂頑〉改稱〈西銘〉。銘中提出「民吾同胞，物吾與也」的「博愛」主張，並宣揚了「存，吾順事；沒，吾寧也」

的樂天順命思想。

◇六月十日，作家書〈焦山雙峰閣寄舍弟墨〉。

郝家莊有墓田一塊，價十二兩，先君曾欲買置，因有無主孤墳一座，必須刨去。先君曰：「嗟乎！豈有掘人之塚以自立其塚者乎！」遂去之。但吾家不買，必有他人買者，此塚仍然不保。吾意欲致書郝表弟，問此地不落，若未售，則封去十二金，買以葬吾夫婦。即留此孤墳，以為牛眠一伴，刻石示子孫，永永不廢，豈非先君忠厚之義而又深之乎！夫堪輿家言，亦何足信。吾輩存心，須刻刻去澆存厚，雖有惡風水，必變為善地，此理斷可信也。後世子孫，清明上塚，亦祭此墓，卮酒、隻雞、盂飯、紙錢百陌，著為例。雍正十三年六月十日，哥哥寄。

《鄭板橋集・家書》

◇作家書〈儀真縣江村茶社寄舍弟〉。

江雨初晴，宿煙收盡，林花碧柳，皆洗沐以待朝暾；而又嬌鳥喚人，微風疊浪，吳、楚諸山，青蔥明秀，幾欲渡江而來。此時坐水閣上，烹龍鳳茶，燒夾剪香，令友人吹笛，作落梅花一弄，真是人間仙境也。嗟乎！為文者不當如是乎！一種新鮮秀活之氣，宜場屋，利科名，即其人富貴福澤享用，自從容無棘刺。王逸少、虞世南書，字字馨逸，二公皆高年厚福。詩人李白，仙品也；王維，貴品也；杜牧，雋品也。維、牧皆得大名，歸老輞川、樊川，車馬之客，日造門下。維之弟有縉，牧之子有荀鶴，又復表表後人。惟太白長流夜郎。然其走馬上金鑾，御手調羹，貴妃侍硯，與崔宗之著宮錦袍游遨江上，望之如神仙，過揚州未匝月，用朝廷金錢三十六萬，凡失路名流，落魄公子，皆厚贈之，此其際遇何如哉！正不得以夜郎為太白病。先朝董思白，我朝韓慕廬，皆以鮮秀之筆，作為制藝，取重當時。思翁猶是慶、曆規模，慕廬則一掃從前，橫斜疏放，愈不整齊，愈覺妍妙。二公並以大宗伯歸老于家，享江山兒女之樂。方百川、靈皋兩先生，出慕廬門下，學其文而精思刻酷過之；然一片怨詞，滿紙淒調。百川早世，靈皋晚達，其崎嶇屯難亦至矣，皆其文之所必致也。吾弟為文，須想春江之妙境，挹先輩之美詞，令人悅心娛目，自爾利科名，厚福澤。或曰：吾子論文，常曰生辣、曰古奧、曰離奇、曰淡遠，何忽作此秀媚語？余曰：論文，公道也；訓子弟，私情也。豈有子弟而不願其富貴壽考者乎！故韓非、商鞅、晁錯之文，非不刻削，吾不願子弟學之也；褚河南、歐陽率更之書，非不孤峭，吾不願子孫學之也；郊寒島瘦，長吉鬼語，詩非不妙，吾不願子孫學之也。私也，非公也。是日許生既白，買舟系閣下，邀看江景，並遊一戧港。書罷，登舟而去。

《鄭板橋集・家書》

◇作尺牘《焦山別峰庵與徐宗于》。

山居安適，讀書有進，日月疾徐，都非所問。此間嵐影水光，松風竹雨，泉流鳥聲，在在飽含詩情畫意，怡悅心目。當旭日初吐，野露尚滋，暑氣未濃之際，科頭跣足，起自竹榻，輕披敝衣，獨憑山窗，展卷讀杜少陵〈秋興〉詩，字字尋味，句句咀嚼，如啖冰瓜雪藕，心肺生涼，一日之中，暑氛任何毒烈，不能侵我半點也。前人屢言夏日山居，如何至樂，今日嘗之，可喜無量！

山中和尚，泰半是錢奴化身，市儈轉世，口念阿彌陀，心貪阿堵物，俗不可耐，觸人欲嘔。八山遊客，不問雅俗，但視衣衫；入寺燒香，只計貧富。有錢佈施，聲聲居士、檀越，合十念佛，狀似彌勒；無錢施捨，則白眼相加，冷語對答，陰森之氣，逼人發抖，知客堂中，最為可恨，請客一坐，有請坐、請上坐之等次；待客一茶，有泡茶、泡好茶之分別。內外各有廋詞隱語，彼此相通，亮中說話，暗中關切，冷眼傍觀，氣破肚皮。悲哉！悲哉！莊嚴佛地，清淨梵宮，變作論斤較兩之市井。我佛有靈，定當低眉合眼，效夫子之喟然而歎也。山中如許和尚，止一起林上人可與相近；法海寺之仁公亦尚有根基，不是庸俗。仁公湛深經典，談吐雋妙，悲天憫人，德行均好。起林則詩僧也，詞章高古，詩格超群，每來長談，盡日不倦。山居幸此二位師父，得心神曠逸，胸腹舒泰，讀書作畫，一無變故。不則，我雖不中熱惹暑，亦必深中眾光頭之塵毒無疑也。山窗弄墨，肌膚涼爽，乖便書告一二，清快！清快！

《鄭板橋文集．尺牘》

◇作家書〈焦山讀書複墨弟〉。

來書促兄返里，並詢及寺中獨學無友，何竟留連而忘返。噫！兄固未嘗忘情於家室，蓋為有迫而使然耳。憶自名列膠庠，交友日廣，其間意氣相投，道義相合，堪資以切蹉琢磨者，幾如鳳毛麟角，而標榜聲華，營私結黨，幾為一般俗士之通病。於其濫交招損，寧使孤陋寡聞。焦山讀書，即為避友計。兼之家道寒素，愚兄既不能執御執射，又不能務農務商，則救貧之策，只有讀書，但須簡練揣摩，方有成效。不觀夫蘇季子初次謁秦王不用，懊喪歸里，發篋讀太公《陰符》

之書，日夜攻苦，功成復出，取得六國相印。於以知大丈夫之取功名、享富貴，只憑一己之學問與才幹，若欲攀龍附鳳，托賴朋輩之提拔者，乃屬幸進小人。愚兄秀才耳，比較六國封相之蘇秦，固然擬不與倫；而比較敝裘返里之蘇秦，尚覺稍勝一籌。且爲學問之道，與其求助於今友，不如私淑于古人。凡經史子集中，王侯將相治國平天下之要道，才人名士之文章經濟，包羅萬象，無體不備。只須破功夫悉心研究，則登賢書，入詞苑，亦易事耳。愚兄計赴秋闈三次，前兩屆均未出房，因此赴焦山發憤讀書。客歲恩科，竟獲薦卷，旋因額滿見遺。具見山寺讀書較有裨益，再化一二年面壁之功，以待下屆入場鏖戰，倘僥倖奪得錦標，乃祖宗之積德；仍不幸而名落孫山，乃愚兄之薄福，當捨棄文藝，專攻繪事，亦可名利兼收也。焦山之行止，亦於那時告結束。哥哥字。

《鄭板橋文集・書劄》

◇作家書〈焦山別峰庵複四弟墨〉。

焦山與鄉里，只隔一衣帶水，葦航可渡，而我之足跡，竟百日未涉里門者，猶恐目睹家事紛紜，累我弟仔肩獨任，於心不安，勢必苟安家食，終止焦山之行，於學業未免可惜。兩害相衡取其輕，忍心放棄米鹽瑣屑事，專攻學業，以致家門在望，如隔萬里關山。而今接展來函，事事詳明，頓釋我內顧之憂。忻甚，慰甚。

近作律詩四首，造意頗新，惟對仗少工，間有一二欠斟酌字，已為改正加批。我弟素抱樊遲學稼之志，今何動賈島推敲之興，殆慕雅人之韻事歟，抑效法阿兄揣摩詞章考據，以求功名乎？

若為功名計，須研究制藝，當選讀韓慕廬文四五十篇，苟能背誦如流，則下筆作文，思潮坌湧，不患枯澀矣。我弟天資聰穎，苟堪下帷攻苦三年目不窺園，則將來成就，定能出人頭地。然而我弟素慕高士之風，視功名若敝屣，今又學詩而不學文，決無獵取功名之想，殆為遺懷寄興之作耳。從此多作詩亦甚好，雖不能充饑禦寒，卻可稍博微名，滌除俗氣。但須有志有恆，多讀多作，方有成就。選讀古詩，須有精當之決擇。蓋唐、宋詩家，各有所長，例如少陵詩，聖品也；太白詩，仙品也；摩詰詩，貴品也；退之詩，逸品也。此五人均足為後學楷模，宜各選絕律古風若干首，抄錄匯訂，置諸案頭，得閒吟誦，裨益非淺。且焉作詩能解人愁懷，鼓人興致，所以歷來達官顯宦，不得志於時，而退職閒居者，都以推敲作消遣。我弟素志高尚，不慕虛榮，若能詩筆超脫，不落時下窠臼，凡「引興長」、「多雅趣」等之敷泛語，掃除不用，庶乎近之。哥哥復。

《鄭板橋文集・書劄》

◇作家書〈寄墨弟自焦山發〉。

梅雨連朝，經旬始霽。滿山瀑布激沖，一派紅潮怒漲，水勢頓高數尺，竊歎者番風伯雨師，亦太惡作劇矣。山坳茅舍，江乾草篷，傾圮者不計其數。今晨主客師語我云，金陵聖廟宮牆，亦被風雨摧倒數丈。噫！聖廟工程何等堅固，自建築至今，已閱數千年，經歷之暴風急雨，不勝以僂指計，而至今宮牆間苔痕尺許厚，不類有傾倒重砌象，何獨不耐今屆之風雨而傾頹乎？無他，蓋因金陵城中齷齪秀才滿坑滿谷；現任教諭，亦屬胸中絕無點墨者。斯文掃地，辱沒聖門，孔子豈容若輩列門牆，故特毀牆以示驅逐之意，殆其然呼？則予亦復何言哉！復何言哉！

◇八月，受聘赴杭州任浙江鄉試外簾職（提調監試）。

《鄭板橋文集・書劄》

雍正乙卯，余分校浙闈，得外簾，同人皆悵悵不樂，因解之曰：孤山探梅，不勝於區區桃李。

乾隆元年鄭板橋題雍正乙卯冬十二月李鱓《三清圖》軸。

首都博物館藏墨蹟

◇作《賀新郎・答小徒許樗存》詞。

十載名場困，走江湖盲風怪雨，孤舟破艇。江上蕭蕭黃葉寺，亂草荒煙滿徑，惹客子斜陽夢冷。檢點殘詩尋舊句，步空廊古殿琉璃影，一個字，吟難定。　書來慰勉殷勤甚，便道是前途萬里，風長浪穩。可曉金蓮紅燭賜，老了東坡兩鬢，最辜負朝雲一枕。擬買清風兼皓月，對歌兒舞女閑消悶，再休說，清華省。

《鄭板橋集・詞鈔》

◇為真州①江上茶肆書作七言聯。

山光②撲面因朝雨，

江水回頭為晚潮③。

注釋：

①真州：詳見康熙四十三年甲申（1704）「◇約於是年，隨父讀書於真州毛家橋」注。

②山光：草木岩石反射出的太陽光。唐代常建〈題破山寺後禪院〉詩：「山光悅鳥性，潭影空人心。」

③晚潮：傍晚漲起的海潮。唐代王維〈送邢桂州〉詩：「日落江湖白，潮來天地青。」

明放案一：鄭板橋《揚州雜記卷》（又名《板橋偶記》）云：「江西蓼洲人程羽宸，過真州江上茶肆，見一對聯云：『山光撲面因朝雨，將水回頭為晚潮。』傍寫『板橋鄭燮題』。甚驚異，問何人，茶肆主人曰：『但至揚州問人，便知一切。』羽宸至揚州，問板橋，在京，且知饒氏事，即以五百金為板橋聘資授饒氏。明年，板橋歸，復以五百金為板橋納婦之費。」

明放案二：清代梁章鉅《楹聯叢話》卷六云：「鄭板橋燮題焦山自然庵聯云：『山光撲面經新雨，江水回頭為晚潮。』」清代徐珂《清稗類鈔》：「山光撲面經宵雨，江水回頭欲晚潮。」清代劉文淇等《重修儀徵縣誌．輿地志》：「山光撲面因新雨，江水回頭為晚潮。」清代吳雲《焦山志》卷一：「山光撲面因新雨，江水回頭為晚潮。」

明放案三：清代李詳《藥裹慵談》卷四云：「板橋先生以書畫名世，其遺聞軼事多傳之者，皆其罷官後乞食江湖所為。先生窮約居里中，宅近東門外寶塔灣。值歲儉，先生生徒盡散，舉債償急需，延至端午節，質劑子本，屆時而畀。先生慮不得償，先期避往焦山，覓同鄉僧某，託名逭暑，實避債焉。至五月下旬，未得家中耗，不敢遽歸。馬秋玉曰琯，時住松寥閣，清晨雨霽，攜一僕登山椒，微吟相屬。板橋隨其後，聽之似重疊僅得一語云：「山光撲面經宵雨」。板橋遽前揖曰：「君得句頗佳，僕已竊聽之。」馬謂：「詩思苦甚，先生能舉其偶乎？」板橋曰：「不才已得江水回頭欲晚潮七字，不審足下謂何？」馬極喜，謂較己語為自然。叩其所居，明日來拜，邀往對弈，為設一榻，請板橋移寓，共盡昔日談。板橋欲歸不得，而有憂色。馬問：「以君雅人，方謀行樂，何鬱鬱為？」板橋云：「僕為避債而來，非能效公等作達。今將歸矣，慮家中無耗，不敢遽行，故憂耳。」馬唯唯。又歷十數日，與馬別，為餞行，舉杯為壽，板橋自落落也。抵里步近門巷，趦趄而進，見墁人墁牆掃除，大駭，以為宅已賃他人。入門，其孺人含笑相勞苦，更出望外。又呼僕具酒食，曰：「老爺想餓矣，可速備。」板橋益踧踖不安，私叩孺人曰：「端午節何如？」曰：「在前數日，君寄家二百金，已為畢債。當節左右，隳突吾門者，皆改容謝罪去。

今以其餘修屋，防梅雨耳。」板橋自歎曰：「吾怪馬君固應不至如是，今果知賢者也。」是年赴揚州與馬訂交，後遂為馬上客。罷官後，亦以馬為主焉。此老友王松巢告餘，諸家紀載所未及也。」（《鄭板橋先生軼事》）

◇作〈再到西村〉詩。

青山問我幾時歸，春雨山中長蕨薇。分付白雲留倦客，依然松竹滿柴扉。送花鄰女看都嫁，賣酒村翁與不違。好待秋風禾稼熟，更修老屋補斜暉。

《鄭板橋集・詩鈔》

◇十月後，旋返揚州，與李鱓談及赴浙之事，二人合作詩畫。

雍正乙卯，余分校浙闈，得外簾，同人皆悵悵不樂，因解之曰：孤山探梅，不勝於區區桃李。徹（撤）棘石，飽游西陵松柏，過林處士家，時已十月後，神（？）英略略數枝也。歸而語復堂先生，先生曰：「吾為君作紅梅奪桃李之色有餘矣。子盍題詩以紀其事乎。」乃爰箋書二十八字：浙江桃李屬他人，只有梅花是我春；寫取一枝清又貴，夕陽紅影出松筠。

雍正間題此，乾隆元年三月，板橋道人鄭燮重錄。「鄭燮之印」（白文）、「二十年前舊板橋」（朱文）、「老而作畫」（白文）、「橄欖軒」（朱文）。

首都博物館藏墨蹟

◇冬日，赴京，準備參加丙辰科考試。

明放案：任乃賡先生〈鄭板橋年表〉作乾隆元年丙辰（1736）「赴北京」；王家誠先生〈鄭板橋年表〉作雍正十三年乙卯（1735）「約於秋天赴北京」；陳書良、李湘樹先生〈鄭板橋年表〉作乾隆元年（1736）「進北京」；楊士林先生《鄭板橋評傳》作乾隆元年（1736）二月「進北京」；丁家桐先生《鄭燮傳》作雍正十三年（1735）「冬日，赴北京」。此採丁說。

◇在京與名橋結識，作小楷《道情》十首詞二紙，一奉名橋，一奉雁峰。

乾隆十九年，板橋於濰縣官齋書《道情詞卷》跋云：

名橋續大哥，二十年前相好于京師，見予《道情十首》，囑書小楷二紙，其一紙尤楷者，蓋奉老伯雁峰先生也。老伯愛余書畫詩詞特甚，故敬書之。今幾年事，名橋宦游，封公舍其祿，郵書復索重寫。老不能漫楷，真行相雜，勿罪也。

乾隆十九年，板橋鄭燮書於濰縣官齋。「鄭燮之印」（白文）、「二十年前舊板橋」（朱文）、「丙辰進士」（朱文）。

天津市藝術博物館藏墨蹟

◇春日，黃慎①攜家奉母自揚歸閩。九月作《山水圖》冊。

李萬才《黃慎傳》

注釋：

①黃慎：詳見康熙四十一年壬午（1702）「◇黃慎別母離家，拜師學畫」注。

◇夏日，金農游楚州，秋返錢塘。學使帥念祖薦博學鴻詞①，上書辭謝。

張郁明《金農傳》

注釋：

①博學鴻詞：封建王朝臨時設置的考試科目，為制科之一種。唐開元中，鄭昉、陶翰以博學鴻詞及第。北宋紹聖元年（1094）置鴻詞科，南宋紹興三年（1133）改立博學鴻詞科，直到宋末。「鴻」本作「弘」，至清乾隆中，因字同清高宗名而改。康熙十八年（1679）三月、乾隆元年（1736）九月曾兩次舉行。乾隆二年（1737）又補試一次。先由內外大臣薦舉，不分已仕未仕，定期在殿廷考試。錄取者授以翰林官。康熙帝於體仁閣親試一百四十三人，皆賜宴。令大學士杜立德等人閱卷，取一等二十人，二等三十人，皆授翰林官。顧炎武、萬斯同等十二人辭而不就。乾隆於保和殿親試一百七十六人，令大學士鄂爾泰、張廷玉等人閱卷，僅取一等五人，二等十人。杭世駿列一等第五，授翰林院編修。

尹文《汪士慎傳》

◇七月八日，汪士慎于巢林書堂作《梅花圖》。

◇八月二十一日，雍正帝崩，皇四子弘曆即位，年號乾隆。

◇十月，乾隆帝命悉數收回前所頒之《大義覺迷錄》①。

注釋：

①《大義覺迷錄》：詳見雍正七年己酉（1729）「◇九月，雍正帝頒佈《大義覺迷錄》」注。

◇十二月，李鱓作《三清圖》。　黃俶成《李鱓傳》

◇冬，李方膺因懇荒事，拂河東新總督王士俊意，而被罷官入獄。　崔莉萍《李方膺傳》

◇十二月二十九日，曾靜與張熙師徒被淩遲處死。

◇十二月，《明史》①修成。凡三百三十二卷。歷時九十四年。

注釋：

①《明史》，張廷玉等撰。三百三十二卷。紀傳體明代史。順治二年（1645）五月，御史趙繼鼎奏請纂修《明史》，大學士馮銓、李建泰、范文程、剛林、祁充格為總裁，並設收掌官七員，滿

字謄錄十員，漢字謄錄三十六員。康熙四年（1665），重開明史館，因纂修《清世祖實錄》而停止。康熙十八年（1679）再度開館。以徐元文為監修。

《明史》首先體例嚴謹，敘事清晰，文字簡明，編排得當。史評家趙翼在《廿二史劄記》中，曾將宋、遼、金、元諸史和《明史》作了比較，認為「未有如《明史》之完善者」。其次，史料豐富。當時可資的第一手史料很多，除一套完整的明朝各帝「實錄」而外，尚有邸報、方志、文集和大量私家史乘。朱彝尊修史時〈上總裁第二書〉中說，僅各地的方志藏於國家圖書館者，即達三千餘冊之多。此外，如明人王世貞著述的《錦衣志》、《中官考》等，都對明朝特務統治和宦官之弊有系統地作了介紹。這些，都使明史的修撰者們較之各朝修官史者，有得天獨厚的有利條件。惟於建州女真和南明史事多所缺漏。對農民起義極端仇恨。第三，持論公允。如對袁崇煥被清太宗設反間計殺害一事，以及熊廷弼的功罪問題的記載，都很有參考價值。第四，有所創新。在列傳中專列了「閹黨」、「流賊」和「上司」三目。宦官專政為明朝一代歷史的重大問題，〈閹黨傳〉記載了王振、劉瑾、魏忠賢等宦官黨羽禍國殃民的罪行。

《明史》本紀二十四卷，志七十五卷，列傳二百二十卷，表十三卷。記載了自朱元璋洪武元年（1368）至朱由檢崇禎十七年（1644）二百多年的歷史。其卷數在《二十四史》中僅次於《宋史》，但其修纂時間之久，用力之勤卻大大超過了以前諸史。修成之後，得到後代史家的好評，認為它超越了宋、遼、金、元諸史。清史學家趙翼在《廿二史劄記》卷31中說：「近代諸史自歐陽公《五代史》外，《遼史》簡略，《宋史》繁蕪，《元史》草率，惟《金史》行文雅潔，敘事簡括，稍為可觀，然未有如《明史》之完善者。」

《明史》志之修纂，依照天、地、禮、樂之順序排述，《天文志》、《五行志》和《曆志》出自湯斌之手。湯斌為清初廉正之臣，於修《明史》頗有所建言。《禮志》十四卷，吳苑所撰。《食貨志》共六卷，出自潘耒之手。其實潘耒所作，實據王原《明食貨志》而成。《刑法志》三卷，姜宸英撰寫。《藝文志》四卷，出目錄學名家黃虞稷之手。依經、史、子、集排述。

如果從清順治二年（1645）開設明史館起，到乾隆四年（1739）正式由史官向皇帝進呈，前後歷時九十四年。假如從康熙十八年（1679）正式組織班子編寫起至呈稿止，為時六十年之久。是我國歷史上官修史書中纂修時間最長的一部。

乾隆元年丙辰（1736）　四十四歲

◇二月，在貢院①參加禮部會試②，中貢士③。

周積寅、王鳳珠《鄭板橋年譜》

注釋：

① 貢院：科舉時代考試貢士的場所。清代貢院通常建立於城內東南方，大門正中懸「貢院」匾額。大門內有龍門，再進為至公堂。龍門與至公堂之間有明遠樓。至公堂之東西側為外

簾，至公堂後有進門，入門為內簾。貢院兩旁建號舍，以供應試者居住，其形如長巷，每巷用《千字文》編列序號。應試者入內即封號柵，待交卷日方開。貢院外牆鋪以荊棘，故貢院亦稱荊闈。

②會試：明清兩代每三年一次在京都舉行的考試。凡各省的舉人皆可應考。逢辰、戌、丑、未年為正科，若遇有恩科，則次年舉行會試，稱會試恩科。考期初在二月，乾隆十年（1745）改在三月，分三場舉行。

③貢士：清制。古代向最高統治者薦舉人才的制度。《禮記・射義》：「諸侯歲獻，貢士于天子。」《後漢書・左雄傳》：「郡國考廉，古之貢士。」會試考中者為貢士。

◇三月，跋李鱓①雍正十三年乙卯冬十二月所作《三清圖》。

雍正乙卯，余分校浙闈，得外簾，同人皆悵悵不樂，因解之曰：孤山探梅，不勝於區區桃李。徹（撤）棘石，飽游西陵松柏，過林處士家，時已十月後，神（？）英略略數枝也。歸而語復堂先生，先生曰：「吾為君作紅梅奪桃李之色有餘矣。子盍題詩以紀其事科。」乃爰箋書二十八字：浙江桃李屬他人，只有梅花是我春；寫取一枝清又貴，夕陽紅影出松筠。

雍正間題此，乾隆元年三月，板橋道人鄭燮重錄。「鄭燮之印」（白文）、「二十年前舊板橋」（朱文）、「老而作畫」（白文）、「橄欖軒」（朱文）。

注釋：

①李鱓：詳見康熙五十年辛卯（1711）「◇李鱓中舉」注。

◇五月，於太和殿①前丹墀參加殿試②，中二甲第八十八名進士③。

注釋：

①太和殿：俗稱「金鑾殿」，北京故宮三大殿（太和、中和、保和）中最大的一個。明永樂十八年（1420）建，初名奉天殿，嘉靖時改名皇極殿。清順治二年（1645）始稱今名。今殿為康熙三十四年（1695）重修。建於三層漢白玉台基之上，殿高三十五米，東西長六十四米，南北寬三十三米，面積二千三百七十七平方米。外有廊柱一列，全殿內外立有大柱八十四根。重簷廡殿式，黃色琉璃瓦頂。裝飾絢麗，金碧輝煌，為全國最大的木構大殿。明清兩代帝王即位，或節日慶典、朝會大典，均於此舉行。

②殿試：科舉制度中皇帝對會試取錄的貢士在殿廷上親發策問的考試。也叫廷試。其制始於唐武則天時。殿試後將進士分為五甲之制始於宋太平興國八年（983），而分為三甲及一甲只限三人始於元順帝，明清襲之。明清殿試時間在會試後一個月。順治初，定為四月一日。康熙時，改為五月初。乾隆十年（1745）改為四月二十六日。乾隆二十六年（1761）定為四月二十一日。二十五日傳臚，其後遂為永制。中式者一甲三名賜進士及第，第一名通稱為狀元，第二、三名通稱為榜眼及探花。二甲均賜進士出身，第一名通稱傳臚。三甲均賜同進士出身。

③《大清乾隆元年進士題名碑錄丙辰科》：

賜進士及第第一甲三名：

金德英……。

……。

賜進士出身第二甲九十名：

蔡新：

……。

……。

鄭爕：江南揚州府興化縣人。

鄧時敏……。

孟英……。

賜同進士出身第三甲二百五十一名……。

《國朝歷科題名碑錄》初集

北京安定門國子監街孔廟進士題名碑林

明放案：《清高宗實錄》卷十六：「（乾隆元年四月丙辰）策試天下趙青藜等三百四十四人於太和殿前，制曰：朕惟治法莫尚于唐虞堯舜相傳之心法，惟在允執厥中，當時致治之盛，至於黎民於變時雍，野無遺賢，萬邦咸寧，休哉，何風之隆歟！朕纘承祖宗丕基，受世宗憲皇帝付託之重，踐阼之初，孜孜求治，雖當重熙類洽之餘，而措施無一日可懈，風俗非旦夕可淳，士習何以端，民生何以厚，不能無望於賢才之助。茲際元年首科，朕特臨軒策問，冀爾多士，啟予不逮。夫用中敷治，列聖相傳，然中無定體，隨時而用，因事而施。宜用仁，則仁即中，仁非寬也；宜用義，則義即中，義非嚴也。或用仁而失於寬，用義而失之嚴，則非中矣。何道而使之適協於中耶？《詩》稱不競不絿，《書》稱無偏無黨，果何道之從耶？政治行於上，風俗成於下，若桴鼓之相應，表影之相從，然夏尚忠，商尚質，周尚文，其後各有流弊，惟唐虞淳厚，後世莫能議焉，其悉由於允恭溫恭之德，致之然耶？抑五典五禮之惇庸，五服五刑之命討，亦與有助耶？朕欲令四海民俗，咸歸淳厚，其何道而可？國家三年一大比士，宜乎得人，然所取者，明於章句，未必心解而神悟也；習於辭華，未必坐言而起行也。朕欲令士敦實學，明體達用，以勷相我國家，何以教之於平素，何以識拔於臨時，科舉之外，有更宜講求者歟？意者衣食足而後禮義興，凡厥庶民，即富方穀，足民即所以訓士歟？《書》稱土物受厥心藏，又有謂沃土之民不材者，何歟？夫民為邦本，固當愛之，愛之則必思所以養之，養之必先求所以足之。朕欲愛養足民，以為教化之本，使士皆可用，呼皆可封，以臻以唐虞之盛治，務使執中之傳，不為空言，用中之道，見於實事。多士學有所得，則揚對先資，實在今日，其直言之，勿泛勿隱，朕將親採擇焉。」

◇膺登進士後，滿心歡喜，遂作《秋葵石筍圖》以自賀。

牡丹富貴號花王，芍藥調和宰相祥。我亦終葵稱進士，相隨丹桂狀元郎。

《神州大觀集》

《鄭板橋集・補遺》

◇為能早日出仕，在京作〈呈長者〉及〈讀昌黎上宰相書因呈執政〉詩。

呈長者

御溝①楊柳萬千絲，雨過煙濃嫩日遲②。擬折一枝尤未折，罵人春燕太嬌癡。桃花嫩汁搗來鮮③，染得幽閨小樣箋④。欲寄情人羞自嫁，把詩燒入博山煙⑤。

《鄭板橋集・詩鈔》

王家誠《鄭板橋傳》

注釋：

① 御溝：亦稱「禁溝」。指皇城外的護城河。謝眺〈入朝曲〉：「飛甍夾馳道，垂楊蔭御溝。」崔顥〈相逢行〉：「玉戶臨弛道，朱門近御溝。」

② 墨蹟原作「細雨濃煙日上遲」。

③ 墨蹟原作「水晶簾幕翠花鈿」。

④ 墨蹟原作「染得巴江五色箋」。

⑤原墨蹟作「不知耽擱好青年」。

〈讀昌黎①上宰相書因呈執政〉

常怪昌黎命世雄②，功名之際太匆匆；也應不肯他途進，惟有修書謁相公。

《鄭板橋集・詩鈔》

任乃賡〈鄭板橋年表〉

注釋：

①昌黎：即唐代文學家韓愈。昌黎曾三上宰相書，板橋借此向當朝執政者表示求官之意。

②命世雄：聞名於世的雄傑。

明放案：劉獻廷《廣陽雜記》云：「康熙朝規定，全國除八旗武職外，文武官員的編制為15600員。其中京官2546員，直隸及各省文職官員6404員，學官3001員，武職2651員。」由此推測，到了乾隆初年，全國官員編制定額增幅不會很大，尤其是丙辰之年，錄取新科進士344名，鑒於朝廷文職官員出缺（丁憂守制、年老致仕、給假終養、因故免職等）的人數少於新錄的進士人數，因而，必然有一部分進士可立即授官，而剩餘的部分進士只能候補待選。再則，立即授官並不一定是按照考績排名依次遞補，而是由朝中大員出面保舉。

◇繼續接交京中官員，作〈贈國子學正侯嘉璠①弟〉詩。

讀書數萬卷，胸中無適言；便如暴富兒，頗為用錢苦。大哉侯生詩，直達其肺腑；不為古所累，氣與意相輔②。灑灑如貫珠，斬斬入規矩。當今文士場，如公那可睹！家住浙東頭，山凹水之滸；雁峰③天上排，台根海底柱。樹密龍氣深，雲霾石情怒。安得從君遊，嘯歌入天姥④！龍湫萬丈懸，對坐濯靈府。我詩無部曲，彌漫列卒伍。轉鬥屢蹶傷，猶思暴猛虎。家非山水鄉，半生食鹽鹵。頑石亂木根，憑君施巨斧。

《鄭板橋集・詩鈔》

丁家桐《鄭燮傳》

注釋：

①侯嘉璠：字元經，台州（今浙江臨海）人。詞賦敏捷，屢困科場，年五十官江寧縣丞。袁枚稱其「詩文迅疾，始於筆染，終於紙盡，揮霍睥睨，瞬息百變。」（見《國朝耆獻類徵》）學政：國子監（即為教育管理機關，類似當今的國家教育部）學官，協助博士教學，並負訓導之責。

②氣與意相輔：古人為文講意、氣相通。意，謂思想；氣，謂感情。

③雁峰：即雁蕩山。位於浙江省西南部。分南北兩山；南雁蕩山在平陽縣境內，主峰九峰尖，海拔1237米。北雁蕩山在樂清市境內，以山水秀麗聞名。有五個山峰，百崗尖最高，海拔1150米；次為雁湖崗，海拔1057米。由流紋岩等構成。名勝集中於北雁蕩山。通常所稱雁蕩山，即指北雁蕩山。雁湖崗頂有湖，蘆葦叢生，結草成蕩，秋雁常來棲息，故稱雁蕩。面積450平方公

里，以奇峰、異洞、瀑布、怪石著稱。靈峰、靈岩、大龍湫（瀑布）為雁蕩風景三絕。雁蕩山現為全國重點風景名勝區。

④天姥：山名，位於浙江東北部，系括蒼山餘脈。道書列為第十六洞天福地。

◇作〈酬中書舍人①方超然②弟〉詩。

研粉宮箋五色裁，兔毫揮斷紫煙煤。書成便擬《蘭亭帖》③，何用蕭郎賺辨才④！君家兩世文名盛，宦況蕭條分所宜。笑我筆花枯已盡，半生冤枉作貧兒。老伯文輈先生，諱棨如。

《鄭板橋集·詩鈔》

任乃賡〈鄭板橋年表〉

注釋：

①中書舍人：清廷內閣職掌繕寫文書的官員。

②方超然：清書法家。字蘇台，浙江淳安人。官鹽大使，工書。

③蘭亭帖：即《蘭亭序》，又名《蘭亭宴集序》、《蘭亭集序》、《臨河序》、《禊序》、《禊帖》。散文篇名，行書法帖。東晉永和九年（353）三月三日，王羲之與謝安、孫綽等四十一人，在山陰（今浙江紹興）蘭亭「修禊」時所作的文序。法帖相傳之本，共二十八行，三百二十四字。唐時為太宗所得，推為王書代表，曾命趙模等鉤摹數本，分賜親貴近臣。太宗死，相傳真跡殉葬。存世唐摹墨蹟以《神龍蘭亭》為最著；石刻首推「定武本」，實皆唐臨本。

④蕭郎賺辨才：王羲之《蘭亭帖》傳至七世孫永禪師，付與弟子辨才，唐太宗酷愛王字，固

求不得，乃命監察御史蕭翼賺取之。傳唐代閻立本作有《蕭翼賺蘭亭圖》卷。畫跡現藏臺北故宮博物院。

任乃賡〈鄭板橋年表〉

◇與伊福納①同遊西山。

注釋：

①伊福納：姓那拉，字兼五，滿洲人。進士，官戶部郎中。工詩。

◇至甕山與無方上人①敘舊，作〈贈甕山無方上人二首〉詩。

山裏都城北，僧居御苑②西。雨晴天嶂碧，雲起萬松低。天樂飄還細，宮莎剪欲齊。菜人驅豆馬，歷歷俯長堤。

一見空塵俗，相思已十年。補衣仍帶綻，閒話亦深禪。煙雨江南夢，荒寒薊北③田。閑來澆菜圃，日日引山泉。

《鄭板橋集・詩鈔》

任乃賡〈鄭板橋年表〉

注釋：

①無方上人：詳見雍正二年甲辰（1724）「◇出遊江西，於廬山結識無方上人」注。

②御苑：位於北京海澱區。原為帝王行宮花園。金貞元元年（1153）完顏亮設為行宮，明時

皇室改建為好山園。清乾隆十五年（1750）又改建，名清漪園，咸豐十年（1860）被英法聯軍所毀。光緒十四年（1888）慈禧太后移用海軍經費重建，改名頤和園。面積2.9平方公里，水面占總面積的四分之三。以萬壽山為中心，前山有728米彩畫長廊、排雲殿、佛香閣、智慧海等著名建築。面臨昆明湖，點綴清宴舫（石舫）、知春亭、十七孔橋和鳳凰墩等。東宮門內有仁壽殿、清和園、樂壽堂、玉瀾堂等一系列建築。後山蒼林修竹。東北角的諧趣園仿無錫寄暢園而建，富江南園林情趣。西有桃柳夾道的長堤。園外借用西山、玉泉山之景，景物曲折多變，形成景外有景、園中有園的佈局。體現中國園林藝術的高度技巧，在中外園林藝術史上有著極高的地位。此園1924年被闢為公園，現為全國重點文物保護單位。

③薊北：古薊地在今北京西南，這裡指燕京。

◇又作〈甕山示無方上人〉詩。

松梢雁影度清秋，雲淡山空古寺幽。蟋蟀亂鳴黃葉徑，瓜棚半倒夕陽樓。客來招飲欣同出，僧去烹茶又小留。寄語長安車馬道，觀魚濠上是天遊。

《鄭板橋集・詩鈔》

任乃賡〈鄭板橋年表〉

◇去香山臥佛寺①訪青崖和尚②，作〈訪青崖和尚，和壁間晴嵐③學士虛亭④侍讀原韻 晴嵐張公若靄、虛亭鄂公容安〉詩和之。

西風肯結萬山緣，吹破濃雲作冷煙。匹馬徑尋黃葉寺，雨晴稻熟早秋天。
渴疾由來亦易消，山前酒旆望非遙。夜深更飲秋潭水，帶月連星舀一瓢。
屋邊流水勢潺湲，峭壁千條瀑布繁。自是老僧饒佛力，杖頭撥處起靈源。
煙霞文字⑤本關情，袍笏⑥山林味總清。兩兩鳳凰天外叫，人間小鳥更無聲。

《鄭板橋集・詩鈔》

任乃賡〈鄭板橋年表〉

注釋：

① 臥佛寺：清代吳長元《宸垣識略》卷十五：「十方普覺寺，俗稱臥佛寺。唐時建，在唐名兜率，元名昭孝、名洪慶，明曰永安，殿前娑羅樹二，來自西域。相傳建寺時所植，今大三圍矣。後殿銅臥佛一，明憲宗時造。又小殿，內香檀臥佛一，唐貞觀年造，已無。本朝世宗（雍正）賜今名，有御制碑，又今上（乾隆）御書聯額。」

② 青崖和尚：僧元日，字青崖，江蘇鹽城人，俗姓丁。七歲時即超然有出世之想，父母奇之。旋圓具于金陵寶華山。後又遍訪虎丘、天臺、靈隱諸山，參詢尊宿。康熙五十五年（1716），應山陽士紳之請，出任鳳谷村東林院主講，凡四年。雍正十二年（1734），世宗召見，青崖應對麈旨，帝大悅，遂賜紫衣四襲，及寶盂、玉如意等物。高宗即位，復召至京，奉旨開發西山（萬壽山）。遂住錫壽安山十方普覺寺。乾隆八年（1743），乾隆曾賜青崖七律一首。十一年（1746）閏三月示寂，乾隆命葬於壽安山。嗣法弟子二十六人，度名者以萬計。焦忠祖等《阜寧縣新志》卷十有載。乾隆元年（1736）板橋與之訂交。

③晴嵐，張若靄（1713—1746）：字景采，安徽桐城人。相國廷玉子。雍正十一年傳臚，乾隆間官至禮部尚書，襲伯爵。以書畫供奉內廷。一日，太后出方寸玉佩，命作《心經》，竟日書就。擅山水、花鳥，得王谷祥、周之冕遺意。著有《晴嵐詩存》。

④虛亭，鄂容安：字休如，號虛亭，姓西林覺羅氏，滿州鑲藍旗人。大學士鄂爾泰長子。雍正十一年進士，襲三等襄勤伯。乾隆初授編修、侍讀，五年授詹事府詹事，八年授國子監祭酒。後歷任侍郎、巡撫、兩江總督等職。書學歐顏，筆力峻拔，瘦硬通神。嘗於雲南嵩明州海潮寺書「海暗雲無葉，山寒雪有花」楹帖。後在新疆阿睦爾撒納叛亂中戰死。謚剛烈。

⑤煙霞文字：謂描寫山水美麗景致的文字。

⑥「袍笏」句：謂讚揚張、鄂二人雖在朝廷為官，但詩文中卻具備山林清淡之味。袍笏：指作官。

◇又作〈寄青崖和尚〉詩。

山中臥佛何時起，寺裡櫻桃此日紅。驟雨忽添崖下水，泉聲都作晚來風。紫衣鄭重君恩在①，御墨②淋漓象教③宗。透脫儒書千萬軸，遂令禪事得真空。

《鄭板橋集・詩鈔》

任乃賡〈鄭板橋年表〉

注釋：

①「紫衣」句：謂青崖有御賜紫袈裟。

②御墨：指雍正、乾隆所書碑額。

③象教：佛教以形象教人。《文選・頭陀寺碑》云：「正法既沒，象教陵夷。」

◇訪法海寺仁公，作《法海寺①訪仁公②》詩。

昔年曾此摘蘋婆，石徑欹危扶綠蘿。金碧頓成新法界，惜他荒樸轉無多。

參差樓殿密遮山，鴉雀無聲樹影閑。門外秋風敲落葉，錯疑人叩紫金環。

樹滿空山葉滿廊，袈裟吹透北風涼。不知多少秋滋味，卷起湘簾問夕陽。

《鄭板橋集・詩鈔》

周積寅、王鳳珠《鄭板橋年譜》

注釋：

①法海寺：清・吳長元《宸垣識略》卷十五云：「法海寺、法華寺在萬安山（今北京西郊門頭溝附近），二寺前後互相連屬，相傳為弘教寺遺址。本朝順治十七年修建，改今名。有御書聯額。」

②仁公：京西甕山法海寺方丈，詩僧。字仁化，號二憨，俗姓馬。浙江奉化人。二十三歲出家普陀法華洞，次年於西湖昭慶律寺受具足戒。雍正十一年（1733），雍正恩賜紫衣、缽、杖、如意等，敕主法海寺，凡10年之久。後乾隆亦賜紫衣，命主拈花寺，二十五年（1760）示寂於報恩院。世壽六十五歲。僧臘四十三，弟子於南屏山蓮花峰下建塔葬其遺骸。詳見梁同書《賜紫沙門乾公塔銘》。乾隆元年（1736）板橋與之訂交。板橋又評價仁公：「湛深經典，談吐雋妙，悲天憫

人，德行均好。」（〈焦山別峰庵與徐宗于〉）

◇又作〈同起林上人①重訪仁公〉詩。

幾日不相見，作詩盈一囊。立殘雲外漏，銷盡定②中香。雨歇四天碧，風高秋稼黃。可應歌《擊壤》，更為繼陶唐。

賓主吟聲合，幽窗夜火燃。風鈴如欲語，樹鶴不成眠。月轉山沉霧，花深鳥入煙。朝霞鋪滿徑，裁取作蠻箋。

勝地前朝辟，青山帝王情。莫教輕一物，可待報他生。齋粥分天庾③，盤蔬列貢罌。秋風滿松壑，幽梵④曉來清。

《鄭板橋集．詩鈔》

周積寅、王鳳珠《鄭板橋年譜》

注釋：

①起林上人：京西甕山寺詩僧。是年，板橋曾與他擁衾夜吟，通宵達旦。夜聽秋蟲，晨起看山。饑餐野果，渴飲山泉，一派雅人深致。板橋曾作〈同起林上人重訪仁公〉詩。

②定：入定。佛教指坐禪時，心不弛散，進入安定不動的禪定狀態。《華嚴經．序品》：「即於大眾中結跏趺坐，入無量義處三昧（定），身心不動。」

③天庾：《晉書．天文志》：「天倉南四星曰天庾，積廚粟之所也。」此處指皇倉。

④幽梵：指誦經的聲音。

◇**作〈山中夜坐再陪起上人作〉詩。**

人語山上煙，月出秋樹底。清光射玲瓏，峭壁澄寒水。棲鳥見其腹，歷歷明可指。秋蟲草際鳴，切切哀不已。禪心①冷欲冰，詩懷淡彌旨。吟成無箋麻，書上破窗紙。

頑奴倦烹茶，湯沸火已滅；冷然酌秋泉，心肺總寒冽。叢花夜露滋，細媚石上茁。老槐恃氣力，排風骨正折。從久月當中，寒光射毛髮。不但飲秋泉，此心何得熱。

晨起望諸山，煙嵐漭②漲塞。陽烏③初出海，氣弱不得力。墨雲橫亙天，稚霞斂顏色。重帛那禁寒，擁衾坐岩崱。露重如小雨，徑危滑難陟。酸棗垂累累，瓜果蔓寒棘。招手謂山烏，與爾得飽食。

詩成令我寫，寫就復塗抹。骨脈微參差，有愛忍心割。未得如抽繭，針尖隱毛褐。既得如屍解④，蜣螂忽蟬脫。主人門外來，詩才日豪闊。遲疾各性情，維余氣先奪。

《鄭板橋集・詩鈔》

任乃賡〈鄭板橋年表〉

注釋：

①禪心：佛教用語。謂清靜寂定的心境。李頎〈題璿公山池〉詩：「片石孤峰窺色相，清池皓月照禪心。」

②漭：漭漭，水廣遠貌。此處形容煙嵐彌漫。

③陽烏：太陽。古代傳說日中有三足烏，故名。張協〈七命〉：「陽烏為之頓羽，誇父為之投策。」

④屍解：道教用語。謂遺棄肉體而仙去。道教認為修煉成功者，因陽神己成，形體已無作用，遂如蟬蛻，稱為「屍解」。與「羽化」、「仙去」意義相同。

◇訪圖牧山①，作〈贈圖牧山〉詩。

我訪圖牧山，步出沙窩門。臃腫百本樹，斷續千丈垣。野廟包其中，蹣跚僧灌園。僮奴數十家，雞犬自成村。青鞋踏曉露，小閣延朝暾②。烹茶亦已熟，洗盞猶細捫。平生書畫意，絕口不一言。江南渺音耗，不知君尚存。願書千萬幅，相與寄南轅③。

《鄭板橋集・詩鈔》

任乃賡〈鄭板橋年表〉

注釋：

①圖牧山：圖清格，號牧山。滿洲人。書畫家。官大同知府。有孝行。字作鐘鼎、蝌蚪文；山水學石濤，以草書寫菊，獨辟蹊徑；竹石、蟲鳥、花卉超逸有趣。

②暾：朝暾。初升的太陽。《楚辭・九歌・東君》：「暾將出兮東方。」

③「江南」四句：因音訊乏絕，江南友人不知牧山是否健在？故願牧山多寄書畫，以慰解他們的思念和牽掛。

◇又作〈又贈牧山〉詩。

十日不能下一筆，閉門靜坐秋蕭瑟。忽然興至風雨來，筆飛墨走精靈出。小草小蟲意微妙，古石古雲氣奔逸。字作神禹鐘鼎文，雜以蝌蚪點濃漆。怪迂荒幻性所鍾，妥貼細膩學之謐。訪君古樹荒墳邊，葉凋草硬霜凜栗。一醉十日亦不辭，蘆溝歸馬催人疾。揚州老僧文思①最念君，一紙寄之勝千鎰②。

《鄭板橋集・詩鈔》

周積寅、王鳳珠《鄭板橋年譜》

注釋：

① 文思：江蘇揚州天寧寺僧。李斗《揚州畫舫錄》卷四云：「（彈指）閣後竹籬，籬外修竹參天，斷絕人路，僧文思居之。文思字熙甫，工詩，善識人，有鑒虛、惠明之風，一時鄉賢寓公皆與之友。又善為豆腐羹、甜漿粥，至今效其法者，謂之『文思豆腐』。」工詩。乾隆二十五年（1760），板橋與之在揚州訂交。見《劉柳村冊子》。文思還與揚州二馬兄弟及陳章、黃慎等名士交誼深厚。

② 鎰：古代重量單位。一鎰等於二十或二十四兩。

◇作〈宿光明殿①贈婁真人②諱近垣〉詩。

老聃莊列③人中仙，未聞白晝升青天；五千妙義南華詮，虛靜恬澹返自然。秦皇漢武心如煙，騰空飄幻無涯邊；茂陵樹接驪山阡，牧羊奴子來燒煎。金丹服食促壽年，元和大曆無愚賢。我朝力掃諸從前，踢翻藥灶流丹鉛。真人應運來翩翩，神清氣朗心靜專，渾融天地為方圓，出入仁義恢經權，藏和納粹歸心田。有何燒煉丹磨研？有何解脫屍蛇蟬？我來古殿夜宿眠，銀龍金索搖星躔，雕闌玉砌朝露鮮，名花異草相綿連。費民千百萬金錢，有明事業諸所傳。真人假寓心棄捐，毀之重勞姑置焉，天子曰俞聊取便。匪令逐逐還沾沾，富而教之王政全，萬國壽命同修延。

《鄭板橋集・詩鈔》

周積寅、王鳳珠《鄭板橋年譜》

注釋：

①光明殿：即大光明殿。清・吳長元《宸垣識略》卷四云：「大光明殿在永佑廟西光明殿胡同，明萬壽宮地，嘉靖中建。本朝雍正、乾隆年間，兩次重修，有今上御書匾聯。內兩旁有三星、三元、慈佑、慈濟四殿及後方丈，為乾隆間添建，有御制詩。大光明殿地極敞豁，門曰登豐。前為圓殿，高十數丈，題曰大光明殿。中為太極殿。後有香閣，題曰天元閣。皆覆黃瓦，下列文石花礎作龍尾道，丹楹金飾，龍繞其上，白石陛三重，中設七寶雲龍牌位，以祀上帝。相傳明世宗與陶真人講內丹於此，又稱大元都。今仍設內監道士守之。」

②婁真人：光明殿道士。字近垣，江西人。召入京師，居光明殿。曾用符水治好雍正的病。雍正九年（1731）被御封為「妙正真人」，並賜「四品龍虎山提點，司欽安殿住持」。乾隆元年（1736），又被御封為「通議大夫」。一時聲傳儒釋，名震朝野。年九十餘卒。著有《龍虎山志》十六卷，《黃籙科儀》十二卷，《太極靈寶祭煉科儀》二卷，板橋宿光明殿，並為之題詩寫蘭。

③老聃莊列：老聃：老子，春秋時思想家，道家的創始人。姓李名耳，字伯陽。楚國苦縣（今河南鹿邑東）厲鄉曲仁里人（一說為今安徽渦陽人）。做過周朝「守藏室之史」（管理藏書的史官）。退隱後，老子出關，「為關令尹喜著《德經》、《道經》兩篇，計五千言，臨別，曰：「子

行道千日後，于成都青羊寺尋吾。」

莊：莊子（約前369—前286），名周，戰國時道家學派哲學家。宋國蒙（今河南商丘東北）人。做過蒙地方的漆園吏。家貧，曾供粟于監河侯（官名），但拒絕楚威王的厚聘。繼承和發展老子「道法自然」的觀點，認為「道」是無限的，「自本自根」、「無所不在」的，強調事物的自生自化，否認有神的主宰。著有《莊子》。

列：列禦寇，亦作圄寇、圉寇，鄭人。相傳為戰國時道家。早於莊子。著有《列子》八篇，早佚。今本《列子》疑系晉人偽託。西漢・劉向〈列子序〉謂：「其學本於黃帝老子。」被道家尊為前輩。

◇為婁真人畫蘭並作跋識。

銀鴨金猊①暖碧紗，瑤台硯墨帶煙霞。一揮滿幅蘭芽茁，當得君家頃刻花②。

《鄭板橋集・題畫》

周積寅、王鳳珠《鄭板橋年譜》

注釋：

①銀鴨、金猊：兩種香爐名稱。

②頃刻花：韓湘學道曾對其叔父韓愈言說能造逡巡酒，能開頃刻花。愈欲驗之，問：「汝能奪造化而開花乎？」適開宴，湘乃聚土於盆，以籠覆之，巡酌間，湘去籠舉盆，果見有碧牡丹花兩朵，合座皆驚。（見宋・劉斧《青瑣高議》九）頃刻：猶片刻，時間很短。

◇本年授官無望，與同鄉任陳晉①同入蒲州督學崔紀文幕。

乾隆丙辰會闈，後山公與板橋同受知于蒲州督學崔紀，三薦不售，邀入文幕，校士直隸，極禮遇之。

《興化任氏族譜》卷七

注釋：

①任陳晉。字似武，號後山，江蘇興化人。雍正四年（1726）鄉舉第六名，乾隆四年（1739）進士。官徽州府教授。少工文，後潛心注疏，尤精易經。「以象為宗，實三代以來舊法。卷首標凡例七則，多申尚象之旨。書中首論太極五行，兼談《河》、《洛》、《先天》諸圖，然發揮明簡，惟標舉其理所可通，凡一切支離推衍，布算經而繪弈譜者，翦除殆盡。」著《後山詩鈔》、《燕喜堂初續文稿》，其《易象存解大意》入《四庫全書》。如今興化四牌樓懸掛的「經訓貽芳」匾額，就是鄉賢為乾隆進士任陳晉及其孫、陝西道監察御史任大椿所立。

◇六至八月，李鱓①寓京師，於西山臥佛寺作《雜花冊》十二頁；於宣武門外古槐賓館作《花鳥冊》八頁。

黃俶成《李鱓傳》

注釋：

①李鱓：詳見康熙五十年辛卯（1711）「◇李鱓中舉」注。

◇八月，金農①受歸安令裘思芹及學政薦舉，入都應博學鴻詞科選，未中；十月，南歸過山東，作〈謁孔廟長歌〉等。

張郁明《金農傳》

注釋：

①金農：詳見康熙四十二年癸未（1703）「◇金農結識同里項霜田，始與吳徵君、亦諳和尚往來」注。

◇黃慎①作〈丙辰攜家南歸〉詩。除夕前，寓虔州張露溪知縣署衙。

李萬才《黃慎傳》

注釋：

①黃慎：詳見康熙四十一年壬午（1702）「◇黃慎別母離家，拜師學畫」注。

◇四月，李方膺①繫獄青州；五月，王士俊獲罪，奉詔出獄，官復原職；十月，作《桃李春風圖》軸、《枇杷晚翠圖》軸、《百花呈瑞圖》軸。

崔莉萍《李方膺傳》

注釋：

①李方膺：詳見康熙三十四年乙亥（1695）「◇李方膺生」注。

常再盛、顧仁榮《高鳳翰傳》

◇盧見曾①任兩淮鹽運都轉運，至揚州，旋被彈劾。

注釋：

①盧見曾：詳見康熙五十年辛卯（1711）「◇盧見曾中舉」注。

◇高鳳翰①因盧見曾案也被彈劾。

注釋：

①高鳳翰：詳見康熙四十八年己丑（1709）「◇高鳳翰游金陵宏濟寺」注。

◇安徽巡撫趙國麟薦舉吳敬梓①應博學鴻詞試，敬梓稱病不赴。

注釋：

①吳敬梓：詳見康熙四十年辛巳（1701）「◇吳敬梓生」注。

◇揚州重建平山堂①。

注釋：

①平山堂：位於揚州瘦西湖蜀岡法淨寺（古大明寺遺址）內。北宋慶曆八年（1048）郡守歐陽修所建，因南望隔江諸山皆與堂平，故名。康熙年間重修，建國後屢加修葺。堂為敞開廳，面闊五間，進深三間。與寺內六一祠、平遠樓、天下第五泉及唐高僧鑒真紀念堂等，同為著名遊覽

地。清咸豐進士薛時雨題平山堂聯：「幾堆江上畫圖山，繁華自昔。試看奢如大業，令人訕笑令人悲哀。應有些逸興雅懷，才領得廿四橋頭簫聲月色；一派竹西歌吹路，傳頌於今。必須才似廬陵，方可遨遊方可嘯詠。切莫是穠花濁酒，便當了六一翁後餘韻風流。」

◇六月，清廷禁私造鳥槍。

◇是年規定，內外簾官子弟另編座號考試，另派大臣閱卷。題目和錄取均由皇帝欽定。

◇九月，清廷試博學鴻詞科取十五人。

明放案：博學鴻詞科系封建王朝臨時設置的考試科目，為制科之一種。始於南宋高宗紹興三年（1133）。「鴻」本作「宏」，乾隆時以音近清高宗名而改。康熙十八年（1679）三月、乾隆元年（1736）九月曾兩次舉行。先由內外大臣薦舉，不分已仕未仕，定期在殿廷考試。錄取者授以翰林官。康熙於體仁閣親試一百四十三人，皆賜宴。令大學士杜立德等人閱卷，取一等二十人，二等三十人，俱授翰林官。顧炎武、萬斯同等十二人辭而不就。乾隆於保和殿親試一百七十六人，令鄂爾泰、張廷玉等人閱卷，僅取一等五人，二等十人。杭世駿列一等第五，授翰林院編修。

乾隆二年丁巳（1737）　四十五歲

◇正月初七，作行書《道情十首》卷，贈西峰老賢弟。

暑往寒來春復秋，夕陽西下水東流。將軍戰馬今何在？野草閑花滿地愁。列位曉得這四句詩是那裡的？是秦王苻堅墓碑上的。那碑陰還有敕勒布歌。無非慨往古之興亡，歎人生之奄忽，淒淒切切，悲楚動人。那秦王苻堅也是一條好漢，只因不聽先臣王猛之言，南來伐晉，那曉得八公山草木皆兵，一敗而還，身死國滅，豈不可憐！豈不可笑！昨日板橋道人授我《道情》十首，倒也踢倒乾坤，掀翻世界，喚醒多少癡聾，打破幾場春夢。今日閒暇無事，不免將來歌唱一番，有何不可。

老漁翁，一釣竿，靠山崖，傍水灣；扁舟來往無牽絆。沙鷗點點清波遠，荻港蕭蕭白晝寒，高歌一闋斜陽晚。一霎時波搖金影，驀抬頭月上東山。

老樵夫，自砍柴，捆青松，夾綠槐；茫茫野草秋山外。豐碑是處成荒塚，華表千尋臥碧苔，墳前石馬磨刀壞。倒不如閒錢沽酒，醉醺醺山徑歸來。

老頭陀，古廟中，自燒香，自打鐘；兔葵燕麥閑齋供。山門破落無關鎖，斜日蒼黃有亂松，秋星閃爍頹垣縫。黑漆漆蒲團打坐，夜燒茶爐火通紅。

水田衣，老道人，背葫蘆，戴袱巾；棕鞋布襪相廝稱。修琴賣藥般般會，捉鬼拿妖件件能，白雲紅葉歸山徑。聞道是懸崖結屋，卻教人何處相尋？

老書生，白屋中，說黃虞，道古風；許多後輩高科中。門前僕從雄如虎，陌上旌旗去似龍，一朝勢落成春夢。倒不如蓬門僻巷，教幾個小小蒙童。

盡風流，小乞兒，數蓮花，唱竹枝；千門打鼓沿街市。橋邊日出猶酣睡，山外斜陽已早歸，殘杯冷炙饒滋味。醉倒在回廊古廟，一憑他雨打風吹。

掩柴扉，怕出頭，剪西風，菊徑秋；看看又是重陽後。幾行衰草迷山郭，一片斜陽下酒樓。棲鴉點上蕭蕭柳。撮幾句盲辭瞎話，交還他鐵板歌喉。

邈唐虞，遠夏殷。卷宗周，入暴秦。爭雄七國相兼併。文章兩漢空陳跡，金粉南朝總廢塵，李唐趙宋慌忙盡。最可歎龍盤虎踞，盡銷磨燕子、春燈。

吊龍逢，哭比干。羨莊周，拜老聃。未央宮裡王孫慘。南來薏苡徒興謗，七尺珊瑚只自殘。孔明不算個英雄漢；早知道茅廬高臥，省多少六出祁山。

撥琵琶，續續彈；喚庸愚，警懦頑；四條弦上多哀怨。黃沙白草無人跡，古戍寒雲亂鳥還，虞羅慣射孤飛雁。收拾起漁樵事業，任從他風雪關山。

玉笛金簫良夜，紅樓翠館佳人，花枝鳥語漫爭春，轉眼西風一陣。滾滾大江東去，滔滔紅日西沉。世間多少夢和醒，惹得黃粱飯冷。你聽前面山頭上隱隱吹笛之聲，想是板橋道人來也。趁此月明風細，不免從他唱和追隨，不得久留談話。列位請了。

雍正三年，歲在乙巳，予落拓京師，不得志而歸，因作《道情》十首以遣興。今十二年而登第，其胸中猶是昔日蕭騷也。人於貧賤時好為感慨。一朝得志，則諱言之，其胸中把鼻安在?西峰老賢弟從予游，書此贈之。異日為國之柱石，勿忘寒士家風也。

乾隆二年人日，板橋鄭燮書並識。「鄭燮印」（白文）、「克柔」（朱文）。

廣東省博物館藏墨蹟

明放案：此系紙本，高約六寸，長約數丈。卷後有清代何紹基跋語：「板橋書道情詞，余屢見之，詞亦不盡同，蓋隨手更易耳。一生跌宕牢騷、奇趣橫溢俱流露於詞中。字仿山谷，間以蘭竹意致，尤多別趣。山谷草法源於懷素，素師得法於張長史，其妙處在不見起止之痕。前張後黃，皆當讓素師獨步，即板橋亦未能造此藏境也。連日借得楊石泉中丞所藏懷素自敘帖，把玩不忍釋，忽於淡如觀察兄處持示此卷，欣然記此，板橋有知，恐不謂然也。同治庚午冬至前一日，何紹基漫記於定香堂室。」

◇二月十五日，為在茲作行書扇面。

紅藕花多映碧闌，秋風初起易凋殘。池堂一段枯榮事，都被沙鷗冷眼看。裴相功名冠四朝，許渾身世老漁樵。若論風月江山主，丁卯橋應勝午橋。

丁巳花朝為在茲學長兄先生。板橋鄭燮。「板橋」。

汪汝燮《陶風樓藏書畫目》

明放案：此為明代畫家沈周題畫詩。此畫與墨蘭裝裱為《書畫合景》軸。

◇暮春初日，為劉燕廷治「劉氏燕廷」印並附邊款二則。

其一：㚇虛大師自西湖來，談禪說法，意解西來，謂余曰：「年來如登七十二峰之上，佛法雖空，此語不虛。」即製印以贈。乾隆丁巳暮春初日刊於邗上，鄭燮識。

其二：佛老云：「色即是空，空即是色。」蓋自有而至無，自無而復有，歸根曰：真實不虛。佛理淵深，只在靈光一點，所謂識之不見其首，尾之不見其後也。板橋又識。

南京博物館藏品

金實秋《鄭板橋與佛教禪宗》

明放案一：此為方印，滿白文，無邊。

明放案二：清代釋際祥《淨慈寺志》卷九云：「明中，字大恒，一字㚇虛。本名演中，從玉林國師，四傳支派，易演為明。桐鄉施氏子也。生而茹素，七歲薙染於秀水楞嚴寺。師早卒，以師祖含明教，通儒釋兩家……穎悟非常。雍正十年受皇戒於京師。世宗皇帝選留佛樓侍講，特旨居吉祥院者凡四人，師在其列。憲皇帝以四僧具有根器，易於透悟，而儒書禪學理本印合，不習儒業，終非貫通萬法，命中書舍人賈玉載為四僧之師，以采幣筆墨為贄，親挈四僧執弟子禮，萬幾之暇，必薄暮至吉祥院查課，所讀務令成熟。恩賜手敕「發明本地工夫」，及杖缽、如意、法帖等物。世廟將以四僧為傳法嫡派，嘗諭曰：「待三年滿，當為汝四人各劈名山，俾為初祖。」四人雖曲荷天恩而實未付法，命名蓋有待也。未屆三年，龍馭上賓。高宗純皇帝御極，奉旨許各還本籍。乾隆四年始得法於無閡永覺禪師。至六年，主西湖聖因寺席，凡十年，移錫山陰之乾峰寺，旋歸湖上，主上天竺方丈。十六年三月，純皇帝翠南幸，駐蹕寺中，御製七言詩命師庚和，並進聖駕南巡頌十八首，皆留覽。暨法駕再幸天竺，師奏請賜額，蒙恩賜為「法喜寺」，與靈隱、淨慈並峙，從師請也。是年冬，祝皇太后萬壽，賜如意一握。二十二年移住淨慈。聖駕南巡，獲邀，賜紫。二十七年聖駕三巡，復賜紫，御書「片石孤雲留色相；清池皓月照禪心。」對聯。三十年駕幸淨慈，三次賜紫。御製詩一首刊石本寺，以昭恩眷為前代住僧所未有也。三十二年患嗽上氣疾，命法嗣實蔭代理院事，養屙乾峰。病劇，諸弟子迎回淨慈，以次年二月一日示寂。僧臘五十一，世壽五十八。辭世偈云：「五十八年一報周，山家活計霎然收。披蓑赤腳千峰去，不問蘆塘舊釣舟。」建塔慧日峰下。著語錄上下卷，詩集三卷行世。精於繪事，環品在倪、黃間，得片楮者為秘寶也。」

𤆬虛與文士、書家往來甚多。如鄭板橋、金農、錢陳群、梁同書、梁啟心、杭世駿、厲鶚、丁敬、齊召南、周京、馬氏兄弟、程之章等，一時詩名鵲起，世人目為「詩僧」。虛圓寂後，錢陳群、杭世駿為其詩集作序，梁同書力任刊行。烎虛詩「文采豐贍」，「臒然以瘦，皎然以清」，「不愧高人吐屬」；畫「秀潤入骨」，傳世之作有《半堤垂楊圖》、《久視圖》等。又擅長治印，如：「藏愚谷」、「種學韜光」、「蹈德詠仁」、「相看總是太平人」、「無才不敢累明時」、「且擁圖書臥白雲」等。詳見汪啟淑《飛鴻堂印譜》。

明放案三：劉燕庭（1793—1852），清代金石學家。名喜海，字吉甫，號燕庭，雙清齋主人。山東青州府諸城縣逄哥莊（今劃歸高密）人。自明弘治由碭山遷入，至清代大盛，被譽為「海岱高門第」，康熙曾御賜「清愛堂」匾額。

劉喜海出生在六世為官的家族中，其曾祖劉統勳是清初赫赫有名的宰相；伯祖劉墉官至體仁閣大學士，上書房總師傅。劉統勳、劉墉為父子賢宰相，成為劉氏家族的無限榮耀。劉喜海的父親劉鐶之也官至內閣學士、戶部尚書。劉喜海自束髮受書，即嗜金石，對他影響最大的前輩當為體仁閣大學士阮元。阮元身歷乾嘉文物鼎盛之時，主持風會數十年，為江南收藏大宗，海內學者奉為泰山北斗。阮元藏品，劉喜海都得以過目。

劉喜海嘉慶二十一年（1816）舉人，不久以恩蔭官兵部員外郎。在京朝官政務之外閒暇頗多，名流們以風雅為尚，經常在琉璃廠等處雅聚。劉喜海與好友葉志詵、徐松、李璋煜、許瀚、許槤、吳式芬等人朝夕過從，互觀所藏金石書畫。在名流前輩的提攜下，劉喜海窮搜廣積，在琉璃廠中風頭很勁，很快就進入收藏名家的行列。道光十七年（1837）官汀州（今福建長汀縣）太守，累官浙江布政使。嘉慶二十五年（1820）得孔尚任舊藏小忽雷樂器，蔣學沂特為此而作《小忽雷歌》；道光三年（1823）得長恒本《華山碑》拓本，阮元在北京特為此拓本題跋；道光十年（1830）陸繼輅在北京晤喜海，得見小忽雷樂器，又作詩紀事。十八年（1838）刻所著《寶刻類編》八卷，光緒七年（1881）所著《海東金石苑補遺》成書。他又用自己藏品中的4000多種錢幣拓片，編集一部一百零一卷的《古泉苑》，但僅將拓本分類排出而止。他在世時刊行的著述還有《蒼玉洞宋人題名》一卷、《清愛堂家藏鐘鼎彝器款識法帖》一卷、《嘉蔭簃論泉截句》一卷。到清末民初，後人把他的《長安獲古編》、《海東金石苑》兩稿刻印成書。其中《海東金石苑》專著錄朝鮮古代的碑刻資料。今北京圖書館還藏有他的一些稿本，其中有《洛陽存古錄》三十二卷、《蒐古彙編》七十卷、《昭陵復古錄》十卷、《鼓山題名》六卷。工書法，宗顏真卿，旁涉蘇軾，筆墨雄健渾厚。經歷嘉慶、道光、咸豐、同治、光緒五朝，年約九十卒。

在是印邊款中，板橋注明治印年代為「乾隆丁巳」。「乾隆丁巳」即乾隆二年（1737），時年板橋45歲。板橋怎麼能預料到56年後會有個金石學家劉燕庭出生呢？唯一的一種可能是：燕庭獲此印後做了手腳，將原印之印文磨去，重新刻上自己的名字，而板橋所刻邊款則保留不變。

◇作〈贈胡天游①弟〉詩。

作文勉強為，荊棘寒喉齒。乃興勃發處，煙雲拂滿紙。檢點豈不施，濤瀾浩無涘。昨讀〈秋霖賦〉②，觸手生妙理。塗抹古是非，排撻世歡喜。抽思雲影外，造語石骨裡。李廣飛將軍，自然成壁壘；列子御風行，庸夫尋轍軌。錢塘江雨青，山陰石發紫。何必采靈芝，千崖看秀起。山靈愛狂逸，魑魅識才技。雜遝吾揚州，煙花欲羞死。

《鄭板橋集・詩鈔》

注釋：

①胡天游（1696—1758）：文學家。一名騤，字稚威，號雲持，浙江山陰（今紹興）人。少聰慧，性好讀。雍正間兩舉副榜，乾隆間應博學鴻詞試，因病未終場。每稠人廣座間，援筆數千言，落紙如飛。工駢文，詩有奇氣，文頗險澀。卒於蒲州客中。著有《石笥山房文集》。

②秋霖賦：胡天游的一篇賦作，載於《石笥山房文集》。〈賦序〉云：「乾隆丙辰（元年）

冬，余被徵詣長安（指京師），迨明年盡夏，費留且久，慨然思歸。值涼風散秋，淫潦洪集，意不自得，乃假司馬長卿、董生，綴述為賦。」

◇南歸，途經德州，復題雍正三年為送大中丞孫丈予告歸里所作《盆蘭圖》。

此雍正三年事也。後十三年過德州，公年八十二，十二子，孫曾林立，並見玄孫。復出是圖索題，又書二十八字：載得盆蘭返故鄉，天家雨露鬱蒼蒼。今朝滿把蘭芽出，又喜山中氣候長。

《鄭板橋集・題畫》

◇在高郵，與友人織文相遇。

板橋〈書贈織文世兄〉云：「織文世兄，別去二十餘年……」

揚州市博物館藏墨蹟

《鄭板橋文集・序跋碑記文》

◇高郵知州傅椿①駕舟至興化來訪，酒後作〈贈高郵傅明府，並示王君廷瀠②傅諱椿〉詩以贈。

出牧當明世，銘心慕古賢：安人襲渤海，執法況青天。瑣細知幽奧，高明得靜便。星躔羅腹底，冰雪耀眉端。昔守淮堤撼，曾憂暑雨濺。麻鞋操畚鍤，百□寄舟船。生死同民命，崎嶇犯世嫌。上官催決塞，小吏只壅田。時值西風急，憑翻竹楗編。孤城將不保，一命敢求全。痛哭蒼天應，焚香巨浪恬。支祁收震怒，河伯效淵潛。運道終無恙，居民亦有年。稻粱千里熟，歌舞數州連。魚蟹多無算，雞豚不記錢。青簾橋畔酒，細雨樹中煙。父老村村祝，銓衡緩緩遷。文游③春水湛，甓社④夜珠懸。願獻長溪藻，還供縮項鯿。鄰邦鹹取法，下邑賜矜憐。訪我荒城北，停舟荻岸邊。一談胸吐露，數盞意周旋。頗有王生者，曾經絳幄延。美材承斫削，高義破迍邅。約束神應阻，爐錘器益堅。秋風動南國，六翮會翩躚。

《鄭板橋集・詩鈔》

丁家桐《鄭燮傳》

注釋：

①傅椿：《高郵州志》（乾隆四十八年修）云：「傅椿，號毅齋，滿洲鑲黃旗人。監生，任州事廉明勤幹，……郵邑時苦水災，傅悉心察訪，著《籌淮八議》一冊。又以城東地窪下，水溢則一片汪洋，乃沿城壕築堤，蜿蜒數里，植柳百餘株，郵人至今稱傅公堤云。後升太倉州知州，官終兵部郎中。」傅椿從雍正九年任高郵知州，至乾隆五年去職，歷時十年。

②王廷瀠：高郵人。乾隆十六年歲貢生。

③文遊：台名，在高郵城東二里東嶽廟後，下臨越塘。始建於北宋。傳說宋代蘇軾過高郵時，與邑人王鞏、孫覺、秦觀載酒論文於此。台因此而得名。

④甓社：湖名，在高郵城西三十里。與艾陵湖、邵伯湖為揚州三大魚產區。

◇乳母卒，作〈乳母詩〉。

乳母費氏，先祖母蔡太孺人之侍婢也。燮四歲失母，育於費氏。時值歲饑，費自食於外，服勞於內。每晨起，負燮入市中，以一錢市一餅置燮手，然後治他事。間有魚飧瓜果，必先食燮，然後夫妻子母可得食也。數年，費益不支，其夫謀去，乳母不敢言，然長帶淚痕。日取太孺人舊衣濺洗補綴，汲水盈缸滿甕；又買薪數十束積灶下，不數日竟去矣。燮晨入其室，空空然，見破床敗幾縱橫；視其灶猶溫，有飯一盞，菜一盂，藏釜內，即常所飼燮者也。燮痛哭，竟亦不能食矣。後三年，來歸侍太孺人，撫燮倍摯。又三十四年而卒，壽七十有六。方來歸之明年，其子俊得操江提塘官，屢迎養之，卒不去，以太孺人及燮故。燮成進士，乃喜曰：「吾撫幼主成名，兒子作八品官，復何恨！」遂以無疾終。

平生所負恩，不獨一乳母。長恨富貴遲，遂令慚恧久。黃泉路迂闊，白髮人老醜。食祿千萬鍾，不如餅在手。食祿千萬鍾，不如餅在手。

《鄭板橋集・詩鈔》

任乃賡〈鄭板橋年表〉

◇復得程羽宸①資助，納饒氏為側室。旋住揚州李氏小園。

江西蓼洲人程羽宸，過真州江上茶肆，見一對聯雲：「山光撲面因潮雨，江水回頭為晚潮。」傍寫「板橋鄭燮題」。甚驚異，問何人，茶肆主人曰：「但至揚州問人，便知一切。」羽宸至揚州，問板橋，在京，且知饒氏事，即以五百金為板橋聘資授饒氏。明年，板橋歸，複以五百金為板橋納婦之費。

鄭板橋《揚州雜記卷》

注釋：

①程羽宸：詳見康熙五十三年甲午（1714）「◇二月，程羽宸遊黃山，作《黃山紀遊詩》六十八首」注。

◇作尺牘〈枝上村①答薑七〉。

辱問，今人書劄結尾，每寫不宣、不備、不具、不一等字樣，是否有據？按此非今人杜撰，確有來歷。昔王右軍所書帖，多於後結寫不具，猶言不備也，有時竟寫不備。其「不具」二字，草書似不一一。蔡君謨帖尾則竟寫不一一，亦不失理。今人書劄後每寫不具、不一等字，其原或始於右軍也。又右軍帖語有頓乏匆匆。《顏氏家訓》云：「書翰多稱勿勿，相承如此，莫知其原，或有妄言忽忽之殘缺耳。」其說亦不甚通。勿，當音讀物，禁止之辭。又州里所建之旗，亦曰勿，建旗蓋以聚民，其事貴速，故凡急遽者率稱勿勿。今流俗妄於勿字中斜加一點，音讀為聰，彌失真矣。這個匆字，定是學究杜撰出來，亂真害人，有誤後學，不可不辯。〈祭義〉：「勿勿其欲，饗之也。注：勿勿，猶勉勉也，愨愛之貌。」杜牧詩：「浮生長勿勿」，是知勿勿出於〈祭義〉，未嘗無據，不特稱於書翰，唐人詩中亦用之也。總之，古人在前，今人在後，今人後生數百年，自有今日之文字使用。不必事事去效學古人。若以仿古為能，與人書劄，盡寫了石鼓文字，人將瞠目不識，必駭我以為發癡也。

注釋：

①枝上村：李斗《揚州畫舫錄》卷四云：「天寧寺西園下院也。在寺西側，今歸御花園。舊有

晉樹二株。門與寺齊。入門竹徑逶迤，花瓦牆周圍數十丈。中為大殿，旁建六方亭於兩樹間。名曰「晉樹亭」。為徐葆光所書。南構彈指閣三楹。三間五架。制極規矩。閣中貯圖書玩好，皆稀世珍。閣外竹樹，疏密相間，鶴二。往來閒逸。閣後竹籬，籬外修竹參天，斷絕人路。僧文思居之。」

◇**作尺牘〈枝上村再答藎七〉**。

今以書劄與書信相混，不知劄與信亦有分別。古時無紙，文字書於小木簡，謂之劄。《漢書》有云：「上令尚書給筆劄」，今則不甚分別矣。晉武帝〈報帖〉末云：「故遣信還」。《南史》：「晨起出陌頭，屬與信會。」古謂使者曰信，言陌頭與使者相遇也。黃誥云：「公至山下，又遣一信見告。」〈謝宣城傳〉云：「荊州信去倚待。」陶隱居云：「明日信還，仍過取反」。虞永興帖云：「事已信人□具」凡雲信者，皆謂使者也。今遂以遺書饋物為信，故謂之書信，而謂前人之語亦然，謬已。王右軍《十七帖》有云：「往得其書，信遂不取答。」謂昔嘗得其來書，而信人竟不取回書耳。世俗讀往得其書信為一句，遂不取答為一句，大誤也。古樂府云：「有信數寄書，無信心相憶。莫作瓶墜井，一去無消息。」包佶詩：「去劄頻逢信，回帆早掛空。」此二詩尤可確證。以上所舉，可證古之所謂信，乃是使者，並非今之往來之書信。板橋不是自炫淵博，逞弄才情，寫此一大段出來，特以君殷勤下問，不能不答，既經答明，此書亦輟筆而止。

《鄭板橋文集・書劄》

◇作尺牘〈枝上村寄金壽門①〉。

板橋住在此間，每日飲酒作畫，曉而夕，夕而曉，屈指算算，不覺已過一月光陰。主人待我太好，食宿並不要自家照顧，有時恍恍惚惚，只道住在自己家裡，直到主人入來，聞了他聲音，見了他面孔，始知此身是客。糊塗！可笑！昔人有云：四時之景，無過初夏，老青嫩黃，俱作香氣，亦不辨其為何香也。每至雨後初霽，是時曉煙將收，紅日未掛，如昭儀出浴，倍覺秀媚撩人。人行蹊中，面面皆收寒綠，心神曠然，初夏之景，能說不可愛乎？此間主人好佛，滿肚慈祥，一身雅骨，於當今名書畫中，尤喜金農筆墨，愛君之畫，過於珠玉。嘗謂此間陳設，猶有缺恨，苟得金農畫一佛像，居中供養，佛光名筆，兩相輝映，雖朝夕焚香頂禮，不辭勞也。主人好客，待客勝於家人，板橋身已嘗之，當不謂誑。金農來乎？初夏清和，村居悒適，臨窗揮汗，亦稱至樂。莫待炎日熇蒸，蟬鳴樹杪，剖瓜揮汗時揮翰，已有負此佳勝矣。金農來乎？

《鄭板橋文集・書劄》

注釋：

① 金壽門：即金農。詳見康熙四十二年癸未（1703）「◇金農結識同里項霜田，始與吳徵君、亦諳和尚往來」注。

◇作尺牘〈枝上村寄米舊山〉。

世人癖好骨董，近日揚州此風愈盛。轉運盧公，雅喜考究此道，但求物真，不計值鉅，進者既多，骨董成市，懿歟盛哉！盧公門下英才羅列，碩彥如林，某也精於考古，某也善於鑒別，各逞才情，各窮智力。一磚之細，立說萬言，一器之微，著辨成冊，引經據史，窮源竟尾，汪洋浩博，炫目怵心，於是乎骨董真矣。夏商之鼎，秦漢之尊，淳化之帖，定州之窯，宣德之爐，成化之瓷，甚至斷碑殘碣，廢銅爛鐵，破瓷碎玉，如龍宮鬥寶，一齊羅列眼前。摩挲賞玩，主人讚歎，座旅順稱奇。大老題詩，名公賜跋，一經品題，身價十倍，於是乎骨董之值更昂矣。一瓦也而值百金，一石也而值千錢。上有所好，下必效之。超等之物，歸於超等之家；次等之物，轉入次等之手。不脛而走，永無遺棄。骨董風行，骨董商之腰纏乃富。得其時哉！得其時哉！

舊山好骨董而不好骨董，板橋不好骨董而好骨董，好雖同而骨董不同也。夫伏羲〈八卦〉、文周〈繫辭〉，〈洪範〉九疇、《毛詩》三百，皆超等之骨董也。其次若《汲塚周書》、《竹書紀年》、《尚書大傳》、《春秋繁露》、班之《漢書》、馬之《史記》、韓愈之文、杜甫之詩，皆是著名骨董，世人都不寶愛，而板橋甚愛好之。且其值甚廉，貧如板橋，猶可買而觀賞，遺之子孫。如許古物，奈何世人都不愛好，偏去考究此夏鼎商罍，秦磚漢瓦。此骨董何其幸運，彼骨董又何其不遇於時，我不禁為之長太息而不能已也。我家有鹹菜缸兩隻，釘靴一雙，紫砂夜壺一個，皆是先高祖時遺留之物，歷經四代，古色斑斕，世間異寶，謂之骨董，名副其實。板橋因此數物，是祖上遺留，手澤猶存，愛之若命，平日不肯輕以示人。舊山好骨董，我有此世間稀有之古物，盍造敝廬一觀賞，以擴此眼界乎？君如有興賁臨，板橋當先日返家，謹瀹茗掃階以待。

《鄭板橋文集・書劄》

◇冬日，在揚州與同窗顧萬峰①相遇，酒後於風雪中同至廣儲門外史公墓②憑弔，並訪城中董子祠。

「……遇我揚州風雪天，酒闌相向意茫然。邱陵同尋史閣部，祠廟還過董廣川……」

顧萬峰《澥陸詩鈔》卷四

注釋：

①顧萬峰：詳見康熙四十八年己丑（1709）「◇從鄉先輩陸種園先生學詞，同塾的有王竹樓、顧萬峰等」注。

②史公墓：在揚州市廣儲門外梅花嶺右。史可法（1602—1645），明末抗清名將。河南祥符（今開封）人。字憲之，號道鄰。崇禎進士。初任西安府推官，後由漕運總督、鳳陽巡撫升任南京兵部尚書。崇禎十七年（1644），李自成滅明朝，他在南京擁立福王（弘光帝），加東閣大學士，入閣參政。因馬士英等不願他當國，以督師為名，使守揚州。清軍南下，揚州城被破，他被清軍所執，後而殉難。有《史忠正公集》。因史可法遺體未能找到，其養子史德威便把其父穿戴過的衣冠葬此。以後，揚州人民又於乾隆三十七年（1772）建祠堂紀念。祠堂和墓塚相連，通稱史公祠。

◇春，汪士慎①遊揚州保障湖、鐵佛寺、西山諸名勝。

尹文《汪士慎傳》

注釋：

①汪士慎：詳見康熙五十五年丙申（1716）「◇汪士慎寓揚州佛寺，以賣字畫為生」注。

◇夏，李鱓①在都門寓齋為考堂書聯；後為山東臨淄縣令。

黃俶成《李鱓傳》

注釋：

①李鱓：詳見康熙五十年辛卯（1711）「◇李鱓中舉」注。

◇金農①病目。

張郁明《金農傳》

注釋：

①金農：詳見康熙四十二年癸未（1703）「◇金農結識同里項霜田，始與吳徵君、亦諳和尚往來」注。

◇高翔①五十歲生日，汪士慎與馬氏兄弟賦詩相賀。

尹文《高翔傳》

注釋：

①高翔：詳見康熙五十一年壬辰（1712）「◇高翔於揚州城南之燕（宴）集作《揚州即景

圖》冊頁」注。

◇盧見曾①罷官。

注釋：

①盧見曾：詳見康熙五十年辛卯（1711）「◇盧見曾中舉」注。

◇邊壽民①新築葦間書屋成。

韋明鏵《邊壽民傳》

注釋：

①邊壽民：詳見雍正八年庚戌（1730）「◇邊壽民作《百雁圖》」注。

◇高鳳翰①罷官，右手病廢，寓揚州長壽庵。自號「丁巳殘人」。

常再盛、顧仁榮《高鳳翰傳》

注釋：

①高鳳翰：詳見康熙四十八年己丑（1709）「◇高鳳翰游金陵宏濟寺」注。

◇三月，葬雍正帝於泰陵。

◇帝冊立富察氏為后。

◇帝封烏喇那拉氏為嫺妃。

◇廷補舉博學鴻詞科，取一等一人，二等三人。

◇廷命江西開爐鑄錢。

乾隆三年戊午（1738） 四十六歲

◇小春月，錄蘇軾文。

惠州西南五里所，有地名半徑，皆美田產，宜秔稻，自豐湖泛舟可至焉。昔人有詩云：「半徑雨餘香稻熟，豐湖波暖鯽魚肥。」余至惠一年，欲遊而未果也。

昨日有人出墨數寸，僕望見之，知其為廷珪也。凡物莫不然，不知者如烏之雌雄，其知者，如烏鵠也。

乾隆三年小春月，板橋鄭燮書。「克柔」（克柔）、「鄭燮」（白文）。

北京故宮博物院藏墨蹟

明放案：此系紙本，墨筆。縱142.8釐米，橫57.5釐米。

◇八月廿四日，為又老年兄作六分半書七言聯。

墨蘭數枝宣德①紙，

苦茗一杯成化②窯。

乾隆三年八月廿有四日，又老年學兄，板橋居士鄭燮漫題。「鄭燮」（白文）、「克柔」（白文）。

李杏林《妙聯趣談》

注釋：

①宣德：明宣宗年號（1426—1435）。

②成化：明憲宗年號（1465—1487）。

明放案：《鄭板橋書畫拓片集》作「墨竹一枝宣德紙；香茗半甌成化窯。板橋鄭燮」。

◇中秋後二日書作蘇軾《題號國夫人夜遊圖》。

佳人自鞚玉花驄，翩如驚燕踏飛龍。金鞭爭道寶釵落，何人先入明光宮？宮中羯鼓催花柳，玉奴弦索花奴手。座中八姨真貴人，走馬來看不動塵。明眸皓齒今何在？只有丹青餘粉痕。人間俯仰成今古，吳公台下雷塘路。當時亦笑張麗華，不知門外韓擒虎。

東坡居士題號國夫人夜遊圖，板橋書。

一寸二寸之魚，三竿兩竿之竹，落花與芝蓋齊飛，楊柳共春旗一色。

吾欲手弄白日，頂摩青穹而天路高遠，良無由緣，未嘗不捫松傷心，撫鶴歎息。燮又筆。

乾隆三年中秋後二日。「板橋」（白文）。

遼寧省博物館藏墨蹟

明放案一：號國夫人是楊貴妃的三姐楊玉箏，她很受玄宗寵愛，親封尊號，權傾天下，光脂粉錢，每年就送百萬。奇怪的是，虢國夫人卻從不施粉。唐人張祜說：「虢國夫人承主恩，平明騎馬入宮門。卻嫌脂粉汙顏色，淡掃娥眉朝至尊。」「安史之亂」中被陳倉縣令薛景仙捕殺並埋於陳倉東門外（現金台區石窯坡），這是蘇軾憑吊虢國夫人墓葬時有感所作。

明放案二：「明眸皓齒今何在」原作「明眸皓齒誰復見」；「只有丹青餘粉痕」原作「只有丹青餘淚痕」；「人間俯仰成今古」原作「人間俯仰成古今」；「當時一笑張麗華」原作「當時亦笑潘麗華」。

明放案三：此系紙本，墨筆。縱24.2釐米，橫28.3釐米。

◇十月，作行書《種菜歌為常公延齡作》為蒼谷常老先生①題照。

有明萬曆天啟間，時事壞爛生凶頑，群賢就戮九千歲，宮中不復尊龍顏。懷宗皇帝震而怒，練帛一條殪凶豎，天荒氣敗不可回，龜鼎②潛移九廟僕。蒼谷先生開平裔，屢疏交章稱天意，特旨敕守朝陽門，奉差又復辭丹陛。燕京陷沒走南邦，惡孽桐城馬貴陽，新王夜夜酣春夢③，成卒朝朝立曉霜。上方請劍頭堪墮，忠讜不聞城又破，虎口才離一點奸，孤舟欲覆江流大。賃田種萊作生涯，淚落春風迸野花，賴尋舊第烏衣巷④，怕看鍾山日暮霞。荷鋤負擔為傭保，菜羹糲食何曾飽，時供麥飯孝陵間，一聲長哭松楸倒。內助賢媛魏國孫，甘貧食賤舊豪門，燒殘昔日鴛鴦錦，滌盡從前翡翠痕。一畦菜熟一畦種，時時汲水成春涑，玉纖牽斷井邊繩，茅棚壓匾釵梁鳳。幾年毿毿先生死，含飯無資痛鄰里，天涯便有故人來，揮金一夕棺衾具。人心不死古今然，欲往金陵問菜田，招魂剪紙宗臣墓，萬里春風哭杜鵑。

《種菜歌》為蒼谷常老先生題照，乾隆三年十月，後學鄭燮拜手。

北京鄧永清先生藏墨蹟

注釋：

①蒼谷常老先生：《國朝耆獻類徵・隱逸》云：「懷遠侯常延齡，字喬若，號蒼谷，開平（明開國功臣常遇春封開平王）十二世（《明史》作十世）孫。有大志，襲封，官錦衣（即錦衣衛：原為護衛皇宮的親軍，掌管皇帝出入儀仗。後兼管刑獄，賦予巡察緝捕權力。）指揮。遇事敢言，崇禎中疏陳時政，凡十二上，帝為嘉納。……福王立，馬士英薦舉阮大鋮，……應天府丞郭維等具疏劾之。不報，即掛冠去。乙酉後，與妻等偕隱金陵湖墊，種菜為生，晏如也。歿後無以殮，友人酬金葬之雨花臺側。」

②龜鼎：古時占卜用的龜甲和煮食用的大鼎，用以象徵國家。引申意為改朝換代。

③福王由崧即位後，廣為徵歌選色，晝夜酣飲，不理朝政。宮中曾有聯語云：「萬事不如杯在手，一年幾見月當頭。」

④烏衣巷：東晉宰相王導、謝安家族宅第處，在金陵城外。此處指常延齡昔日府第。

明放案：在《鄭板橋全集・詩鈔》（影印真跡本，1935年世界書局）、《鄭板橋集・詩鈔》（鉛印本，1979年上海古籍出版社）中，「懷宗黃帝」作「烈皇帝起」；

「凶豎」作「凶儒」；「蒼谷先生開平裔」作「蒼谷先生開平嗣」；「特旨敕守朝陽門，奉差又復辭丹陛」作「提將白刃守宮門，散盡黃金酬死事」；「燕京」作「都城」；「頭堪墮」作「長號唾」；「憑田」作「買田」；「何曾飽」作「隨荒草」；「孝陵間」作「孝陵前」；「內助」作「家有」；「食賤舊豪門」作「茹苦破柴門」；「成春涑」作「提春甕」；「痛鄰里」作「乞鄰里」；「天涯便有故人來，揮金一夕棺衾具」作「天涯有客獨揮金，棺衾畫翣皆周視」；「剪紙宗臣墓」作「何處孤臣墓」。

◇晏斯盛①駐節江寧，作〈上江南大方伯②晏老夫子諱斯盛〉七律四首。

虎瞰峰高迥出雲，鳳池③春早曲流紋。才充上苑千林秀，氣壓西江九派分。舟下牂牁開漲海，山臨銅鼓拂南薰。武侯千載征蠻後，直待先生展大文。公新淦人，由翰苑視學貴州。

歸朝晉秩列卿班，檢點彤儀肅佩環。虎旅千人排象闕，鵷行九品拜龍顏。再持文柄心逾下，屢沐殊恩意轉閑。慚愧無才經拂拭，也隨桃李謁高山。公以大鴻臚分校禮闈。

星軺渺渺下南邦，劍匣書囊動曉裝。六代煙花迎節鉞，一江波浪湧文章。雲邊保障開鍾阜，天下軍儲仰建康。赤旱於今憂不細，披圖④何以繪流亡！

淮南大郡古揚州，小縣人居薄海陬。架上縹緗皆舊帙，枕中方略問新猷。鄱湖浪闊輸洋子，匡阜雲來潤石頭。手把干將渾未試，幾回磨淬大江流。

注釋：

①晏斯盛：字虞際，號一齋，江西新喻人。康熙六十年（1721）進士，改庶吉士，雍正、乾隆間歷官翰林院檢討、貴州學政、鴻臚寺少卿、安徽布政使及山東、湖北巡撫等職。史稱其「究心民事，屢陳救濟、民食諸疏。」有《楚蒙山房集》。

②大方伯：清時對布政使的稱呼。時安徽布政使晏斯盛駐節江甯（南京），故稱江南大方伯。

③鳳池：鳳凰池的簡稱。禁苑中池沼。魏晉時中書省設於禁苑，掌管一切機要，因接近皇帝，故稱「鳳凰池」。後凡中書省中機要位置，也都稱為「鳳凰池」。《晉書・荀勖傳》：「勖自中書監除尚書令，人賀之，勖曰：『奪我鳳凰池，諸君賀我也。』」板橋詩中借指翰林院。

④「披圖」句：北宋神宗時，安上門監鄭俠，繪流民圖獻給黃帝，把災民疾苦歸罪於新法。時下災民甚多，繪不勝繪。

◇與金農①先後遊廣陵。

十年前予與先後遊廣陵（揚州），相親相洽，若鷗鷺之在汀渚也。

金農《冬心先生畫竹題記》

注釋：

①金農：詳見康熙四十二年癸未（1703）「◇金農結識同里項霜田，始與吳徵君、亦諳和尚

往來」注。

明放案：《冬心先生畫竹題記》計五十八篇，始寫於乾隆十三年戊辰（1748），刊刻於十五年庚午，故「十年前」當為乾隆三年。

◇題高鳳翰①《披褐圖》。

豈是人間裋褐②徒，胸中錦繡要模糊。況經風雨離披後，廢盡天吳紫鳳圖。南阜山人作披褐圖，寂寥蕭澹。既已蔬食沒齒無怨也。板橋居士為題二十八字，則又怨甚，然居士實不怨也。復錄〈遺懷〉舊作一首，寄於卷內，以與先篇相發明焉：江海飄零竊大名，宮花曾壓帽檐輕；尊前更挾韋娘豔，再怨清貧太不情。愚弟鄭燮。

山東省博物館藏墨蹟

注釋：

①高鳳翰：詳見康熙四十八年己丑（1709）「◇高鳳翰游金陵宏濟寺」注。

②裋褐：一種粗陋的短衣，多為貧苦者所服。《漢書•貢禹傳》：「妻子糠豆不贍，裋褐不完。」顏師古注：「裋者，謂僮豎所著布長襦也；褐，毛布之衣也。」亦作「短褐」。陶潛〈五柳先生傳〉：「短褐穿結，簞瓢屢空，晏如也。」

明放案：此年，畫家徐璋為高鳳翰畫席地坐像，高鳳翰因右手病廢，便用左手於畫像右端題「披褐圖」三字，並作自贊。又，李郎、江廷愷兩題。板橋後題。

◇十月，李鱓調任山東滕縣令。

黃俶成《李鱓傳》

◇除夕，金農寓滕王閣。

張郁明《金農傳》

◇欽定《唐宋文醇》成，五十八卷。

◇為鼓勵臺灣士子來京會試，特定十人以上即取一名。

乾隆四年己未（1739）　四十七歲

◇書作《金縷曲》詞。

煙月揚州路，還記得、三生杜牧，樓頭新遇。花映紅燈開秀幔，何□掌中歌舞。漸引入、曲房深處。鏤枕重衾春夢暖，剪翠環、一片香雲縷。便相送，長安去。　樓頭十載迷煙霧。洗不出、林皋清致，遠山眉撫。惟有尺書堪寫怨，密密行行寄與。又恐怕、鱗鴻錯誤。壁上留詩今尚在，碧紗籠、不耐秋風雨，吹破也，又重補。金縷曲

舊作吳陵客，鎮日向、小西湖上，臨流弄石。雨洗梨花春夢冷，顫斷燕魂鶯魄。倩一片、柳煙遮幕。聞說個人家不遠，轉畫橋、西去蘿門碧。時聽見，高樓笛。　緣慳覿面還相失。誰知向、海雲深處，殷勤款惜。一夜尊前知己淚，背著短檠偷滴。又互把、羅衫抆濕。相約明年春事早，嚼花心、紅蕊相思汁，共染得，肝腸赤。前調

乾隆四年清和月十有七日板橋鄭燮自書舊作。「二十年前舊板橋」（朱文）、「鄭燮」（白文）、「克柔」（朱文）。

貴州省博物館藏墨蹟

明放案一：此系兩闋《金縷曲》詞。前闋詞題不詳，後闋詞題系「有贈」。《金縷曲》又名《金縷衣》、《賀新郎》、《賀新涼》、《乳雁飛》、《貂裘換酒》、《風敲竹》等。在下闋詞中，「雨洗梨花春夢冷」原作「雨洗梨花風欲軟」；「顫斷燕魂鶯魄」原作「已逗蜂蝶消息」；「倩一片、柳煙遮幕」原作「卻又被、春寒微勒」；「聞說個人家不遠」原作「聞道可人家不遠」。

明放案二：此系紙本，墨筆。縱69.5釐米，橫38.3釐米。

◇夏日，為祖師母大人五十千秋作設色《桃樹直幀圖》。

李玉棻《甌鉢羅室書畫過目考》卷三云：心泉上人藏有絹本設色桃樹直幀，筆雅色妍，題識工整，學山谷①。

款署：乾隆四年夏日，寫祝師母大人五十千秋。

顧麟文《揚州八家史料》

注釋：

①山谷：即黃庭堅（1045—1105），北宋詩人、書法家。字魯直，號山谷道人、涪翁，洪州分寧（今江西修水）人。治平進士。以校書郎為《神宗實錄》檢討官，遷著作郎。後因修實錄不實之罪名被貶。出入蘇軾門下，後與蘇軾齊名，世稱「蘇黃」。其詩多寫個人生活，若干作品亦表現出了傾向舊黨的政治態度。論詩標榜杜甫，尤重夔州詩，提倡「無一字無來處」和「奪胎換骨、點鐵成金」。在宋代影響頗大，開創了江西詩派。又能詞。擅行、草書，初以周越為師，後取法顏真卿和懷素，受楊凝式影響，尤得力於《瘞鶴銘》。以側險取勢，縱橫奇倔，自成風格。為「宋四家」之一。有《山谷集》。另有詩文集《山谷精華錄》，詞集《山谷琴趣外篇》。書跡有《華嚴疏》、《松風閣詩》及草書《廉頗藺相如傳》等。

◇六月廿二日，書作《岣嶁碑①》文。

承帝曰諮，翼輔佐卿，州渚與登，鳥獸之門，參身洪流，而明發爾興，久旅忘家，宿嶽麓庭，智營形折，心罔弗辰，往求平定，華嶽泰衡，宗疏事裒，勞餘伸禋，鬱塞昏徒，南瀆衍亨，衣制食備，萬國其寧，竄舞永奔。

乾隆四年六月廿有二日，板橋居士鄭燮書。「鄭燮印」（白文）、「克柔」（朱文）。

煙臺市博物館藏墨蹟

注釋：

① 岣嶁碑：原刻位於湖南長沙南嶽衡山岣嶁峰，故稱「岣嶁碑」，原跡已無存。相傳此碑為頌揚夏禹遺跡，亦稱「禹碑」、「禹王碑」、「大禹功德碑」。

關於岣嶁碑的記載，最早見於東漢羅含的《湘中記》、趙曄的《吳越春秋》。其後，酈道元《水經注》、徐靈期《南嶽記》、王象之《輿地記勝》等均有記述。岣嶁碑文凡77個字，9行。第1至8行每行9個字，最末一行5個字。

南宋嘉定五年（1212）何致游南嶽時，臨拓全文複刻於長沙嶽麓山雲麓峰。明代長沙太守潘鎰於嶽麓山找到此碑，傳拓各地，自此岣嶁碑名聞於世。明嘉靖三十年（1551）長沙太守張西銘建立護碑亭。明崇禎三年（1630）兵道石維岳重修亭台，增建石欄。後來，張碧泉將《岣嶁碑》文拓片帶回雲南，刻於安寧縣城東洛陽山上法華寺石壁，世稱摩崖石刻。明嘉靖二十年（1541）紹興知府張明道據嶽麓書院拓本摹勒於此，為碑刻。四川明泉縣（今北川縣禹里羌族鄉）九龍山禹廟碑亭內為碑刻，立於1561年。明神宗萬曆三十二年（1604）二月，吏部左侍郎楊時喬刻於江蘇南京棲霞山天開岩側，為摩崖石刻；明萬曆年間，刻於河南汲縣。清康熙年間，周召南、丁司孔重修。碑二側增有明代刑部劉汝南「誇神禹碑歌」、清代歐陽正煥「大觀」石刻；毛會建於西安府學及歸德府署先後翻刻禹王碑。民國廿四年（1935）周翰重修，並增刻「禹碑」額。中華人民共和國成立後，被列為湖南省重點文物保護單位。

明放案一：《岣嶁碑》既不同於甲骨文和鐘鼎文，也不同於籀篆，形如蝌蚪。因其文字奇特，歷代對其內容看法不一：古代多認為是記錄大禹治水的內容，而近年一些學者則認為《岣嶁碑》並非禹碑。如曹錦炎認為《岣嶁碑》是戰國時代越國太子朱句代表他的父親越王不壽上南嶽祭山的頌辭。而劉志一則認為《岣嶁碑》為前611年（楚莊王三年）所立，內容是歌頌楚莊王滅庸國的歷史過程與功勳。但也有人猜測可能是道家的一種符籙。明代學者楊慎、沈鎰均有釋文。板橋所書《岣嶁碑》文，乃依楊慎所釋。

明放案二：板橋曾於乾隆廿九年（1764）秋九月書作《岣嶁碑》文，隸書。見周積寅編《鄭板橋書畫選》；另：清華大學美術學院亦藏有《岣嶁碑》墨蹟，行書，縱184厘米，橫102釐米，內缺「鬱塞昏徒，南瀆衍亨」八字。起首印：「濰夷長」（白文）。款署：板橋鄭燮。「鄭燮之印」（白文）、「七品官耳」（白文）。年代不詳。

◇十月廿日，作〈送都轉運①盧公②諱見曾〉七律四首。

揚州自古風流地，惟有當官不自怡。鹽莢米囊銷歲月，崖花澗鳥避旌旗。一從吏議三年謫，得賦淮南百首詩。昨把青鞋踏隋苑③，壺漿獻出野田兒。

清詞頗似王摩詰，復以精華學杜陵。吟撼夜窗秋紙破，思凝寒澗曉星澄。樓頭古瓦疏桐雨，牆外清歌畫舫燈。歷盡悲歡並喧寂，心絲嫋入碧雲層。

塵埃吹去又生塵，汨盡英雄為要津。世外煙霞負漁釣；胸中寵利愧君臣。去毛折項葫蘆熟，豁齒蓬頭婢僕真。兩世君家有清德，即今風雅繼先民。

何限鵷鸞④供奉班，慚予引對又空還。舊詩燒盡重謄稿，破屋修成好住山。自寫簪花教幼婦，閑拈玉笛引雙鬟。吹噓更不勞前輩，從此江南一梗頑。

乾隆四年十月廿日，恭賦七律四首，奉呈雅雨山人盧老先生老憲台，兼求教誨。板橋後學鄭燮。

《鄭板橋集・詩鈔》

注釋：

① 都轉運：官名。始置於按：唐玄宗時即有此官，開元廿二年(734)以裴耀卿為江淮、河南都轉運使（詳見《舊唐書・食貨志下》、《新唐書・食貨三》），主管糧米物資之調度。宋代更有十五路轉運使之設置，以後元、明、清各朝均有此職。

以上資料提供作者參考。設於產鹽各省區。明清相沿，全稱為「都轉鹽運使司鹽運使」。簡稱「鹽運使」、「都轉運」。其下設有運同、運副、運判、提舉等官，有的地方則設「鹽法道」，其長官為道員。系朝廷派遣到重要產鹽區的管理鹽務的長官。這些長官往往兼都察院的鹽課御史，故又稱「巡鹽御史」。他們不僅管理鹽務，有的還兼為宮廷採辦貴重物品，偵察社會治安，是當時能夠大量搜刮民脂民膏的一個機構。

②盧公：即盧見曾。詳見康熙五十年辛卯（1711）「◇盧見曾中舉」注。

③隋苑：又稱「上林苑」、「西苑」。隋煬帝時建造的花園，故址在今江蘇揚州市西北九里之處的大儀鄉。唐代詩人杜牧〈隋苑〉詩：紅霞一抹廣陵春，定子當筵睡臉新。卻笑丘墟隋煬帝，破家亡國謄誰人？

④鵷鸞：鸞鳳之屬。即「鵷」。《莊子•秋水》：「南方有鳥，其名為鵷鶵，子知之乎？夫鵷鶵，發於南海而飛于北海，非梧桐不止，非練實不食，非醴泉不飲。」喻高貴之人。唐代詩人李白〈對雪奉餞任城六父秩滿歸京〉詩：「龍虎謝鞭策，鵷鸞不司晨。」

鵷：傳說為鳳一類的鳥。

鵷行：同「鴛行」。指朝班。也指同僚。《梁書•張緬傳》：「殿中郎缺。高祖謂徐勉曰：『此曹舊用文學，且居鵷行之首，宜詳擇其人。』」唐代詩人杜甫《至日遣興奉寄北省舊閣老兩院故人》詩：「去歲茲辰捧御床，五更三點如鵷行。」《唐書•百官志》云：「武后置仗內六閑，四曰鵷鸞。」即朝官的品位。

明放案：《神州國光集》第二十一集鄭板橋〈贈盧雅雨〉詩墨蹟七律四首，第一首：「一從吏議三年謫，得賦淮南百首詩」作「先生得澤原淪髓，此日寬閑好賦詩」；「昨把青鞋踏隋苑」作「試把青鞋踏隋苑」。第二首：「清詞頗似王摩詰」作「龍標格韻青蓮筆」；「歷盡悲歡並喧寂」作「歷遍悲歡並喧寂」。第三首：「塵埃吹去又生塵，淚盡英雄為要津」作「宦途翻覆總埃塵，策足何須要路津」；「世外煙霞負漁釣，胸中寵利愧君臣」作「世外清標能壽國，古來高爵不榮人」；「豁齒蓬頭婢僕真」作「赤足蓬頭婢僕真」；「兩世君家有清德，即今風雅繼先民」作「從此飛騰附霄漢，相期努力繼先民」。第四首：「慚予引對又空還」作「惟予引對又空還」；「自寫簪花教幼婦」作「自寫鵝群教幼婦」。

◇十一月五日，作六分半書①《李葂②絕句》方幅。

款署：李嘯村絕句，板橋居士鄭燮書，時乾隆四年十一月五日。「橄欖軒」（朱文）。

南京田原先生藏墨蹟照片

注釋：

① 六分半書：隸書，秦代稱「左書」、「史書」。魏晉時稱「楷書」。史稱有波磔的隸書為「八分」，李玉棻《甌鉢羅室書畫過目考》說板橋「法《瘞鶴銘》而兼黃魯直，合其意為分書。」《瘞鶴銘》傳為梁代茅山道士陶弘景的手跡，黃庭堅稱其為楷書之祖。板橋以楷、隸為主，雜入行、篆、草，且以畫意入書，獨創了「隸架楷骨行意篆格草神」的「板橋體」，自稱「六分半書」。書家譽稱「亂石鋪街」、「浪裡插篙」、「搖波駐節」、「醉漢夜歸」、「雨夾雪」、「漫書」等。「如雪柏風松，挺然而秀出於風塵之表。」（鄭方坤〈鄭燮小傳〉）「如老翁拄杖，小孫牽袂；少男房肆，少女含羞；急者搶道，徐者閃讓；壯者擔物，弱者隨行……」（丁家

桐語）

②李葂（1691—1755）：清畫家。字讓泉，一字嘯村。安徽懷寧人。諸生。雍正十三年（1735），受六安知州盧見曾舉薦，擬應博學鴻詞科，但為學使放歸。寓居揚州賀園。盧雅雨之高足。乾隆十六年（1751）三月，弘曆南巡，六十一歲的嘯村接駕江甯龍潭，奉召試，賜宮緞等物。晚年落魄，寄食瓜州。工詩詞，擅山水，兼精花卉翎毛。系盧雅雨高足。嘗為兩淮鹽運使盧雅雨畫《虹橋覽勝圖》名躁一時。乾隆二十年（1755）因病自揚州返歸故里，歿於採石舟中。著有《嘯村近體詩》。

明放案：周積寅先生云：此方幅共書作嘯村絕句一十五首，其中第一、二、三、四、六、七、八、十、十二、十四、十五首詩題分別為〈飲村舍〉、〈草堂〉、〈夜泛紅橋〉、〈雨窗〉、〈紅橋泛舟值雨〉、〈立秋日〉、〈淮城〉之一、〈白芙蓉〉、〈轅門橋•揚州花市〉、〈題雅雨夫子《借圖書》〉之一、〈沈蘆山《瘦吟圖》〉。見乾隆二十一年（1756）盧氏雅雨堂刻《嘯村近體詩選》三卷。

◇春日，汪士慎為采赤作《梅花圖》。是年，左目失明。

尹文《汪士慎傳》

◇李鱓①於滕縣任上作《夏天百祿圖》、《花石竹雀圖》及《古藤黃鳥圖》。

黃俶成《李鱓傳》

注釋：

①李鱓：詳見康熙五十年辛卯（1711）「◇李鱓中舉」注。

◇李方膺父卒，旋返通州服喪。

崔莉萍《李方膺傳》

◇高鳳翰誣訟事息。

常再盛、顧仁榮《高鳳翰傳》

◇袁枚①登進士。

注釋：

①袁枚：詳見康熙五十五年丙申（1716）「◇袁枚生」注。

◇華亭姚氏松精讀書堂刻本《李義山詩集箋注》成，十六卷，姚培謙箋。

◇是年，《明史》刊行。武英殿本《二十四史》刻成。

◇帝大閱兵於京郊南苑①。

注釋：

①南苑：清代吳長元《宸垣識略》卷十一云：「南苑在都城南二十里永定門外，元為飛放泊。明永樂時，增廣其地，周垣百二十里。我朝因之，設海戶一千六百人，各給地二十四畝，春搜冬狩，以時講武。」

明放案：《宸垣識略》卷十一云：「南苑繚垣一萬九千八十丈。為九門：正南曰南紅門，東南曰回城門，西南曰黃村門，正北曰大紅門，稍東曰小紅門，正東曰東紅門，東北曰雙橋門，正西曰西紅門，西北曰鎮國寺門。內海子五。」《宸垣識略》卷十一又云：「南苑總尉一人，正四品；防禦八人，正五品；屬奉宸苑。」

乾隆五年庚申（1740）　四十八歲

◇四至六月，於揚州枝上村①為黃慎②《山水冊》（十二開）題跋。

第一開，……

兒子於何處得寶月觀賦，琅然誦之，老夫臥聽，未半蹶然而起，恨二十年，相從元章不盡！……今世也〕。

嶺海八年，親友曠絕，亦未嘗關念。獨念吾元章邁往淩雲之氣，清雄絕俗之文，超妙入神之字，何時見之，以洗我積年瘴毒耶！今真見之矣，餘無足言者。

板橋。「板橋」、「結歡喜緣」。

第二開，繪峰巒一簇，疏樹三株，墨色淡雅。無款有印

蘆葉滿汀洲，寒沙帶淺流，二十年重渡南樓。柳下繫舟猶未穩，能幾日？又中秋。黃鶴斷磯頭，故人曾到不？舊江山總是新愁。欲買桂花同載酒，終不似，少年游。

唐多令。板橋。

第三開，繪峰巒直立，半山孤松一株，一人拄杖徐步山下，淡墨寫意

黃山③始信峰上有擾龍松，古峭屈曲，今所畫景，得毋是？江頭醉倒山公，月明中，記得昨宵歸路笑兒童。溪欲轉，山已斷，兩三松，一段可憐風月欠詩翁。

板橋。「克柔」（朱文）、「二十年前舊板橋」（朱文）。

第四開，繪重岩高下，松蔭參差，洞口飛泉，石上湍急，略渲青絳，筆墨無痕。無款無印。

遵海南耶？我行山路，朝儛非耶？遙望秦台，東觀日出，即此山耶？崖光一線，雲耶？青未了，松邪？柏邪？獨鳥來時，連峰斷處，即此人耶？

板橋。「鷓鴣」（朱文）。

第五開，……

皇皇惟敬，□生詬，□戕□。鑒之銘曰：見爾前，慮爾後。與其溺於人也，甯溺於淵。溺於淵，猶可遊也；溺於人，不可救也。輔人無苟，扶人無咎。

板橋。「詩絕字絕畫絕」（朱文）、「鄭為東道主」（白文）。

第六開，……

上橫書：岣嶁碑。

下橫書：承帝曰諮，翼輔佐卿，州渚與登，鳥獸之門，參身洪流，而明發爾興，久旅忘家，宿嶽麓庭，智營形折，心罔弗辰，往求平定，華嶽泰衡，宗疏事裒，勞餘伸禋，鬱塞昏徒，南瀆衍亨，衣制食備，萬國其寧，竄舞永奔。

板橋。「然黎閣」（朱文）。

第七開，……

大石側立千尺，如猛獸奇鬼，森然欲搏人，而山上棲鶻，聞人聲亦驚起，磔磔雲霄間。又有若老人欬且笑於山谷中者，或曰：「此鸛鶴也」。

板橋居士書。「橄欖軒」（朱文）。

第八開，……

元豐六年十月十二日夜，解衣欲睡，月色入戶，欣然起行。念無與為樂者，遂至承天寺尋張懷民，懷民亦未寢，相與步於中庭。庭下如積水空明，水中藻荇交橫，蓋竹柏影也。何夜無月，何處無竹柏，但少閒人如吾兩人耳。（行書）板橋。

「板橋」（白文）、「臣燮」（白文）。

第九開，……

紅藕花多映碧闌，秋風初起易凋殘。池塘一段枯榮事，都被沙鷗冷眼看。

白石翁題畫詩，板橋鄭燮書。

乾隆五年六月十一日。板橋。「谷口」（朱文）、「搜盡奇峰打草稿」。

第十開，……

昨日有人出墨數寸，僕望見，知其為廷珪也。凡物莫不然，不知者如烏之雌雄，其知之者如烏、鵠也。

酒醉飯飽，……受百物之備。

鄭燮。「鄭燮」（白文）、「克柔」（朱文）、「書帶草」（白文）。

第十一開，繪岡阜隆起，梅樹兩枝，二人對立其上。淡設色。

才聞戰馬渡滹沱，南北紛紛盡倒戈。諸將無心留社稷，一杯遺恨對山河。秋風暮嶺松篁暗，夕照荒城鼓角多。寂寞夜台誰弔問，蓬蒿滿地牧童歌。

汴水無情只向東，荒原萬木起悲風。傳聞鐵騎墳前過，下馬摳衣拜相公。

二詩皆弔史閣部墓者。墓在梅花嶺旁。觀黃君畫，因憶其二詩，遂書以繫於畫後。

乾隆五年清和月，板橋鄭燮坐枝上村作此。「二十年前舊板橋」（朱文）。

第十二開，……

輒便往山中，憩感興寺，與山僧飯訖而去。北涉玄灞，清月映郭；夜登華子岡，輞水淪漣，與月上下。寒山遠火，明滅林外；深巷寒犬，吠聲如豹；村墟夜舂，復與疏鐘相間。此時獨坐，僮僕靜默，多思曩昔攜手賦詩，步仄徑、臨清流也。

乾隆五年五月五日前一日，板橋居士鄭燮書。「板橋」（白文）。

邵松年《古緣萃錄》卷十四

注釋：

① 枝上村：詳見乾隆二年丁巳（1737）「◇作尺牘〈枝上村答蕫七〉」注。

② 黃慎：詳見康熙四十一年壬午（1702）「◇黃慎別母離家，拜師學畫」注。

③ 黃山：古稱黟山，在安徽省南部黃山市境內。唐代因傳說黃帝在此修身煉丹，故於天寶六年載（747）改為黃山。此由花崗岩構成。青弋江上游源地。景區面積154平方公里。有三大主

峰：蓮花峰1873米、光明頂1841米、天都峰1810米。以奇松、怪石、雲海、溫泉著稱，並稱「黃山四絕」。七十二峰各具特色。有玉屏樓、雲谷寺、慈光閣、始信峰、蓮花峰、天都峰、仙人洞、白鵝嶺、百丈瀑等名勝古跡。黃山集華山之險峻、泰山之壯偉、衡山之煙雲、廬山之飛瀑、峨嵋之清涼於一山。早在明代就有「五嶽歸來不看山，黃山歸來不看嶽」之說。解放後增建了登山公路、索道、溫泉浴室、觀瀑樓等。黃山現為全國重點風景名勝區，並被列入《世界自然與文化遺產名錄》。

明放案：第一開，系行楷書。第一、二段，均系蘇軾〈與米元章〉。第二開，行書，宋代劉過《唐多令•桂花》詞。第三開，系辛棄疾《烏夜啼•山行約范廓之不至》。第四開，不詳。第五開，隸書，分別系周文王《機之銘》和《盥盤之銘》。第六開，隸書。系《岣嶁碑》。第七開，楷書，系北宋蘇軾〈石鐘山記〉。第八開，行書，系北宋蘇軾〈記承天寺夜遊〉。第九開，行楷書，明代沈周題畫詩。實乃宋代黃庚〈池荷〉詩。第十開，第一段，草書，系北宋蘇軾〈書廷珪墨〉；第二段，楷書，不詳。第十一開，楷書。第一首，系清代吳嘉紀〈過史公墓〉；第二首，不詳。第十二開，楷書，系唐代王維〈山中與秀才裴迪書〉。

◇五月，為程鳴①所作《閒居愛重九圖冊》題跋。

蕭蕭冷雨重陽節，豔豔新霜菊徑花。不論陰晴各天氣，詩情宜稱破籬笆。

耐愚年學長兄並政，板橋鄭燮草。「鄭」（白文）、「燮」（白文）。

四川大學博物館藏墨蹟

注釋：

①程鳴：清畫家。字友聲，號松門，安徽歙縣人。乾隆間諸生。山水學苦瓜和尚，又參以垢道人。每以禿毫渴筆，運以中鋒，純以畫法成之。不加渲染，自然沉鬱蒼渾，蒼雅可鑒。詩出王士禎之門。與陳撰、方士庶、厲鶚等結為詩畫友。

明放案：題此畫者，尚有盧見曾、厲鶚、陳章、沈泰、吳承惠、吳遵、高玉桂及吳廷采等人。

◇六月十八日，為秉鈞年長翁倣行書節錄懷素①《自敘帖》軸。

其述形似，則有張禮部云：「奔蛇走虺勢入座，驟雨旋風聲滿堂。」王永州邕云：「初疑輕煙澹古松，又似山開萬仞峰。」朱處士遙云：「筆下唯看激電流，字成只畏盤龍走。」李御史舟云：「寒猿飲水撼枯藤，壯士拔山伸勁鐵。」吳興錢起云：「遠錫（鶴）無前侶，孤雲寄太虛。狂來輕世界，醉裡得真如。」

乾隆五年六月十八日，書為秉鈞年長翁屬，板橋居士鄭燮拜手。「鄭燮」（白文）、「橄欖軒」（朱文）。

揚州博物館藏墨蹟

注釋：

①懷素：詳見雍正九年辛亥（1731）「◇春日，作草書節錄懷素《自敘帖》」注。

明放案：此系行草書，紙本，墨筆。縱190.5釐米，橫104.9釐米。

◇題高鳳翰①、葉芳林、張珩《雅雨山人出塞圖》長卷。

鱷魚馴暴衡雲開，同谷七歌酸以哀。千磨萬煉成巨器，杜韓不盡誇天才。美酒肥羊飽紈綺，聲色埋人無出路。我輩豈是尋常人，摧殘屈折皆調護。先生文章政績兩殊絕，天意雕鐫未休歇，欲使飛騰破九霄，故教蜿蜒蟠邱垤。寒雲黃，日青咽；寒草短，雪嚴齧。寒水濺濺，冰老成石；塞風拉拉，樹頑成玦。南望長城二千里，秦時古苔未磨滅。北過瀚海弄石子，五色斑花繡成塊。磊落胸中萬卷書，一夜悲笳盡欲裂。首斷魂僵夢亦枯，英雄氣冷何由熱？豈知天意正有以，不是逢樗摧即折。劍閃芙蓉百煉深，馬雄天廄千場貼。鳳閣頒書早晚歸，玉堂此畫須高揭。萬鍾于我何加損，未容換此灰中劫。

揚州後學板橋鄭燮。

北京故宮博物院藏墨蹟

注釋：

①高鳳翰：詳見康熙四十八年己丑（1709）「◇高鳳翰游金陵宏濟寺」注。

明放案一：高鳳翰題跋：「丈夫行，送雅雨翁赴軍台。丈夫抱雄心，尋常未足了。碌碌灶下兒，生活討饑飽。譬彼駑與駘，棧豆戀草。安知汗血奇，騰驤八報表。咄哉先生老盧生，仙人寶枕夢初驚。丈夫雄心還未已，天子詔下白麻紙。邊庭鼓臥桴雖閑，四夷有守安敢寬？先生奉詔立功去，臣之圖報今有處。虎頭投筆虎縱橫，古來異域垂功名。知君囊脫見錐利，褶衣唾手錦袍易，丈夫終當一吐氣。乾隆五年，歲在庚申夏四月，高鳳翰拜，左手書具呈本並景。」

明放案二：李嘯村題跋：「行李蕭蕭好戍途，關山萬里一人孤。使臣有命非遷客，聖主無刑及大夫。驚定風花終未墮，春回霜草不曾枯。會看天上裁心詔，使與高車入塞圖。碧雲紅樹送吟鞭，戎馬書生望若仙。義重及門有從我，恩深解網帝同天……」

明放案三：吳敬梓題跋：「玉門關外狼烽直，毳帳穹廬犄角立。鳴鏑聲中欲斷魂，健兒何處吹羌笛。使君啣命出雲中，萬里雲堆廣漠風。夕陽寒映明駝紫，霜花曉襯罽袍紅。顧陸丹青工藻繪，不畫淩煙畫邊塞。他日攜從塞外歸，圖中宜帶風沙態。披圖指點到窮髮，轉使精神同發越。李陵台畔撫殘碑，明妃塚上看明月。天恩三載許君還，江南三度繁花殷。繁花殷，芳草歇，蔽芾甘棠勿剪伐。」

明放案四：雅雨山人題跋：「解網深仁且莫論，孤臣猶在識天恩。三年便許朝金闕，萬里何辭出玉門？沙暗陰山秋獵壯，雪明瀚海夏裘溫。多情應信揚州月，直送征輪到塞垣。承恩出塞，南阜繪圖送行，揚州諸故人將賦詩以贈，口占留別，即用自題。庚申夏五，雅雨山人盧見曾識。」

◇六月廿二日，為圖清格《蘭石》條幅題跋。

牧山①雅人，文公②韻士，如蘭如石，相得益彰。往余在京師，遇牧山，極道文公不置；及來揚州，遇文公，又道牧山不去口。余以非材譾陋，得二公雅愛，且新且慚，亦如苔斑墨汁，亂點於幽蘭怪石間也。

板橋弟鄭燮。乾隆五年六月廿有二日。

中國國家博物館藏墨蹟

注釋：

① 牧山：圖清格之號。詳見乾隆元年丙辰（1736）「◇訪圖牧山，作〈贈圖牧山〉詩」注。

② 文文公：即文命時，清畫家。江都（今揚州）人。李斗《揚州畫舫錄》卷二云：「工畫蘭，以羊毫筆醮墨寫之。佐以竹石，自言與可後無傳人。至今而盡得其法。性孤傲，隱於湖中。」《國朝畫徵續錄》卷上云：蘭「以瘦筆乾墨，運以中鋒，秀勁拔俗，花蕊疏朗，別具神韻，展玩時令人有世人之思，洵士人之高致也。」

◇九月初一日，序揚州董偉業①《揚州竹枝詞》。

秋雲再削，瘦漏如文；春凍重雕，玲瓏似筆。挾荊軻之匕首，血濡縷而皆亡；燃溫嶠之靈犀，怪無微而不照。招尤惹謗，割舌奚辭；識曲憐才，焚香恨晚。蓋廣陵風俗之變，愈出愈奇；而董子調侃之文，如銘如偈也。更有失路名流，拋家蕩子，黃冠緇素，皂隸屠沽，例得載於詩篇，並且標其名目。譬夫醲家紀叟，青蓮動問於黃泉；樂部龜年，杜甫傷心于江上。琵琶商婦，白老歌行；石鼎軒轅，昌黎序次。修翎已失，猶憐好鳥之音；碧葉雖凋，忍棄名花之本。酒情跳蕩，市上呼騶；詩興顛狂，墳頭拉鬼。於嬉笑怒罵之中，具瀟灑風流之致。身輕似葉，原不借乎縉紳；眼大如箕，又何知夫錢虜。

乾隆五年九月朔日，楚陽板橋居士鄭燮題。

《鄭板橋集・補遺》

注釋：

① 董偉業：字恥夫，號愛江，瀋陽人。流寓甘泉。狂簡自喜，嫉時俗之薄，作《揚州竹枝詞》九十九首。阮元《廣陵詩事》卷四云：「板橋為之序。時江都令某，耳其名，欲一見不可得，強致之，愛江則衣短衫，不言而便溺，令深銜之。適新商賓宦交結官吏者訴之，竟遭笞。笞時，令謂之曰：「恥夫遭恥辱，」董仰視笑曰：「竹板打竹枝」。時人傳之，令亦愧悔。」

明放案：南京市博物館所藏董偉業《揚州竹枝詞》卷，卷首有板橋序，序文與此稍有不同：「修翎已佚」作「修翎已禿」；「具瀟灑風流之致」作「極瀟灑風流之致」；「又何知夫錢虜」作「又得知夫財虜」。署款「楚陽板橋居士鄭燮題」作「鄭燮題辭」。鈐「鄭燮之印」（白文）、「克柔」（朱文）。

◇九秋，飲牛四長兄過予寓齋，檢家中舊幅《蘭竹石圖》奉贈。

飲牛四長兄，其勁如竹，其清如蘭，其堅如石，行輩中無此人也，屢索予畫，未有應之。乾隆五年九秋，過予寓齋，因檢家中舊幅奉贈；竹無幹，蘭葉偏，石勢仄，恐不足當君子之意，他日當作好幅贖過耳。

板橋弟鄭燮。「鄭燮」（白文）、「克柔」（朱文）。

北京故宮博物館藏墨蹟

明放案：此系立軸，紙本，墨筆。縱127.8釐米，橫57.7釐米。

◇十一月十二日，於揚州作《芝蘭圖》並題識。

古人云：入芝蘭之室，久而不聞其香，不不聞也，聞之久與俱化也，日與士人君子相磨切，豈復有不善之事乎？畫芝蘭如見君子遜遜室中，屋室俱美。

板橋鄭燮。乾隆五年十一月十有二日寫於揚州寓齋。「鄭燮之印」（白文）、「板橋」（朱文）、「遊思六經結想五嶽」（朱文）。

陝西省美術家協會藏墨蹟

◇在金農寓所，與沈心①訂交。

注釋：

① 沈心：文學家。字房仲，號松阜，一作松皋，浙江仁和（今杭州）諸生。性落拓，精篆刻，早年跟隨查慎行遊。山水宗黃公望，幽深古雅。旁及星遁、卜筮、脈訣、葬經，無不洞曉，而尤精於詩。著《弧石山房集》。《印人傳》、《讀畫隨筆》、《杭郡詩輯》、《畫家知希錄》等。

◇二月三日，汪士慎邀諸友室中小飲，並作七律七首。

尹文《汪士慎傳》

◇二月，李鱓被罷滕縣令。

黃俶成《李鱓傳》

◇黃慎寓汀州府署之清友亭，為知府王相作詩、畫合冊，其中：詩35首，山水畫12幀。

李萬才《黃慎傳》

◇李方膺撰《山東水利管窺略》付刻。

◇春日，高鳳翰與盧見曾同至鄧尉觀梅，賦觀梅七絕十二首；秋日，為蘇州萬年橋書作九百四十字；北還之先，賦〈三君詠〉；是年，作〈憶鄭板橋〉詩，且自編詩集

《鴻雪集》成書。

◇廷頒《大清律例》法典。

常再盛、顧仁榮《高鳳翰傳》

乾隆六年辛酉（1741）　四十九歲

◇九月，奉吏部①之召，入都候補官缺。

王家誠〈鄭板橋年譜〉

注釋：

①吏部：官署名。掌管全國官吏的選任、銓敘、勳階等事務。東漢改尚書常侍曹為吏曹，漢末又改為選部曹。魏晉以後稱吏部。隋唐時列為六部（吏部、戶部、禮部、兵部、刑部、工部）之首。長官為吏部尚書（一稱大宰、冢宰），歷代相沿，清末併其職掌於內閣。

◇入都前，作〈逢客入都寄勖宗上人①口號〉詩。

汝到京師必到山，山之西麓有禪關；為言九月吾來住，檢點白雲房半間。

《鄭板橋集・詩鈔》

王家誠〈鄭板橋年譜〉

注釋：

① 勖宗上人：京西甕山寺僧。

明放案：震鈞《天咫偶聞》卷六載板橋〈與勖宗上人書〉：「燮舊在金台，日與上人作西山之遊，夜則挑燈煮茗，聯吟竹屋，幾忘身處塵世，不似人海中也。迄今思之，如此佳會，殊不易遘。茲待涼秋，定擬束裝北上。適有客入都之便，先此寄聲；小詩一章，聊以道意：『昔到京師必到山，山之西麓有禪關。為言九月吾來住，檢點白雲房半間。』勖尊者，弟燮頓首。」

◇入都途中，作家書〈淮安舟中寄舍弟墨〉。

以人為可愛，而我亦可愛矣；以人為可惡，而我亦可惡矣。東坡一生覺得世上沒有不好的人，最是他好處。愚兄平生漫罵無禮，然人有一才一技之長，一行一言之美，未嘗不嘖嘖稱道。橐中數千金，隨手散盡，愛人故也。至於缺阨欹危之處，亦往往得人之力。好罵人，尤好罵秀才。細細想來，秀才受病，只是推廓不開，他若推廓得開，又不是秀才了。且專罵秀才，亦是冤屈。而今世上，那個是推廓得開的？年老身孤，當慎口過。愛人是好處，罵人是不好處。東坡以此受病，況板橋乎！老弟亦當時時勸我。

《鄭板橋集・家書》
王家誠〈鄭板橋年譜〉

◇在京期間，深受慎郡王允禧①的禮誠款待。

乾隆二十五年，板橋於如皋汪氏文園所作〈板橋自序〉云：「紫瓊崖主人極愛惜板橋，嘗折簡相招，自作駢體五百字以通意，使易十六祖式、傅雯凱亭持以來。至則袒而割肉以相奉，且曰：「昔太白御手調羹，今板橋親王割肉，後先之際，何多讓焉！」」

《鄭板橋集・補遺》
王家誠〈鄭板橋年譜〉

注釋：

①允禧：詳見雍正三年乙巳（1725）「◇始與慎郡王允禧交往」注。

◇新秋，為四叔父書大人作《上江南大方伯晏老夫子諱斯盛》詩軸。

虎瞰山高覆彩雲，鳳皇池小曲流紋。才充上苑千林秀，氣壓西江九派分。舟下牂牁飄遠旆，車臨銅鼓拂南薰。武后千載征蠻後，直待先生展大文。公江西新喻人，由解元翰林視學貴州。

歸朝重列九卿班，檢點彤儀肅珮環。虎旅千人排象闕，鵷行九品拜龍顏。再持文柄心逾下，屢沐殊恩氣轉閑。慚愧無才經拂試，也隨桃李謁高山。

星軺渺渺下南邦，萬卷圖書束曉裝。六代煙花迎節鉞，一江波浪湧文章。雲邊保障開鍾阜，天下軍儲仰建康。赤旱於今憂不細，披圖何以繪流亡！

淮南大郡古揚州，小縣人居薄海陬。架上縹緗皆舊冊，枕巾方略問新猷。鄱湖浪闊輸洋子，匡阜雲來潤石頭。手把干將從未試，幾回磨淬大江流。公由鴻臚卿會試同考出為江南藩憲。

上老師晏一齋夫子四首，書呈四叔父大人教誨。乾隆六年新秋，姪燮拜手。

「鄭燮」（白文）、「橄欖軒」（朱文）。

北京故宮博物院藏墨蹟

明放案一：此系行書，紙本，墨筆。縱135.5釐米，橫74釐米。

明放案二：此〈上江南大方伯晏老夫子諱斯盛〉七律四首與乾隆三年（1738）原詩（見《鄭板橋集・詩鈔》）略有出入。第一首：「虎瞰峰高迥出雲」原作「虎瞰山高覆彩雲」；「鳳池春早」原作「鳳皇（凰）池小」；「開漲海」原作「飄遠旆」；第二首：「歸朝晉秩列卿班」原作「歸朝重列九卿班」；「意轉閑」原作「氣轉閑」；第三首：「劍匣書囊動曉裝」原作「萬卷圖書束曉裝」；第四首：「舊帙」原作「舊冊」；「渾未試」原作「從未試」。

◇約於此時，作〈山中臥雪呈青崖老人①〉詩。

一夜西風雪滿山，老僧留客不開關。銀沙萬里無來跡，犬吠一聲村落閑。

《鄭板橋集・詩鈔》

周積寅、王鳳珠《鄭板橋年譜》

注釋：

①青崖老人：青崖和尚：詳見乾隆元年丙辰（1736）「◇去香山臥佛寺訪青崖和尚，作〈訪青崖和尚，和壁間晴嵐學士虛亭侍讀原韻晴嵐張公若靄、虛亭鄂公容安〉詩和之」注。

◇高翔①為汪士慎繪《煎茶圖》，諸友題詠；仲冬作《蒼松偃蹇圖》。

尹文《高翔傳》

注釋：

①高翔：詳見康熙五十一年壬辰（1712）「◇高翔於揚州城南之燕（宴）集作《揚州即景圖》冊頁」注。

◇汪士慎作《才有梅花便風雨圖》。

尹文《汪士慎傳》

◇七月，李鱓寓山東歷下，作《喜上眉梢圖》。

黃俶成《李鱓傳》

◇九月，李方膺於半壁樓作《盆菊圖》；十月，作《牡丹圖》。

崔莉萍《李方膺傳》

◇二月，廷頒「欽定」《四書》於官學。

◇六月，重修居庸關①及直隸邊牆。

注釋：

①居庸關：位於北京市昌平縣西北部。舊稱軍都關、薊門關。長城要口之一，控軍都山隘到中樞。古九塞之一。今關為明洪武元年（1368）建，與紫荊、倒馬合稱「內三關」。名取「徙居庸徒」之意。形勢險要，向為交通要衝。京包鐵路經此。兩旁翠峰重疊，林木鬱茂蔥蒼，有「居庸疊翠」之稱。舊為「燕京八景」之一。

乾隆七年壬戌（1742）　五十歲

◇春，為范縣①令，兼署朝城縣②。

范縣知縣一員……國朝知縣鄭燮，興化縣人，進士。

周尚質等《曹州府志》卷十一

鄭燮，興化人。兼署。

杜子懋等《朝城縣續志》卷一

是年春，為范縣令。

任乃賡〈鄭板橋年表〉

注釋：

①范縣：在河南省東北部，鄰接山東省，南瀕黃河。顓頊氏故墟。夏屬昆吾，春秋為晉邑，漢初置縣。北齊文宣天保元年（550）撤銷，隋文帝開皇十六年（596）復設。唐高祖武德二年（619），范縣改為范州，武德五年（622）州廢，復改為縣。原屬山東省，1964年劃歸河南省。

②朝城縣：舊縣名。唐開元七年（719）改武聖縣，治所在今山東省莘縣西南朝城。唐天祐三年（906）改為武陽縣。五代後唐又復為朝城縣。1953年與觀城縣合併為觀朝縣。1956年被撤，劃歸范縣、莘縣和壽張縣（壽張縣於1964年分別劃歸陽谷縣和河南省范縣），今廢為鎮。

◇將之任，作〈將之范縣拜辭紫瓊崖主人①〉詩。

紅杏花開應教瀕②，東風吹動馬頭塵。闌干苜蓿嘗來少，琬琰③詩篇捧去新。莫以梁園④留賦客，須教七月課豳民。我朝開國於今烈，文武成康四聖人⑤。

《鄭板橋集・詩鈔》

注釋：

①紫瓊崖主人：即慎郡王允禧。詳見雍正三年乙巳（1725）「◇始與慎郡王允禧交往」注。

②「紅杏」句：用孔子杏壇設教典故，謂接受紫瓊崖主人允禧之親切教誨也。《莊子・漁父》：「孔子遊乎緇帷之林，休坐乎杏壇之上。」

③琬琰：美玉。《楚辭・遠遊》：「懷琬琰之華英。」《南史・劉遵傳》：「文史該富，琬琰為心。」此喻對方所贈之詩文辭優美。

④梁園：即兔園。漢文帝皇子梁孝王劉武所築。又稱「梁苑」。故址在今河南省商丘市東。梁孝王好賓客，司馬相如、枚乘等辭賦家皆曾延居園中，因而得名。《西京雜記》卷三：「梁孝王好營宮室苑囿之樂，作曜華之宮，築兔園。」枚乘、梁江淹皆有〈梁王兔園賦〉投贈。此借指紫瓊崖待客之處。

⑤文武成康：指周朝開國初期的四位君主。這裡借指順治、康熙、雍正、乾隆四位皇帝。

明放案一：允禧〈紫瓊崖主人送板橋鄭燮為范縣令〉詩：萬丈才華繡不如，銅章新拜五雲書。朝廷今得鳴琴牧，江漢應閑問字居。四廓桃花春雨後，一缸竹葉夜涼初。屋樑落月吟瓊樹，驛遞詩筒莫遺疏。（北京故宮博物院藏墨蹟）

明放案二：允禧〈十詠詩・新范邑宰板橋鄭燮〉詩：一匹纏頭一曲新，風流不省自家貧；無端腰系銀魚佩，閑殺雷塘花柳春。（四川省博物館藏墨蹟）

◇初到任，命衙中皂隸將縣衙官署之牆壁鑿孔百餘，與街市相通，以「出前官惡習俗氣耳。」

「蒞位之初，署中牆壁，悉令人挖孔百十，以通於街，人問之，『出前官惡習俗氣耳。』」

曾衍東《小豆棚》卷十六

◇春，為程振凡①作《蘭竹圖》卷並題識。

知君本是素心人，畫得幽蘭為寫真。他日江南投老去，竹籬茅舍是芳鄰。

乾隆七年春，為振凡先生畫並題，統求教正，板橋弟鄭燮拜手。

美國艾裡奧特藏墨蹟

《中國繪畫總合目錄》第四卷

注釋：

①程振凡：篆刻家。名鐸，字振凡，江蘇江陰人。諸生。精天文、勾股、篆籀之學。

明放案：此卷有程振凡、允禧①、朱文震②、顧元揆③、陸恢④題識：

程振凡題曰：

王戌載陽月吉，板橋老先生留宿光明寓齋，適值蘭草盛開，小酌興發，圖此長卷，並題見贈，即席依韻稱謝，兼祈教正。

僕本江干落拓人，金蘭投契信天真；何當九畹傳湘管，麗句清辭許結鄰。
偶生程鐸草。

允禧題曰：

與板橋別十餘年矣，江鄉千里，晤言無因；適程君振凡以其所畫蘭竹示余，慨然如見故人，歲寒之盟，同心之臭，有不隨形跡疏者，因題數語志之，至其筆墨超俊，也所共賞，故不復云。丁丑三月朔，紫瓊道人識。

朱文震題曰：

幽蘭況幽人，寫贈情何已。浥浥墨香浮，似共光風起。會然興遠懷，江南渺煙水。
振翁老先生以我板橋夫子蘭卷囑題，敬賦應命。平陵外史朱文震。

顧元揆題曰：

書法作蘭竹，意在筆墨先。下手快風雨，蘊真合自然。畫師虛想像，那得窮清妍。
板橋好奇者，書法無取焉。獨寫蘭竹照，往往全其天。位置間瘦石，幽峭紛目前。
得非嵇山曲，無乃楚江邊。卷末看題字，結習並洗湔。仙靈辟魔障，美人謝朱鉛。
真趣有相感，高懷得所宜。莫令俗客市，車馬聲喧嗔。竹以虛心著，蘭因空谷傳。
乙卯秋日，振凡老先生以板橋道人畫命題，因請教正。梅坡後學顧元揆。

陸恢題曰：

熙伯先生得板橋道人蘭竹長卷，甚精，示恢，恢讀而善之，因作長歌讚歎焉，其辭曰：

鄭板橋，鄭板橋，原是人中豪。一麾出守制百里，歸來依舊安蓬茆。覺世文章盡情說，說敝瀾翻廣長舌。樂府盲詞播管弦，銅琶鐵板冰壺裂。論書知古不知今，漢刻秦碑僻處尋。饕餮窮奇畫變相，依然不失先民心。以其餘力事圖畫，墨瀋淋漓恣荒怪。

猶是龍蛇太古書，不徒專守青藤派。此圖修竹與幽蘭，數筆蕭蕭著意寒。掃地焚香一展對，恍如坐我瀟湘灘。板橋板橋滎陽鄭，姿態豐神出生硬。只有冬心一片心，江南江北相輝映。人皆以怪病，我獨以怪敬。無鹽醜女列貞賢，懷中別有光明鏡。辛丑十月，廉夫恢未是稿。

注釋：

①允禧：詳見雍正三年乙巳（1725）「◇始與慎郡王允禧交往」注。

②朱文震：書畫家。字去羨，號青雷，又號平陵外史，山東歷城（今濟南）人。官詹事府主簿。年少孤貧，究心篆籀，不屑作科舉文字，獨遊曲阜觀碑，入太學摹石鼓文，遊京師，為允禧所賞識。花卉師事鄭燮，山水學王原祁。喜好搜集古印，工於篆刻，卒年六十。著有《雪堂詩稿》。

③顧元揆：書畫家。字端卿，元和（今江蘇蘇州）人。乾隆九年（1744）舉人，官古州知州。書精畫妙。

④陸恢（1851—1920）：清末書畫家。字廉夫，號狷叟，江蘇吳縣（今蘇州）人。畫工隸篆，畫則山水、人物、花鳥、果品為能。

◇為龍眠主人書作劉禹錫〈奉送浙西李僕射相公赴鎮〉詩。

建節東行是舊遊，歡聲喜氣滿吳州。郡人重得黃丞相，童子爭迎郭細侯。詔下初辭溫室樹，夢中先到景陽樓。自憐不識平津閣，遙望旌旗汝水頭。

壬戌首夏，呈龍眠主人鈞鑒。鄭燮謹書。「鄭燮」（白文）、「克柔」（白文）。

北京故宮博物院藏墨蹟

◇為贊老年學兄書作元代呂鯤七絕〈夏日道中〉詩。

棗花初落路塵香，燕掠麻池乍頡頏。一片黃雲飛十頃，賣瓜棚下午風涼。

乾隆七年蕤賓月書為贊老年學兄，板橋鄭燮。「俗吏」（朱文）、「鄭燮」（白文）、「揚州興化人」（白文）。

首都博物館藏墨蹟

明放案：此系紙本，墨筆。縱56.8釐米，橫22.5釐米。

◇六月廿五日，為允禧刊刻《隨獵詩草》、《花間堂詩草》並撰跋。

紫瓊崖主人者，聖祖仁皇帝之子、世宗憲皇帝之弟、今上之叔父也。其胸中無一點富貴氣，故筆下無一點塵埃氣。專與山林隱逸、破屋寒儒爭一篇一句一字之短長，是其虛心善下處，即是其辣手不肯讓人處。

學問二字，須要拆開看。學是學，問是問。今人有學而無問，雖讀書萬卷，只是一條鈍漢爾。瓊崖主人讀書好問，一問不得，不妨再三問，問一人不得，不妨問數十人，要使疑竇釋然，精理迸露。故其落筆晶明洞徹，如觀火觀水也。

善讀書者曰攻、曰掃。攻則直透重圍，掃則了無一物。紫瓊道人深得讀書三昧，便有一種不可羈勒之處。試讀其詩，如岳鵬舉用兵，隨方佈陣，緣地結營，不必武侯八陣圖矣。

曰清、曰輕、曰新、曰馨。偶然得句，未及寫出，旋又失之，雖百思之不能續也。又有成局已構，及援筆興來，絕非□□，若有神助者。主人深於此道，兩種境地，集中皆有。

一獸奔來萬眾呼，是大景；氈幃戲插路傍花，是小景。偶然得之，便爾成趣。

《五經》、《廿一史》、《藏》十二部，句句都讀，便是呆子；漢魏六朝、三唐、兩宋詩人，家家都學，便是蠢才。紫瓊道人讀書精而不鶩博，詩則自寫性情，不拘一格，有何古人，何況今人！

主人深居獨坐，寂若無人，輒於此中領會微妙。無論聲色子女不得近前，即談詩論文之士亦不得入室。蓋談詩論文，有粗鄙熟爛者，有旁門外道者，有泥古至死不悟者，最足損人神智，反不如獨居寂坐之謂領會也。

紫瓊道人□□□□□淵默自涵，一旦心花怒發，便如太華峰頭十丈蓮矣。

他人作詩何其易，主人作詩何其難？千古通人，總是此個難字。他人檢閱舊詩輒便得意，主要檢閱舊稿輒不自安；即此不自安處，所謂前途萬里長也。

問瓊崖之詩已造其極乎？曰：未也。主人之年才三十有二，此正其勇猛精進之時。今所刻詩，乃前矛，非中權，非後勁也。執此為陶謝復生，李杜再作，是諂諛之至，則吾豈敢！

英偉俊拔之氣，似杜牧之；春融澹泊之致，似韋□□；□□清遠之態，似王摩詰；沉□□□□□，似杜少陵、韓退之。種種境地，已具有古人骨幹。不數年間，登其堂、入其室、探其鑰、發其藏矣。

主人有三絕：曰畫、曰詩、曰字。世人皆謂詩高於畫，燮獨謂畫高於詩，詩高於字。蓋詩、字之妙，如不雲之月，帶露之花。百歲老人，三尺童子，無不愛玩。至其畫，則荒河亂石，盲風怪雨，驚雷掣電，吾不知之，主人亦不自知也。世人讀其詩，更讀其畫，則不知足之蹈之，手之舞之。

此題後也，若作敘，則非燮之所敢當矣。故段段落落，隨手寫來，以見不敢為序之意。

乾隆七年六月二十五日，板橋鄭燮謹頓首頓首。

上海圖書館藏刊本
《鄭板橋集・補遺》

◇**作〈與紫瓊崖主人書〉。**

紫瓊崖主人殿下：

拜別後，無日不想望風裁，蒙詩中見憶，固知吾王之意眷眷也。詩刻想已獻納，不盡區區。

范縣令鄭燮謹頓首。

揚州博物館藏墨蹟

洪頤煊《國朝名人尺牘》卷二十

◇**始訂並手寫《詩鈔》、《詞鈔》，由門人司徒文膏雕版。**

板橋《劉柳村冊子》（殘本）云：「……四十舉於鄉，四十四歲成進士，五十歲為范縣令，乃刻拙集。是時乾隆七年也。」

《鄭板橋集‧補遺》

◇**作〈前刻詩序〉。**

余詩格①卑卑，七律尤多放翁習氣②。二三知己屢詬病③之，好事者又促余付梓④。自度⑤後來亦未必能進，姑從諛而背直⑥，慚愧汗下，如何可言！板橋自題。

《鄭板橋集‧詩鈔》

注釋：

①詩格：謂詩的思想內容和藝術形式所達到的高度。

②放翁習氣：《儀徵志‧文藝》謂板橋：「作詩不拘體格，興至則成，頗近香山、放翁。」

③詬病：謂批評缺點。

④付梓：古書先雕木版後印刷，因稱刊印書籍為「付梓」。後亦用以通稱書籍付印。

⑤度：推測，估量。

⑥從諛背直：謂聽從付梓之勸而不顧詬病之語。

◇於范縣與蓮峰①訂交。

注釋：

①蓮峰：江蘇蘇州怡賢禪寺僧。名超源，字蓮峰，俗姓洪，浙江仁和人。康熙四十五年（1706），十六歲出家，受戒於山西忻州圓照寺。入靈峰山，師從警修大師習台賢宗旨。詣京師檢藏怡園。六十一年（1722）住錫揚州府興化時思寺。雍正四年（1726）住錫山西高平開化禪寺，八年（1730）南歸，旋蒙世宗憲皇帝召入都。十三年（1735）賜紫衣，擢明道正覺禪師法嗣，賜御書「宗門正脈」，囑咐卷、杖缽、佛塵、如意等物。七月，特命南旋，住錫蘇州怡賢禪寺。十餘年中，主淮陰之湛真、吳江之萬壽，俱綜理有法，道俗咸欽服焉。

乾隆十年（1745）四月二十日，集大眾念佛畢，書偈曰：「今年過六九，金毛顛倒走。撞死兩泥牛，笑破虛空口。」端坐而逝。世壽五十有五，僧臘四十。有語錄若干集，嗣孫實堅編。源工詩，與程嗣立、蔡寅斗友善。草書法懷素，畫亦高超。著《未篩集》，蔡寅斗序，其徒明印編印。清人陸肇域、任兆麟《虎阜志》卷八、清僧震華《興化佛教通志》、清僧達珍之《正源略集》等均有記載。乾隆七年（1742），板橋與之於山東范縣訂交。

明放案一：詩僧，謂蓮峰文采之斐然；賜衣，謂蓮峰地位之顯赫。

明放案二：清代詩人沈德潛譽蓮峰詩：「揣摩王、孟，舉釋典玄妙融化出之，殊有空山冰雪氣象。」

明放案三：清代名士蔡寅斗稱蓮峰詩：「悠然如雲之出岫也，朗然如月之印於潭也，飄然如天籟之無心，盎然如生物之以息相吹也。」

◇高翔於小玲瓏山館誦《雨中集字懷人》一百二十首；六月十九日，與汪士慎等集寒木山房瞻禮觀音畫像。

尹文《高翔傳》

◇六月，黃慎於芙蓉草堂作《雪騎探梅圖》；十二月，於連城作《呂洞賓圖》。

李萬才《黃慎傳》

◇六月，李方膺為新修之《莒州志》作序，並遣人送至莒州知州彭甲聲處。十月，在通州與丁有煜謀舉「滄洲畫會」，未果；十一月，於梅花樓作《松樹圖》軸，並鈐「滄洲大會」印。

崔莉萍《李方膺傳》

◇九月，李鱓於滕縣見月草堂作《蕉陰睡鵝圖》。

黃俶成《李鱓傳》

◇四月，華品①作《桂樹綬帶圖》。

王冰《華品傳》

注釋：

① 華品：詳見康熙五十六年丁酉（1717）「◇華品客京召試，列為優等，授縣丞職以歸」注。

◇廷設樂部①。

注釋：

① 樂部：官署名。猶太樂署。北周置，有上士、中士，其職如周之大司樂。唐有樂部名，分立部、坐部二者。隸屬太常，非官職。廷復立樂部，掌管朝廷音樂供應。先由禮部滿族尚書兼典樂大臣，後改為各部侍郎、內務府大臣兼理。下設神樂署掌郊廟、祠祭諸樂，和聲署掌殿廷朝會、燕享諸樂。

乾隆八年癸亥（1743）　五十一歲

◇暮春之初，與金農①、杭世駿②、厲鶚③、文宴於揚州馬氏小玲瓏山館。馬氏分贈馬四娘畫眉螺黛、太子坊紙、宋元古硯；昆季設宴，金農、杭世駿詠詩，厲鶚撫琴，板橋畫竹。

金農《冬心集拾遺》

周積寅、王鳳珠《鄭板橋年譜》

注釋：

①金農：金農：詳見康熙四十二年癸未（1703）「◇金農結識同里項霜田，始與吳徵君、亦諳和尚往來」注。

②杭世駿：詳見雍正二年甲辰（1724）「◇杭世駿中舉」注。

③厲鶚：詳見康熙五十三年甲午（1714）「◇金農與厲鶚訂交」注。

◇作《墨竹》長卷，並錄鄭所南①墨竹卷後元、明、清名人題跋。

宋鄭所南先生《墨竹》一卷，題詠甚富，古岩王先生錄而藏之有年矣。乾隆七年，見板橋畫竹，謬獎有所南家法，不愧其子孫，命作長卷。板橋羞汗不敢當，又不敢辭，畫成並錄舊題於後，奉教命也。

（按：鄭所南墨竹卷，原有元、明、清人「舊題」略。）

乾隆七年十月畫竹，畫後即錄是跋，至八年三月，乃克錄完。揚州秀才板橋鄭燮記。

「鄭燮之印」（白文）、「俗吏」（朱文）。

北京故宮博物院藏墨蹟

《鄭板橋集・補遺》

注釋：

①鄭所南：即鄭思肖（1241—1318）。南宋詩人、畫家。字憶翁，又號三外野人。連江（今屬福建福州）人。曾以太學生應博學鴻詞試。宋亡，隱居蘇州。匾其室曰「本穴世界」，以「本」字之「十」置「穴」中，即大宋。坐臥必南向，自號所南。以示不忘宋室。善寫墨蘭，多花葉蕭疏，不畫土、根，寓趙宋淪亡之意。兼工墨竹，多寫蒼煙半抹、斜月數竿之景。詩也表現出懷念宋室的感情。有《一百二十圖詩集》、《鄭所南先生詩集》等。又有《心史》，或疑為後人偽託。存世畫跡有《國香圖卷》、《竹卷》等。

明放案一：起首印為「惡竹」（白文）、「板橋道人」（白文）。最後，紙不盡處，板橋畫蘭。「克柔」（朱文）、「揚州興化人」（白文）、「鄭蘭」（白文）。

明放案二：此系手卷，紙本，墨筆。縱30.5釐米，橫470.7釐米。

◇六月八日，為載臣先生書《道情十首》卷。

楓葉蘆花並客舟，煙波江上使人愁；勸君更盡一杯酒，昨日少年今白頭。自家板橋道人是也。我先世元和公公，流落人間，教歌度曲。我如今也譜得道情十首，無非喚醒癡聾，銷除煩惱。每到山青水綠之外，聊以自遣自歌。若遇爭名奪利之場，正好覺人覺世。這也是風流世業，措大生涯。不免將來請教諸公，以當一笑。

老漁翁，一釣竿，靠山崖，傍水灣；扁舟來往無牽絆。沙鷗點點輕波遠，荻港蕭蕭白晝寒，高歌一曲斜陽晚。一霎時波搖金影，驀抬頭月上東山。

老樵夫，自砍柴，捆青松，夾綠槐；茫茫野草秋山外。豐碑是處成荒塚，華表千尋臥碧苔，墳前石馬磨刀壞。倒不如閒錢沽酒，醉醺醺山徑歸來。

老頭陀，古廟中，自燒香，自打鐘；免葵燕麥閑齋供。山門破落無關鎖，斜日蒼黃有亂松，秋星閃爍頹垣縫。黑漆漆蒲團打坐，夜燒茶爐火通紅。

水田衣，老道人，背葫蘆，戴袱巾；棕鞋布襪相廝稱。修琴賣藥般般會，捉鬼拿妖件件能，白雲紅葉歸山徑。聞說道懸岩結屋，卻教人何處相尋？

老書生，白屋中，說黃虞，道古風；許多後輩高科中。門前僕從雄如虎，陌上旌旗去似龍，一朝勢落成春夢。倒不如蓬門僻巷，教幾個小小蒙童。

盡風流，小乞兒，數蓮花，唱竹枝；千門打鼓沿街市。橋邊日出猶酣睡，山外斜陽已早歸，殘杯冷炙饒滋味。醉倒在回廊古廟，一憑他雨打風吹。

掩柴扉，怕出頭，剪西風，菊徑秋；看看又是重陽後。幾行衰草迷山郭，一片殘陽下酒樓，棲鴉點上蕭蕭柳。撮幾句盲辭瞎話，交還他鐵板歌喉。

邈唐虞，遠夏殷。卷宗周，入暴秦。爭雄七國相兼併。文章兩漢空陳跡，金粉南朝總廢塵，李唐趙宋慌忙盡。最可歎龍盤虎踞，盡銷磨燕子、春燈。

吊龍逢，哭比干。羨莊周，拜老聃。未央宮裡王孫慘。南來薏苡徒興謗，七尺珊瑚只自殘。孔明枉作那英雄漢；早知道茅廬高臥，省多少六出祁山。

撥琵琶，續續彈；喚庸愚，警懦頑；四條弦上多哀怨。黃沙白草無人跡，古戍寒雲亂鳥還，虞羅慣打孤飛雁。收拾起漁樵事業，任從他風雪關山。

風流家世元和老，舊曲翻新調；扯碎狀元袍，脫卻烏紗帽，俺唱這道情兒歸山去了。

載臣先生見予所作《道情》索自書一通奉贈，小胥所抄，不取也。遲之一歲，乃克如命。時乾隆八年夏六月八日雨中，乃蓋極熱微涼後也。揚州小弟鄭燮。

北京夏衍先生藏墨蹟

◇七月十八日，作破格書跋臨王羲之《蘭亭序》。

永和九年，歲在癸丑，暮春之初，會於會稽山陰之蘭亭，修禊事也。群賢畢至，少長咸集，此地有崇山峻嶺，茂林修竹；又有清流激湍，映帶左右，引以為流觴曲水。列坐其次，雖無絲竹管弦之盛，一觴一詠，亦足以暢敘幽情。是日也，天朗氣清，惠風和暢，仰觀宇宙之大，俯察品類之盛，所以遊目騁懷，足以極視聽之娛，信可樂也。

夫人之相與，俯仰一世，或取諸懷抱，晤言一室之內；或因寄所托，放浪形骸之外。雖取捨萬殊，靜躁不同，當其欣於所遇，暫得於己，快然自足，曾不知老之將至。及其所之既倦，情隨事遷，感慨系之矣。向之所欣，俯仰之間，已為陳跡，猶不能不以之興懷。況修短隨化，終期於盡。古人云：「死生亦大矣。」豈不痛哉！

每覽昔人興感之由，若合一契，未嘗不臨文嗟悼，不能喻之於懷。固知一死生為虛誕，齊彭殤為妄作。後之視今，亦猶今之視昔。悲夫！故列敘時人，錄其所述，雖世殊事異，所以興懷，其致一也。後之覽者，亦將有感於斯文。

黃山谷云：世人只學蘭亭面，欲換凡骨無金丹。可知骨不可凡，面不足學也。況蘭亭之面，失之已久乎！板橋道人以中郎①之體，運太傅②之筆，為右軍③之書，而實出以己意，並無所謂蔡鍾王者，豈復有蘭亭面貌乎！古人書法入神超妙，而石刻木刻千翻萬變，遺意蕩然，若復依樣葫蘆，才子俱歸惡道。故作此破格書以警來學，即以請教當代名公，亦無不可。

乾隆八年七月十八日，興化鄭燮並記。

南京許莘農先生藏拓本

《鄭板橋集・補遺》

注釋：

① 中郎：即東漢文學家、書法家蔡邕（133—192）。字伯喈，陳留圉（今河南杞縣南）人。靈帝時為議郎。董卓專政，被迫為侍御史，官左中郎將。工篆、隸，尤以隸書著稱，結構嚴整，點劃俯仰，體法多變，有「骨氣洞達，爽爽有神」之評。熹平四年（175），與堂溪典等寫定「六經」文字，部分由蔡邕書丹於石，立太學門外，世稱「熹平石經」。又曾於鴻都門見工匠用帚寫字，得到啟發，作「飛白」書。也能畫。有《蔡中郎集》，系後人輯本。

② 太傅：即三國魏大臣、書法家鍾繇（151—230）。字元常，潁川長社（今河南長葛東）人。東漢末為黃門侍郎。曹丕代漢後，任為廷尉。明帝即位，遷太傅。人稱鍾太傅。工書，師法曹喜、蔡邕、劉德升，博取眾長，兼善各體，尤精於隸、楷。點劃之間，多有異趣，結體樸茂，出乎自然，形成了由隸入楷的新貌。真跡不傳，宋以來法帖中所刻《宣示表》、《賀捷表》、《薦季直表》等，都出於後人臨摹。

③ 右軍：即東晉書法家王羲之。

明放案：此拓本後有鄭鑾〈板橋世大父臨蘭亭序跋〉：板橋世大父生於康熙癸酉十月廿又五日，歿於乾隆乙酉十二月十有二日。此書在乾隆八年七月合諸家而成一體，正公學力精到時也。公少習懷素，筆勢奇妙，惜不可多見；中年始以篆隸之法闌入行楷，蹊徑一新，卓然名家，而不知者或以野狐禪①目之，妄矣。嘉慶十二年冬，叔父田舉是書以付余。余藏行篋中，物色梨棗者十數年。茲聞于常熟宗贊府懷懋，稱其友人袁君存烈之能，乃以鉤摹剞劂之事咸托之。余喜其事之成，而天下之愛公書者可以知所自來，更願天下學公書者，勿僅求諸面貌也。嘉慶庚辰冬至後二日，從孫鑾②謹識於羊城行館。

注釋：

① 野狐禪：佛教內對一些非真正坐禪辦道而妄稱開悟者的稱呼。據說從前有人解錯了禪語

的一個字，就有五百生投胎為野狐，後遇百丈禪師予以糾正，才得以解脫。（見《傳燈錄》）。後引為外道、異端的意思。

②鑾：即鄭鑾。方濬頤等續纂《揚州府志》卷九云：「鄭鑾，字子硯。興化人。燮從孫。嘉慶十二年舉人，二十二年大挑知縣。初任廣東，後改河南，所至有聲。令魯山，尤多惠政。葺段店嶺，行人便之，稱「鄭公路」。增置琴台書院膏火，復籌鄉試考費，士民感頌。歸里後，蒔花種竹，不與外事，而周恤故舊，獎掖後進，不遺餘力。古文詩詞獨辟蹊徑，尤工書翰，寸箋尺楮，人爭棄之。著《嶺海》、《梁園》、《魯山》等集若干卷。咸豐三年，……卒，年七十二。魯人聞之，馳書賻問，於琴台元公祠右，立鄭公祠。咸豐九年，入祀魯山名宦祠。」

明放案：《蘭亭序》，又名《蘭亭雅集序》、《蘭亭集序》、《臨河序》、《禊序》、《禊帖》。散文篇名、行書法帖。東晉穆帝永和九年（353）三月三日，王羲之與謝安、孫綽等四十一人在山陰（今浙江紹興）蘭亭「修禊」時所作的詩序。與會者臨流賦詩，各抒懷抱，披錄37首成集。

《蘭亭序》乃以東晉貴族文化為背景所揮就的一篇風流志向的文學作品。它不僅僅是讚譽山川之美，並且是以老莊思想清談哲學為基調的人生觀之寫照。思緒萬千，低迴曲折，顯而不露，深而不晦。疏朗簡淨，韻味悠長，文筆流暢、灑脫，很能代表王羲之的散文風格。法帖相傳之本，凡28行，324字。其中「之」有20字，其它

「一」、「以」、「不」、「所」等也各有7字。這些出現頻率極高的按其字形皆轉悉異，遂無同者。

唐太宗對《蘭亭序》推崇備至，留下了「蕭郎賺辨才」的故事。太宗命趙模、韓道政、馮承素、諸葛貞、麻道嵩、湯晉徵、歐陽詢、虞世南、褚遂良、陸柬之、王承規等鉤摹數本，分賜親貴近臣。太宗死，相傳真跡殉葬。李世民親為王羲之作傳云：「詳察古今，研精篆隸，盡善盡美，其惟王逸少乎！觀其點曳之工，裁成之妙，煙霏露結，狀若斷而還連，鳳翥龍蟠，勢如斜而反直，玩之不覺為倦，覽之莫識其端。心摹手追，此人而已。其餘區區之類，何足論哉。」在此之前，梁代蕭衍《古今書人優劣評》云：「王羲之書字勢雄逸，如龍跳天門，虎臥鳳闕，故歷代寶之，永以為訓。」

永和九年暮春，蘭亭修禊，群賢畢至，王羲之借乘酒興作此詩序，醒後視之，自以為神，重寫百回而不如。群賢吟詠已無人稱道，而羲之之序卻紛紛紜紜。《蘭亭序》謂「率意之書」，又謂「風雅之書」。被譽為「天下第一行書」。羲之被仰為「書聖」，則始於唐代。解放後，郭沫若撰文斥《蘭亭》為偽作，拉開了「蘭亭論辨」之帷幕，一時熱鬧非凡。啟功、李長路、高二適等名流曾參與其中。相傳高二適先生頗用意氣，以「何來鼠子敢跳樑，蘭亭依舊屬姓王」句回擊郭沫若，毛澤東亦曾就此說過：「筆墨官司，有比無好。」

存世唐摹《蘭亭序》，以「神龍本」為最著。神龍蘭亭，傳即馮承素雙鈎廓填本。紙本，縱24.5釐米，横69.9釐米，故宮博物院藏墨蹟。因卷首有唐中宗神龍年號小印，故稱「神龍蘭亭」。此本曾入宋高宗內府，元初為郭天錫所獲，後歸大藏家項元汴，乾隆時復內府，「神龍蘭亭」流傳有緒，名氣頗高。此卷通篇嫵媚靈動，整飭精微。有如談玄高士，神清骨奇，倜儻出塵，所謂魏晉風度，躍然紙上。而最為奇特之處在於牽絲映帶，纖毫畢現，數百字之文，無字不用牽絲，俯仰婀娜，多而不覺其佻。唐摹號「下真跡一等」。

《蘭亭序》石刻首推「定武本」。定武蘭亭，單刻帖，傳為歐陽詢鈎勒上石。北宋慶歷年間發現於定武（今河北正定），故名「定武蘭亭」。真本有二：一為元柯九思藏本；一為元獨孤長老藏本，曾歸趙孟頫，趙有十三跋。「定武蘭亭」與「神龍蘭亭」相較，空靈飄逸少減，渾勁安閒有加。字、行距的重新排布對原作章法有所損害。但經刻石，墨本中的某些點畫，別有意趣。

餘見《蘭亭序》計有：神龍本、定武本、褚遂良本、吳炳舊藏定武本及翁同龢藏本。蘭亭是書家的垂誕之地，蘭亭位於紹興西南25里的蘭渚山麓。由越王勾踐在此植蘭而得名。酈道元《水經注》云：「湖口有亭，號曰蘭亭，亦曰蘭上里。太守王羲之、謝安兄弟數往造焉。吳郡太守謝勖封蘭亭侯，蓋取此亭以為封號也。」古亭幾經遷移，現之建築物和庭園為明嘉靖二十七年（1548）重建。亭為清康熙三十四年（1695）重建，還有流觴亭、右軍將軍祠、墨華亭、碑亭等古跡。1980年全面改修。流觴亭之北有康熙御書「蘭亭集序」及乾隆御詩。碑高6.80米，寬2.60米。

流觴亭之西有蘭亭碑亭。曲水之南為鵝池、鵝池畔之「鵝池」碑傳為王羲之所書。「蘭亭古道」於1985年春偶然發現，寬80至90公分，用杉綾紋樣的燒磚墊鋪而成。

◇**《道情十首》改定付梓，刻者司徒文膏。**

楓葉蘆花並客舟，煙波江上使人愁；勸君更盡一杯酒，昨日少年今白頭。自家板橋道人是也。我先世元和公公，流落人間，教歌度曲。我如今也譜得道情十首，無非喚醒癡聾，銷除煩惱。每到山青水綠之外，聊以自遣自歌。若遇爭名奪利之場，正好覺人覺世。這也是風流世業，措大生涯。不免將來請教諸公，以當一笑。

老漁翁，一釣竿，靠山崖，傍水灣；扁舟來往無牽絆。沙鷗點點輕波遠，荻港蕭蕭白晝寒，高歌一曲斜陽晚。一霎時波搖金影，驀抬頭月上東山。

老樵夫，自砍柴，捆青松，夾綠槐；茫茫野草秋山外。豐碑是處成荒塚，華表千尋臥碧苔，墳前石馬磨刀壞。倒不如閒錢沽酒，醉醺醺山徑歸來。

老頭陀，古廟中，自燒香，自打鐘；兔葵燕麥閑齋供。山門破落無關鎖，斜日蒼黃有亂松，秋星閃爍頹垣縫。黑漆漆蒲團打坐，夜燒茶爐火通紅。

水田衣，老道人，背葫蘆，戴袱巾；棕鞋布襪相廝稱。修琴賣藥般般會，捉鬼拿妖件件能，白雲紅葉歸山徑。聞說道懸岩結屋，卻教人何處相尋？

老書生，白屋中，說黃虞，道古風；許多後輩高科中。門前僕從雄如虎，陌上旌旗去似龍，一朝勢落成春夢。倒不如蓬門僻巷，教幾個小小蒙童。

盡風流，小乞兒，數蓮花，唱竹枝；千門打鼓沿街市。橋邊日出猶酣睡，山外斜陽已早歸，殘杯冷炙饒滋味。醉倒在回廊古廟，一憑他雨打風吹。

掩柴扉，怕出頭，剪西風，菊徑秋；看看又是重陽後。幾行衰草迷山郭，一片殘陽下酒樓，棲鴉點上蕭蕭柳。撮幾句盲辭瞎話，交還他鐵板歌喉。

邈唐虞，遠夏殷。卷宗周，入暴秦。爭雄七國相兼併。文章兩漢空陳跡，金粉南朝總廢塵，李唐趙宋慌忙盡。最可歎龍盤虎踞，盡銷磨燕子、春燈。

吊龍逢，哭比干。羨莊周，拜老聃。未央宮裡王孫慘。南來薏苡徒興謗，七尺珊瑚只自殘。孔明枉作那英雄漢；早知道茅廬高臥，省多少六出祁山。

撥琵琶，續續彈；喚庸愚，警懦頑；四條弦上多哀怨。黃沙白草無人跡，古戍寒雲亂鳥還，虞羅慣打孤飛雁。收拾起漁樵事業，任從他風雪關山。

風流家世元和老，舊曲翻新調；扯碎狀元袍，脫卻烏紗帽，俺唱這道情兒歸山去了。是曲作于雍正七年，屢抹屢更。至乾隆八年，乃付諸梓。刻者司徒文膏也。

《鄭板橋集・小唱》

◇**作家書〈范縣署中寄舍弟墨〉**。

刹院寺祖墳，是東門一枝大家公共的，我因葬父母無地，遂葬其傍。得風水力，成進士，作宦數年無恙。是眾人之富貴福澤，我一人奪之也，于心安乎不安乎！可憐我東門人，取魚撈蝦，撐船結網；破屋中吃秕糠，啜麥粥，搴取荇葉蘊頭蔣角煮之，旁貼蕎麥鍋餅，便是美食，幼兒女爭吵。每一念及，真含淚欲落也。汝持俸錢南歸，可挨家比戶，逐一散給：南門六家，竹橫港十八家，下佃一家，派雖遠，亦是一脈，皆當有所分惠。騏驎小叔祖亦安在？無父無母孤兒，村中人最能欺負，宜訪求而慰問之。自曾祖父至我兄弟四代親戚，有久而不相識面者，各贈二金，以相連續，此後便好來往。徐宗于、陸白義輩，是舊時同學，日夕相征逐者也。猶憶談文古廟中，破廊敗葉飀飀，至二三鼓不去；或又騎石獅子脊背上，論兵起舞，縱言天下事。今皆落落未遇，亦當分俸以敦夙好。凡人于文章學問，輒自謂己長，科名唾手而得，不知俱是僥倖。設我至今不第，又何處叫屈來，豈得以此驕倨朋友！敦宗族，睦親姻，念故交，大靈數既得；其餘鄰里鄉黨，相賙相恤，汝自為之，務在金盡而止。愚兄更不必瑣瑣矣。

《鄭板橋集・家書》

◇作〈止足〉詩。

年過五十，得免孩埋；情怡慮淡，歲月方來。彈丸小邑，稱是非材。日高猶臥，夜戶長開。年豐日永，波淡雲回。鳥鳶聲樂，牛馬群諧。訟庭花落，掃積成堆。時時作畫，亂石秋苔；時時作字，古與媚皆；時時作詩，寫樂鳴哀。閨中少婦，好樂無猜；花下青童，慧黠適懷。圖書在屋，芳草盈階。晝食一肉，夜飲數杯。有後無後，聽己焉哉！

《鄭板橋集・詩鈔》

任乃賡〈鄭板橋年表〉

◇作《櫻筍廚》。

櫻筍廚。

乾隆八年，鄭燮。「板橋」（朱文）。

吳淦書《蝴蝶秋齋畫冊》

◇作家書〈范縣署中寄四弟墨〉。

自三月十日發信後，至今未寄一信，懶握管也。不料我弟更懶于愚兄，二月余無片紙報我，雖知家口平安，似無須竹報，然而收信後必當答覆，否則遺失與否，亦無從稽考矣。余於五月初七日移寓署後鄧氏花園，緣署屋系前朝建築物，低而狹，黃梅時節，潮濕難堪，觸發余之濕疾，飲食無味，兩足亦潰爛。請醫生調治，謂宜擇居高廈。鄧園房屋軒敞，花草清幽，主人挈眷赴京，遂得賃居之，月化租金六十千。與縣署只隔一巷，朝往夕來，尚覺便利。署中訟案雖簡，奈盜案較多，鞫訊口供，殊費周折。有一盜名毛老哥子者，審十七次始得畫供，已覺磨煩極矣，不料解省依舊翻供，發回再審，至今猶在范縣獄中。近時求書畫者，較往年更增數倍，都屬同年同寅及巨紳，大抵挾贈物而來，勢不得不為之一揮。早知今日，悔不當初不習畫，則今日可減卻一半磨煩。余年將屆五十矣，而膝下僅有一女，望子情殷，思積些功德，所以治盜主捕而不主殺，問供亦不尚嚴刑。豈知姑息養奸，翻供愈多。現遇盜案，皆委王捕廳代審，省卻煩惱不少。內子現又有喜，大約八九月間生產，未識可有夢熊之兆否？哥哥字。

《鄭板橋文集・書劄》

◇金農①在揚州畫燈賣燈，曾托袁枚在金陵代售，被袁婉拒；九月，全祖望至揚州，作〈冬心先生賣燈記〉。

張郁明《金農傳》

注釋：

① 金農：詳見康熙四十二年癸未（1703）「◇金農結識同里項霜田，始與吳徵君、亦諳和尚往來」注。

◇四月，黃慎①於永安作《蘇武牧羊圖》；六月，於寧化作《三仙煉丹圖》。

李萬才《黃慎傳》

注釋：

①黃慎：詳見康熙四十一年壬午（1702）「◇黃慎別母離家，拜師學畫」注。

崔莉萍《李方膺傳》

◇後四月，李方膺作《鮒魚貫柳圖》。

尹文《高翔傳》

◇重九日，高翔與汪士慎登文選樓並合作《梅花紙帳》巨制。

◇重九日，馬曰琯、馬曰璐兄弟於揚州天寧寺馬氏行庵舉行文宴，參加者有全祖望、厲鶚、程夢星及馬氏兄弟共十六人，因高翔與汪士慎登文選樓，故未得與。

◇二月，杭世駿①在考選御史對策中，因主張「意見不可先設，畛域不可太分」、「天下巡撫漢滿參半」，遂被革職；後在杭州與金農、丁敬等結詩社。

注釋：

①杭世駿：詳見雍正二年甲辰（1724）「◇杭世駿中舉」注。

◇《重訂李義山詩集箋注》成，四卷，清朱鶴齡注，程夢星刪補，東柯草堂校刻本。

◇官修地理總志《大清一統志①》初成，三百四十二卷。歷時五十八年。

注釋：

①《大清一統志》：官修地方總志。從康熙二十五年（1686）開始，前後歷經三次編輯：初次於是年成書，三百四十二卷；第二次於乾隆四十九年（1784）成書，五百卷；第三次於道光二十二年（1842）成書，五百六十卷，是志因始於嘉慶年間，且以纂至嘉慶二十五年（1820）為限，故名《嘉慶重修一統志》。首為京師，下分直隸、盛京、江蘇、安徽、山西、山東、河南、陝西、甘肅、浙江、江西、湖北、湖南、四川、福建、廣東、廣西、雲南、貴州、新疆、烏里雅蘇台、蒙古二十二統部和青海、西藏等地區。每省均有圖、表，繼以總敘，再按府、直隸廳、州分卷，列有疆域、分野、建置沿革、形勢、風俗、城池、學校、戶口、田賦、山川、古跡、關隘、津梁、堤堰、陵墓、寺觀、名宦、人物、流寓、列女、仙釋、土產等二十五目。內容豐富，考訂精詳，是一部比較完善的全國性地志，為研究中國歷史地理的重要參考書。

◇清廷制定闕里「聖廟樂章」，頒發曲阜及天下學宮。

乾隆九年甲子（1744） 五十二歲

◇**作家書〈范縣署中寄舍弟墨第二書〉**。

吾弟所買宅，嚴緊密栗，處家最宜，只是天井太小，見天不大。愚兄心思曠遠，不樂居耳。是宅北至鸚鵡橋①不過百步，鸚鵡橋至杏花樓②不過三十步，其左右頗多隙地。幼時飲酒其旁，見一片荒城，半堤衰柳，斷橋流水，破屋叢花，心竊樂之。若得制錢③五十千，便可買地一大段，他日結茅有在矣。吾意欲築一土牆院子，門內多栽竹樹草花，用碎磚鋪曲徑一條，以達二門。其內茅屋二間，一間坐客，一間作房，貯圖書史籍筆墨硯瓦酒董茶具其中，為良朋好友後生小子論文賦詩之所。其後住家主屋三間，廚屋二間，奴子屋一間，共八間。俱用草苫，如此足矣。清晨日尚未出，望東海一片紅霞，薄暮斜陽滿樹。立院中高處，便見煙水準橋。家中宴客，牆外人亦望見燈火。南至汝家百三十步，東至小園僅一水，實為恒便。或曰：此等宅居甚適，只是怕盜賊。不知盜賊亦窮民耳，開門延入，商量分惠，有甚麼便拿甚麼去；若一無所有，便王獻之青氈，亦可攜取質百錢救急也。吾弟當留心此地，為狂兄娛老之資，不知可能遂願否？

《鄭板橋集·家書》

任乃賡〈鄭板橋年表〉

注釋：

①鸝鵡橋：地名。《興化縣誌》云：「又稱甯武橋、英武橋，在興化城內西北。」

②杏花樓：興化園林建築。在鸝鵡橋北，海子池西南，園主人姓李，李鱓同宗。

③制錢：明代稱本朝官爐所鑄的銅錢為制錢。清代稱本朝官爐所鑄的小平錢為制錢。古時用繩索穿錢，一千錢為一串，稱一貫。一吊為五十個大銅元，或一百個小銅元，即一千文。每個大銅元二十文，小銅元十文。一個元寶（銀錠）重五十兩，約值一百吊；銀元每枚重庫平七錢二分，含純銀九成，合六錢四分八厘。

◇六月十五日，作家書〈范縣署中寄舍弟墨第三書〉。

禹會諸侯於塗山，執玉帛者萬國①至夏、殷之際，僅有三千，彼七千者竟何往矣？周武王大封同異姓，合前代諸侯，得千八百國，彼一千餘國又何往矣？其時強侵弱，眾暴寡，刀痕箭瘡，薰眼破脅，奔竄死亡無地者，何可勝道。特無孔子作《春秋》②，左丘明③為傳記，故不傳於世耳。世儒不知，謂春秋為極亂之世，復何道？而春秋已前，皆若渾渾噩噩，蕩蕩平平，殊甚可笑也。以太王之賢聖，為狄所侵，必至棄國與之而後已。天子不能征，方伯不能討，則夏、殷之季世，其搶攘淆亂為何如，尚得謂之蕩平安輯哉！至於《春秋》一書，不過因赴告之文，書之以定褒貶。左氏乃得依經作傳。其時不赴告而背理壞道亂亡破滅者，十倍于左傳而無所考。即如「漢陽諸姬，楚實盡之」，諸姬是若干國？楚是何年月日如何殄滅他？亦尋不出證據來。學者讀《春秋》經傳，以為極亂，而不知其所書，尚是十之一，千之百也。嗟乎！吾輩既不得志於時，困守於山椒海麓之間，翻閱遺編，發為長吟浩歎，或喜而歌，或悲而泣。誠知書中有書，書外有書，則心空明而理圓湛，豈復為古人所束縛，而略無張主乎！豈復為後世小儒所顛倒迷惑，反失古人真意乎！雖無帝王師相之權，而進退百王，屏當千古，是亦足以豪而樂矣。又如《春秋》，魯國之史也，使豎儒為之，必自伯禽④起首，乃為全書，如何沒頭沒腦，半路上從隱公說起？殊不知聖人只要明理範世，不必拘牽。其簡冊可考者考之，不可考者置之。如隱公並不可考，便從桓、莊起亦得。或曰：《春秋》起自隱公，重讓也；刪書斷自唐、虞，亦重讓也。此與兒童之見無異。試問唐、虞以前天子，那個是爭來的？大率刪書斷自唐、虞，唐、虞以前，荒遠不可信也。《春秋》起自隱公，隱公以前，殘缺不可考也，所謂史闕文耳。總是讀書要有特識，依樣葫蘆，無有是處。而特識又不外乎至情至理，歪扭亂竄，無有是處。

人謂《史記》以吳太伯為《世家》第一，伯夷為《列傳》第一，俱重讓國⑤，但〈五帝本紀〉以黃帝為第一，是戮蚩尤用兵之始，然則又重爭乎？後先矛盾，不應至是。總之，豎儒之言，必不可聽，學者自出眼孔，自豎脊骨讀書可爾。

乾隆九年六月十五日，哥哥字。

《鄭板橋集・家書》

任乃賡〈鄭板橋年表〉

注釋：

①「禹會」句：左丘明《左傳》哀公七年（前488）：「禹會諸侯於塗山，執玉帛者萬國。」杜預注：「塗山在壽春東北。」即今安徽蚌埠市西淮河東岸，又名當塗山。與荊山隔淮相對。相

傳本是一山，禹鑿為二以通淮水。

②《春秋》：儒家經典之一，編年體春秋史。相傳孔子依據魯國史官所編《春秋》加以整理修訂而成。始於魯隱西元年（前722），迄於魯哀公十四年（前481）。計二百四十二年。

③左丘明：春秋時史學家。魯國人。一說複姓左丘，名明；一說姓左，名丘明。雙目失明，曾任魯太史。與孔子同時，或謂其前。相傳曾著《左傳》及《國語》。

④伯禽：周代魯國的始祖。姬姓。亦稱禽父。周公旦長子。其父東征滅奄（今山東曲阜）後，成王封以殷民六族及舊奄地、奄民，國號魯。司馬遷《史記・魯周公世家》：「（武王）封周公旦於少昊之虛曲阜，是為魯公。周公不就封，留佐武王。……於是卒相成王，而使其子伯禽代就封於魯。」

⑤俱重讓國：司馬遷《史記・吳太伯世家》：「吳太伯、太伯弟仲雍，皆周太王之子，而王季歷之兄也。季歷賢，而有聖子昌，太子欲立季歷以及昌。於是太伯、仲雍二人乃奔荊蠻，文身斷髮，示不可用，以避季歷。」《史記・伯夷列傳》：「伯夷、叔齊，孤竹君之二子也。父欲立叔齊，及父卒，叔齊讓伯夷，伯夷曰：『父命也。』遂逃去。叔齊亦不肯立而之。」

◇建子月書作古代民謠。

武功太白，去天三伯。孤雲兩角，去天一握。山水險阻，黃金子午。蛇盤鳥櫳，勢與天通。熒熒白兔，東走西顧。衣不如新，人不如故。

乾隆九年建子月十有六日，板橋鄭燮呵凍書。「鄭燮」（白文）、「克柔」（白文）。

明放案一：此系隸書，紙本，墨筆。尺寸不詳。

明放案二：其一「武功太白……勢與天通」為三秦民謠，無名氏作。「三伯」原作「三百」。其二「煢煢白兔……人不如故」為樂府〈古豔歌〉，無名氏作。這是一首棄婦詩。最初見於《太平御覽》卷六百八十九。明清選本往往作竇玄妻〈古怨歌〉。《藝文類聚》卷三十記竇玄妻事云：「後漢竇玄形貌絕異，天子以公主妻之。舊妻與玄書別曰：「棄妻斥女敬白竇生：卑賤鄙陋，不如貴人。妾日已遠，彼日已親。何所告訴，仰呼蒼天。悲哉竇生！衣不厭新，人不厭故。悲不可忍？怨不自去。彼獨何人，而居是處。」並不曾提到竇玄妻作這首歌。今仍從《太平御覽》。

明放案三：建子月：即農曆十一月。

◇作家書〈范縣署中寄舍弟墨第四書〉。

十月二十六日得家書，知新置田獲秋稼五百斛，甚喜。而今而後，堪為農夫以沒世矣！要須製碓、製磨、製篩羅簸箕、製大小掃帚、製升斗斛。家中婦女，率諸婢妾，皆令習舂揄蹂簸之事，便是一種靠田園長子孫氣象。天寒冰凍時，窮親戚朋友到門，先泡一大碗炒米送手中，佐以醬薑一小碟，最是暖老溫貧之具。暇日咽碎米餅，煮糊塗粥，雙手捧碗，縮頸而啜之，霜晨雪早，得此周身俱暖。嗟乎！嗟乎！吾其長為農夫以沒世乎！我想天地間第一等人，只有農夫，而士為四民之末。農夫上者種地百畝，其次七八十畝，其次五六十畝，皆苦其身，勤其力，耕種收穫，以養天下之人。使天下無農夫，舉世皆餓死矣。我輩讀書人，入則孝，出則弟，守先待後，得志澤加於民，不得志修身見於世，所以又高於農夫一等。今則不然，一捧書本，便想中舉、中進士、作官，如何攫取金錢、造大房屋、置多田產。起手便錯走了路頭，後來越做越壞，總沒有個好結果。其不能發達者，鄉里作惡，小頭銳面，更不可當。夫束修自好者，豈無其人；經濟自期，抗懷千古者，亦所在多有。而好人為壞人所累，遂令我輩開不得口；一開口，人便笑曰：汝輩書生，總是會說，他日居官，便不如此說了。所以忍氣吞聲，只得捱人笑罵。工人製器利用，賈人搬有運無，皆有便民之處。而士獨於民大不便，無怪乎居四民之末也！且求居四民之末而亦不可得也！愚兄平生最重農夫，新招佃地人，必須待之以禮。彼稱我為主人，我稱彼為客戶，主客原是對待之義，我何貴而彼何賤乎？要體貌他，要憐憫他；有所借貸，要周全他；不能償還，要寬讓他。嘗笑唐人七夕詩，詠牛郎織女，皆作會別可憐之語，殊失命名本旨。織女，衣之源也，牽牛，食之本也，在天星為最貴；天顧重之，而人反不重乎！其務本勤民，呈象昭昭可鑒矣。吾邑婦人，不能織綢織布，然而主中饋，習針線，猶不失為勤謹。近日頗有聽鼓兒詞，以鬥葉為戲者，風俗蕩軼，亟宜戒之。吾家業地雖有三百畝，總是典產，不可久恃。將來須買田二百畝，予兄弟二人，各得百畝足矣，亦古者一夫受田百畝之義也。若再求多，便是占人產業，莫大罪過。天下無田無業者多矣，我獨何人，貪求無厭，窮民將何所措足乎！或曰：世上連阡越陌，數百頃有餘者，子將奈何？應之曰：他自做他家事，我自做我家事，世道盛則一德遵王，風俗偷則不同為惡，亦板橋

《鄭板橋集・家書》
任乃賡〈鄭板橋年表〉

之家法也。哥哥字。

◇**作〈范縣詩〉**。

十畝種棗，五畝種梨；胡桃頻婆，沙果柿椑。春花淡寂，秋實離離；十月霜紅，勁果垂枝。爭榮謝拙，韞采於斯；消煩解渴，拯疾療饑。

桑下有梯，桑上有女；不見其人，葉紛如雨。小妹提籠，小弟趨風；掇彼桑葚，青澀未紅。既養我蠶，無市我繭；杼軸在堂，絲絮在拈。暖老憐童，秋風裁翦。

維蒿維蕨，蔬百其名；維筐維楹，百獻其情。蒲桃在井，萱草在坪；棗花侵縣，麥浪平城。小蟲未翅，窈窕厥聲；哀呼老趙，望食延頸。范以黃口為小蟲，以銜食哺雛者為老趙。

臭麥一區，饑雞弗顧；甜瓜五色，美于甘瓠。結草為庵，扶翳遠樹，苜蓿綿芊，蕎花錦互。三豆為上，小豆斯附；綠質黑皮，勻圓如注。范有臭麥，成熟後則不臭。黃、黑、綠為三豆，為大豆，餘俱小豆。黑豆而骨青者最貴。

鵝為鴨長，率游于池；悠悠遠岸，漠漠楊絲。人牛晝臥，高樹蔭之；赤日不到，清風來吹。斗斯巨矣，三登其一；尺斯廣矣，十加其七。豆區權衡，不官而質。田無埂隴，畝無侵軼。爾種爾黍，我稪我稷。丈之以弓，岔之以尺。

黍稷翼翼，以蔥以鬱；黍稷栗栗，以實以積。九月霜花，雇役還家；腰鐮背穀，腳露肩霞。

遙指我屋，思見我婦；一縷晨煙，隔於深樹。牽衣獻果，幼兒識父。

錢十其貫，布兩其端；四十聘婦，我家實寒。亦有勝村，童兒女孫；十五而聘，十七而婚。菀枯異勢，造化無根。我欲望天，我實戴盆。六十者傭，不識妻門；籠燈舁彩，終身為走奔。

驢騾馬牛羊，滙賣斯為集；或用二五八，或以一四七。期日。長吏出收租，借問民苦疾；老人不識官，扶杖拜且泣。官差分所應，吏擾竟何極；最畏朱標籤，請君慎點筆。貪者三其租，廉者五其息。即此悟官箴，恬退亦多得。

朝歌在北，濮水在南；維茲范邑，匪淫匪婪。陶堯孫子，劉累庶枝，鼻祖于會，衍世於茲。娓娓斤斤〈唐風〉所吹；墾墾力力，物土之宜。

《鄭板橋集・詩鈔》
任乃賡〈鄭板橋年表〉

◇作〈登范縣城東樓〉詩。

獨上秋城望，高樓出曉煙。西風漳鄴水，旭日魯鄒天。過客荒無館，供官薄有田。時平兼地僻，何況又豐年。

《鄭板橋集・詩鈔》
任乃賡〈鄭板橋年表〉

◇作〈送陳坤①秀才入都〉詩。

天臺才子侯嘉璠②，與予京師飲酒華門；開懷吸盡玉泉③水，隻手拔斷西山根。是時長安新晴九陌淨，月光爛爛升銀盆④，長風吹天片雲邈，銀台萬樹含煙翻，疏星遠火動芳甸⑤，迴沙細浪酷似江南村。是後相逢廣陵道，予正肩舁入煙島。左竿一壺酒，右竿一尾魚；烹魚煮酒恣談謔，道傍便借村人居。飲罷茫茫又分去，君從何處得此侯生書？侯生不妄許與人，滇池洱海寧為親；憐君書法有古意，歷落不顧時賢嗔。贈詩贈字指君路，要窺北闕排勾陳。范州知縣亦何幸？回車枉駕來沙塵。荒城古柳夕陽瘦，長堤嗥犬秋墳新。此去京師一千里，十日可到渾河津。薄酒寒茶飯粗糲，對人慎勿羞吾貧。京師有僧介庵子⑥，是爾滇南舊閭里；書法晶瑩秀且清，秋蘭挺拔春桃紫。君往從之必有倚，況兼古碑舊帖藏最多，縱橫觀之疑問彼。問君此去胡為乎？功名富貴良難圖，惟有文章世公器，石渠天祿開通渠。觀君運腕頗有力，柔軟妥貼須工夫；莫辭長跪首泥地，只紙片字明月珠。書法巨公⑦二老在，法華庵主⑧梁西湖⑨。法華主張公照，梁西湖諱詩正。

《鄭板橋集·詩鈔》

任乃賡〈鄭板橋年表〉

注釋：

①陳坤：雲南人，因事入都，由侯嘉璠介紹，取道范縣拜訪板橋。板橋有感，臨行相贈此詩。

②侯嘉璠：詳見乾隆元年丙辰（1736）「◇繼續接交京中官員，作〈贈國子學正侯嘉璠弟詩〉」注。

③玉泉：即玉泉山。在今北京海澱區頤和園之西。西山東麓支脈。山中洞壑迂迴，流泉密佈，泉水晶瑩如玉，故稱玉泉池，山亦因而得名。遼、金時在山麓建有行宮，屢有興廢。清順治二年（1645）重建，改澄心園，康熙三十一年（1692）改名靜明園。曾受英法聯軍和八國聯軍破壞，建國後加以修葺。另有華藏塔、華嚴洞、香岩寺、玉龍洞等古跡。吉林大學王錫榮教授謂玉泉出北京西郊玉泉山，流入皇城，環繞紫金城，出玉河橋，達正陽門，東流注大通河。亦名御河。

④銀盆：形容月亮。

⑤芳甸：即長滿花草的原野。

⑥介庵子：僧人湛福號。祖籍雲南昆明，擅書工篆，時住北京傳經院。

⑦巨公：猶言巨匠、大師。李賀《高軒過》詩：「云是東京才子，文章巨公。」

⑧法華庵主：即清書法家、戲曲作家張照（1691—1745）。初名默，字得天，號涇南，江蘇華亭（今上海松江）人。康熙四十八年（1709）進士。官至刑部尚書、撫定苗疆大臣等。書法功力雖深但氣格不高。兼能畫蘭、梅、佛像。深通釋典，詩多禪語。熟諳音律，乾隆年間與允祿共同主持續修音樂論著《律呂正義》。作有《勸善金科》、《月令承應》、《升平寶筏》、《法宮雅奏》、《九九大慶》等宮廷大戲。著有《得天居士集》、《天瓶齋書畫題跋》，刻有《天瓶齋帖》。

⑨梁西湖：即梁詩正（1697—1763）。字養仲，號薌林。錢塘（今浙江杭州）人。雍正八年（1730）探花，乾隆初為南書房行走，遷戶部侍郎。建議八旗應行邊屯，停止募補綠營，以補國用。十年（1745）擢戶部尚書。上疏皇上要以節儉為要。十三年（1748），調兵部尚書。次年，為刑部尚書，翰林院掌院學士，協辦大學士。十五年（1750），調吏部尚書。二十三年（1758），丁

父憂，召署工部尚書，調署兵部尚書。二十五年（1760），仍命協辦大學士，兼翰林院掌院學士。二十八年（1763），授東閣大學士，曾受命編選《唐宋詩醇》，有乾隆年間內府本。充續文獻通考館總裁，草定《續文獻通考》等官體例。常隨高宗出巡，凡重要文稿，多出其手。書學柳、趙、顏諸家。著有《矢音集》。

◇作〈音布①〉詩。

昔予老友音五哥，書法峭崛含阿那。筆鋒下插九地裂，精氣上與雲霄摩。陶顏鑄柳近歐薛，排黃鑠蔡淩顛坡。墨汁長傾四五斗，殘毫可載數駱駝。時時作草恣怪變，江翻龍怒魚騰梭。與予飲酒意靜重，討論人物無偏陂。眾人皆言酒失大，予執不信嗔偽訛。大致蕭蕭足風範，細端瑣碎寧為苛！鄉里小兒暴得志，好論家世談甲科。音生不顧輒噓唾，至親戚屬相矛戈。適老適窮適怫鬱，屢顛屢僕成蹉跎。革去秀才充騎卒，老兵健校相遮羅。群呼先生拜于地，坌酒大肉排青莎。音生瞪目大歡笑，狂鯨一吸空千波。醉來索筆索紙墨，一揮百幅成江河。群爭眾奪若拱璧，無知反得珍愛多。昨遇老兵劇窮餓，頗以賣字盈釜鍋。談及音生舊時事，頓足歎恨雙涕沱。天與才人好花樣，如此行狀應不磨。嗟予作詩非寫怨，前賢逝矣將如何！世上才華亦不盡，慎勿吒叱為麼魔。此等自非公輔器，山林點綴雲霞窩。泰岱嵩華自五嶽，豈無別嶺高嵯峨。大書卷帙②千諸世，書罷茫茫發浩歌。

《鄭板橋集・詩鈔》

任乃賡〈鄭板橋年表〉

注釋：

①音布：《熙朝雅頌集》卷四十云：「故友音布聞遠，又自號雙峰居士。工書嗜酒，往往不與人書。其所善，雖弗請，亦與也。以故多所不合，竟以諸生老。板橋鄭燮為長歌以哀之，詞旨悲愴。餘深慨夫故舊之淪亡也，為作是歌。……」（伊福納詩序）。

②卷帙：篇章，篇幅。王明清《揮麈後錄》卷一：「使修群書，……廣其卷帙。」

◇作〈懷揚州舊居即李氏小園，賣花翁汪髯①所築〉詩。

樓上佳人架上書，燭光微冷月來初。偷開繡帳看雲鬢，擘斷牙籤拂蠹魚。謝傅②青山為院落，隋家芳草入院蔬。思鄉懷古兼傷暮，江雨江花爾自如。

《鄭板橋集・詩鈔》
丁家桐《鄭燮傳》

注釋：

①汪髯：李斗《揚州畫舫錄》卷六云：「字希文，吳人，工歌。乾隆丙辰來揚州，賣茶枝上村。與李復堂、鄭板橋、詠堂僧友善。後購是地種花，復堂為題勺園額。……是園水廊十餘間……後樓廿餘間。」

②「謝傅」句：謝太傅（320—385）：名安，字安石。東晉陳郡陽夏（今河南太康）人。年四十餘出仕，孝武帝時位至宰相。太元八年（383），前秦軍南下，江東大震，安又使其弟謝石與侄謝玄將領等力拒，獲得淝水之戰的勝利，並乘機北伐收復洛陽及徐州、青州、兗州等。後會稽

王司馬道子執政，謝遭排擠。謝出鎮廣陵，不久回京病死。《揚州法雲寺志》云：「晉甯康三年，謝安領揚州刺史，建宅於此。」法雲寺舊址在枝上村，而李氏小園亦在此地，則與謝安舊宅址為一處。故云。

明放案：任乃賡先生將此詩繫於乾隆十年乙丑（1745）。

◇作〈二生詩宋緯①、劉連登②，范縣秀才〉。

腐《史》③湘〈騷〉④問幾更，衙齋風雨見高情。亦知貧病渾無措，不敢分錢惱二生⑤。

《鄭板橋集・詩鈔》

任乃賡〈鄭板橋年表〉

注釋：

①宋緯：唐晟〈范縣誌〉卷二云：「宋緯，字星周，乾隆丁卯（1747）舉人。事親孝，家貧並日而食，誦讀不輟。性廉介，縣令鄭板橋深契之，贈以金，不受。」

②劉連登：唐晟〈范縣誌〉卷二云：「劉連登，字獻壁，諸生。精《易》理。善畫山水、人物。作蘭竹尤為板橋所賞。著有《四書圖考》、《易經圖》等書。」

③腐《史》：司馬遷受腐刑作《史記》，故稱。

④湘〈騷〉：屈原悲憤作〈離騷〉，自投汨羅江（湘水），故稱。

⑤「亦知」句：板橋深知二生的窘況，然再也不敢分贈銀錢使其在名聲上受玷污。

◇妾饒氏生子。

〈濰縣署中與舍弟墨第二書〉云：「余五十二歲始得一子，豈有不愛之理！……。」

《鄭板橋集・家書》

◇二月十九日，汪士慎集寒木山房觀天龍八部圖卷；四月八日，再集寒木山房觀禮繡塔；端午，為孫恬作長歌贈行；秋九月，為程黍穀《春溪洗硯圖》賦題七言長句並序；《巢林集》——4卷編訖，陳撰於真州，程陀軒為之作序；是年，為高翔作《西唐先生畫山水歌》。

尹文《汪士慎傳》

◇十月，李鱓於崇川寓齋作《紅孩映雪圖》。

黃俶成《李鱓傳》

◇三至十月，黃慎客居福州賣畫；為友人甯愚川作《飯牛圖》並題記。

李萬才《黃慎傳》

◇是年，高翔作《彈指閣圖》。（彈指閣系僧文思之居）

尹文《高翔傳》

◇十月，李方膺於梅花樓作《竹石圖》。

◇盧見曾自塞外赦還。

◇張照、梁詩正等奉詔編撰《石渠寶笈①》。

注釋：

①《石渠寶笈》：中國書畫著錄書。乾隆九年（1744），帝命張照、梁詩正等編撰。成於次年。四十四卷。著錄當時內府所藏歷代書畫真跡。依貯藏之所，各分書冊、畫冊、書畫合冊、書卷、畫卷、書畫合卷、書軸、畫軸、書畫合軸九類，每類又分上、下兩等，於每一書畫真跡，皆詳載其紙絹、尺寸、款識、印記、題詠和跋尾等項。續編有乾隆五十六年（1791）阮元等《石渠寶笈重編》，八十八冊；嘉慶二十年（1815）英和等《石渠寶笈三編》，一百零八冊。

◇帝御書圓明園四十景。

正大光明　勤政親賢　山高水長　九洲清晏　鏤月開雲　天然圖畫　碧桐書院

慈雲普護　上下天光　杏花春館　坦坦蕩蕩　茹古涵今　長春仙館　萬方安和

武陵春色　月地雲居　鴻慈永枯　匯芳書院　日天琳宇　澹泊寧靜　映水蘭香

水木明瑟　濂溪樂處　多稼如雲　魚躍鳶飛　北遠山村　西峰秀色　四宜書屋

接秀山房　方壺勝景　澡身浴德　平湖秋月　蓬島瑤台　別有洞天　夾鏡鳴琴
涵虛朗鑒　廓然大公　坐石臨流　曲院風荷　洞天深處

乾隆十年乙丑（1745）　五十三歲

◇春，作臨王羲之《蘭亭序》。

永和九年，歲在癸丑，暮春之初，會於會稽山陰之蘭亭，修禊事也。群賢畢至，少長咸集，此地有崇山峻嶺，茂林修竹；又有清流激湍，映帶左右，引以為流觴曲水。列坐其次，雖無絲竹管弦之盛，一觴一詠，亦足以暢敘幽情。是日也，天朗氣清，惠風和暢，仰觀宇宙之大，俯察品類之盛，所以遊目騁懷，足以極視聽之娛，信可樂也。

夫人之相與，俯仰一世，或取諸懷抱，晤言一室之內；或因寄所托，放浪形骸之外。雖取捨萬殊，靜躁不同，當其欣於所遇，暫得於己，快然自足，曾不知老之將至。及其所之既倦，情隨事遷，感慨系之矣。向之所欣，俯仰之間，已為陳跡，猶不能不以之興懷。況修短隨化，終期於盡。古人云：「死生亦大矣。」豈不痛哉！

每覽昔人興感之由，若合一契，未嘗不臨文嗟悼，不能喻之於懷。固知一死生為虛誕，齊彭殤為妄作。後之視今，亦猶今之視昔。悲夫！故列敘時人，錄其所述，雖世殊事異，所以興懷，其致一也。後之覽者，亦將有感於斯文。

乾隆乙丑春，板橋鄭燮書。

揚州周斯達先生藏拓本

◇二月廿四日，與復堂合題循九王像。

（上下為復堂書）：不見王郎十九年，相逢入畫畫圖邊。科頭抱膝松陰下，手讀《南華》、〈秋水〉篇。獨坐孤吟愛晚涼，是誰可與共壺觴。蒹葭楊柳芙蓉岸，所謂伊人水一方。

乾隆十年二月廿四日，題循九王三清秋小影，既書於卷，又書於冊，愛與板橋為鄰也。李鱓。「李鱓」（白文）。

（中間為板橋書）：歲行盡矣，風雨淒然，紙窗竹屋，燈火青熒，時於此間得少佳趣，無由持贈，獨享為愧，想當一笑也。

板橋。「鄭」（白文）、「燮」（白文）。

鎮江博物館藏墨蹟

明放案：此系紙本，墨筆。縱24.5釐米，橫28釐米。

◇八月，為曉堂賢友作《蘭石圖》並題識。

我在山頭蘭葉短，爾在山腰蘭葉長。後來居上前賢讓，定抵先生十倍香。

曉堂賢友粲正。

乾隆乙丑秋八月，板橋居士鄭燮畫寄。

泰裕藏墨蹟

北京劉九庵先生提供

◇作〈范縣呈姚太守①諱興滇〉詩。

落落漠漠何所營，蕭蕭淡淡自為情。十年不肯由科甲，老去無聊掛姓名。布襪青鞋為長吏，白榆文杏種春城。幾回大府②來相問，隴上閑眠看耦耕。

《鄭板橋集・詩鈔》

任乃賡〈鄭板橋年表〉

注釋：

①姚興滇：周尚質等《曹州府志》云：「姚字介石，安徽桐城人。乾隆五年（1740）至十二年（1747）任曹州知府。」

②大府：上級官府。韓愈〈送鄭尚書序〉：「嶺之南，其州七十，其二十二隸嶺南節度府，其四十餘分四府，府各置帥，然獨嶺南節度為大府。大府始至，四府必使其佐啟問起居。」明清時，亦稱總督、巡撫為「大府」。

◇作〈姑惡①〉詩。

古詩云：「姑惡，姑惡，姑不惡，妾命薄。」可謂忠厚之至，得三百篇遺意矣！然為姑者，豈有悛悔哉？因複作一篇，極形其狀，以為激勸焉。

小婦年十二，辭家事翁姑。未知伉儷情，以哥呼阿夫。兩小各羞態，欲言先囁嚅②。翁令處閨閣，織作新流蘇③。姑令雜作苦，持刀入中廚。切肉不成塊，礧磈登盤簋④；作羹不成味，酸辣無別殊；析薪纖手破，執熱十指枯。翁曰：「是幼小，教導當徐徐。」姑曰：「幼不教，長大誰管拘？恃其桀傲性，將欺頹老軀；恃其驕縱資，吾兒將伏蒲。」今日肆詈辱，明日鞭撻俱。五日無完衣，十日無完膚。吞聲向暗壁，啾唧微歎籲。姑云是詛咒，執杖持刀鋙：「汝肉尚可切，頗肥未為臒；汝頭尚有髮，薅盡為秋壺。與汝不同生，汝活吾命殂。」鳩盤⑤老形貌，努目真凶屠。阿夫略顧視，便嗔羞恥無！阿翁略勸慰，便嗔昏老奴。鄰舍略探問，便嗔何與渠？嗟嗟貧家女，何不投江湖？江湖飽魚鱉，免受此毒荼。嗟哉天聽卑，豈不聞怨呼？人間為小婦，沉痛結冤誣。飽食償一刀，願作牛羊豬。豈無父母來？洗淚飾歡娛。豈無兄弟問？忍痛稱姑劬。疤痕掩破襟，禿髮云病疏，一言及姑惡，生命無須臾！

《鄭板橋集・詩鈔》

任乃賡〈鄭板橋年表〉

注釋：

① 姑惡：鳥名。即「苦惡鳥」。蘇軾〈五禽言〉第五詠姑惡自注：「姑惡，水鳥也。俗云婦以姑虐死，故其聲云。」陸遊〈夏夜舟中聞水鳥聲〉詩：「君聽姑惡聲，無乃遺婦魂。」此四句出自蘇軾〈五禽言〉詩。

②囁嚅：欲言又止。韓愈〈送李愿歸盤穀序〉：「足將進而趑趄，口將言而囁嚅。」

③流蘇：下垂的穗子，用五彩羽毛或絲線製成。古代用作車馬、帷帳等的裝飾品。《後漢書‧輿服志上》：「大行載車，其飾如金根車，……垂五彩，析羽流蘇前後。」王維〈扶南曲歌詞〉：「翠羽流蘇帳。」

④簠：古代食器。青銅製。長方形，器與蓋的形狀相同，可卻置，各有兩耳。西周晚期開始出現，沿用至戰國。

⑤鳩盤：兇神惡煞狀。以喻蒼老醜惡而兇悍的婦人。

◇作〈江七名昱①、薑七名文載②〉詩。

揚州江七無書名，予獨愛其神骨清；歐陽體制褚性情，藐姑冰雪光瑩瑩。如皋薑七無畫名，予獨愛其堅秀時；梧桐月夜仙娥娙，如聞歎息微微聲。畫中景。二子才思原縱橫，二子學術原崢嶸。天南萬里諸髦英，俯首聽命無衡爭。板橋道人孤異行，昌羊別嗜③顛倒傾。獨推書畫眾目瞠，尋諸至理還平平。廟堂若薦犧剛騂，二子應列丹刻楹。大章《簫韶》《咸池》鳴，景王無射④休噌吰。即今別調吹竽笙，世間破裂琵琶箏。我來山左塵沙並，春風夜雨思喬鶯。窮達遇合何足營，望君刻苦孤邁征。江書薑畫懸梟棖⑤，歐干⑥下璧湘秋蘅。或予謬鑒雙目盲，請呼老禿嗤殘傖⑦。

《鄭板橋集‧詩鈔》

任乃賡〈鄭板橋年表〉

注釋：

①江昱：《國朝耆獻類徵•經學》云：江「字賓谷，一字松泉，祖居歙縣，後遷揚州儀徵。久困科場，嗜學安貧。工詩文，精于金石，著有《尚書私學》、《韻歧》、《瀟湘聽雨錄》等。」久居揚州，為板橋文友，板橋官濰時有〈與江賓谷、江禹九書〉。

②姜文載：《如皋志•列傳》：「姜文載，字命車，號西堤。天姿雋上，年未冠淹通經史。好為詩，嗜畫，工書，……畫無師承，臻神品，生平濡墨染毫，皆飄飄有淩雲氣。享年不永，三十而歿。」

③昌羊別嗜：謂嗜好與眾不同。昌羊：昌蒲。《韓非子》：「屈嗜芰，文王嗜菖蒲菹，非正味也，而二賢尚之，所味不必美。」

④景王無射（yi亦）：周景王時所鑄的大鐘。

⑤臬棖：準則、法度。

⑥歐干：歐：歐冶子，春秋時人。善鑄劍。相傳曾為越王勾踐鑄五劍，稱為湛盧、巨闕、勝邪（一作鏌邪）、魚腸、純鈞。又與干將為楚昭王鑄三劍，稱為龍淵、泰阿、工布（一作工市）。干：「干將者，吳人也，與歐冶子同師，俱能為劍。」（《吳越春秋》），後轉為寶劍名。相傳干將、莫邪二人為夫婦，楚王命干將鑄造寶劍，三年成雌雄二劍，雄名干將，雌名莫邪，干將自知楚王必將怒其造劍遲緩而殺他，故藏雄劍不獻，留給兒子，希望為他報仇，後其子赤鼻終於向暴君報了仇。事見《吳越春秋•闔閭內傳》、《搜神記》和《列異傳》。一說干將莫邪實系一人。後用以泛稱寶劍。韓翃〈送劉侍御赴陝州〉詩：「金羈映驌驦，後騎佩干將。」

⑦傖：即傖父，亦作「傖夫」。猶言鄙夫、粗野之人。

◇作〈署中示舍弟墨〉詩。

學詩不成，去而學寫。學寫不成，去而學畫。日賣百錢，以代耕稼；實救困貧，託名風雅。免謁當途，乞求官舍；座有清風，門無車馬。四十科名，五十旃旌；小城荒邑，十萬編氓。何養何教，通性達情；何興何廢，務實辭名。一行不當，百慮難更。少予失教，躁卒易輕。水衰火熾①，老更不平。日有悔吝，終夜屏營。妻孥綺縠，童僕鼎羹；何功何德，以安以榮？若不速去，禍患叢生。李三復堂，筆精墨渺。予為蘭竹，家數小小；亦有苦心，卅年探討。速裝我硯，速攜我稿；賣畫揚州，與李同老。詩學三人，老瞞②與焉；少陵③為後，姬旦④為先。字學漢魏，崔蔡鍾繇⑤；古碑斷碣，刻意搜求。維茲三事，屋舍田疇。宦貧何畏，宦富可惴；即此言歸，有贏不匱。人不疵尤，鬼無瞰祟。吾既不貪，爾亦無恚⑥。需⑦則失時，決乃云智。

《鄭板橋集・詩鈔》

任乃賡〈鄭板橋年表〉

注釋：

①水衰火熾：性情平和不足而躁卒有餘。古時以五行學說解釋人的性格，認為水旺則性平和，火盛則易躁怒。

②老瞞：即曹操。

③少陵：即杜甫。

④姬旦：即周公。

⑤崔蔡鍾繇：即崔瑗，東漢書法家；蔡邕，東漢文學家、書法家；鍾繇，三國魏大臣，書法家。

⑥恚：憤怒；怨恨。《漢書‧東方朔傳》：「舍人恚曰：『朔擅詆欺天子從官。』」陸龜蒙〈庭前〉詩：「合歡能解恚，萱草信忘憂。」

⑦需：需次：等待。舊時指官吏授職後，按照資歷依次補缺。《宋史‧馬廷鸞傳》：「調池州教授，需次六年。」

◇作家書〈范縣署中寄舍弟墨第五書〉。

作詩非難，命題為難。題高則詩高，題矮則詩矮，不可不慎也。少陵詩高絕千古，自不必言，即其命題，已早據百尺樓上矣。通體不能悉舉，且就一二言之：〈哀江頭〉、〈哀王孫〉，傷亡國也；〈新婚別〉、〈無家別〉、〈垂老別〉、〈前後出塞〉諸篇，悲戍役也；〈兵車行〉、〈麗人行〉，亂之始也；〈達行在所〉三首，慶中興也；〈北征〉、〈洗兵馬〉，喜復國望太平也。只一開卷，閱其題次，一種憂國憂民忽悲喜之情，以及宗廟邱墟，關山勞戍之苦，宛然在目。其題如此，其詩有不痛心入骨者乎！至於往來贈答，杯酒淋漓，皆一時豪傑，有本有用之人，故其詩信當時、傳後世，而必不可廢。放翁①詩則又不然，詩最多，題最少，不過〈山居〉、〈村居〉、〈春日〉、〈秋日〉、〈即事〉、〈遣興〉而已。豈放翁為詩與少陵有二道哉？蓋安史之變，天下土崩，郭子儀②、李光弼③、陳元禮④、王思禮⑤之流，精忠勇略，冠絕一時，卒復唐之社稷。在〈八哀〉詩中，既略敘其人；而〈洗兵馬〉一篇，又復總其全數而讚歎之，少陵非苟作也。南宋時，君父幽囚，棲身杭越，其辱與危亦至矣。講理學者，推極於毫釐分寸，而卒無救時濟變之才；在朝諸大臣，皆流連詩酒，沉溺湖山，不顧國之大計。是尚得為有人乎！是尚可辱吾詩歌而勞吾贈答乎！直以〈山居〉、〈村居〉、〈夏日〉、〈秋日〉，了卻詩債而已。且國將亡，必多忌，躬行桀、紂，必曰駕堯、舜而軼湯、武。宋自紹興以來，主和議，增歲幣，送尊號，處卑朝，括民膏，戮大將，無惡不作，無陋不為。百姓莫敢言喘，放翁惡得形諸篇翰以自取戾乎！故杜詩之有人，誠有人也；陸詩之無人，誠無人也。杜之歷陳時事，寓諫諍也；陸之絕口不言，免羅織也。雖以放翁詩題與少陵並列，奚不可也！近世詩家題目，非賞花即讌集，非喜晤即贈行，滿紙人名，某軒某園，某亭某齋，某樓某岩，某村某墅，皆市井流俗不堪⑥之子，今日才立別號，明日便上詩箋。其題如此，其詩可知，其詩如此，其人品又可知。吾弟欲從事於此，可以終歲不作，不可以一字苟吟。慎題目，所以端人品，厲風教也。若一時無好題目，則論往古，告來今，樂府舊題，盡有做不盡處，盍為之。哥哥字。

《鄭板橋集・詩鈔》

任乃賡〈鄭板橋年表〉

注釋：

①放翁：陸遊（1125—1210），南宋詩人。字務觀，號放翁，越州山陰（今浙江紹興）人。紹興二十四年（1154）應禮部試，為秦檜所黜。孝宗時，賜進士出身，曾任鎮江、隆興通判。乾道六年（1170）入蜀，任夔州通判。八年，入四川宣撫使王炎幕府，投身軍旅生涯。後官至寶章閣待

判。積極主張抗戰，充實軍備，要求「賦斂之事宜先富室，徵稅之事宜核大商。」屢受統治集團的壓制。晚年居家鄉。今存詩九千多首，極力抒發政治抱負，反映民間疾苦，揭露投降派的屈辱求和，風格雄渾豪放。亦工詞，楊慎謂其纖麗處似秦觀，雄慨處似蘇軾。他初婚唐氏，在母親壓迫下離異。其痛苦之情傾吐在部分詩詞中，如〈沈園〉、《釵頭鳳》等，都真摯感人。有《劍南詩稿》、《渭南文集》、《南唐書》、《老學庵筆記》等。

② 郭子儀（697—781）：唐大將。華州鄭縣（今陝西華縣）人。安祿山叛亂時，任朔方節度使，在河北擊敗史思明。肅宗即位，任關內河東副元帥，因功升遷中書令。後又晉封汾陽郡王。代宗時，僕固懷恩叛變，他說服回紇與唐聯兵，共破吐蕃。德宗即位，尊為尚父，罷兵權。

③ 李光弼（708—764）：唐大將。營州柳城（今遼寧朝陽）契丹族人。有勇謀。善騎射。安祿山叛亂，任河東節度使，與郭子儀進攻河北，收復十餘郡。又守太原擊敗史思明。乾元二年（759）率軍進擊安慶緒。被史思明擊敗，不久攻克懷州，因功封臨淮郡王。寶應元年（762）出鎮徐州。進封臨淮王。後死於徐州。

④ 陳元禮：即陳玄禮。唐將領。初任梁毅都尉，從李隆基（玄宗）起兵除韋後。玄宗在位（712—755）期間，宿衛宮禁。安祿山叛亂，他護送玄宗入蜀，軍行至馬嵬驛（今陝西興平西），為緩眾怒，玄禮諫殺楊國忠，逼玄宗縊死楊貴妃。後封蔡國公。上元元年（760），因系上皇（玄宗）舊人，被迫致仕。

⑤ 王思禮（?—761）：唐營州（今河北昌黎一帶）高麗人。少習戎事。安史之亂，思禮初從哥舒翰，後從郭子儀拒祿山，因功升遷河東節度使、兵部尚書。封霍國公。

⑥流俗不堪：意謂庸俗卑劣。

◇作〈懷李三鱓〉詩。

耕田便爾牽牛去，作畫依然弄筆來。一領破蓑雲外掛，半張陳紙酒中裁。青春在眼童心熱，白髮盈肩壯志灰。惟有蓴鱸堪漫吃，下官亦為啖魚回。

待買田莊然後歸，此生無分到荊扉。借君十畝堪栽秫，賃我三間好下幃。柳線軟拖波細細，秧針青惹燕飛飛。夢中長與先生會，草閣南津舊釣磯。

《鄭板橋集・詩鈔》
任乃賡〈鄭板橋年表〉

◇福國和尚至范見訪，作〈破衲①為從祖福國②上人作〉詩。

衲衣何日破，四十有餘年；白首仍縫綻，青春已結穿。透涼經夏好，等絮③入秋便；故友無如此，相看互有憐。

《鄭板橋集・詩鈔》
任乃賡〈鄭板橋年表〉

注釋：

①衲：僧徒的衣服常用許多碎布補綴而成，稱「百衲衣」、「百衲」、「衲衣」、或「衲」。《佛祖統記》卷五「摩訶迦葉尊者」：「我今亦當隨佛出家，即著壞色衲衣，自剃鬚

髮。」為僧徒的自稱或代稱。

②福國：震華《興化佛教通志》卷二云：「成傳，字福國，興化人，鄭板橋從祖。年十六投泰州如來庵雨文大師剃染，十九詣華山受具，參濟生和尚于揚之福緣。一夕聞香板聲豁然桶底脫落，乃曰：『擊碎疑團見古人，而今不用更參詢。頭頭盡是西來意，法法全彰淨妙身。』濟頷之，出住泰州龍珠。謝事後步禮五台，回道經趙州古柏林寺，即趙州答庭前柏樹子處。檀信一見有緣，堅挽開堂，遂受請進院，自此芳名藹著。莊親王、劉大人奉旨重新其院，後南旋為濟祖編語錄，適晉陵華祝虛習，眾坤以師補之。未幾，復移福庵報國恩也。晚歲退休於邗上圓通庵。乾隆己巳春示寂，壽六十，有語錄一卷。」

③等絮：破衣補綴多層，形容厚度與棉絮相等。

◇又作〈揚州福國和尚至范賦二詩贈行〉詩。

不向空山臥寂寥①，紅塵②堆裡剎③竿招。宰官風雨朝停泊，艇子驚呼夜聽潮。眼底浮雲④真幻化，杖頭芒屩自迢遙。懸知法雨⑤無邊際，洗盡鉛華⑥廿四橋。

范城小縣無人到，忽漫袈裟⑦暮叩門。一盞寒鐙供佛火，數椽茅茨即山村。支持祖德留清白，冷落鄉園愧弟昆。本分鉗錘公透脫，更何了悟⑧教諸孫。

周尚質等《曹州府志》

《鄭板橋集・補遺》

任乃賡〈鄭板橋年表〉

注釋：

①寂寥：謂無聲無形之狀。《老子》：「寂兮寥兮，獨立而不改。」魏源注：「寂兮，無聲；寥兮，無形也。」後多用為寂靜之意。柳宗元〈至小丘西小石潭記〉：「四面竹樹環合，寂寥無人。」

②紅塵：佛教、道教等稱人世間。曹雪芹《紅樓夢》第一回：「原來是無才補天、幻形入世，被那茫茫大士渺渺真人攜入紅塵、引登彼岸的一塊頑石。」

③剎：譯自梵語Ksetya。佛塔頂部的裝飾，即相輪。

④浮云：飄浮於空中的雲。意謂幻化無定，變幻莫測。杜甫〈哭長孫侍御〉詩：「流水生涯盡，浮雲世事空。」

⑤法雨：佛家謂佛法普渡眾生，如雨之潤澤萬物。《大般涅槃經・壽命品》：「唯烯如來甘露法雨。」

⑥鉛華：古代女子搽臉之粉。《文選・曹植〈洛神賦〉》：「芳澤無加，鉛華弗御。」李善注：「鉛華，粉也。」

⑦袈裟：譯自梵語Kasaya，意為「壞色」。佛教僧尼的法衣。因僧衣避免用青、黃、赤、白、黑等「正色」，而用似黑之色，故又稱緇衣。

⑧了悟：佛教禪宗認為，人人內心都有佛性，能夠認識到這一點，稱為「了悟」。

◇冬日，范縣卸任，送饒氏母子返興化。

丁家桐《鄭燮傳》

◇**作《滿庭芳・村居》詞。**

草綠如秧，秧青似草，棋盤畫出春田。雨濃桑重，鳩婦喚晴煙。江上斜橋古岸，掛酒旗林外翩翩。山城遠，斜陽鼓角，雉堞暮雲邊。　老夫三十載，燕南趙北，漲海蠻天。喜歸來故舊，情話依然。提起髫齡嬉戲，有鷗盟未冷前言。欣重見，攜男抱幼。姻婭好相聯。

《鄭板橋集・詞鈔》

明放案：此闋詞系板橋宦遊暫歸之作，因無具體年月，姑且繫於是年。

◇**在興化，題李鱓六十歲之前為退庵禪師四十壽作《枯木竹石圖》。**

此復堂先生六十內畫也。力足手橫，大是青藤①得意之筆，不知者以為贋作，直是兒童手眼未除耳。

日本東京國立博物館藏墨蹟

注釋：

①青藤（1521—1593）：明文學家、書畫家。初字文清，改字文長，號天池山人，青藤道士，或署田水月，山陰（今浙江紹興）人。年二十為諸生，屢應鄉試不中。曾為東南軍務總督胡宗憲幕客，於抗倭軍事多所策劃。後曾一度發狂，因殺妻而下獄七年。其詩歌奇恣，文亦縱肆。在作品中把情感和個性的不受束縛的表現，放在首要地位，對儒家某些傳統觀念表示不滿：當時

伉倭戰爭、反嚴嵩鬥爭以及明政府與俺答部落的關係等重大事件，在其作品中亦有較多反映。在文學批評方面強調獨創，反對模擬，對公安派等頗有影響。也擅雜劇。自稱書法第一，而長於行草；擅畫水墨花竹、魚介、山水、人物，淋漓恣肆，有所創造。狂而不亂，筆簡意濃。與陳道復並稱「青藤、白陽」。對後世影響很大，鄭板橋曾請吳於河為其刻治「青藤門下牛馬走」印章，齊白石感歎自己「恨不生三百年前」為「青藤磨墨理紙，」均表達了對徐渭的無比崇敬。傳世作品主要有：《水墨葡萄圖》軸、《牡丹蕉石圖》軸、《雪樵圖》軸、《山水人物》冊以及《徐文長三集》、《徐文長逸稿》、《徐文長佚草》、《南詞敘錄》、《古注參同契》、《四聲猿》等。《歌代嘯》相傳亦為他所作。徐渭生前曾作自題聯：「水夕蒼蚊殘夏扇；河間紅樹早秋梨。」

◇十二月，遊揚州東郭，見李萌《歲朝圖》，遂購之。裝裱後題句。

一瓶一瓶又一瓶，歲朝圖畫筆如生。莫將片紙嫌殘缺，三百年來愛古情。

乙丑冬十有二月，遊揚州東郭。見市上有此畫，幾於破爛不堪，屬裝畫者托之，常掛几席間，聊以存元初筆仗云。

板橋鄭燮燈下志。

張大鏞《自怡悅齋書畫錄》卷一

◇作《竹圖》並題識。

晨起江邊看竹枝，一團青翠影離離。牡丹芍藥誇顏色，我亦清和得意時。

乾隆乙丑，板橋鄭燮。

鎮江金山寺文物館藏拓本《鄭板橋集·補遺》

◇作《梅蘭竹石》四條屏並題識。

一、梅

一釣寒月孤山夜，照見平生鐵石心。

克柔板橋。「板橋」（白文）。

二、蘭石

除卻東風開謝後，人間原不異仙鄉。

揚州道人板橋。「鄭燮」（白文）。

三、竹石

淩霜自得良朋友，過雨時添好子孫。

鄭燮。「七品官耳」（白文）。

四、菊石

千載白衣酒，一生清女霜。

乾隆乙丑，板橋。「丙辰進士」（朱文）。

興化市鄭板橋紀念館藏拓片

◇上元日，高翔作《鶴城春望圖》；又以八分書為已故友人朱冕（老匏）作〈歸老匏先生墓碣〉詩。

尹文《高翔傳》

◇上春三日，汪士慎為沈惠堂五十生日賦詩慶賀。

尹文《汪士慎傳》

◇盧見曾擢升永平府知府，李鱓作詩寄之。

◇四月十五日，李方膺作《風松圖》；端陽前二日，作《風雨鍾馗圖》；歲除前二日，於梅花樓作《松樹圖》。

崔莉萍《李方膺傳》

◇高鳳翰《歸雲集》成書，始號「歸雲老人」。

常再盛、顧仁榮《高鳳翰傳》

張郁明《金農傳》

◇金農於蘇州予樓作《魯峻碑》跋。

◇《石渠寶笈》成書，四十四卷，輯錄當時宮廷所藏書畫。

◇改會試於三月進行。

◇帝進烏喇那拉氏為貴妃。

◇帝冊魏佳氏為令嬪。

五十—五十三歲官范期間所作詩文、尺牘尚有：

◇〈感懷〉詩。

歌舞樓頭暮影催①，雪霜門戶豔陽回。蘇秦②六國都丞相，羅隱③西湖老秀才。遊說寂寥齊市哭，文章光怪越山開。分明一匹鴛鴦錦，玉剪金刀請自裁④。

《鄭板橋集・詩鈔》

注釋：

①「歌舞」句：隱喻榮華富貴終會有盡頭，貧賤窮困亦會有轉機。

②蘇秦（？—前284），戰國時東周洛陽（今河南洛陽東）乘軒里人。字季子。奉燕昭王命入齊，從事反間活動，以便為燕復仇。後又與趙國李兌約五國攻秦，被趙封為武安君。五國合縱攻秦，迫使秦廢帝號，歸還部分魏趙地。後燕將樂毅聯合五國大舉攻齊，其陰謀暴露，被車裂而死。《漢書・藝文志》縱橫家有《蘇子》三十一篇，今佚。長沙馬王堆漢墓出土帛書《戰國縱橫家書》保存有蘇秦的書信和遊說辭十六章，與司馬遷的《史記・蘇秦列傳》所載不同。

③羅隱（833—910）：唐文學家。字昭諫，杭州新城（今浙江富陽西南）人。本名橫，以十舉進士不第，乃改名。在咸通、乾符中，與羅鄴、羅虬合稱「三羅」。光啟中，入鎮海軍節度使錢繆幕，後遷節度判官、給事中等職。其散文小品，筆鋒犀利，所著《讒書》「幾乎全部是抗爭和憤激之談」（魯迅《南腔北調集・小品文的危機》）。詩亦頗有諷刺現實之作，多用口語，於民間流傳甚廣。有詩集《甲乙集》和《讒書》、《兩同書》等，清人輯有《羅昭諫集》。

④「分明」句：謂蘇、羅二人原本為讀書之人，但其結果截然不同。

◇**〈寄招哥①〉詩**。

十五娉婷嬌可憐，憐渠②尚少四三年。宦囊蕭瑟音書薄，略寄招哥買粉錢。

《鄭板橋集・詩鈔》

注釋：

①招哥：京師歌女。板橋《劉柳村冊子》（殘本）云：「道情十首，……傳至京師，幼女招哥首唱之……」

②渠：他（或她）。此處指招哥。

◇**〈寄題東村①焚詩二十八字〉。**

聞說東村萬首詩，一時燒去更無遺。板橋居士②重饒舌，詩到煩君並火之。

《鄭板橋集・詩鈔》

注釋：

①東村：姓石，板橋詩友。後板橋又作〈題石東村鑄陶集〉。

②居士：猶處士。古稱有才德而隱居不仕的人。《禮記・玉藻》：「居士錦帶。」鄭玄注：「居士，道藝處士也。」《三國志・魏志・管寧傳》：「胡居士，賢者也。」

◇**〈十日菊〉詩。**

十日菊花看更黃，破籬笆外鬥秋霜；不妨更看十餘日，避得暖風禁得涼。

《鄭板橋集・詩鈔》

◇〈**范縣**〉**詩**。

四五十家負郭民，落花廳事淨無塵。苦蒿菜把鄰僧送，禿袖鶉衣小吏貧。尚有隱幽難盡燭，何曾頑梗竟能馴！縣門一尺情猶隔，況是君門隔紫宸。

《鄭板橋集・詩鈔》

◇〈**憶湖村①**〉**詩**。

數聲桄桔②隔煙蘿，是處西風壓稻禾。荻筆半含東墅雨，鷺鷥遙立夕陽波。買魚人鬧橋邊市，得酒船歸月下歌。擬向湖幹③築秋舍，菊籬楓徑近如何！

《鄭板橋集・詩鈔》

注釋：

①湖村：未詳。

②桄桔：桄：橫木；桔：桔槔，俗稱「吊杆」。一種原始的提水工具。春秋時代已經應用。在一橫木上，選擇適當位置作為支點，懸吊在木柱上或樹上，一端用繩掛一木桶，另一端繫重物，使兩端上下運動以汲取井水。關於桔槔的可靠記載最早見於《莊子》。

③湖幹：湖岸。

◇〈**喝道①**〉**詩**。

喝道排衙懶不禁，芒鞋問俗入林深。一杯白水荒塗進，慚愧村愚百姓心。

《鄭板橋集・詩鈔》

注釋：

①喝道：古時官吏出行，前導役卒呼吆，行人聞聲避讓。韓愈〈飲城南道邊古墓上逢中丞〉詩：「為逢桃樹相料理，不覺中丞喝道來。」

◇〈縣中小皂隸有似古僕王鳳①者，每見之黯然〉詩。

喝道前行忽掉頭，風情疑是舊從遊；問渠了得三生②恨，細雨空齋好說愁。
口輔依然性亦溫，差他吮筆墨花痕；可憐三載渾無夢，今日輿前遠近魂。
小印青田寸許長，抄書留得舊文章；縱然面上三分似，豈有胸中百卷藏！
乍見心驚意便親，高飛遠鶴未依人；楚王幽夢年年斷，錯把衣冠認舊臣。

《鄭板橋集・詩鈔》

注釋：

①板橋原有一小僕名王鳳，早死，後見衙中一皂隸與鳳相似，不免引起思僕之情。
皂隸：衙役。

②三生：即「三世」：「世」，遷流。佛教指個體一生存在的時間。三世即過去、現在、未來的總稱。此系業報輪迴說的理論根據之一。

◇〈鄂公子左遷諱容安①〉詩。

仲子②空殘嘔血，鄂君原不求名；革去東宮詹事③，來充國子先生④。

《鄭板橋集・詩鈔》

注釋：

①鄂容安：字虛亭，一字休如，滿族，遼寧人。大學士鄂爾泰長子。左遷：舊指降職。《漢書・周昌傳》：「吾極知其左遷。」顏師古注：「是時尊右而卑左，故謂貶秩位為左遷。」

②仲子：即陳仲子。戰國齊人，其兄為齊卿，仲子以為不義。適楚，居於陵，稱陵仲子。楚王知，以重金欲聘之，遂攜妻逃循，為人灌園。與兄不和，據說，有一次在家吃了鵝肉，聽母親說是其兄送的，便嘔吐掉。

③東宮詹事：官名。秦始置，掌太后、皇太子（東宮）家事。東漢廢。魏晉復置，歷代相沿，為太子官屬之長。遼金置詹事院。元亦置之，或曰儲政院、儲慶使司，變革不常。明清皆置詹事府，設詹事及少詹事，為三、四品官，其下有左右春坊及司經局等，用備翰林官的升遷，並無實職。至清末廢。

④國子先生：即國子監祭酒。學官名。原意指祭祀或宴會時，由年高望重者一人舉酒祭神，為一種榮譽。如荀子在齊國的稷下學宮，「三為祭酒」。漢武帝設五經博士，首長稱博士僕射，東漢改為博士祭酒，祭酒遂成為學官名。西晉改為國子祭酒，主管國子學或太學。隋以後稱國子監祭酒，為國子監的主管者。其後沿設之。清光緒三十一年（1905）廢國子監，設學部，改國子監祭酒為學部尚書。

◇〈歷覽三首〉詩。

歷覽名臣與佞臣，讀書同慕古賢人。烏紗略戴心情變，黃閣①旋登面目新。翻笑腐儒何寂寂，可憐世味太津津。勸君莫作〈閒居賦〉②，潘岳③終須負老親。

歷覽冰山過眼傾，眼前崒嵂有誰爭？三千羅綺④傳宮粉，十萬貔貅⑤擁禁兵。白髮更饒門戶計，黃金先買史書名。焚香痛哭龍門叟⑥，一字何曾誑後生！

歷覽前朝史筆殊，英才多少受冤誣！一人著述千人改，百日辛勤一日塗。忌諱本來無筆削，乞求何得有褒誅？唯餘適口文堪讀，惆悵新添者也乎。

《鄭板橋集・詩鈔》

注釋：

①黃閣：漢代的丞相、太尉及漢之後的三公官署用黃色塗門，被稱為「黃閣」。以後專指宰相官署。

②〈閒居賦〉：辭賦名，潘岳作。

③潘岳（247—300），西晉文學家。字安仁，滎陽中牟（今屬河南）人。曾任河陽（今河南孟縣西）令、著作郎、給事黃門侍郎等職。五十歲時辭官家居，侍奉母病，作〈閒居賦〉表示絕意仕宦，從事園蔬漁牧農事。後又涉足仕途，諂事權貴賈謐，被趙王司馬倫及孫秀所殺。長於歌賦，尤善哀誄之文，與陸機齊名，原有集，已散佚，明人輯有《潘黃門集》。

④羅綺：指有花紋的絲織品。這裡代指宮女。

⑤貔貅：古籍中的猛獸名。《禮記・曲禮上》：「前有摯獸，則載貔貅。」孔穎達疏：「貔貅

是一獸。」後比喻勇猛的軍士。《晉書・熊遠傳》：「命貔貅之士，鳴檄前驅。」

⑥龍門叟：即指西漢史學家司馬遷。司馬遷《史記・太史公自序》云：「遷生於龍門，耕牧河山之陽。」

龍門：今陝西韓城市境內，後為司馬遷之別稱。

◇〈南朝〉詩。

昔人謂陳後主①、隋煬帝②作翰林，自是當家本色。燮亦謂杜牧之③、溫飛卿④為天子，亦足破國亡身。乃有幸而為才人，不幸而有天位者，其遇不遇，不在尋常眼孔中也。

舞榭歌樓蕩子家，騷人落拓借撦遮。如何冕藻山龍客，苦戀溫柔旖旎花！紅豆有情傳夢寐，青春無賴鬥煙霞。風流不是君王派，請入雞林謝翠花⑤。

《鄭板橋集・詩鈔》

注釋：

①陳後主（553—604）：即陳叔寶。南朝陳的最後一位皇帝。582—589年在位。字元秀，小字黃奴。在位時大建宮室，生活奢侈，寵愛張麗華，日與嬪妃、文臣遊宴，製作豔詞，如《玉樹後庭花》、《臨春樂》等。隋兵南下時恃長江天險，不以為意。禎明三年（589），隋大將韓擒虎率兵入建康（今江蘇南京）城，陳後主及張麗華等躲在井內被俘。後在洛陽病死，追封長城縣公。明人輯有《陳後主集》。

②隋煬帝（569—618）即楊廣。隋代皇帝。604—618年在位。又名英。初封晉王。開皇二十

年（600），以陰謀代兄勇為太子。仁壽四年（604），殺父（文帝）即位。在位期間，營建東都洛陽，開掘運河，修築長城，開闢馳道，均役使數十萬至數百萬人。並發動進攻高麗的戰爭，兵役繁重，人民深受災難。大業七年（611）起，各地農民起義，豪族也乘機起兵。後在江都（今江蘇揚州）被禁軍將領宇文化及等縊殺。

③杜牧之：即杜牧（803—853，唐文學家。字牧之，京兆萬年（今陝西西安）人。杜佑孫。大和進士，曾為江西、宣歙觀察使沈傳師和淮南節度使牛僧孺的幕僚，歷任監察御史，黃、池、睦諸州刺史，後入為司勳員外郎，官終中書舍人。以濟世之才自負，曾注曹操所定《孫子兵法》十三篇。感於藩鎮跋扈和吐蕃、回紇的攻掠，詩文中多指陳諷喻時政之作。小詩寫景抒情，多清俊生動。也有一些詩寫他早年的縱酒狎妓生活。其詩在晚唐成就頗高，後人稱杜甫為「老杜」，稱牧為「小杜」。亦能文，〈阿房宮賦〉頗有名。有《樊川文集》。

④溫飛卿：即溫庭筠（812—866），唐詩人、詞人。原名岐，字飛卿，太原（今屬山西）人。寄家江東。每入試，押官韻，八叉手而成八韻，時號溫八叉。仕途不得意，官至國子助教。其詩詞藻華麗，多寫個人遭際，於時政亦有所反映。詞多寫閨情，風格濃豔。現存詞六十餘首，在唐詞人中數量最多，大都收入《花間集》。原有集，已散佚。後人輯有《溫庭筠詩集》、《金荃詞》。另著有傳奇小說集《乾巽子》，原本不傳，《太平廣記》引錄甚多。

⑤「請入」句：意謂如果硬要風流，就請辭去帝位而加入文人的行列。

雞林：即新羅，朝鮮古國名。〈新唐書〉云：雞林國丞相喜歡白居易詩，以重金易之，其行賈多有進之者，率篇一金，偽者相能辨之。

翠花：黃帝儀仗中一種用翠鳥羽作裝飾的旌旗。杜甫〈韋諷錄事宅觀曹將軍畫馬圖歌〉：「憶昔巡幸新豐宮，翠花拂天來向東。」

◇〈有年〉詩。

槐影鴉聲晝漏稀，了除案牘吏人歸。拈來舊稿花前改，種得新蔬雨後肥。小院烏童調駿馬，畫樓纖手疊朝衣。岡陵未足酬恩造，大有書年報紫微。

《鄭板橋集・詩鈔》

◇〈立朝〉詩。

立朝何必無纖過，要在聞而遽改之；千古怙終緣寵戀，問君戀得幾多時？

《鄭板橋集・詩鈔》

◇〈君臣〉詩。

君是天公辦事人，吾曹臣下二三臣；兢兢奉若穹蒼意，莫待雷霆始認真。

《鄭板橋集・詩鈔》

◇〈詠史〉詩。

蜂起孤鳴幾輩曹，是真天子壓群豪；何須傀儡諸龍種，拜冕垂旒贈一刀。天位由來自有真，不須剗削舊松筠；漢家子弟幽囚在，王莽猶非極惡人。

《鄭板橋集・詩鈔》

◇**〈秋荷〉詩**。

秋荷獨後時，搖落見風姿；無力爭先發，非因後出奇。

《鄭板橋集・詩鈔》

◇**〈平陰①道上〉詩**。

關河夜雨，車馬晨征。蕭蕭日出，蕩蕩波平。山城樹碧，古戍花明。雲隨馬足，風送車聲。漁者以漁，耕者以耕。高原婦饁，墟落雞鳴。帝王之業，野人之情②。

《鄭板橋集・詩鈔》

注釋：

①平陰：春秋時齊平陰邑。隋置縣。在山東省濟南市西南部，北濱黃河。西南距范縣約四十五公里。

②「帝王」句：謂百姓安居樂業之情，乃帝王功業所致。

◇**〈七夕①〉詩**。

天上人間盡苦辛，飛橋斜度水粼粼；一年一會多離隔，好把牛郎覷得真。

漏盡星飛頃別離，細將長夜說相思；明年又有新愁恨，不得重提舊怨詞。

《鄭板橋集・詩鈔》

注釋：

①七夕：節日名。夏曆七月初七的晚上。古代神話，七夕牛郎織女在天河相會。《荊楚歲時記》：「傅玄〈擬天問〉云：『七月七日，牽牛織女會天河。』」杜甫〈牽牛織女〉詩：「牽牛出河西，織女處其東。萬古永相望，七夕誰見同？」此詩借牛郎織女相會的傳說，抒寫人間夫妻怨別之情。

◇〈孤兒行〉詩。

孤兒躑躅①行，低頭屏息，不敢揚聲。阿叔坐堂上，叔母臉厲秋錚錚②。阿叔不念兄，叔母不念嫂。不記瘦嫂病危篤，枕上叩頭，孤兒幼小；立喚孤兒跪，床前拜倒。拭淚諾諾③，孤兒是保。

嬌兒坐堂上，孤兒走堂下；嬌兒食粱肉④，孤兒兢兢捧盤盂，恐傾跌，受笞⑤罵。朝出汲水，暮莝芻養馬。莝芻傷指，血流瀉瀉。孤兒不敢言痛，阿叔不顧視，但詈⑥死去兄嫂，生此無能者。

嬌兒著紫裘⑦，孤兒著破衣；嬌兒騎馬出，孤兒倚門扉。舉頭望望，掩淚來歸。

晝食廚下，夜臥薪草房。豪奴麗僕，食餘棄骨，孤兒拾齧，並遺剩羹湯。食罷濯盤浴釜，諸奴樹下臥涼。

老僕不分⑧涕泣，罵諸奴骨輕肉重，乃敢淩幼主，高賤軀。阿叔阿姆聞知，閉房悄坐，氣不得蘇，終然不念煢煢⑨孤。

老僕攜紙錢⑩，出哭孤兒父母，頭觸墳樹，淚滴墳土。當初一塊肉，羅綺包裹，今日受煎苦。墓樹蕭蕭，夕陽黃瘦，西風夜雨。

《鄭板橋集・詩鈔》

注釋：

①躑躅：徘徊不進貌。古樂府〈孔雀東南飛〉：「躑躅青驄馬，流蘇金縷鞍。」

②錚錚：比喻剛正不阿。孔尚任《桃花扇・辭院》：「他也是敝世兄，在復社中錚錚有聲。」

③諾諾：連聲答應，表示順從。《韓非子・八姦》：「人主未命而唯唯，未使而諾諾，先意承旨，觀貌察色，以先主心者也。」

④粱肉：指精美可口的膳食。《漢書・食貨志上》：「衣必文采，食必粱肉。」

⑤笞：意謂鞭打；杖擊。古代的一種刑罰。秦時已有，隋代定為五刑中最輕的一等，沿用至清代。《唐律疏議・名例》：「笞者，擊也。又訓為恥。」

⑥詈：責罵。《國策・秦策二》：「乃使勇士往詈齊王。」

⑦紫裘：貂裘。一種特別名貴的皮襖。貂：動物名。大如獺，尾粗，毛約一寸長，黃色或紫色。古時以其尾為冠飾。

⑧不分：猶「不忿」，氣不過。

咽。」

⑨煢煢：本指沒有兄弟，泛指孤單無靠。張協〈七命〉：「煢嫠為之擗摽，孀老為之嗚咽。」

⑩紙錢：祭祀時燒化給死者當錢用的紙錠之類。或用黃紙剪成銅錢狀。《新五代史・周本紀論》：「寒食野祭而焚紙錢。」

◇**〈後孤兒行〉①詩**。

十歲喪父，十六喪母。孤兒有婦翁②，珠玉金錢付其手。蒲葦系磐石，可以卒長久。縱不愛他人兒，甯不為阿女守？

丈丈翁，得錢歸，鼠心狼肺，側目吞肥③，千謀萬算伏危機④。

姥曰：「不可。」翁曰：「不然。」令孤兒汲水大江邊，失足落江水，鄰救得活全。丈丈聞知復活，不謝鄰居，中心悵然。

朝不與食，暮不與棲止⑤，孤兒蕩蕩⑥無倚。乞求餐飯，旬日不返；外父外母不問，曷論生死！

夜宿野廟，荒葦茫茫。聞人笑語，漸見燈光；綠林⑦君子，勒令把火隨行。孤兒不敢不聽從強梁。

事發賊得，累及孤兒；賊白冤故，官亦廉知。丈丈辣心毒手，悉力買告，令誣涅⑧與賊同歸。

西日慘慘⑨，群盜就戮。顧⑩此孤兒，肌如瑩玉。不恨已死，痛孤冤毒。行刑人淚相續。

注釋：

①此首詩寫岳丈謀財害命，孤兒被冤殺。
②婦翁：岳父。
③側目吞肥：陰謀侵吞孤兒財產使自己富起來。
④伏危機：包藏禍心。
⑤棲止：住宿之處。
⑥蕩蕩：空曠廣遠貌。此意引申為飄泊不定。
⑦綠林：新莽末年，王匡、王鳳等聚眾起義，佔據綠林山（今湖北大洪山），號稱「綠林軍」。見《後漢書・劉玄傳》。後因稱聚集山林，武裝反抗封建統治、誅鋤惡霸土豪的好漢為「綠林」。亦用指群盜股匪。
⑧誣涅：無中生有，陷之於罪。
⑨慘慘：暗淡無光貌。
⑩顧：回頭看。

◇〈**題陳孟周①詞後**〉。

陳孟周，瞽人也。聞予填詞，問其調。予為誦太白菩薩蠻、憶秦娥二首。不數日，即為其友人填二詞，亦用憶秦娥調。其詞曰：「光陰瀉，春風記得花開夜。花開夜，明珠雙贈，相逢未嫁。

舊時明月如鉤掛，只今提起心還怕。心還怕，漏聲初定，玉樓人下。」「何時了，有緣不若無緣好。無緣好，怎生禁得，多情自小。

重逢那覓回生草，相思未創招魂稿。招魂稿，月雖無恨，天何不老！」予聞而驚歎，逢人便誦。咸曰青蓮自不可及，李後主、辛稼軒何多讓矣。拙詞近數百首，因愧陳作，遂不復存。

圓嶠仙人②海上飛，吸風飲露不曾歸。偶然唾墨成涓滴，化作靈雲入少微③。世間處處可憐情，冷雨凄風④作怨聲。此調再傳黃壤⑤去，癡魂何日出愁城⑥？

《鄭板橋集・詩鈔》

注釋：

①陳孟周：盲人。生平不詳。

②圓嶠仙人：即員嶠。東海中仙山名。《列子・湯問》：「渤海之東不知幾億萬里，有大壑焉，名曰歸墟。其中有五山焉：一曰岱輿，二曰員嶠，三曰方壺，四曰瀛洲，五曰蓬萊。」此喻陳孟周。

③少微：星官名。《晉書・天文志》：「少微四星，在太微西。」

④冷雨凄風：意謂遭受到無情的打擊或惡劣的環境。

⑤黃壤：土類名。在熱帶和亞熱帶濕潤氣候、常綠闊葉林作用下發育而成的土壤。土壤中富含鐵的含水氧化物，故呈黃色或鮮黃色。此處意謂黃泉。指人死後埋葬的地穴，亦指陰間。《左傳・隱公元年》：「不及黃泉，無相見也。」

⑥愁城：比喻為憂愁所包圍。范成大〈次韻代答劉文潛〉：「一曲紅窗聲裡怨，如今分作兩

愁城。」

明放案：陳夢周《憶秦蛾》二首：

「光陰瀉，春風記得花開夜。花開夜，明珠雙贈，相逢未嫁。

舊時明月如鉤掛，只今提起心還怕。心還怕，漏聲初定，玉樓人下。」

「何時了，有緣不若無緣好。無緣好，怎生禁得，多情自小。

重逢那覓回生草，相思未創招魂稿。招魂稿，月雖無痕，天何不老。」

《鄭板橋集・詩鈔》

◇〈破屋〉詩。

廨破牆仍缺，鄰雞喔喔來。庭花開扁豆，門子臥秋苔。畫鼓斜陽冷，虛廊落葉回。掃階緣宴客，翻惹燕鴉猜。

◇〈邯鄲①道上二首〉詩。

銅台②西北又叢台，泱漭塵沙泜水回。笑武靈王③無末路，愛厮養卒④有英才。青山易老人長在，白髮無權志不灰。最是耳餘堪借鑒，千秋刎頸有疑猜。

仙館⑤荒寒不見人，呂翁遺像滿埃塵。古碑剔蘚⑥前文陋⑦，畫壁⑧含苔幻說新。幾處斷橋支破板，一溝折葦臥秋蘋。分明告我浮生⑨事，伏枕何須夢假真。

注釋：

①邯鄲：地名。在河北省南部。板橋因何事行於邯鄲道上？不詳。

②銅台：即銅雀台。

③武靈王：即戰國時趙國君主趙雍。少時立志奮發圖強，改進戰術，實行胡服射騎，國勢強盛。後讓君位於王子何（即趙惠文王），自稱主父。親率將士開征西北。公子章（惠文王之兄）從中作亂，敗走。主父納之己宮，後因大臣公子成、李兌等圍主父之宮，主父不得食，三月餘困死於沙丘宮。詳見《史記•趙世家第十二》。

④廝養卒：為人服役、地位低微的人。析薪養馬之役叫作廝，給事烹炊之役叫作養。《史記•張耳陳餘列傳》載：趙王被燕王所俘，燕要趙用一半土地來換。趙數派使者，皆被燕所殺，趙將相張耳、陳餘等無計可施，此時有一廝養卒自告願往，他向燕將陳述利害關係，燕遂遣趙王歸。

⑤仙館：即呂仙翁祠館。在今河北省邯鄲市。唐・沈既濟〈枕中記〉載：唐開元中，道士呂翁經邯鄲道上，宿客邸。邑中盧生歎己困頓不遇，呂遂授以枕曰：「子枕此，當令子榮適如意。」時店主正蒸黃粱（小米飯）。盧枕寢入夢，夢中享盡榮華富貴。壽逾八旬，以疾終。夢醒，黃粱嘗未蒸熟。後人就其地修呂仙翁祠。

⑥古碑剔蘚：謂碑文年代久遠，需剔去蘚苔方可識辨。

⑦陋：謂碑文俚俗，不堪入目。

⑧畫壁：謂呂仙翁祠內關於〈枕中記〉的壁畫。

⑨浮生：《莊子・刻意》：「其生若浮。」謂人生在世，虛浮無定，後因稱人生為「浮生」。李白〈春夜宴從弟桃花園記〉：「光陰者，百代之過客也。而浮生若夢，為歡幾何。」

◇〈漁家〉詩。

賣得鮮魚百二錢，糴糧炊飯放歸船；拔來濕葦燒難著，曬在垂楊古岸邊。

《鄭板橋集・詩鈔》

◇〈小遊贈杭州餘省三①〉詩。

撇②杭越，入姑蘇；吞震澤，藐西湖。錢塘之潮十里闊，蕩乙太湖③波浪渾如無。惠山④買酒醉酩酊，金山腳踢成齏粉。別有寥寥古淡心，披衣散髮焦崖頂；半夜狂把《瘞鶴銘⑤》，五更冷對文王鼎⑥。大索揚州不見我，飄飄千里來山左。袖中力士百斤椎，椎開俗吏雙眉鎖。俗吏之俗亦可憐，為君貸取百千錢。謁曲阜墓，觀嶧山刻⑦，登泰山顛。尚有嘶風掃電之驥足⑧，送君雲外飛歸鞭。君之小遊略如此，壯遊⑨他日吾從爾。

《鄭板橋集・詩鈔》

注釋：

①余省三：板橋友。生平不詳。

②撇：離去。

③太湖：古稱震澤、具區、笠澤。在江蘇省南部。為長江和錢塘江下游泥沙堰塞古海灣而成。面積二千四百二十五平方公里，湖面海拔3.14米左右，最深達3.33米，貯水量44.28億立方米。為中國第三大淡水湖。湖中有島嶼四十八個，以洞庭西山最大。為全國重點風景名勝區。沿湖為江南魚米之鄉。

④惠山：又稱慧山、惠泉山。在江蘇省無錫市西郊。周約二十公里。江南名山之一。山有九峰，蜿蜒若龍，又稱九龍山。主峰三茅峰，海拔328米。東麓有惠山寺、惠泉山、寄暢園、唐代題字石刻「聽松石床」及唐宋經幢等名勝古跡。惠山泉泉水清醇，被譽為「天下第二泉」。建國後開鑿映山湖，把錫山和惠山景物聯成一片，辟為錫惠公園。

⑤瘞鶴銘：著名摩崖石刻。華陽真逸撰，上皇山樵正書。其時代和書者，前人眾說紛紜，有以為晉・王羲之，有以為梁・陶弘景，有以為隋人，也有以為唐・王瓚、顧況，但均無確據。碑文殘缺，字勢雄強秀逸。宋・黃庭堅詩：「大字無過《瘞鶴銘》。」為歷來所公認。原刻在焦山（今江蘇鎮江）西麓山壁上，宋初遭雷轟崩落江中，至清康熙五十二年（1713）鎮江知府陳鵬年募工拽殘石五塊，僅存八十一字，十一字殘缺。後砌入定慧寺壁間，今存焦山碑林博物館。

⑥文王鼎：《宣和博古圖》載鼎銘曰：「魯公作文王尊鼎。」故薛尚功《鐘鼎款識》書為「魯公鼎銘」，蓋即所謂「文王鼎」也。此鼎後轉徙於私人手中。

⑦嶧山刻：即嶧山刻石。系秦代紀功刻石。秦始皇巡行各地途中登鄒嶧山立的第一個刻石，頌揚其廢分封立郡縣的功績。刻石原在山東鄒縣（今鄒城）東南，傳為李斯所書。今原石已佚，

宋淳化四年（993）鄭文寶據南唐徐鉉摹本重新刻石於長安；元至正元年（1341），申屠又據鄭文寶刻本重刻於紹興。

⑧驥足：比喻高才。《三國志・蜀志・龐統傳》：「龐士元非百里才也，使處治中別駕之任，始當展其驥足耳。」

驥：千里馬。《論語・憲問》：「驥不稱其力，稱其德也。」

⑨壯遊：謂懷抱壯志而遠遊。袁桷〈送文子方著作〉詩：「壯遊詩句豁，古戍角聲悲。」

◇〈懷無方上人〉詩。

初識上人在西江①，廬山細瀑鳴秋窗。後遇上人入燕趙②，甕山古瓦埋荒廟。今君聞住孝兒營③，亂石寒雲補棘荊；別築岩前數間屋，繪圖招我同歸耕。伊昔茅棚曬秋藥，我混屠沽④君種作；推墮蹇驢村市中，笑而不怒心寥廓。嗟⑤我的事如束柴，爪牙惡吏相推排；不知喜怒為何事，夜夢局蹐朝喧豗⑥。一年一年逐留滯，徒使高人笑疣贅⑦；我已心魂傍爾飛，來歲不歸有如水⑧。

《鄭板橋集・詩鈔》

注釋：

①西江：即江西。

②燕趙：今河北一帶，歷史上屬燕國和趙國。此指京師。

③孝兒營：不詳。

④屠沽：謂屠夫與賣酒者，此指市井。
⑤嗟：嗟歎，歎息。杜甫〈通泉驛〉詩：「我生苦飄零，所歷有嗟歎。」
⑥喧豗：轟響聲。李白〈蜀道難〉詩：「飛湍瀑流爭喧豗。」蘇舜欽〈城南歸值大風雪〉詩：「一夜大雪風喧豗。」
⑦疣贅：指生長於體表的一種贅生物。多餘而無用。《莊子》：「彼以生為附贅懸疣。」
⑧有如水：古人為表明心跡，常常指水發誓。《左傳•僖公二十四年》：晉公子重耳指河水誓曰：「所不與舅氏同心者，有如白水。」

◇〈**瓜州夜泊**〉詩。

葦花如雪隔樓臺，咫尺金山霧不開。慘澹秋燈魚舍遠，朦朧夜話客船偎。風吹隱隱荒雞唱，江動洶洶北斗回，吳楚咽喉橫鐵甕，數聲清角五更哀。

《鄭板橋集•詩鈔》

◇〈**絕句二十一首**〉。

高鳳翰

號西園，膠州秀才，薦舉為海陵督灞長。工詩畫，尤善印篆；病發後，用左臂，書畫更奇。西園左筆壽門書，海內朋交索向余。短劄長箋都去盡，老夫贋作亦無餘。

圖清格號牧山，滿洲人，部郎。善畫，學石濤和尚。
懶向人間作畫師，朋遊山下牧羊兒。崖前古廟新泥壁，墨竹臨風寫一枝。

李鱓

號復堂，興化人，孝廉。供奉內廷，後為縢縣令。畫筆工絕。蔣相公高司寇弟子。
兩革科名一貶官，蕭蕭華髮鏡中寒。回頭痛哭仁皇帝，長把靈和柳色看。

蓮峰

杭州詩僧，雍正間賜紫。
鐵索三條解上都，君王早為白冤誣；他年寫入《高僧傳》，一段風波好畫圖。

傅雯

字凱亭，閭陽布衣。工指頭畫，法且園先生。
長作諸王座上賓，依然委巷一窮民。年年賣畫春風冷，凍手胭脂染不勻。

潘西鳳

字桐岡，人呼為老桐，新昌人。精刻竹，濮陽仲謙以後一人。
年年為恨詩書累，處處逢人勸讀書；試看潘郎精刻竹，胸無萬卷待何如！

孫峨山前輩

諱勷，德州人，進士，通政司右通。文章滿天下，子孫科甲無算，先生泊如也。

屢勸諸兒莫做官，立官難更立身難；一門自有千秋業，萬石高風國史看。

黃慎

字恭懋，號癭瓢。七閩老畫師。

愛看古廟破苔痕，慣寫荒崖亂樹根；畫到情神飄沒處，更無真相有真魂。

邊維祺

字頤公，一字壽民，山陽秀才。工畫雁。

畫雁分明見雁鳴，縑緗颯颯荻蘆聲；筆頭何限秋風冷，盡是關山離別情。

李鍇

字梅山，又號豸青山人，索相子婿也。極博工詩，遼東世胄。

落魄王孫號豸青，文章無命命無靈。西風吹冷平津閣，何處重尋孔雀屏？

郭沅

字南江，揚州人，孝廉。工制藝。

點染詩書萬卷開，丹黃如繡墨如苔。客來相對無言說，文弱書生小秀才。

音布

字聞遠，長白山人。善書。

柳板棺材蓋破袪，紙錢蕭淡掛輀車；森羅未是無情地，或恐知人就索書。

沈鳳

字凡民，江陰人，盱眙縣令，王箬林太史門生。工篆刻。

政績優遊便出奇，不須峭削合時宜；良苗也怕驚雷電，扇得和風好好吹。

周景柱

字西擘，遂安人，孝廉。由內閣中書為潮州府丞。工書法。

曾約嚴灘去釣魚，春風江上草為廬；如何萬里無消耗，君屈衙官我簿憶。

董偉業

字耻夫，號愛江，瀋陽人。流寓甘泉，作《揚州竹枝詞》九十九首。

百首新詩號《竹枝》，前明原有豔妖詞；合來方許稱完璧，小楷抄謄枕秘隨。

保祿

字雨村，滿洲筆帖式。遇於江西無大師家，贈詩云：「西江馬大士，南國鄭都官。曾把都官目板橋，心知誑哄又虛驕。無方去後西山遠，酒店春旗何處招？

伊福納

字兼五，姓那拉，滿洲人。進士，戶部郎中。工詩。

紅樹年年只報秋，西山歲歲想同遊。枯僧去盡沙彌換，誰識當時兩黑頭！

申甫

號笏山，關中人，孝廉。工詩。

男兒須鬥百千期，眼底微名豈足奇；料得水枯青石爛，天涯滿誦笏山詩。

杭世駿

字大宗，號堇浦，杭州人。工詩。舉鴻博，授翰林苑編修。

門外青山海上孤，階前春草夢中臒；宦情不及閒情熱，一夜心飛入鑒湖。

方超然

字蘇台，淳安人。工書。為鹽場大使。

蠅頭小楷太勻停，長恐工書損性靈；急限采箋三百幅，宮中新制錦圍屏。

金司農

字壽門，錢塘人。博物工詩。舉鴻博不就。

九尺珊瑚照乘珠，紫髯碧眼聚商胡；銀河若問支機石，還讓中原老匹夫。

凡大人先生，載之國書，傳之左右史。而星散落拓之輩，名位不高，各懷絕藝，深恐失傳，故以二十八字標其梗概。峨山先生不應在是列，筆之所至，遂不能自已。

《鄭板橋集・詩鈔》

◇〈**題姚太守家藏惲南田①梅菊二軸** 姚諱興滇②〉。

今日方知惲壽平，石田③筆墨十洲④情。廿年⑤贋本相疑信，徒使前賢笑後生。

《鄭板橋集・詩鈔》

注釋：

①惲南田：即惲壽平（1633—1690），清初畫家、詩人。初名格，字壽平，後以字行，改字正叔，號南田、雲溪外史、白雲外史、東園客、草衣生等。武進（今屬江蘇）人。父日初，曾抗清，兵敗，壽平被俘，父以計脫之。家境貧寒，不應科舉，賣畫為生。初工山水，筆墨雋秀；後交王翬，便多作花卉，用沒骨法，而重視寫生，水墨淡彩，清潤明麗，被目為「惲派」（亦稱「常州派」、「毗陵派」）。與王時敏、王鑒、王翬、王原祁、吳歷合稱「清六家」。兼精行楷，取褚遂良，風格秀腴，。詩文亦清麗，有《甌香館集》。

②姚興滇：詳見乾隆十年乙丑（1745）「◇作〈范縣呈姚太守諱興滇〉詩」注。

③石田：即沈周（1427—1509）明畫家。字啟南，號石田，晚號白石翁，長洲（今江蘇吳縣）人。不應科舉，長期從事繪畫和詩文創作。擅山水，初得父沈恒吉、伯父沈貞吉指授，後取法董源、巨然，中年以黃公望為宗，晚年醉心吳鎮。四十歲前多畫小幅，後始拓為大幅，筆墨堅實豪放，形成中鋒為長、沉著渾厚的風貌。亦作細筆，於謹密中仍具渾成之勢，人稱「細沈」。兼工花卉、鳥獸，擅用重墨淺色，別有風韻；也畫人物。名重當代。與文徵明、唐寅、仇英並稱「明四家」。書學黃庭堅，詩學白居易、蘇軾、陸遊。著有《石田集》、《客座新離》等。

④十洲：即仇英（約1501—約1551）明畫家。字實父，號十洲，太倉（今屬江蘇）人，居蘇州（今屬江蘇）。出身工匠，後為文徵明所稱譽，從而知名於時，以賣畫為生。擅人物，尤長仕女，既工設色，又善水墨、白描，筆法或圓轉流利，或勁利有力，皆精工妍麗。山水多學趙伯駒、劉松年，青綠之作，細潤而風骨勁峭；亦善花鳥。晚年客於收藏家項元汴處，摹歷代名跡，落筆亂真。與沈周、文徵明、唐寅並稱「明四家」。

⑤「廿年」句：意謂未見南田墨菊之前的廿年間，真偽分辨不清，徒令前人恥笑。

◇尺牘〈范縣署中寄陸伯儀①〉。

前因寄發家書之便，曾附微資，托舍弟轉送台兄②，相已收受。此不足言惠，略表一點舊時同學之情。兄台知我有素，當信此非不潔之財③也。燮今日居然做官，並非文章有靈，亦不是命運亨通，只是我家祖宗積有一點功德，經過數代，僥倖適逢其會，輪到我的身上來，我有何能哉？若論文章，兄台與徐宗于④又何嘗輸我；即是胸中經濟⑤，兄台與徐宗于又何嘗輸我；而兄台與徐宗于落落未遇⑥，我乃做官，是我之經濟文章另有妙處乎？非也，連我自己也不相信也。回憶爾時數人讀書古廟，深更半夜，談文娓娓不去，雖天寒風勁亦不顧。有時一人燒粥，一人斧薪，以鹹豆子下粥，大啖大笑，腹飽身暖，剔燈再讀，如是其樂。或短衣騎石獅子脊背上，縱談天下事，誰可將十萬兵，誰可立功邊徼，以異國版圖⑦獻天子者，又如是其樂。今一念及之，古廟無恙耶？石獅子無恙耶？誰得再與我古廟談文？誰得再與我在石獅子背上論兵？誰得再與我啖鹹豆子下粥？淒慘之極，我淚不禁簌簌⑧落矣。府上老伯母，仍強健？為我請安。

《鄭板橋文集・書劄》

注釋：

①陸伯儀：即陸白義。詳見雍正六年戊申（1728）「◇春，與陸白義、徐宗于讀書於揚州天寧寺，呫嗶之暇，默寫《論語》、《孟子》、《大學》、《中庸》全篇，不足兩月即成。經核對原文，無一字之誤，後即合裝為《四書手讀》」注。

②台兄：即兄台。古代文人之間對男子的尊稱。

③不潔之財：指來路不明、不乾不淨的錢物。此處指受賄。

④徐宗于：興化人，生平不詳。

⑤經濟：指經世濟民，治理國家。杜甫〈上水遣懷〉詩：「古來經濟才，何事獨罕有。」《宋史・王安石傳論》：「以文章節行高一世，而尤以道德經濟為己任。」

⑥落落未遇：落拓失意，遇不到真正賞識自己的人。

⑦版圖：版，戶籍；圖，地圖。春秋戰國時的一種疆域戶籍地圖。始見《周禮・天官・司

會》，記有都、鄙、鄼、里等行政單位的範圍和人員。還記載有奴隸主的封地和人口。相當於後世的行政區劃圖。漢以前就有屬國必須獻版圖的制度，獻版圖猶如獻江山，故「版圖」一詞亦泛指國家疆域。

⑧簌簌：墜落貌。《京本通俗小說・志誠張主管》：「那時小夫人開疏看時，撲簌簌兩行淚下。」

◇尺牘〈范縣署中覆圖牧山〉。

廣文先生自逞聰明，解詩鬧出笑話，受人譏訕，氣憤成病，此自惹其殃，與人何干。儲生畫草蟲，畫題中說明莎雞、蟋蟀系一物，此本不誤，而人亦非笑之，此非笑者之無學，儲生之冤也。二事只相差數日，乃一則氣憤成病，一則坦然之辯，此廣文先生不及儲生處。《詩・豳風①》：「五月斯螽動股，六月莎雞振羽，十月蟋蟀入我床下」。朱《注》②云：「蜥螽、莎雞、蟋蟀本是一物，隨時候變化而異其名。」此說恐未確也。《爾雅》③云：「蜥螽蚣蝑。郭《注》謂：蚣，蜙也，俗呼春蟍。」陸佃④云：「亦或謂之春箕。《草木疏》云：蝗類，青色、長角、長股，股鳴者是也。或曰似蝗而小，股黑有文，五月中以兩股相切作聲，聞數步外者是也」。此是一生九十九子，《詩・周南》：「螽斯羽，詵詵⑤兮，宜子孫，振振兮」，即此。蓋斯螽即螽斯，斯本語助，故或云螽斯，或去斯螽，螽類非一，此其一種也。《爾雅》又云：「螒，天雞。郭《注》云：小螽，黑身赤頭，一名莎雞。又曰樗雞。」陸佃云：「其鳴以時，故有雞之號。《詩》曰六月莎雞振羽，言於是時莎雞羽成而振迅之也，幽州人謂之蒲錯。《古今注》⑥：一名絡緯，謂其鳴如紡緯也」。

此則莎雞自成一種也。《爾雅》又云：「蟋蟀，蛩。郭《注》云：今促織也，亦名青蛚」。陸佃云：「似蝗而小，善跳，正黑有光，澤如漆，一名蛩，一名促織，一名吟蛩，秋初生，得寒乃鳴」。此則蟋蟀自成一種也。三種蟲類，顯然各判，紫陽竟欲混而一之，實不知其何所據。承示儲生所作畫，畫品不凡，將來大可造就，有出藍⑦之望。如以板橋此劄示之，儲生當為釋然⑧。

《鄭板橋文集・書劄》

注釋：

①《豳風》：豳，古邑名。在今陝西旬邑、郴縣一帶。周族后稷的曾孫公劉由邰（今陝西武功西）遷居於此，到文王祖父太王又遷於歧（今陝西歧山）。《詩・大雅・公劉》：「篤公劉，於豳斯館。」

②朱《注》：即宋代朱熹所撰《詩集傳》。

③《爾雅》：我國最早解釋詞義的專著。由漢初學者綴輯周漢諸書舊文，遞想增益而成。今本十九篇。首三篇〈釋詁〉、〈釋言〉、〈釋訓〉所收為一般詞語，將古書中同義詞分別歸併為各條，每條用一個通用詞作解釋。〈釋親〉、〈釋宮〉、〈釋器〉以下各篇是關於各種名物的解釋。為考證詞義和古代名物的重要資料。後世經學家常用以解說儒家經義，至唐宋時遂為「十三經」之一。《爾雅》注本，以晉・郭璞注、宋・邢昺疏的《十三經注疏》本最通行，清・邵晉涵《爾雅正義》、郝懿行《爾雅疏義》較為詳密。

④陸佃：應為陸機。板橋筆誤。陸佃（1042年－1102年），字農師，號陶山，越州山陰人。陸佃是陸遊的祖父。生於慶曆二年（1042年），自幼家貧，好學，晚上靠月光讀書，傳為美

談，曾在金陵「受經於王安石」。熙寧三年（1070年）進士，歷官中書舍人、給事中。卒於徽宗崇寧元年（1102年）。著有《埤雅》、《禮象》、《春秋後傳》等。此處所引陸佃之言，應是出自《埤雅》。

以上資料，提供作者參考。

⑤詵詵：同「莘莘」。眾多貌。《詩•周南•螽斯》：「螽斯羽，詵詵兮。」

⑥《古今注》：筆記。西晉崔豹作。豹字正熊，漁陽（今北京密雲西南）人。三卷。分輿服、都邑、音樂、鳥獸、魚蟲、草木、雜注和問答釋義八門。對各項名物制度加以解釋和考訂，可供研究古代名物者參考。後來唐・蘇鶚的《蘇氏演義》，後唐・馬縞的《中華古今注》，有部分內容皆采自此書。

⑦出藍：即『青出於藍而勝於藍』的縮語。《荀子•勸學》：「青，取之於藍而青於藍；冰，水為之而寒于水。」楊倞注：「以喻學則才過其本性也。」藍，藍草，可作染料。《史記•三王世家・褚少孫論》：「傳曰『青采出於藍，而質青於藍』者，教使然者。」後因以「青出於藍」比喻學生勝過老師。

⑧釋然：形容疑慮消除。《世說新語•言語》：「由是釋然，無復疑慮。」

◇**尺牘〈范縣署中覆杭州余生①〉**。

聞名數年，識面乃止二次，魯山浙水，相見為難，每逢杭州人士，未嘗不念我余生也。辱贈②《壯遊詩草》，並附書下問，拙哉余生。方今文運昌明，人才輩出，生不去求教大人先生，求賜序跋，而乃遠道貽書，求教於落拓無名之板橋，余生真笨矣哉！詩草已三覆，大抵五古失於凝練，七古少雄奇之氣，如新纏足之小娘，步下不得自然，時露疲態。全卷中維七絕戛戛獨造，突過古作者。若〈摘星岩〉四首，〈玉皇廟遇雨〉四首，〈舟中月夜〉五首，殊使人心折無已！愚意此後五言宜讀陶淵明，七言宜讀杜少陵、蘇東坡，再加以一番磨練功夫，將來多少有些進益也。我友山陰胡天遊稚威，曠世奇才，詩筆雄奇峻拔，迥異流俗，特奉〈孝女李三行〉一篇，可當觀摩之助。此後如與相逢，盡可呈詩求教，為致板橋誘引之意，或不將生擯諸門外也。板橋久未作詩，作亦無甚好句。欲觀近作，實無應命，直心直肚之言，想余生當能信我。

《鄭板橋文集・書劄》

注釋：

①余生：杭州人。生平不詳。

②辱贈：辱：謙詞，猶言承蒙。司馬遷〈報任少卿書〉：「曩者辱賜書。」贈：饋贈。

◇尺牘〈范縣衙齋答李蘿村①〉。

板橋當年習畫蘭竹，只是亂塗亂撇，無所謂家數②，無所謂師承。化費了紙張筆墨，自己拿來塗貼牆壁，自己玩玩而已。此中不知是何冤孽，二十年前畫的是蘭竹，無人問起，無人談論。二十年後畫的仍是蘭竹，不曾改樣，卻有人說好，有人出錢要買，甚至有人專喜板橋畫的蘭竹，肯出大錢收買。二十年前他所搖頭不要，送他他亦不受者，二十年後卻承他如此看重，讚賞到世間罕有，板橋可謂有福氣也！然我自家看看，板橋仍是板橋，蘭竹仍是蘭竹，到底好在那裡？自家問自家，也問不出一個道理，想是眾人說了好，眼裡看來也覺好了。

來書謂琅玡氏欲求板橋畫竹，乞足下③為之先容，如肯落墨，潤筆④加倍報酬，但問畫與不畫，不計錢多錢少。琅玡氏如此多財，如此闊大，板橋未曾下筆，早將魂靈兒嚇飛九霄之外矣。我聞琅玡氏富而慳吝，所行多不義。平日與窮人乞丐面上，雖一文之施，亦不輕與，拔其一毛，叫痛半日。今琅玡主人因求板橋之畫忽然作此豪語，以錢財為餌，欲板橋上其釣鉤兒，其人之反常乎？其家之變兆乎？此中必有道理。板橋性喜塗抹，終日寫字作畫，忙得推撇不開，便要罵人；若數日不畫，又思一幅紙來玩玩。此雖賤相，亦關性情。至若以金求我，偏不肯畫，不請我畫，卻喜畫一幅贈與之，這是什麼道理？我自家也覺索解不得。琅玡氏多財，板橋早已知之；琅玡氏好畫，板橋今日才曉。方今畫家多矣，大江南北之以畫鳴於時者，指不勝屈，琅玡氏不求張不求李，乃獨求板橋之畫，可謂有緣哉！惟板橋是窮措大出身，最喜金銀，也最怕金銀。喜者，喜其能養家活口，救人性命也；怕者，怕他能熏灼心肺，使人改行變節也。若琅玡氏之金銀錢物，尤使人寒心而且肯受用。何以故？懼怕他叫痛而造孽也。寫了幾幅紙，不曾明說一個道理，到底畫與不畫？曰：怕他錢多，不畫不畫。琅玡氏若再來請托，可即以鄙意相告，彼自絕念。至足下之與板橋，無一絲一點芥蒂在也。

《鄭板橋文集·書劄》

注釋：

①李蘿村：生平不詳。

②家數：謂學術或文藝上的流派。俞正燮《癸巳存稿》卷十二：「古人學行皆稱家數。」

③足下：敬辭。古人下稱上或同輩相稱都用「足下」。後專用為對同輩的敬辭。一說「足下」之稱始於春秋時晉文公稱介之推。劉敬叔《異苑》卷十：「介之推逃祿隱跡，抱樹燒死。文公拊木哀嗟，伐而制屐。每懷割股之功，俯視其屐曰：『悲乎足下！』「足下」之稱將起於此。意同「閣下」。

④潤筆：《隋書‧鄭譯傳》：「上令內史令李德林立作詔書，高熲戲謂譯曰：『筆乾(乾)。』譯答曰：『出為方岳，杖策言歸，不得一錢，何以潤筆？』上大笑。」後以「潤筆」稱請人作詩文書畫的酬勞。歐陽修《歸田錄》卷二：「蔡君謨既為余書《集古錄目序》刻石，其字尤精勁，為世所珍。余以鼠鬚栗尾筆、銅綠筆格、大小龍茶、惠山泉等物為潤筆。」

◇尺牘〈范縣署中寄錢之青①〉。

舍弟來書，備知故鄉近事，馮陶兩家訟累，糾纏經年，至今未結，而兩家之資財耗損極矣。夫訟則凶終，古有明訓，人非鹿豕，豈有白甘對簿公庭，再接再厲，輕於捨棄錢財而不顧者；是必受有極大之冤抑，鄰里不能申雪，親友不能調停，無路可走，乃出而訟之官，以求平反曲直，一伸其氣忿也。然如馮、陶之訟，起因甚屬細微，問其何所爭，何所恨，只為二分墓地耳。二分墓地，所值有限，所爭亦小，何必訟？訟至糾結而不可解，所以然者，端為閣下居中作俑②也。或謂訟事初起，本可調停，只因閣下一言挑撥，遂致橫決。洎③後兩家顏面攸關，騎虎難下，不得不孤注一拼，冀獲勝於最後。閣下真爆竹上之藥線也，一經引發，大作響聲。可怕！可怕！馮姓是我家老親，陶姓自先大父④時即交往，兩家與我鄭氏都有交關。訟事初興，舍弟馳書相告，燮即命彼勸導兩家息爭言和，毋致訟累。無奈舍弟為人謹願，又端訥而不善說話，結果勸而無功，付之一歎，然猶未知閣下居中作俑也。今舍弟又有書來，始知此事大半繫於閣下之口，始則以言挑撥，繼則乘風煽焰，推波助瀾。雲端裡看廝殺，的是好玩，其如重重冤孽，累積而難消何。聞馮、陶訟累經年，兩家所化錢財，半入閣下囊中。彼為二虎，君作卞莊⑤，彼自叫苦，君則歡樂，計亦良得。且誰人不愛錢，誰人不願富裕？一旦財物充盈，既可自家享福，又可以遺之子孫。一舉數得，計亦佳矣。如此有財可發，有廝殺可看，除非呆子，又何樂而不為。然積錢以遺子孫，不若積德以遺子孫，錢有盡時，德無窮期。孰輕孰重，智者自辨。東鄰拆屋，西鄰造屋，張家賣田。李家買田，彼拆屋賣田者，祖上是何等心計，何等多財？一到子孫手裡，如是如是。世事靡常，天理必彰，人又何必忙忙碌碌，百計營謀，使將來多一班拆屋賣田之對手乎？現成茶飯，是我本分所吃；粗布衣衫，是我本分所穿。非分之物，吃著不久，做官如是，做人亦如是。魚因貪餌而穿腮，狗因爭骨而折齒。魚狗前車，可不警戒！閣下因廣攬詞訟起家，年來金多勢大，鄉人側目，莫可如何。樂則樂矣，禍亦種焉。如能幡然悔悟，即將馮、陶兩家勸導息訟，為修省入手第一方，則皇天⑥有眼，一善可以消十惡。他日福德綿長，拆屋賣田，永輪不到錢氏子孫身上，懿⑦歟休哉！

《鄭板橋文集・書劄》

注釋：

① 錢之青：生平不詳。

② 作俑：製造殉葬用的偶像。《孟子・梁惠王上》：「仲尼曰：始作俑者，其無後乎！為其象人而用之也。」後用於比喻首開惡例。

③洎：及，到。張衡〈東京賦〉：「惠風廣被，澤洎幽荒。」
④大父：祖父。《韓非子・五蠹》：「大父未死而有二十五孫。」
⑤卞莊：一作管莊子。春秋時魯國卞邑大夫，以勇力馳名。戰爭中奔敵殺七十人（一作十人）而死。傳說有刺雙虎的故事。
⑥皇天：對天的尊稱。舊時常與「后土」並用，合稱天地。《左傳・僖公十五年》：「君覆后土而戴皇天，皇天后土，實聞君之言。」
⑦懿：美德。張衡〈東京賦〉：「東京之懿未罄。」

◇尺牘〈范縣署中寄呂楚生①〉。

板橋好飲，而楚生不愛酒；楚生嗜賭，而板橋不喜賭。兩人之癖嗜不同，而交情深密，十年如一日，未嘗有一毫改變也。足下②自入都門，忽已年餘，不見片紙飛來，豈日日沉湎於賭博，將故人置諸度外？前日齊生南歸，轉道來署，備知老弟近況，不謂板橋臆料，竟然中的。有味哉，楚生之賭博也！齊生謂老弟近來愈耽於賭，賭興更豪，嘗一夕負五百金，賭興不衰。駭殺人哉，楚生之豪賭也！

賭博，古時已有。《南史・王僧虔③傳》：高祖④素善書，篤好不已。嘗與僧虔賭書數十紙，而不能判高下。高祖問誰是第一？僧虔對曰：「陛下⑤書帝王第一，臣書人臣第一。」高祖大笑。又羊玄保善奕，棋品第三。宋文帝⑥與賭郡，玄保戲勝，即以補宣城太守。此亦豪賭也。賭之為類不一，古有賭書、賭詩、賭酒等，皆出以偶然為戲，迨後以錢財相賭，品斯下矣。我友杭大宗世駿⑦，性最好賭，不負不肯止，或勸之，迄不少悟。嘗預製皮衣一襲，備寒冬需用。衣未著身，已因賭而質向長生庫⑧中。人有非筆之者，大宗不顧，曰：惟賭最樂，衣服與我何預哉？然大宗卒因此貧乏。賭之為害，可不懼怕！老弟年華壯健，才力過人，正當有為之時，不宜沉迷此中，消磨其英銳之氣。丈夫得意，來日方長，一舉高飛，前程可蔔。何可辜負光陰，耗財喪志，令讀書辛苦功夫，盡抛荒於此道中乎？板橋見人賭博，自家肚裡也曾打算過，假令賭博而能發財起家，天下商賈將盡行絕跡。我只見舉債無台典質無物，因好賭而敗者比比⑨也。老弟嘗勸板橋戒酒，而板橋不聽，我今還以相勸，亦明知老弟未必見聽。但勸而不聽，總比默然不勸者稍勝，故強學一回道學⑩先生，勸說幾句正經話。若老弟以我言為放屁，則亦算他放屁可耳。

《鄭板橋文集・書劄》

注釋：

①呂楚生：生平不詳。

②足下：見〈范縣衙齋答李蘿村〉注。

③王僧虔（426—485）：南朝齊書法家。字簡穆，琅邪臨沂（今屬山東）人。官至尚書令。王羲之四世族孫。善音律，工正、行書。其書繼承祖法，豐厚淳樸而有氣骨，為當時所推崇，影響於唐、宋。書跡有《王琰帖》等。著有《論書》等。

④高祖：即蕭道成（427—482）：南朝齊的建立者。479—482年在位。字紹伯，小字鬥將。東海蘭陵（今山東蒼山西南）人，遷居南蘭陵（今江蘇武進西北）。本為宋禁軍將領，乘宋皇族內戰，掌握軍政大權，殺後廢帝，立順帝，封齊公。順帝昇明三年（479），代宋自立，改元建元，

史稱南齊。能詩文，工草書。

⑤陛下：對帝王的尊稱。《史記・秦始皇本紀》：「今陛下興義兵，誅殘賊，平定天下，海內為郡縣，法令由一統，自上古以來未嘗有，五帝所不及。」蔡邕《獨斷》卷上：「謂之陛下者，群臣與天子言，不敢指斥天子，故呼在陛下者而告之，因卑達尊之意也。」

⑥宋文帝：即劉義隆（407—453）。424—453年在位。小字車兒。劉裕第三子。在位時，加強集權，整頓吏治，史稱「元嘉之治」。對北魏作戰中，喪失淮北；反攻滑臺（今河南滑縣東南），又受挫敗。元嘉二十七年（450），北魏軍大舉渡淮南下，進至瓜埠（今江蘇六合東南），江北大受擄掠，宋勢漸衰。後被太子劉劭所殺。

⑦杭大宗世駿：詳見雍正二年甲辰（1724）「◇杭世駿中舉」注。

⑧長生庫：宋代寺院開設的質庫。陸遊《老學庵筆記》卷六：「今僧寺輒作庫，質錢取利，謂之長生庫。」後用為當鋪的別稱。

⑨比比：處處，到處。如：比比皆是。

⑩道學：形容過分的拘執和迂腐的習氣。曹雪芹《紅樓夢》第六十四回：「晴雯道：『襲人嗎？越發道學了，獨自個在屋裡面壁呢。』」

◇尺牘《范縣答無方上人①》。

大師不忘故人，遠道貽書問訊，至誠可感！燮宰此土，兩更寒暑，疏放久慣，性情難改。因此屢招物議，曰酒狂，曰落拓，曰好罵人。所幸貪墨二字，未嘗侵及我身半點也。所聞參劾云云，不為無因。燮近來未改其常，心中亦無煩惱，飲酒如故。作畫如故，如其真個去官，抵椿擲去烏紗，還我鄉里而已。大師於孫公家見燮所畫竹石橫幅，因印文有「徐青藤②門下走狗」字樣，以為太不雅觀，大師何不達哉。世之營營擾擾，奔趨如狗者眾矣。大師春秋七十，目所見，耳所聞，怪怪奇奇之行，數當不少，大師曾無一語以為怪，乃于燮印文中著一狗字，獨驚異以為怪。何不怪世之營營擾擾，奔趨類狗者之行，而獨怪印文中之狗字乎？世事紛紜，人情幻忽，人而狗行者，秦鏡③難窮，溫犀④難遍。人不如狗，莫說絕無，或者竟有。反之狗勝人者，若古人文集中所記義犬，見非一見，所謂頑奴黠僕，破家陷主，其不及狗也多矣！燮平生最愛徐青藤詩，兼愛其畫，因愛之極，乃自治一印曰「徐青藤門下走狗鄭燮」。印文是實，走狗尚虛，此心猶覺慊然⑤！使燮早生百十年，而投身于青藤先生之門下，觀其豪行雄舉，長吟狂飲，即真為走狗而亦樂焉。山陰童鈺⑥詩曰：「尚有一燈傳⑦鄭燮，甘心走狗列門牆⑧」。今為大師誦之，不知再以為怪否？

《鄭板橋文集・書劄》

注釋：

①無方上人：詳見雍正二年甲辰（1724）「◇出遊江西，於廬山結識無方上人」注。

②徐青藤：詳見乾隆十年乙丑（1745）「◇在興化，題李鱓六十歲之前為退庵禪師四十壽作《枯木竹石圖》」注。

③秦鏡：漢代劉歆《西京雜記》卷三云：「秦宮有方鏡，寬四尺，高五尺九寸，正反皆有明。人直來照之，影則倒現；以手捫心而來，則見腸胃五臟；人有疾病，掩心而照，即知病之所

在。人有邪心，照之，見肝張心動。」後用以稱頌官吏精明，善於斷獄。劉長卿〈避地江東留別淮南使院諸公〉詩：「何辭向物開秦鏡，卻使他人得楚弓。」

④溫犀：即「燃犀」。《元和郡縣圖志》卷二十八：「溫嶠至牛渚，燃犀照諸靈怪。」按《晉書•溫嶠傳》：「〔嶠〕至牛渚磯，水深不可測，世云其下多怪物。嶠遂毀犀角而照之。須臾，見水族覆火，奇形異狀，或乘馬車著赤衣者。」此謂洞察奸邪之意。

⑤慊然：憾；恨；不滿足。《孟子•公孫丑下》：「彼以其富，我以吾仁，彼以其爵，我以吾義，吾何慊乎哉？」

⑥童玨（1721—1782）：清畫家。字璞岩、二如，號二樹。少棄舉業，專攻詩文。與同郡劉文蔚、沈翼天、姚大源、劉鴻玉、茅逸、陳藝圖共稱「越中七子」。善畫山水、蘭竹、木石等，尤擅寫梅。著有《二樹山人集》。

⑦燈傳：亦作「傳燈」。佛學謂其教旨可破除迷暗，似燈一樣明亮。劉禹錫〈送僧元皓南遊〉詩：「傳燈已悟無為理，濡露猶懷罔極情。」

⑧門牆：《論語•子張》：「夫子之牆數仞，不得其門而入，不見宗廟之美，百官之富。」後因稱師門為「門牆」。顧雲〈上池州衛郎中啟〉：「自隨鄉薦，便托門牆。」

◇尺牘〈范縣答鮑匡溪①〉。

《明史論》一十四篇，俱已讀畢，筆鋒銳利，論古超越過人，非摘拾牙慧者可比。吾子近來讀史功夫，又精進一層矣。拜服！拜服！十四篇中，于明太祖②一論尤卓絕。文章亦非泛泛，讀之三覆，飲酒無算。孟子曰：「君之視臣如土芥，則臣視君如寇仇。」明太祖意思有誤，惡其言之不善，竟欲出之孔門之外，不知孟子之言有所傳授，非一人之私言也。〈檀弓③〉穆公問子思④論舊君反服之禮，即孟子之言所自出。當日廷臣如以此言折之，我不知明太祖將何以對？

天生民而立之君，民為貴，君為輕，古之為君者深明此義。其自視也如朽索，其視臣也如股肱，是以民安而國治。降至春秋，衛人出君⑤，師曠以為其君實甚，昌言於晉君之前，與孟子告宣王同一警戒之意。至秦始皇尊君卑臣，君恣睢於上，臣諛佞於下，是以民亂而國亡。漢高帝⑥定天下，叔孫通⑦定朝儀，不能法三代典禮，一切參用秦制。帝曰：吾乃今日知皇帝之貴也。此言一出，古聖王欿然自視之心，無復存矣。人君皆喜叔孫通之言，惡聞孟子之言。晉侯能容師曠，齊王能容孟子，皆並世之臣也。明太祖不能容二千年前之亞聖，愚亦甚矣！宜乎開國之初，賢奸雜用，一傳以後，靖難兵起，皆此自滿之一念有以致之。吾子于明太祖欲撤孟子祀典一事，文中雖曾涉及，但未暢論。衙齋多暇，率書此數百字借代奉答，非賣弄筆墨也。竹樓、源甫近況何似？希致板橋想望⑧之意！附奉蘭花便面⑨一頁，及時搖拂，如晤故人于二百里外，想當快慰。

《鄭板橋文集·書劄》

注釋：

①鮑匡溪：生平不詳。

②明太祖：即明朝開國皇帝朱元璋（1328—1398）。

③檀弓：《禮記》名篇。因首章有檀弓（戰國時魯人，相傳善於解說貴族禮制）名，記檀弓事，故名。《禮記·檀弓上》題疏：「鄭《目錄》云：名曰〈檀弓〉者，以其記人善於禮，故著姓名

以顯之。姓檀名弓，今山陽有檀氏。」

④子思：即孔伋（前483—前402）。戰國初哲學家。孔子之孫。相傳曾受業於曾子。他把儒家的道德觀念「誠」說成是世界的本源，「誠者，物之終始。不誠無物」（《中庸》）。以「中庸」為其學說的核心。孟子曾受業於他的門人，將其學說加以發揮，形成了思孟學派。後被封建統治者尊為「述聖」。《漢書•藝文志》著錄《子思》二十三篇，已佚。現存《禮記》中的《中庸》、〈表記〉、〈坊記〉等，相傳是他所作。

⑤衛人出君：「春秋時衛莊公蒯聵虐待工匠，前478年貴族石圃引導工匠暴動，蒯聵逼迫逃往戎州，被己氏所殺。

⑥漢高帝：即漢高祖劉邦（前256或前247—前195）。西漢王朝的創立者。前202—前195年在位。字季，沛縣（今屬江蘇）人。曾任泗水亭長。秦二世元年（前209年）陳勝起義，他起兵回應，稱沛公，初屬項梁。乘項羽與秦軍主力在鉅鹿決戰，率軍入關。前206年，攻佔咸陽，推翻秦朝統治，約法三章，廢除嚴刑苛法，得到秦人擁護。同年，項羽入關，他被封為漢王，占巴蜀、漢中之地。不久，即與項羽展開長達五年的戰爭。前202年，戰勝項羽，即皇帝位，建立漢朝，定都長安（今陝西西安）。在位期間，繼承秦制，實行中央集權制度。先後滅韓信、彭越、英布等異姓諸侯王；遷六國舊貴族和地方豪強到關中，以加強控制；實行重本抑末政策，發展農業生產，打擊商賈；以秦律為依據，制定《漢律》九章。便利於社會經濟的恢復和中央集權的鞏固。

⑦叔孫通：漢初薛縣（今山東棗莊薛城）人。曾為秦朝博士。初從項羽反秦，楚漢戰爭中歸劉邦，任博士，號稷嗣君。漢朝建立，與儒生共立朝儀，劉邦以為「今日始知為皇帝之貴」。後任

太子太傅。

⑧想望：想念盼望。

⑨便面：扇子的一種。《漢書・張敞傳》：「自以便面拊馬。」顏師古注：「便面，所以障面，蓋扇之類也。不欲見人，以此自障面，則得其便，故曰便面，亦曰屏面。」後亦指扇面。

◇尺牘〈范縣寄朱文震①〉。

曩日索予畫，因意興不到，勉強而畫之，目視不慊於心，遂撕毀，久未以報。昨有故人貽予狗肉，烹手高妙，質味上乘，如獲異寶。亟以之下酒，大快朵頤②。不嘗此絕味蓋半載矣。酒後，興忽來，遂濡筆酣墨，畫此幅石以貽青雷，青雷看看是否當意？米元章③論石，曰瘦，曰縐，曰漏，曰透，四字可謂盡石之妙。而東坡乃曰：「石文而醜」。一著醜字，則石之千態萬狀，皆從此處。彼元章但知好之為好，而不知陋劣之中有至好也。東坡胸次，其造化之爐冶乎？予今畫之石，醜石也，醜而雄，醜而秀。醜至盡頭，越顯其雄秀之致。青雷見此幅，室中倘有元章之石，當棄而弗顧矣。何快如之！

《鄭板橋文集・書劄》

注釋：

①朱文震：詳見乾隆七年壬戌（1742）「◇春，為程振凡作《蘭竹圖》卷並題識」注。

②朵頤：鼓腮嚼食。《易・頤》：「觀我朵頤。」孔穎達疏：「朵是動義，如手之捉物，謂之朵也。今動其頤，故知嚼也。」陳子昂〈感遇〉詩：「深閨觀元化，悱然爭朵頤。」

③米元章：即米芾（1051—1107）。北宋書畫家。初名黻，字元章，號襄陽漫士、海岳外史等。世居太原（今屬山西），遷襄陽（今屬湖北），後定居潤州（今江蘇鎮江）。徽宗召為書畫學博士，曾官禮部員外郎，人稱米南宮。因舉止「顛狂」，人稱米顛。能詩文，擅書畫，精鑒別。行、草書得力於王獻之，用筆俊邁豪放，與蔡襄、蘇軾、黃庭堅合稱「宋四家」。畫山水不求工細，多用水墨點染，自謂「信筆作之」，「意似便已」；畫史上有「米家山」、「米氏雲山」和「米派」之稱。亦作花卉，晚年並畫人物，自稱「取顧（愷之）高古，不入吳生（道子）一筆」。論畫偏於崇古。存世法書有《苕溪詩》、《向太后挽詞》等，著有《書史》、《畫史》、《寶章待訪錄》及《山林集》（已佚，有後人輯本《寶晉英光集》）。存世《溪山雨霽》、《雲山》等圖乃後人所作。

◇畫盆蘭並題識送范縣楊典史①謝病歸杭州。

蘭花不合到山東，誰知幽芳動遠空？畫個盆兒載回去，載他南北兩高峰。

《鄭板橋集・題畫》

注釋：

①典史：官名。元始置，明清沿襲，為知縣下掌管緝捕、監獄的屬官。如無縣丞、主簿，則典史兼領其職。

◇在朝城縣①，畫石三幅，分寄高鳳翰、圖格清及李復堂三友人，並於縣壁塗作臥石一塊。

今日畫石三幅，一幅寄膠州高鳳翰西園氏，一幅寄燕京圖清格牧山氏，一幅寄江南李鱓復堂氏。三人者，予石友也。昔人謂石可轉而心不可轉，試問畫中之石尚可轉乎？千里寄畫，吾之心與石俱往矣。是日在朝城縣，畫畢尚有餘墨，遂塗於縣壁，作臥石一塊。朝城訟簡刑輕，有臥而理之之妙，故寫此以示意。三君子聞之，亦知吾為吏之樂不苦也。

《鄭板橋集・題畫》

注釋：

①朝城縣：詳見乾隆七年壬戌（1742）「◇春，為范縣令，兼署朝城縣」注。

乾隆十一年丙寅（1746）　五十四歲

◇自范縣調署濰縣①。

（乾隆）十一年，鄭燮，江南興化人，進士。《國朝・知縣》：「秩正七品。俸四十五兩。養廉一千四百兩。朝帽起進出金花頂。帶用素銀圓版。鸂鶒補服。敕授文林郎、宣德郎。」

張耀璧等《濰縣誌》卷三

注釋：

①濰縣：隋開皇十六年（596）置濰州，治所在下密縣（今山東濰坊市西）。大業三年（607）廢。唐武德二年（619）復置，治所在北海縣（今濰坊市），八年（625）廢。北宋乾德三年（965）復置。明洪武九年（1376）降為縣。濰縣縣衙二門於民國年間重修。向裡是木牌坊，即三門。過三門即大堂。再後即二堂和住所。牢獄在大門左側。解放後，縣衙即為公安局駐地。大門、石獅、二門、大堂皆於「文化大革命」期間遇毀；二堂及住所、牢獄於二十世紀八十年代初全部拆除。現只存有半截二堂東山牆。

明放案一：蕭一山《清代史》云：「清朝的俸祿很薄：一品官每歲俸銀一百八十兩，至五品每一品遞減二十五兩，為八十兩。六品六十兩，七品四十五兩，八品四十兩，九品只三十餘兩。京官每銀一兩搭祿米五斗。……雍正帝整飭吏治，令火耗（即彌補所徵賦稅銀兩熔鑄折耗的加徵。名稱始見於《元史·刑法志·食貨》。明中葉行一條鞭法，田賦多徵銀，州縣以所徵零碎銀兩照規定成色熔化成錠上交有折耗，另徵火耗。改熔所耗不過百分之一二，而收火耗高達百分之二三十。清雍正時，火耗列為正稅，存留地方備用。除田賦外，其它捐稅中也有火耗名目。）歸公，給官吏養廉，總督多至一二萬兩，知縣也有二千兩上下，京官尚書侍郎三千五百兩，其餘的作為辦公費。」

明放案二：關於養廉銀，總督：二萬至一萬三千兩，巡撫：一萬五千至一萬兩；

布政使：九千至五千兩；按察使八千四百四十四兩至三千兩；道員：六千至一千五百兩；知州：二千至五百兩；知縣：二千至四百兩。

明放案三：周劭《中國明清的官》云：「以清代而言，京官中官居極品的正一品大學士，也便是宰相，他的俸銀是每年銀一百八十兩，祿米九十石；外官的正七品知縣分別為四十五兩和祿米二十二石半。」關於養廉，「以相當於京官正二品的六部侍郎的河南巡撫為例，初實施養廉制度時每年的養廉銀竟為紋銀三萬兩之多。為原來俸祿的一百八十六倍。迨降到正七品的知縣，則為二千兩，也為原俸的四十五倍。」

明放案四：蕭一山《清代史》云：「順治四年（1647）定官民服制，採金元之遺，削髮垂辮，箭衣小袖，深鞋緊襪，較之明代衣寬四尺，袖寬二尺，襪皆大統，鞋必淺面，……官員著青色貢緞「外褂」（前後開叉）算是禮服，胸背各補綴黼黻一方（惟親郡王用圓形），稱為補服，俗名補子。文官繡鳥，武官繡獸，隨品級而異。」清朝的官服都是由江南織造局來完成製作的，一般的裁縫是不能製作官服的。「補子」的繡法複雜多樣：線外包金銀的叫做平金繡，在夏服上用的叫戳紗繡，只用彩線而線外不包金銀的叫彩繡，還有打籽繡等多種方式。

明放案五：《清通典・禮・嘉四》云：「一品：文仙鶴，武麒麟；二品：文錦雞，武獅；三品：文孔雀，武豹；四品：文雲雀，武虎；五品：文白鷴，武熊；六品：文鷺鷥，武彪；七品：文鸂鶒，武彪；八品：文鵪鶉，武犀牛；九品：文練雀，武海馬。此外，都尉史、按察使等均繡獬豸。」

明放案六：凡遇慶典，朝官皆服「蟒袍」，一品至三品九蟒五爪；四品至六品八蟒五爪；七品五蟒五爪。

明放案七：朝冠朝服：有冬夏之別。冬有暖帽，夏有涼帽；暖帽以氈氊或紫貂海龍製之，頂為鏤花金座，涼帽以青絨或稻草製之。均綴紅纓，故俗稱紅纓帽。帽後飾孔雀翎，普通皆一眼，多者雙眼三眼，初惟貝子冠三眼，公冠雙眼。康熙間特賜施琅，遂開酬庸之例。帽子上頂子俗稱「頂戴」，視品級而別其質色：一品，紅寶石；二品，紅珊瑚；三品，藍亮寶石；四品，藍暗寶石；五品，白亮水晶；六品，白暗硨磲；七品，素金；八品，花金；九品，花銀。

冬朝服領及裳均裱以紫貂皮，袖端用薰貂皮，繡文，兩肩及前後身有巨蟒各一條，披領及袖均為片金邊，餘制同冬朝服。

另，官服均有飾物，凡文官五品、武官四品以上及翰林中書科道、侍衛等官皆得佩戴「朝珠」。婦女受封在五品以上者同。朝珠共一百零八粒，以珊瑚、琥珀、水晶、蜜蠟、奇楠香等物製成。皇帝所佩朝珠，則以東珠製成。宗室系「黃帶子」，覺羅系「紅帶子」。一般只結「腰巾」或帶「荷包」。

明放案八：皇帝佩戴的朝珠由一百零八顆圓珠串成，共分成四份，份間加不同質地的大圓珠一顆，叫做「佛頭」。其中有一佛頭連綴葫蘆形的「佛塔」，貫以「背雲」垂於背。朝珠兩側還有三串（左二串、右一串）小珠十顆，名為「紀念」。但祭天改飾青金石，祭地改飾蜜珀。朝日用珊瑚、夕月用綠松石。朝服腰間須繫朝帶，共兩種均為明黃色。

◇**一月七日，為顏懋僑①作〈蕉園集序〉。**

繪事之妙，未睹其人，如遇音聲笑貌。未履其地，如遊城郭市朝。未經其事，如見紛糾雜遝，分合靜爭。未親其物，如見古色斑斕，時花鮮潔，飛躍蹄齧，群遊散處。此繪之妙也。詩之為道，何獨不然。肖其人，紀其地，列其事，規其物。一有不當，雖累千言萬字，作者瞢然，觀者意索，如金陵廊下畫筆，一錢不值耳。若果追神取髓，回鉤歷曲，吐豔含葩，雖一言兩字，紙上明明如見，躍躍欲出。凡畫所不能到者，吾能到之，豈非神品②、逸品③，高出雲林④、田石⑤之右哉。予草野田家，又兼少賤，罔所見聞。而顏君幼客，以名家子游京師，日見當代名公卿，與四方羈旅特達之士，以及宮殿園囿之千門萬戶，金碧土茅。其事則國家之興廢，百司之升降，四海之聞奏，人材之選舉，圜邱方澤、宗廟社稷、日月風雷之祭告。其物則京師之土產，十四省之貢獻，九邊外徼四十八部落之方物。一一皆畫之於筆，繪之於詩。揎以精，灌骨以髓，刮宿取鮮，剖微容發，使余讀其詩，如見其人，如履其地，如歷其事，如睹其物。胸中恢恢然、浩浩然，忽變而為博洽通人，而草野田家之誚，為之一洗也。他日遊京師，見其人其地其事其物，而顏君之詩又如在目前也。然時事變遷，或三、五年一換，或比年一換，或一歲中三、四更換，將來又不盡若是，則顏君之詩，豈不為一時實錄乎哉。予欲令小婿鈔寫一冊，藏之匣中，以為詩，又散寫數十頁，張之壁間，以為畫。吾自取樂，並不為顏君標榜設也。

乾隆丙寅人日板橋弟鄭燮漫題。

王獻唐《顧黃書寮雜錄》

注釋：

①顏懋僑：字幼客，顏肇維次子，山東曲阜人。博聞強記，早有詩名。因陪同皇帝祭祀先師孔子而授恩貢，充萬善殿教習。寶齋二十三王見到他後稱讚說：「久聞詩人顏幼客，今乃得見耶！」乾隆七年（1742）冬受詔進宮面試，所答均稱皇帝心意，期滿授觀城教諭。曾主修孔子廟，嚴格祭祀活動，依據文書記載訂正頒發祭肉的標準，將被民間侵佔的學田及供養貧寒士子的義田恢復其原制。丁父憂歸鄉。著有《蕉園集》、《西華行集》、《天文管窺》、《摭史奈園集》、《秋莊小識》、《霞城筆記》、《十客樓集》、《半江樓集》《雪浪山房集》、《石鏡齋集》及《九邊形勝阨塞要害》。其父顏肇維，原名顏雍，字肅之，別號漫翁，考充教習，期滿授臨海知縣，廢除里甲闖稅徵米改折之累，甚合民心。考察趙公河故道朱子所作三溝六浦，全都召集民工進行疏通整治，使田地灌溉得以保障，又建築太平橋，另外建築了三處防禦炮臺，建造了九艘戰船，維

修了二百餘間空危房屋，對前朝湯信國所築五十九座防備倭寇的城堡進行了大部份維修增高。政績卓著，朝廷三考升其為行人司行人，改禮部儀制司，致仕歸。卒年81歲。著有《鐘水堂詩》、《賦莎齋詩》、《漫翁編年稿》及《太乙樓詩》等。

②神品：指精妙的書、畫等藝術作品。古代鑒賞家以為最高級的稱神品。據張彥遠《法書要錄》卷八：張懷瓘評歷代書法作品，列入神品的共二十五人。陶宗儀《輟耕錄》卷十八云：「氣韻生動，出於天成，人莫窺其巧者，謂之神品。」

③逸品：舊謂超脫絕俗的藝術品。陶宗儀《輟耕錄》卷八云：「〔黃子久〕畫山水，宗董、巨，自成一家，可入逸品。」董，董源；巨，巨然。

④雲林：即倪瓚（1306或1301—1374），元畫家。初名珽，字元鎮，號雲林子、幻霞子、荊蠻民等，無錫（今屬江蘇）人。家豪富。初奉佛教禪宗，後入全真教。賣田散財，浪跡太湖、泖湖一帶。擅畫水墨山水，宗董源，參以荊浩、關仝技法，創「折帶皴」寫山石；畫樹木則兼師李成。所作多取材於太湖一帶景色，意境清遠蕭疏，自謂「逸筆草草，不求形似」，「聊寫胸中逸氣」。與黃公望、吳鎮、王蒙合稱「元四家」。存世畫作有《雨後空林》、《江岸望山》、《漁莊秋霽》、《梧竹秀石》等。兼工書法。詩文有《倪雲林先生詩集》、《清閟閣集》。

⑤石田：即明畫家沈周之號。

明放案：王獻唐云：「右顏懋僑蕉園集序，從舊抄本錄出。原本即海岱人文之一、曲阜孔伯誠舊輯也。二十年七月十七日鳳笙。」

◇一月七日，作八分書《武王十四銘》碑：立於大名府東關外。

《鄭板橋集・補遺・劉柳村冊子》

明放案：《高西園鄭板橋隸書合冊》云：「綾本。今尺高六寸八分，寬四寸八分。凡十三幅，幅四行。《隸書武王十四銘》，尾書『乾隆十一年人日，鄭燮謹錄。』引首『橄欖軒』陽文方印一，押尾『鄭燮之印』陰文方印一。」（杜瑞聯《古芬閣書畫記》卷八）

◇秋九，自潍返揚。與華嵒①、顏叟②、許大③等畫友聚於揚州程兆熊④之桐華庵⑤合作《桐華庵勝集圖》，華嵒題識。

乾隆丙寅秋九，同人集□（程）於（子）夢飛桐華庵齋中。清話之餘，野鳥相逢，秋色爭妍，得此佳趣，□（爰）對景畫之，時顏叟補石，許大寫菊。夢飛曰：「此幅似未畢乃事也，得板橋墨竹則可矣。」俄頃，童子報曰：「鄭先生來也。」相見揖讓，更寫竹數個。

新羅山人華嵒。

香港王南屏先生藏墨蹟

《中國繪畫總合目錄》（二）

注釋：

① 華嵒：詳見康熙五十六年丁酉（1717）「◇華嵒客京召試，列為優等，授縣丞職以歸」

注。

②顏叟：疑為顏嶧（1666—1749後）。江都人。畫師李寅。擅山水、人物，推崇宋人風格。

③許大：疑為許濱。字谷陽，號江門。丹陽人。陳撰侄女婿。

④程兆熊（1717—1764）：清李斗《揚州畫舫錄》卷十二云：「字孟飛，號香南。又號楓泉、淡泉、壽泉、小迂。儀徵人。工詩詞，畫筆與華品齊名。書法為退翁所賞。揚州名園甲第。旁署屏障，金石碑版之文，皆賴之。早年受知於高制軍晉、巡鹽御史恒。為之寫固哉亭集。晚居隨月讀書樓。

⑤桐華庵：程兆熊之書齋。

明放案：此圖另有壬申年陳撰、金農、陳章、高翔等六人題詩。

◇十月廿七日，作《竹石圖》奉□亭老寅長兄並題識。

□□□□含瑞色，竹枝落落見清風。□□筆法偏嫌拙，總為峰巒愧蜀中。

乾隆丙寅小陽春月廿有七日，畫奉□亭老寅長兄先生，板橋鄭燮。

戈壁舟先生藏墨蹟

◇是年，魯東大饑，開倉賑貸。

調濰縣，歲荒，人相食。燮開倉賑貸，或阻之，燮曰：「此何時？俟輾轉申報，民無孑遺矣。有遺我任之。」發穀若干石，令民具領券借給，活萬餘人。上憲嘉其能。秋又歉，捐廉代輸，去之日，悉取券焚之。

劉熙載等重修《興化縣誌》卷八

◇大興修築，招遠近饑民赴工就食。

官濰縣時，歲歉，人相食。燮大興修築，招遠近饑民赴工就食；籍邑中大戶，令開廠煮粥輪飼之。有積粟，責其平糶，活者無算。時有循吏之目。

《清史列傳》卷七十二

◇饑民出關覓食，作〈逃荒行〉詩。

十日賣一兒，百日賣一婦，來日剩一身，茫茫即長路。長路迂以遠，關山雜豺虎；天荒虎不饑①，肝人伺岩阻。豺狼白晝出，諸村亂擊鼓。嗟予皮發焦，骨斷折腰膂。見人目先瞪，得食咽反吐。不堪充虎餓，虎亦棄不取。道帝見遺嬰，憐拾置擔釜②；賣盡自家兒，反為他人撫。路婦有同伴，憐而與之乳。咽咽懷中聲，咿咿口中語；似欲呼爺娘，言笑令人楚。千里山海關③，萬里遼陽戍④。嚴城齧夜星，村燈照秋滸；長橋浮水面，風號浪偏怒。欲渡不敢攖，橋滑足無屨；前牽復後曳，一跌不復舉。過橋歇古廟，聒耳聞鄉語。婦人敘親姻，男兒說門戶；歡言夜不眠，似欲忘愁苦。未明復起行，霞光影踽踽。邊牆漸以南，黃沙浩無宇。或云薛白衣⑤，征遼從此去；或云隋煬皇，高麗拜雄武。初到若夙經，艱辛更談古。幸遇新主人，區脫⑥與眠處。長犁開古⑦磧，春田耕細雨；字牧馬牛羊，斜陽穀量數。身安心轉悲，天南渺何許。萬事不可言，臨風淚中注。

注釋：

①虎不饑：謂逃荒者殍屍遍野，老虎不缺食物。

②擔釜：逃荒者盛行李和鍋灶的擔子。釜：古代炊器。斂口，圓底，或有兩耳。其用如鬲，置於灶口，上置甑以蒸煮。盛行於漢代。有鐵製、銅製和陶製之分。

③山海關：地名。一稱榆關，又稱渝關。在河北省秦皇島市東北。北依角山，南臨渤海。明洪武十四年（1381）置關，因處山海之間，故名。山海關城東依長城，辟四門：東曰「鎮東」，西曰「迎恩」，南曰「望洋」，北曰「威遠」。各門均築城樓。東門城樓上懸有巨幅匾額「天下第一關」，系成化八年（1472）進士蕭顯所書。城樓高13米，分上下兩層。山海關與附近隘關、城堡、墩台相互配合，構成堅固軍事防禦體系。形勢險要，是華北與東北之間的咽喉要衝，歷史上軍事重鎮。京哈鐵路經此。關南四公里的南海口關，俗稱老龍頭，為長城起點。山海關現為全國重點文物保護單位。清屬直隸（今河北）。過此就是關外。

④遼陽戍：地名。清屬奉天省（今遼寧遼陽市）。位於遼河東部，太子河中游，哈大鐵路線上。漢為襄平、遼陽兩縣地，清為遼陽州。戍：兵守駐防之處。

⑤薛白衣：即薛仁貴（614—683），唐大將。名禮，絳州龍門（今山西河津）人。善騎射。太宗時應募從軍，因功升右領軍中郎將。後又率軍戰勝鐵勒於天山（今杭爱山），軍中有「將軍三箭定天山」之歌。乾封初參與進攻高麗的戰爭，後留任右威衛大將軍兼安東都護，封平陽郡

公。咸亨元年（670）與吐蕃作戰，大敗。後任右領軍衛將軍、代州都督等職。民間傳說薛仁貴隨唐太宗征遼時，著白盔甲，故有「白袍小將」之稱。

⑥區脫：即：「甌脫」，匈奴語，謂邊防哨所。

⑦古：謂多年的荒砂之地。

◇於濰署中，畫竹呈年伯①包大中丞括②並題句。

衙齋③臥聽蕭蕭竹，疑是民間疾苦聲；些小吾曹州縣吏，一枝一葉總關情。

《鄭板橋集・題畫》

丁家桐《鄭燮傳》

注釋：

①年伯：對同科考取的長輩或父親的同年稱「年伯」。

②包大中丞括：包括，浙江錢塘人。曾任山東布政使，署理巡撫。中丞：清代對巡撫的稱呼。大：以示尊敬之意。

③衙齋：舊時官署之稱。

明放案：徐悲鴻紀念館藏鄭板橋《衙齋聽竹圖》亦題此詩。

款署：「翁年學先生教□，橄欖軒主人鄭燮。」紙本，墨筆。縱187釐米，橫97釐米。

◇寄慎郡王書，慎郡王作〈喜得板橋書自濰縣寄到〉七律一首。

二十年前晤鄭公，談諧親見古人風。東郊系馬春蕪綠，西墅彈棋夜炬紅。浮世相看真落落，長途別去太匆匆。忽看堂上登雙鯉，煙水桃花錦浪通。

允禧《紫瓊崖詩鈔》卷中

◇行部①過濰縣城南塋域，下肩輿②，尋視碑刻，見于適書藝③，擊節稱讚。

于適，字肇詵。城裡人。監生。以書法名於康熙間。嘗書「發育萬物」四大字，額東嶽廟，奇古全仿《瘞鶴銘》④。其城南先塋諸碑，半多適書。鄭令燮蒞濰時，行部過之，下肩輿，步入其塋，尋視碑刻，及適書，擊節曰：「大佳大佳」，又剔剝他人書曰：「固多常作」，乃上肩輿去。

（《于氏家乘》）

常之英等《濰縣誌稿》卷三十

注釋：

①行部：漢代制度。刺史常於每年八月間巡行所部，查核官吏治績，稱為行部。《漢書・朱博傳》：「吏民欲言二千石墨綬長吏者，使者行部還，詣治所。」

②肩輿：轎子。李紳〈入揚州郭〉詩：「非為掩身羞白髮，自緣多病喜肩輿。」也叫平肩輿。《晉書・王獻之傳》：「嘗經吳郡，聞顧辟疆有名園，先不相識，乘平肩輿徑入。」

③《濰縣誌稿》卷四十二云：「于適，書法鐘、王，筆力雄健，嘗書『發育萬物』四字於東嶽廟，邑令鄭燮因事過廟，眾勸其書額，鄭曰：『余字多遜於君』，終不書。故鄭宰濰七年，而東嶽

廟無鄭字。今于字邑中流傳殊鮮，或曰：『鄭愛其書，盡搜集之，而本縣因罕見』云。」

④《瘞鶴銘》：詳見板橋官范期間所作〈小遊〉詩注。

◇夜出，聞書聲出茅屋，詢知乃貧生韓夢周①，即給膏薪助之。

「〔燮〕嘗夜出，聞書聲出茅屋，詢知韓生夢周，貧家子也，給薪水助之。」

劉熙載等重修《興化縣誌》卷八

周積寅、王鳳珠《鄭板橋年譜》

注釋：

① 韓夢周（1729—1799）：濰坊市博物館《十笏園石刻資料》云：「韓夢周，字公復，號理堂，東關人，著名理學家。少孤力學。乾隆十一年（1746），鄭板橋來濰任知縣，夜聞理堂讀書聲，異常嘉許，知其貧苦好學，特給膏薪。乾隆十七年（1752）中舉人，二十三年（1758）成進士。三十二年（1767）授安徽來安知縣。」頗有政聲。三十六年（1771）罷歸，遂以設帳授徒為業。著有《理堂集》。

明放案：板橋尚為韓夢周書作蘇軾《論硯墨》三則：

硯之發墨者必費墨，不費筆，則又退墨，二德難兼，非獨硯也。大字難結密，小字常局促；真書苦不放，草書苦無法。茶苦患不美，酒美患不辣。萬事無不然，可一大噱也①。余蓄墨數百挺，暇日輒出品試之，然終無佳者，其間不過一二可人意。以此知世間好物，自是難得。茶欲其白，墨欲其黑。方求黑時嫌漆白，方求白時嫌雪黑，自是人不會事也②。

昨有人出墨數寸，僕望見之，知其為廷珪也。凡物莫不然，不知者如烏之雌雄，其知者如烏、鵠也③。

板橋老人書付韓生夢周因索墨得墨，故錄此三則。（濰坊市十笏園藏石刻）

注釋：

①此為〈書硯〉。見《蘇軾文集・題跋》。「退則墨」作「則又退墨」；「患不放」作「苦不放」；「大笑」作「大噱」。

②此為〈書墨〉。見《蘇軾文集・題跋》。「終無黑者」作「然終無佳者」；「佳物」作「好物」。

③此為〈書廷珪墨〉。見《蘇軾文集・題跋》。「昨日」作「昨」；「望見」作「望見之」；「烏之雌雄」作「烏之雌雄」；「其知之者」作「其知者」。

◇正月，汪士慎與管幼孚、吳蔚洲同登文峰寺塔，並用范石湖雨中登安福寺塔韻賦詩，題於管幼孚所繪《文峰塔院圖》上端。是年自號「左盲生。」

尹文《汪士慎傳》

◇春月，李鱓醉後於平山草堂作《蕉鵝圖》。（南京藝術學院藏墨蹟）

◇三月廿二日，金農作六十自壽詩；閏三月，參加杭州太守西湖修禊；十二月初八，作漆書一幅。是年始學畫竹。

黃俶成《李鱓傳》

張郁明《金農傳》

◇十月，黃慎作《漢鐘離圖》。

李萬才《黃慎傳》

◇二月，李方膺於梅花樓作《竹石圖》；春末，赴京謁選，丁有煜為之餞行；四月，過揚州，於杏園作《風翻雷吼圖軸》（故宮博物院藏墨蹟）。是年作〈題三代耕田圖〉詩四首。

崔莉萍《李方膺傳》

◇李葂①受上江學政觀保薦舉，入都應考，被列為一等。

注釋：

①李葂：詳見乾隆四年己未（1739）「◇十一月五日，作六分半書《李葂絕句》方幅」注。

◇三月，廷禁漢人向關外流動。

乾隆十二年丁卯（1747）　五十五歲

◇正月二十三日，作《蘭竹圖》並題識。

春風莫漫催花急，留取才開未放枝。滴瀝空庭，竹響共雨聲相亂。

乾隆丁卯正月二十三日。

上海博物館藏墨蹟

《鄭板橋集・詩鈔》

◇春旱，民饑，繼續救災。

法坤宏《書事》云：「……丙寅丁卯間，歲連歉，人相食，斗粟值錢千百。」

《國朝耆獻類徵》初編卷二百三十三

◇春，與諸同年王文治①、郭方儀游，見田家有感，遂填詞兩首。

雲淡風高，送鴻雁一聲悽楚。最怕是打場天氣，秋陰秋雨。霜穗未儲終歲食，縣符已索逃租戶。更爪牙常例急於官，田家苦。

紫蟹熟，紅菱剝；桄桔響，村歌作。聽喧填社鼓，漫山動郭。挾瑟靈巫傳吉兆，扶藜老子持康爵。祝年年多似此豐穰，田家樂。

時丁卯春，同諸同年王文治、郭方儀游，見田家有感興，作詞兩首。

秦祖永《板橋印跋・明月前身》

《鄭板橋集・詞鈔》

注釋：

① 王文治：李斗《揚州畫舫錄》卷三云：「字夢樓。丹徒人。乾隆庚辰進士一甲第三名。工詩。尤精書法。城中祠廟，湖上亭榭碑文榜聯多出其手。恒集禊貼字為聯云。」

明放案：此闋詞詞牌系《滿江紅》。板橋自注「過橋新格」。

◇八月十四日，作《竹圖》並題識。

磊磊一塊石，疏疏兩枚竹。佳趣少人知，幽情在空谷。

板橋鄭燮寫。

疏老更強，雨淋風動似瀟湘，更兼一向拔得枝生筍長。疏疏密密，欹欹側側，悟者自得。

板橋鄭燮畫于焦山石肯堂。

軒前只要兩竿竹，絕妙風聲夾雨聲。或怕攪人眠不得，不知枕上已詩成。

板橋。

余家有茅屋二間，南面種竹。夏日新篁初放，綠陰照人，置一小榻其中，甚涼適也。

乾隆丁卯中秋前一日，興化板橋鄭燮畫。

王瓘先生藏拓本

◇秋，臨調濟南①，協助德保②鄉試。作〈濟南試院奉和宮詹③德大主師④枉贈之作諱保〉。

鎖院⑤西風畫角清，淡雲疏雁濟南城。桂花不用月中折，奎閣⑥儼如天上行。模範已看金在鑄，洗磨終愧玉無成。饒他（⿰山昔）華青青色，還讓先生泰岱橫。

《鄭板橋集・詩鈔》

任乃賡〈鄭板橋年表〉

注釋：

①濟南：市名。在山東省中部偏西、黃河下游南岸。戰國為齊歷下邑。晉為濟南郡治，宋及明、清為濟南府治。明以後為山東省治。1929年由歷城縣析設市。以地在濟水之南得名。有「泉城」之稱。為中國歷史文化名城。

②德保：姓索綽洛氏，字仲容，一字潤亭，號定圃，又號龐村。滿洲正白旗人。乾隆二年（1737）進士、庶吉士。乾隆十二年（1747）七月，由侍講學士主山東鄉試。官至禮部尚書。乾隆五十四年（1789）卒，謚文莊。著有《樂賢堂詩鈔》等。

③宮詹：即詹事府詹事或少詹。德保官侍講學士，與少詹品級（四品）相當，兼此銜，故稱宮詹。

④大主師：謂鄉試主考官。

⑤鎖院：宋代殿試前三日，試官到學士院鎖院，然後陪同考生赴殿對策。明清沿之，但其制略有不同，試官入院後，即封鎖內外門戶，以嚴關防。湯顯祖《牡丹亭・耽試》：「道英雄入彀，恰鎖院進呈時侯。」

⑥奎閣：奎，即「奎宿」。星官名。亦稱「天豕」、「封豕」。二十八宿之一。舊被尊為主文運之神。築閣祀之。此處謂德保。

明放案：德保〈中秋日山左闈中招同事諸公小酌，即席贈鄭大尹板橋〉詩：

平分秋色玉輪清，照耀奎垣影倍明。好客彌慚孔北海，論詩偏愛鄭康成。不因佳節生鄉感，惟以冰心見物情。料得三條椽燭盡，幾人翹首望蓬瀛。（《樂賢堂詩鈔卷上》）

◇和學使于殿元唱和，作〈和學使者于殿元枉贈之作諱敏中①〉。

十載揚州作畫師②，長將赭墨代胭脂。寫來竹柏無顏色，賣與東風不合時。

潦倒山東七品官，幾年不聽夜江湍。昨來話到瓜洲渡③，夢繞金山④曉日寒。

三百人⑤中最後生，玉堂⑥時聽夜書聲。知君療得嫦娥渴⑦，不為風流為老成。

山東鎖院自清涼，湖水湖雲入檻長。剪取吾家書帶草⑧，為君結束錦詩囊。

《鄭板橋集・詩鈔》

任乃賡〈鄭板橋年表〉

注釋：

①于敏中（1714—1779）：字叔子，號耐圃，江蘇金壇人。乾隆二年（1737）狀元，授翰林院編修。九年（1744）十二月八日由左中允差山東學政；十二年（1747）十月調任浙江學政；十八年（1753）九月回檔復任山東學政。二十五年（1760）任戶部侍郎兼軍機大臣；三十三年（1768）加太子太保；三十八年（1773）晉文華殿大學士兼戶部尚書。後因廣收地方官員賄賂，事敗，被革職。死後數年，被撤出賢良祠，剝奪子孫世職。著有《國朝宮史》、《素餘堂集》。

學使：全稱「都學使者」，亦稱「提督學政」。俗稱「學臺」。語出《周禮•春官》：「大司樂掌成均之法，以治建國之學政。」雍正四年（1726）始設，每省一人，按期至所屬各府、廳考試童生和生員；均由侍郎、京堂、翰林、科道及部屬等官由進士出身者簡派，三年一任。不問本人官階大小，任職內皆按欽差待遇，與總督、巡撫平行。光緒三十二年（1906）改設提學使，辛亥革命後廢止。殿元：科舉制度中狀元的別稱之一。因其為殿試一甲第一名而得名。

②「十載」句：板橋作官之前曾在揚州賣畫十年。

③瓜洲渡：位於長江北岸。指揚州至鎮江的渡口。

④金山：在今江蘇鎮江市西北。本在長江中，清末江沙淤積，始與南岸相連。與瓜洲相望。古稱氏父山、金鼇嶺、獲苻山、伏牛山、浮玉山等。相傳唐時裴頭陀獲金於江邊，遂改名。南宋韓世宗敗金兀朮於此山下。有金山寺、楞伽台、慈壽塔、法海洞、白龍洞、中泠泉等名勝。建國後山麓辟為金山公園。

⑤三百人：乾隆丙辰（1736）會試，中式者三百四十四人。板橋乃賜進士出身。故「三百人」系約數。

⑥官署名。漢侍中有玉堂署，宋以後翰林院亦稱玉堂。《漢書‧李尋傳》：「過隨眾賢待詔，食太官，衣御府，久汙玉堂之署。」王先謙補注：「何焯曰：『漢時待詔於玉堂殿，唐時待詔於翰林院，至宋以後，翰林遂並蒙玉堂之號。』沈欽韓曰：『《後漢書．百官志》，玉堂署長，宦者為之，尋待詔於其署耳。』」

⑦嫦娥渴：嫦娥，亦作恒娥、姮娥。神話中后羿之妻。后羿從西王母處得到常生不老之藥，嫦娥偷吃後，遂奔月宮。故事見《淮南子•覽冥訓》與高誘注。此指舉子急於考取的心情。

⑧書帶草：即麥冬，亦稱「麥門冬」、「沿街草」。百合科。多年生常綠草本，鬚根常膨大為紡錘形。莖短。葉叢生，線形，草質。葉韌。相傳漢鄭玄（康成）門下取以束書。晉伏琛《三齊紀略》云：「鄭玄教授不期山，山下生草大如薤，長一尺餘，堅刃（韌）異常，士人名曰康成書帶。」

◇與御史沈椒園①酬唱，作〈御史沈椒園先生，新修南池，建少陵書院，並作雜劇侑神，令歲時歌舞以祀沈諱廷芳〉。

御史驄馬②行山東，馬蹄到處膏露濃。洗排泰岱礪鄒嶧，吹青漢柏秦皇松。少陵南池久寂沉，夕陽慘惔荒波紅。廟之祏之繪而塑，牢之餈之鼎以鐘。雕鐫鱗羽③動筍簴，梁桷翬翮④相飄沖。揮毫蘸墨作碑版，百金一字尤堅工。板橋居士讀不厭，臥看三日⑤鋪秋茸。頗聞歲時虔禱祀，蕩豬割雉陳蝦鮪。荏梨青桃海獐鹿，楊梅橘柚南柑封。以其餘閒作雜劇，燕姬越女⑥黃娘蹤。相隨太白著宮錦，潞州別駕調羹饗。金元院本⑦久退舍，秦簫湘瑟⑧清魚龍。神靈飄飄侑而喜，葦花之外雲之中。願從先生乞是劇，選伶遍譜琳琅宮⑨。

《鄭板橋集・詩鈔》

任乃賡〈鄭板橋年表〉

注釋：

①沈廷芳（1702—1772）：字畹叔，號椒園。浙江仁和（今杭州）人。乾隆元年（1736）以監生召試「博學鴻詞科」，授翰林院編修，遷河南按察使，以母年老乞退。再補山東按察使。歸時，數千人送至崮山驛。少從方苞遊，詩學查慎行。尤究心經術。著有《隱拙齋集》。

南池：錢泳《履園叢話》云：「山東濟寧州城下有南池，因《杜少陵集》有〈與任城許主簿游南池〉詩而得名也。故今東偏小室中，塑二工部像，而以許主薄配之。」御史：即監察御史。官名。隋代始置。唐代御史臺分三院，其中監察御史屬察院，掌「分察百僚，巡按郡縣，糾視刑獄，肅整朝儀。」（《唐六典》）品秩低而許可權廣。明清廢御史臺設都察院，通掌彈劾及建言，設都御史、副都御史、監察御史。監察御史分道負責，清設十五道。山東道滿漢各二人，掌稽核全省之刑名案件。

②驄馬：青白色的馬。漢桓典為御史，常乘驄馬，人稱驄馬御史。後用驄馬為御史或執法嚴峻之典。

③鱗羽：指魚和鳥。

④翬翮：野雞的羽翼。《爾雅•釋鳥》：「伊洛而南，素質，五色皆備，成章，曰翬。」郭璞注：「翬亦雉屬，言其毛色光鮮。」《詩•小雅•斯干》：「如翬斯飛。」朱熹注：「其簷阿華采而軒翔，如翬之飛而矯其翼也。」後因用「翬飛」形容宮室壯麗。翮：即「羽根」。引申為羽毛。左思〈詠史〉：「習習籠中鳥，舉翮觸四隅。」

⑤臥看三日：歐陽詢行見索靖（西晉書法家。張芝姊之孫。官至征西司馬。工書，尤擅章草，傳張芝草法而變其形跡。骨勢峻邁，富有筆力。前人評為「精熟至極，索不及張；妙有餘姿，張不及索」。將其與衛瓘並稱「二妙」。靖名其字勢為「銀鉤蠆尾」。著有《草書狀》。）所書古碑，駐馬觀之，良久而去。數百步復還，下馬佇立，疲則布毯坐觀。因宿其旁，三日而後去。

⑥燕姬越女：古燕、越女子善歌舞，李白詩：「越女長歌入彩雲，燕姬醉舞嬌紅燭。」

⑦金元院本：院本，戲劇名詞。指金元時行院演劇所用的腳本。元陶宗儀《南村輟耕錄》：「院本、雜劇，其實一也。」是北方的宋雜劇向元雜劇過渡的一種形式。

⑧秦簫湘瑟：春秋時秦國君秦穆公女弄玉所吹的蕭和湘水女神（湘靈）所鼓的瑟。李商隱詩：「湘瑟秦蕭自有情。」

⑨琳琅宮：即仙宮。亦指道院。吳筠〈遊仙詩〉：「上元降玉闥，王母開琳宮。」上元，指上元夫人，神話人物名；王母，即西王母。殷堯〈游王羽士山房〉詩：「落日半樓明，琳宮事事清。」

◇於濟南鎖院作行書《揚州雜記》卷。

揚州二月，花時也。板橋居士晨起，由傍花村過虹橋，直抵雷塘，問玉溝斜遺跡，去城蓋十里許矣。樹木叢茂，居民漸少，遙望文杏一株，在圍牆竹樹之間。叩門逕入，徘徊花下。有一老嫗，捧茶一甌，延茅亭小坐。其壁間所貼，即板橋詞也。問曰：「識此人乎？」答曰：「聞其名，不識其人。」告曰：「板橋，即我也。」嫗大喜，走相呼曰：「女兒子起來，女兒子起來，鄭板橋先生在此也。」是刻巳日上三竿矣，腹餒甚。嫗具食。食罷，其女豔妝出，再拜而謝曰：「久聞公名，讀公詞，甚愛慕，聞有《道情十首》，能為妾一書乎？」板橋許諾。即取松江蜜色花箋，湖潁筆，紫端石硯，纖手磨墨，索板橋書。書畢，復題《西江月》一闋贈之，其詞曰：「微雨曉風初歇，紗窗旭日才溫：繡幃香夢半朦朧，窗外鸚哥未醒。蟹眼茶聲靜悄，蝦鬚簾影輕明；梅花老去杏去勻，夜夜胭脂怯冷」。母女皆笑領詞意。問其姓，姓饒；問其年，十七歲矣。有五女，其四皆嫁，惟留此女為養老計，名五姑娘。又曰：「聞君失偶，何不納此女為箕帚妾？亦不惡，且又慕君。」板橋曰：「僕寒士，何能得此麗人？」嫗曰：「不多求金，但足養老婦人者可矣。」板橋許諾，曰：「今年乙卯，來年丙辰計偕，後年丁巳，若成進士，必後年乃得歸，能待我乎？」嫗與女皆曰：「能。」即以所贈詞為訂。明年，板橋成進士，留京師。饒氏亦貧，花鈿服飾，拆賣略盡。宅邊有小園五畝，亦售人。有富賈者，發七百金，欲購五姑娘為妾。其母幾動，女曰：「已與鄭公約，背之不義，七百兩亦有了時耳。不過一年，彼必歸，請待之。」江西蓼洲人程羽宸，過真州江上茶肆，見一對聯云：「山光撲面因朝雨，江水回頭為晚潮。」傍寫「板橋鄭燮題」。甚驚異，問何人，茶肆主人曰：「但至揚州，問人便知一切。」羽宸至揚州，問板橋，在京，且知饒氏事，即以五百金為板橋聘資授饒氏。明年，板橋歸，復以五百金為板橋納婦之費。常從板橋游，索書畫。板橋略不可意，不敢硬索也。羽宸六十餘，頗貌板橋，兄事之。」

江秩文，小字五狗，人稱五狗江郎。甚美麗，家有梨園子弟十二人，奏十種番樂者。十二人皆少俊，主人一出，俱廢矣。其園亭索板橋一聯句，題曰：「草因地暖春先翠，燕為花忙暮不歸。」江郎喜曰：「非惟切園亭，並切我」。遂徹玉杯為壽。

常二書民有小園，索板橋題句。題曰：「憐鶯舌嫩由他罵，愛柳腰柔任爾狂」。常大喜，以所愛僮贈板橋，至今未去也。

王箬林澍，金壽門農，李復堂鱓，黃松石樹谷，後名山，鄭板橋燮，高西唐翔，高鳳翰西園，皆以筆租墨稅，歲獲千金，少亦數百，以此知吾揚之重士也。

乾隆十二年，歲在丁卯，濟南鎖院，板橋居士偶記。「鄭」（朱文）、「燮」（朱文）、「橄欖軒」（朱文）。「板橋」（朱文）。

上海博物館藏墨蹟

明放案：此系行書，紙本，墨筆。縱18.1釐米，橫158.3釐米。亦作《板橋偶記》。

◇十二月於濰縣署中為華口賢友書作劉禹錫七律詩兩首。

鳳樓南面控三條，拜表郎官早渡橋。清洛曉光鋪碧簟，上陽霜葉剪紅綃。省門簪組初成列，雲路鴛鸞想退朝。寄謝殷勤九天侶，搶榆水擊各逍遙。

蟬鳴官樹引行車，言自成周赴玉除。遠取南朝貴公子，重修東觀帝王書。常時載筆窺金匱，暇日登樓到石渠。若問舊人劉子政，如今白首在南徐。

濰縣署中書為華口賢友年兄，時乾隆丁卯嘉平月二十日午餘。板橋鄭燮。「老畫師」（白文）、「七品官耳」（白文）、「二十年前舊板橋」（白文）。

北京故宮博物院藏墨蹟

明放案：第一首系〈洛中初冬拜表有懷上京故人〉；第二首系〈送分司陳郎中只召直史館重修三聖實錄〉。

◇秋，回鄉探親，過揚州，與汪士慎、李鱓、李方膺合作《花卉圖》並題詩。

梅花抱冬心，月季有正色；俯視石菖蒲，清淺茁寒碧。佛手喻畫禪，彈指現妙跡；共玩此窗中，聊為一笑適。

乾隆丁卯秋日，士慎畫梅，復堂補佛手、石菖蒲，晴江添月季，余作詩於上。

揚州僧讓之舊藏墨蹟

◇作《玉女搖仙佩・寄呈慎郡王》詞。

紫瓊居士，天上神仙，來佐人間聖世。河獻徵書①，楚元設醴②，一種風流高致。論詩情字體，是王孟③先驅，鍾張④後起。豈屑屑丹青繪事，已壓倒董巨荊關⑤數子。羨一騎翩翩，肯訪山中盤根仙李⑥。謂梅山李諧。

我亦青玉燒燈，紅牙顧曲⑦，醉臥瑤台錦綺。一別朱門，六年山左，老作風塵俗吏。總折腰為米，竟何曾小補民生國計。憑致書青膺林邊⑧，李氏莊園。紫瓊天上⑨，詩文不是忙中事，舉頭遙望燕山⑩翠。

《鄭板橋集・詞鈔》

丁家桐《鄭燮傳》

注釋：

①河獻徵書：漢景帝皇子、河間獻王劉德（前?—前130）好書喜儒，《漢書・景十三王傳》云：「或有祖先舊書，多奉以奏獻王者，故得多書，與漢朝等。」

②楚元設醴：漢高祖劉邦同父異母弟劉交（前?—前179），封楚元王。《漢書・楚元王傳》載：少時與魯國穆生、白生、申公俱受詩於荀卿門人浮丘伯，及為王，禮敬申公等。穆生不嗜酒，元王每置酒，常為穆生設醴（甜酒）。

③王孟：指唐詩人王維（701?—761）和孟浩然（689—740）。

④鍾張：指三國魏書法家鍾繇（151—230）和東漢書法家張芝（?—約192）。

⑤董巨荊關：指五代南唐畫家董源（?—約962）、五代宋初畫家巨然、五代後梁畫家荊浩和關仝。為五代四大山水畫名家。

⑥盤根仙李：原指老子。杜甫〈冬日洛城北謁玄元黃帝廟〉：「仙李盤根大。」作者板橋自注「謂梅山李鍇。」

⑦紅牙顧曲：此謂聆聽音樂。紅牙，用紅色檀木製成的樂曲的拍板，或稱牙板；顧曲，《三國志・吳志・周瑜傳》：「瑜少精意於音樂，雖三爵之後，其有闕誤，瑜必知之，知之必顧。故時人謠曰：『曲有誤，周郎顧。』」孔尚仁《桃花扇・偵戲》：「一片紅氍鋪地，此乃顧曲之所。」

⑧青鳫林邊：指李鍇莊園。李本勳貴之後，不仕，偕妻於京郊盤山築園隱居。
青鳫：盤山峰名。

⑨紫瓊天上：謂慎郡王府。

⑩遙望燕山：表示對慎郡王的懷念。

◇**《蘭竹圖冊》，紙本，水墨，十二開。**

上海博物館藏墨蹟

明放案：周積寅先生疑系偽作。

◇**書作杜甫詩二首。**

好雨知時節，當春乃發生。隨風潛入夜，潤物細無聲。野徑雲俱黑，江船火獨明。曉看紅濕處，花重錦官城。

用拙存吾道，幽居近物情。桑麻深雨露，燕雀半生成。村鼓時時急，漁舟個個輕。杖藜從白首，心跡喜雙清。

乾隆丁卯，板橋鄭燮書。「七品官耳」（白文）

香港《書譜》總第四十二期

明放案：其一：〈春夜喜雨〉；其二：〈屏跡三首〉之一。

◇春日，汪士慎應吳蔚洲之邀，同金農、厲樊榭至城東用裡草堂看梅，作《梅花通景》屏條；仲夏作《竹石圖》；秋日，聽吳重光彈琴，成五律詩一首。

尹文《汪士慎傳》

◇金農為汪援鶉寫《金剛經》一卷，汪刻印千本，散於海外。

張郁明《金農傳》

◇李方膺赴安徽潛山知縣任。

崔莉萍《李方膺傳》

◇紀昀中舉。

◇賦閑草堂刻本《杜詩偶評》成，四卷，沈德潛評。

乾隆十三年戊辰（1748）　五十六歲

◇二月，乾隆奉母東巡泰山①，被山東巡撫包括②薦為書畫史。

乾隆十三年，大駕東巡，燮為書畫史，治頓所，臥泰山絕頂四十餘日，亦足豪矣。

《鄭板橋集・補遺・板橋自敘》

注釋：

①泰山：在山東省中部，綿延起伏於長清、濟南、泰安之間，長約200公里。為片麻岩構成的斷塊山地。主峰玉皇頂在泰山市北，海拔1532米。古稱東嶽，一稱岱山、岱宗。山峰突兀峻拔，雄偉壯麗。從山腳到山頂，沿途古跡名勝三十多處，有壺天閣、黑龍潭、中天門、南天門、碧霞祠、日觀峰、普照寺等。泰山之尊，主要得益於歷代帝王的封禪。封禪為古代禮儀之最，甚至超過帝王的登基儀式，被稱為「曠世大典」。泰山現為全國重點風景名勝區。1987年12月被聯合國教科文組織列入《世界文化與自然雙遺產名錄》。

②包括：詳見乾隆十一年丙寅（1746）「◇於濰署中，畫竹呈年伯包大中丞括並題句」注。

明放案：板橋常常以此為豪，曾治一印章：「乾隆東封書畫史」（白文）。

◇山東大旱，廷派高斌①、劉統勳②親督給賑之事。五月至濰，板橋隨行巡視，作

〈和高相公給賑山東道中喜雨，並五日自壽之作 諱斌，號東軒〉。

相公捧詔視東方，百萬陳因③下太倉。天雨播時人盡飫④，好風吹出日俱長。村村布穀吹新綠，樹樹斜陽送晚涼。多謝西南雲一片，頓教霖雨變耕桑。

五日生辰⑤道上過，山根雲角水羅羅。沖泥角黍蓑翁獻，介壽⑥蒲尊瓦盎多。馬上旌旗迷渤海，柳邊輿蓋拂濰河。愚民攀拽⑦無他囑，為報尊王有瑞禾⑧。

《鄭板橋集・詩鈔》

丁家桐《鄭燮傳》

注釋：

① 高斌（1682—1755）：高佳氏，字右文，號東軒，滿洲鑲黃旗人。雍正九年（1731）任河東副總河。十一年（1733）署江南河道總督，十三年（1735）實授。乾隆元年（1736）請設江南河庫道，得准。又奏請淮揚運河口於天妃正月二閘之下相距百餘丈處各建草壩3座。壩下酌建二正石閘，月河二石閘。又於所建二閘尾各建三草壩，層層關鎖收蓄則水準溜緩，可禦洪湖異漲，可減運河水勢。他又認為，洪澤湖山盱尾閭的天然南北二壩不可輕開，逼清水全力禦黃，高寶諸湖水可循軌入口不至泛溢。六年請改建江都三汊河的瓜儀二河口門，逼水多入儀河便漕鹽運輸。調直隸總督兼管總河印。於永定河上建玲瓏石壩以減泛溢。十年任吏部尚書，仍管直隸水利。不久任協辦大學士，軍機處行走。次年奉命理江南河務。所規劃的黃淮運閘壩設置操作多施行。乾隆十二年（1747）授文淵閣大學士，但仍在江南河道總督任上。十三年（1748）偕左都御史劉統勳入山東賑濟。十八年（1753）黃河決銅山縣張家馬路，同知及守備於工所處斬，縛高斌等赴行刑

處，令其目睹。二十年（1755）卒，謚文定。

②劉統勳（1699—1773）：山東諸城人。字延清，號爾純。雍正進士，授編修。乾隆時累官至東閣大學士兼軍機大臣。頗能進諫，與劉倫同為高宗所倚任。有「南劉北劉」之稱。曾多次視察黃河、運河河工，均能革除積弊。又充《四庫全書》正總裁，四任會試正考官。著有《劉文正公集》。

③陳因：粟米堆積之狀。司馬遷《史記·平準書》：「太倉之粟，陳陳相因，充溢露積於外，至腐敗不可食。」這裡是說太倉裡的糧食，逐年增加，陳糧加陳糧，以至腐敗不可食。後以因襲舊套、沒有革新和創造為「陳陳相因」。楊萬里〈眉山任公小集序〉：「詩文孤峭而有風棱，雄健而有英骨，忠慨而有毅氣。……非近世陳陳相因，累累隨行之作也。」

④飫：飽。《後漢書·劉盆子傳》：「十萬餘人，皆得飽飫。」引申為飽足。

⑤五日生辰：農曆五月初五乃端午節，高斌生日。

⑥介壽：《詩·豳風·七月》：「為此春酒，以介眉壽。」鄭玄箋：「介，助也。」後稱祝壽為「介壽」。

⑦攀拽：古時長官巡視，百姓若有申訴，輒遮道攀拽車轅。

⑧瑞禾：古人視一禾多穎（穗）為祥兆，稱瑞禾。此指好莊稼。

◇九月，作〈與江賓谷江禹九①書〉。

學者當自樹其幟。凡米鹽船算之事，聽氣候于商人；未聞文章學問，亦聽氣候于商人者也。吾揚之士，奔走躞蹀於其門，以其一言之是非為欣戚，其損士品而喪士氣，真不可復述矣。賢昆玉悄然閉戶，寂若無人，而嶽嶽蕩蕩，如海如山，令人莫可窮測。嗟呼，其可貴也！文章有大乘②法，有小乘③法。大乘法易而有功，小乘法勞而無謂。《五經》、《左》、《史》、《莊》、〈騷〉、賈、董、匡、劉、諸葛武鄉侯、韓、柳、歐、曾之文，曹操、陶潛、李、杜之詩，所謂大乘法也。理明詞暢，以達天地萬物之情，國家得失興廢之故。讀書深，養氣足，恢恢遊刃有餘地矣。六朝靡麗，徐、庾、江、鮑、任、沈，小乘法也。取青配紫，用七諧三，一字不合，一句不酬，拈斷黃鬚，翻空二酉。究何與於聖賢天地之心，萬物生民之命？凡所謂錦繡才子者，皆天下之廢物也，而況未必錦繡者乎！此真所謂勞而無謂者矣。且夫讀書作文者，豈僅文之云爾哉？將以開心明理，內有養而外有濟也。得志則加之於民，不得志則獨善其身；亦可以化鄉黨而教訓子弟。切不可趨風氣，如揚州人學京師穿衣戴帽，才趕得上，他又變了。何如聖賢精義，先輩文章，萬世不祧也。賢昆玉果能自樹其幟，久而不衰，燮雖不肖，亦將戴軍勞帽，穿勇字背心，執水火棍棒，奔走效力於大纛之下。豈不盛哉！豈不快哉！曹氏父子，蕭家骨肉，一門之內，大小殊軌。曹之丕、植，蕭之統、繹，皆有公子秀才氣，小乘也。老瞞〈短歌行〉，蕭衍〈河中之水歌〉，勃勃有英氣，大乘也。彼雖毒蛇惡獸，要不同於蟋蟀之鳴，蛺蝶之舞，而況麒麟鸞鳳之翔，化雨和風之洽乎！司馬相如，大乘也，而入於小乘，以其逞詞華而媚合也。李義山，小乘也，而歸於大乘，如〈重有感〉、〈隨師東〉、〈登安定城樓〉、〈哭劉蕡〉、〈痛甘露〉之類，皆有人心世道之憂，而〈韓碑〉一篇，尤足以出奇而制勝。青蓮多放逸，而不切事情。飛卿歎老嗟卑，又好為豔冶蕩逸之調，雖李、杜齊名，溫、李合噪，未可並也。詞與詩不同，以婉麗為正格，以豪宕為變格。燮竊以劇場論之：東坡為大淨，稼軒外腳，永叔、邦卿正旦，秦淮海、柳七則小旦也；周美成為正生，南唐後主為小生，世人愛小生定過於愛正生矣。蔣竹山、劉改之是絕妙副末，草窗④貼旦，白石⑤貼生。不知公謂然否？板橋弟鄭燮頓首賓谷七哥、禹九九哥二長兄文幾。乾隆戊辰九日，濰縣頓首。

上海博物館藏墨蹟
《鄭板橋集・補遺》

注釋：

①江禹九：名恂，字禹九。號蔗畦。官蕪湖道。工詩畫，收藏金石書畫，甲於江南。見《揚州畫舫錄》卷十二。

②大乘：亦稱「大乘佛教」大是對小而言。乘是指運載工具。佛教派別。大乘佛教在西元一世紀前後興起於印度南部。所謂大乘，又叫菩薩乘，指修六種波羅蜜等菩薩行，致力於一切眾生的解脫，自稱能運載無量眾生從生死大河的此岸到達菩提涅槃的彼岸，成就佛果。

③小乘：為原始佛教和部派佛教。在宇宙觀上，小乘佛教側重於談人的解脫，對於宇宙萬物生命的價值主張是苦是空。而大乘佛教則給眾生解脫的事業構造了一個博大玄妙的宇宙背景。在時間上將過去、現在、未來，在空間上講十方、上下、東西南北，凡時空構成要素都可圓融互通，無所妨礙。在修持方法上，小乘重「教」尊「聞」、斷業滅惑，禁欲寂居。大乘重「行願」，可以佈施積德，也可以念佛累功。佛教向五洲各地傳播，分南、北兩線：南線最先傳入斯里蘭卡，後傳入緬甸、泰國、柬埔寨、老撾等國；北線由帕米爾高原傳入中國，後傳入朝鮮、日本、越南

等國。西元前後，佛教傳入中國，至南北朝時，已傳遍全國。可以說，佛教生發於印度，大成於中國。

④草窗：南宋文學家周密（1232—約1298），字公謹，號草窗。原籍濟南。吳興（今浙江湖洲）人。宋末曾任義烏令等職，宋亡不仕。與吳文英（夢窗）並稱「兩窗」。著有《草窗韻語》、《萍洲漁笛譜》、《武林舊事》、《齊東野語》、《癸辛雜識》、《雲煙過眼錄》、《浩然齋雅談》等。編有《絕妙好詞》。貼旦：傳統戲曲角色行當。

⑤白石：南宋詞人、音樂家姜夔（約1155—1209），字堯章，號白石道人。饒州鄱陽（今江西鄱陽）人。寓居武康，一生未仕。工詩善詞，精諳音樂。著有《琴瑟考古圖》（未見傳本）、《白石道人歌曲》、《白石道人詩集》、《詩說》、《絳貼平》、《續書譜》等。

貼生：傳統戲曲腳色行當。

◇秋末，作〈乾隆修城記〉。

天地有春必有秋，國家有治必有亂，狃於承平，而不知積漸之衰，倉猝之變，非智也。今天子聖仁，海內安靜，而不思患，預防綢繆未雨，豈非人而不如鳥乎！

濰縣地界海濱，號稱殷富，一旦有事，凡張牙利吻之徒，欲狼吞而虎噬者，濰其首也。前明末造，賴諸紳士蠲輸之力，修造之功，知土城不足恃，易而石之。是以賊人屢窺。卒挫其鋒，歎為無可如何而退。今之所修，不過百分中之二三分耳。量諸紳士出之不難，舉行甚樂。而本縣先為之倡，首修城工六十尺，計錢三百六十千，即付諸薦紳，不徒以紙上空名取其好看。其餘各任各段，各修各工，本縣一錢一物概不經手，但聿觀厥成而已。乾隆戊辰九秋，鄭燮題。

濰坊市博物館藏墨蹟

◇**又作〈修城記〉**。

濰縣舊土城①，崇禎十三年易土而石。不費國帑，諸紳士里民自為之。雍正八年六月二十四日，白浪河水漲，齊城腰，一時倒壞千四百餘尺。最後漸次傾圮千八百尺有餘。板橋鄭燮來蒞茲土，謀重修。諸紳士慨然樂從。遂於乾隆戊辰十月開工，明年三月訖工。燮以邑宰捐修八十尺，其代修者郭偉業、郭耀章也。

常之英等《濰縣誌稿》卷八

注釋：

① 濰縣舊土城：《濰縣誌稿》卷八云：濰縣城土城創於漢。明正德七年，萊州府推官劉信重修。崇禎十二年，邑令邢國璽以石甃之，紳民各認丈尺，不用衙役督催，聽從民便，不數月而告竣。厥後屢次小修。清乾隆十三年，知縣鄭燮捐貲倡眾大修，不假胥役，修城一千八百餘尺，垛齒城樓表裡完整。合邑紳士州同郭峨等二百四十五人共計捐銀八千七百八十六兩。又各煙店公捐制錢一百二十千文。細冊存案。」

◇**書郭峋修城工六十二尺**。

乾隆戊辰，郭峋修城工六十二尺。

板橋書。

常之英等《濰縣誌稿》卷八

◇再作〈修城題名碑〉。

……陳重發、陳佶、劉建極、陳喬、韓鐸……。諸當商共□□……十尺。

乾隆戊□（辰）年……。

濰坊市博物館藏殘碑

◇作家書〈濰縣署中寄舍弟墨第一書〉。

讀書以過目成誦為能，最是不濟事。眼中了了，心下匆匆，方寸無多，往來應接不暇，如看場中美色，一眼即過，與我何與也。千古過目成誦，孰有如孔子者乎？讀《易》至韋編三絕，不知翻閱過幾千百遍來，微言精義，愈探愈出，愈研愈入，愈往而不知其所窮。雖生知安行之聖，不廢困勉下學之功也，東坡讀書不用兩遍，然其在翰林讀〈阿房宮賦〉至四鼓，老吏苦之，坡灑然不倦。豈以一過即記，遂了其事乎！惟虞世南、張睢陽、張方平，平生書不再讀，迄無佳文。且過輒成誦，又有無所不誦之陋。即如《史記》百三十篇中，以〈項羽本紀〉為最，而〈項羽本紀〉中，又以鉅鹿之戰、鴻門之宴、垓下之會為最。反覆誦觀，可欣可泣，在此數段耳。若一部《史記》，篇篇都讀，字字都記，豈非沒分曉的鈍漢！更有小說家言，各種傳奇惡曲，及打油詩詞，亦復寓目不忘，如破爛廚櫃，臭油壞醬悉貯其中，其齷齪亦耐不得。

◇**作家書〈濰縣署中與舍弟墨第二書〉**。

余五十二歲始得一子，豈有不愛之理！然愛之必以其道，雖嬉戲頑耍，務令忠厚悱惻，毋為刻急也。平生最不喜籠中養鳥，我圖娛悅，彼在囚牢，何情何理，而必屈物之性以適吾性乎！至於髮系蜻蜓，線縛螃蟹，為小兒頑具，不過一時片刻便摺拉而死。夫天地生物，化育劬勞，一蟻一蟲，皆本陰陽五行之氣絪緼而出。上帝亦心心愛念。而萬物之性人為貴，吾輩竟不能體天之心以為心，萬物將何所托命乎？蛇蚖蜈蚣豺狼虎豹，蟲之最毒者也，然天既生之，我何得而殺之？若必欲盡殺，天地又何必生？亦惟驅之使遠，避之使不相害而已。蜘蛛結網，于人何罪，或謂其夜間咒月，令人牆傾壁倒，遂擊殺無遺。此等說話，出於何經何典，而遂以此殘物之命，可乎哉？可乎哉？我不在家，兒子便是你管束。要須長其忠厚之情，驅其殘忍之性，不得以為猶子而姑縱惜也。家人兒女，總是天地間一般人，當一般愛惜不可使吾兒淩虐他。凡魚飧果餅，宜均分散給，大家歡嬉跳躍。若吾兒坐食好物，令家人子遠立而望，不得一沾唇齒；其父母見而憐之，無可如何，呼之使去，豈非割心剜肉乎！夫讀書中舉中進士作官，此是小事，第一要明理作個好人。可將此書讀與郭嫂、饒嫂聽，使二婦人知愛子之道在此不在彼也。

書後又一紙

所云不得籠中養鳥，而予又未嘗不愛鳥，但養之有道耳。欲養鳥莫如多種樹，使繞屋數百株，扶疏茂密，為鳥國鳥家。將旦時，睡夢初醒，尚輾轉在被，聽一片啁啾，如《雲門咸池》之奏；及披衣而起，頮面漱口啜茗，見其揚翬振彩，倏往倏來，目不暇給，固非一籠一羽之樂而已。大率平生樂處，欲以天地為囿，江漢為池，各適其天，斯為大快。比之盆魚籠鳥，其鉅細仁忍何如也！

書後又一紙

嘗論堯舜不是一樣，堯為最，舜次之。人咸驚訝。其實有至理焉。孔子曰：「大哉堯之為君，惟天為大，惟堯則之。」孔子從未嘗以天許人，亦未嘗以大許人，惟稱堯不遺餘力，意中口中，却是有一無二之象。夫雨暘寒燠時若者，天也。亦有時狂風淫雨，兼旬累月，傷禾敗稼而不可救；或赤旱數千里，蝗螟特肆生，致草黃而木死，而亦不害其為天之大。天既生有麒麟、鳳凰、靈芝、仙草、五穀、花實矣，而蛇、虎、蜂蠆、蒺藜、稂莠、蕭艾之屬，即與之俱生而並茂，而亦不害其為天之仁。堯為天子，既已欽明文思，光四表而格上下矣，而共工、驩兜尚列於朝，又有九載績用弗成之鯀而亦不害其為堯之大。渾渾乎一天也！若舜則不然，流共工，放驩兜，殺三苗，殛鯀，罪人斯當矣。命伯禹作司空，契為司徒，稷教稼，皋陶掌刑，伯益掌火，伯夷典禮，后夔典樂，倕工鳩工，以及殳斨、朱虎、熊羆之屬，無不各得其職，用人又得矣。為君之道，至毫髮無遺憾。故曰：「君哉舜也！」又曰：「舜其大知也！」夫彰善癉惡者，人道也；善惡無所不容納者，天道也。堯乎，堯乎！所以為天也乎！闕後舜之子孫，賓諸陳，無一達人。後代有齊國，亦無一達人。惟田橫之卒，五百人從之，斯不愧祖宗風烈。非天之薄於大舜而不予以後也，其道已盡，其數已窮，更無從蘊而再發耳。若堯之後，至迂且遠也。豢龍御龍，而有中山劉累，至漢高而光有天下。既二百年矣，而又光武中興。又二百年矣，而又先帝入蜀，以諸葛為之相，以關、張為之將；忠義滿千古，道德繼賢聖。豈非堯之留餘不盡，而後有此發洩也哉！夫舜與堯同心同德同聖，而吾為是言者，以為作聖且有太盡之累，則何事而可盡也？留得一分做不到處，便是一分蓄積，天道其信然矣。且天亦有過盡之弊。天生聖人亦屢矣，未嘗生孔子也。及生孔子，天地亦氣為之竭而力為之衰，更不復能生聖人。天受其弊，而況人乎！昨在范縣與進士田種玉、孝廉宋緯言之，及來濰縣，與諸生郭偉績談論，咸鼓舞震動，以為得未曾有。並書以寄老弟，且藏之匣中，待吾兒少長，然後講與他聽，與書中之意互相發明也。

《鄭板橋集·家書》

明放案：因無年月稽考，任乃賡先生將此兩通家書繫於乾隆十四年（1749）。王家誠先生將此兩通家書繫於本年，此從王說。

◇秋日，汪士慎於寒木山房詠盆蘭，作《蘭竹掛軸》。

尹文《汪士慎傳》

◇黃慎在建陽知縣許齊卓署中作詩繪畫，夏去崇安。

李萬才《黃慎傳》

◇秋夜，高翔同馬曰琯、馬曰璐兄弟及陸錫疇至南莊看梅。於留雲館為姻親焦士紀（五斗）寫梅。約於是年右臂病廢，遂以左筆代書。

尹文《高翔傳》

◇八月，李鱓於興化浮漚館作《椿萱百齡圖》。

黃俶成《李鱓傳》

◇高鳳翰為板橋作《冰雪心肝寄故人》卷，並題詩寄之。

常再盛、顧仁榮《高鳳翰傳》

◇李方膺於知縣任作《墨竹圖》。

崔莉萍《李方膺傳》

◇金農寓居揚州城南妹夫之「何氏書屋」種竹百竿。

張郁明《金農傳》

◇三月，皇后富察氏隨帝東巡曲阜，病死於德州舟次。

◇清廷令稽察在京各衙門事務。

◇清廷定巡撫均授右副都御史銜。

◇帝進烏喇那拉氏為皇貴妃。

◇帝因南郊祭祀而詔令製造玉輦。

乾隆十四年己巳（1749）　五十七歲

◇春，濰縣饑。

王家誠《鄭板橋傳》

◇春，為蘇州網師園①濯纓水閣②書四言聯。

孫保龍《古今對聯叢談》

曾三③顏四④；

禹寸⑤陶分⑥。

乾隆己巳春日，板橋鄭燮書。

注釋：

① 網師園：位於蘇州市東南部。占地約5000平方米。原為南宋史正志萬卷堂故址，稱「漁隱」，後荒廢。乾隆朝，由宋宗元重建。借「漁隱」原意自比漁人，故名「網師園」。網師園分東部和西部，相互對稱。東部為住宅，磚刻門樓圖案精美。有積善堂、擷秀樓等。西部為花園，以池水為中心，有小山叢桂軒、濯纓水閣、看松讀畫軒等建築，其中殿春簃自成院落。雅淡明快，造型精巧，為江南花園住宅的典型。網師園現為全國重點文物保護單位，並被列入《世界文化遺產名錄》。

② 濯纓水閣：位於網師園雲岡之左。濯纓：濯，洗滌；纓，繫冠的絲帶。《楚辭•漁父》：「漁父莞爾而笑，鼓枻而去，歌曰：『滄浪之水清兮，可以濯吾纓；滄浪之水濁兮，可以濯吾足。』王逸注：「漁父避世隱身，釣魚江濱，欣然自樂。」後喻超塵脫俗。唐代白居易《題噴玉泉》詩：「何時此岩下，來作濯纓翁。」

③ 曾三：曾子（前505—前436），名參，字子輿。春秋末魯國南武城（今山東費縣）人。孔子的得意門生。以孝著稱。據說《孝經》就出自他手。《大戴禮記》有曾子十篇。相傳《大學》為他所著。後被尊為「宗聖」。曾子曰：「吾日三省吾身：為人謀而不忠乎？與朋友交而不信乎？

傳不習乎？」（《論語‧學而》）曾子每天從「忠厚」、「誠信」、「溫習」三方面數次反省。南宋朱熹〈齋居感興〉詩：「曾子日三省。」後習以「曾三」稱之。

④顏四：顏淵（前521—前481），名回，字子淵。春秋末魯國人。孔子弟子。勤學好問，樂道安貧，簞食瓢飲，不改其樂。不遷怒，不貳過。在孔門以「德」著稱。孔子歎曰：「吾見其進也，未見其止也。」（《論語‧子罕》）早卒，後被封建統治者尊為「復聖」。顏淵有四勿：「非禮勿視，非禮勿聽，非禮勿言，非禮勿動。」意即凡有悖於儒家禮儀道德的就不看、不聽、不說、不做。南宋朱熹〈齋居感興〉詩：「顏生躬四勿。」後習以「顏四」稱之。

⑤禹寸：禹，史稱大禹、夏禹、戎禹。姒姓，名文命。鯀之子。奉舜命治理洪水，歷十三年，三過家門而不入，水患悉平。舜死，禹繼任部落聯盟領袖，都安邑。傳曾鑄造九鼎，又傳曾克平三苗之亂。後東巡狩至會稽而卒。《淮南子‧原道訓》云：「聖人不貴尺之璧，而重寸之陰。」

⑥陶分：陶，陶侃，（259—334），東晉廬江潯陽（今湖北黃梅西南）人，字士行，早孤貧。初為縣吏，西晉永嘉五年（311），任武昌太守。建興元年（313），任荊州刺史。三年，討平杜弢，東晉太寧三年（325），加征西大將軍。蘇峻、祖約叛晉，建康（今江蘇南京）失守，庾亮、溫嶠推侃為盟主，擊殺蘇、祖二叛，封長沙郡公。後任荊、江二州刺史，都督八州諸軍事。侃在軍四十餘年，果毅善斷，精勤吏職。常謂：「大禹聖者，乃惜寸陰，至於眾人，當惜分陰，豈可逸遊荒醉，生無益於時，死無聞於後，是自棄也。」

明放案一：此聯雖短，卻巧用了四個典故。上聯意在強調人們要反省修身，注重倫理道德。下聯意在鼓勵人們要惜時勤奮，力求有所作為。構思精巧，清雅靈動。讀來頗覺蘊籍深沉，情味雋永。後人曾在此聯前各添四字，即：學問無窮，曾三顏四；光陰有限，禹寸陶分。

明放案二：己巳：即乾隆十四年（1749），板橋時在濰縣任上。遍閱相關史籍，未見板橋到過蘇州的記載。疑為板橋在濰所書，後人移此；或蘇州某人過濰縣，板橋應其書作。

明放案三：清代書法家劉墉題蘇州網師園濯纓水閣聯云：「雨後雙禽來占竹；秋深一碟下尋花。」佚名題蘇州網師園濯纓水閣聯云：「水面文章風寫出；山頭意味月傳來。」

◇三月，濰縣城工修訖。作《濰縣永禁煙行經紀碑文》。

乾隆十四年三月，濰縣城工修訖，譙樓、炮臺、垛齒、睥睨，煥然新整；而土城猶多缺壞，水眼猶多滲漏未填塞者。五六月間，大雨時行，水眼漲溢，土必崩，城必壞，非完策也。予方憂之。諸煙鋪聞斯意，以義捐錢二百四十千，以築土城。城遂完善，無復遺憾，此其為功豈小小哉！查濰縣煙葉行本無經紀，而本縣蒞任以來，求充煙牙執秤者不一而足，一概斥而揮之，以本微利薄之故；況今有功於一縣，為萬民保障，為城闕收功，可不永革其弊，以報其功、彰其德哉！如有再敢妄充私牙與稟求作經紀者，執碑文鳴官重責重罰不貸！

濰坊市博物館藏石刻
《鄭板橋集・補遺》

◇**作〈濰縣寄舍弟墨第三書〉，囑墨為子擇師及敬師之道。**

富貴人家延師傅教子弟，至勤至切，而立學有成者，多出於附從貧賤之家，而己之子弟不與焉。不數年間，變富貴為貧賤；有寄人門下者、有餓莩乞丐者。或僅守厥家，不失溫飽，而目不識丁。或百中之一亦有發達者，其為文章，必不能沉著痛快，刻骨鏤心，為世所傳誦。豈富貴足以愚人，而貧賤足以立志而浚慧乎！我雖微官，吾兒便是富貴子弟，豈成其敗。吾已置之不論；但得附從佳子弟在成，亦吾所大願也。至於延師傅，待同學，不可不慎。吾兒六歲，年最小，其同學長者當稱為某先生，次亦稱為某兄，不得直呼其名。紙筆墨硯，吾家所有。宜不時散給諸眾同學。每見貧家之子，寡婦之兒，求十數錢，買川連紙釘仿字簿，而十日不得者。當察其故而無意之中與之。至陰雨不能即歸，輒留飯；薄暮，以舊鞋與穿而去。彼父母之愛子，雖無佳好衣服，必製新鞋襪來上學堂，一遭泥濘，復製為難矣。夫擇師為難，敬師為要，擇師不得不審，既擇定矣，便當尊之敬之，何得復尋其短？吾人一涉宦途，即不能自課其子弟。其所延師，不過一方之秀，未必海內名流。或暗笑其非，或明指其誤，為師者既不自安，而教法不能盡心；子弟復持藐忽心而不力於學，此最是受病處。不如就師之所長，且訓吾子弟之不逮。如必不可從，少待來年，更請他師，而年內之禮節尊崇，必不可廢。

又有五言絕句四首，小兒順口好讀，令吾兒且讀且唱，月下坐門檻上，唱與二太太、兩母親、叔叔、嬸娘聽，便好騙果子吃也。

二月賣新絲，五月糶新穀。醫得眼前瘡，剜卻心頭肉①。
耘苗日正午，汗滴禾下土。誰知盤中飧，粒粒皆辛苦②。
昨日入城市，歸來淚滿巾。遍身羅綺者，不是養蠶人③。
九九八十一，窮漢受罪畢。才得放腳眠，蚊蟲獦蚤出④。

《鄭板橋集・家書》
任乃賡〈鄭板橋年表〉

注釋：
①此四句系唐代詩人聶夷中（837—884?）〈傷田家〉詩上半部。
②此詩出自唐詩人李紳（772—846）〈憫農〉兩首。耘苗：鋤草。原作「鋤禾」。
③此詩出自北宋張俞的〈蠶婦〉。
④指冬至後，每九天叫一「九」；「九九」，即八十一天。

◇五月，與御史沈廷芳等同游郭氏園，沈作〈過濰縣鄭令板橋進士招同朱天門孝廉①家房仲兄②納涼郭氏園〉詩相贈，慰其失子之痛。

乾隆己巳月夏五，鄭君邀我過花圃。是時炎暑氣鬱蒸，連日川途走澍雨。汗腳不襪衣不船，喜得涼涇覯賢主。入門一圍青雪林，森然迮地多嘉樹。蒼苔小徑蝸廬盤，紺石幽洞董楦堵。高高亭子泠泠風，漱玉麓台近堪睹。緬維尚書昔構此，告歸娛老門嘗杜。即今雲礽能世家，百年東第存堂廡。我來消夏興獨豪，朗吟恍夢遊天姥。請君圖書發秘藏，少連康樂爭摩拊。老硯名印細匣羅，岐鼓秦碑墨香吐。最後觸鼻還流臚，禹書神跡傳岣嶁。況君三絕過台州，草聖芝仙得蜘蛛。詩題剡紙點筠蘭，先輩青藤安足數。君鄭爾才特奇古，為政豈在守文簿。一官樗散鬢如絲，萬事蒼茫心獨苦。人生作達在當前，惟有清遊豁靈府。酒酣勿起商瞿悲，生子還應生賈虎③。

沈廷芳《隱拙齋集》卷十六

注釋：

① 孝廉，漢代選拔官吏的科目之一。武帝元光元年（前134），初令郡、國舉孝、廉各一人。《漢書·武帝紀》顏師古注云：「孝謂善事父母者，廉謂清潔有廉隅者。」後來實際上多由世家大族互相吹捧。舉孝廉者往往被任為「郎」，在東漢尤為求仕者必由之路。漢以後隋以前孝廉合為一稱，州舉秀才，郡舉孝廉。到了明清時即成為對舉人的稱呼。

② 家房仲兄：即指二哥沈心。沈廷芳自注：「郭尚書尚友，萬曆進士，善居鄉。」

③ 沈廷芳自注：「板橋方抱西河之痛」。

明放案一：沈心作〈濰縣鄭板橋明府招同朱天門孝廉椒園弟飲郭氏園，分韻得之字〉詩：頻年斫璞心相思①，相見各訝添霜髭。小於河畔挽墨綬，風流為政官濰夷。戶靜千村絕木皂，琴張百衲調冰絲。沖暑我來苦汗雨，塵途何處招涼颸。辟疆舊築古堞下，映衣深碧苔痕滋。修篁斜影仿畫手，老檜清氣涵詩脾。瓊漿乍酌青玉案，綺席旋傍紅鵝池。火雲晚閣光漸淡，酒酣話舊形骸遺。遠跡秋蓬感海岱，宦情客緒皆天涯。江南鄉樹宛在眼，西湖夢杳明玻璃。異國山川洵多美，浮生合併如夙期。一尊此日足可惜，秘藏共賞神尤怡②。匏按憲章除北饌③，座依邱壑超南皮。荒蔓茸茸宅狐兔，洛陽園記增嗟諮。劇喜尚書綿世澤，花木仍向雲礽貽。今朝雅集極幽暢，爪泥應動人追惟。丹楓寒雁愁旅館，班荊轉憶邗溝時。吟成擲筆發高興，亟寄髯金索和之④。（沈心《孤石山房詩集》卷四）

沈氏自注：

①馬異寄盧仝詩：「白玉璞裡斫出相思心。」

②時出秦漢碑拓及佳硯名印見示。

③段文昌有《食憲章》。

④庚申歲，客揚州，與板橋訂交於金壽門寓樓。

明放案：沈心又作〈留別鄭板橋〉詩：小於河畔柳依依，沙際春歸客亦歸。八載清風飄墨綬①，幾回幽夢繞柴扉。惟君白首豪吟健，贈我青山逸興飛②；明日相思今共飲，將離花落悵征衣。（沈心《孤石山房詩集》卷四）

注釋：

①從板橋於乾隆七年（1742）作吏山東起向後推八年，恰好是乾隆十四年（1749）。

②沈心自注：「時見貽手畫山水。」證實板橋曾畫過山水畫。

◇六月二十日早飯後，作行書《王漁洋①冶春詞》冊。

《鄭板橋字冊》云：紙本。今尺高八寸五分，寬四寸六分。凡十七幅，幅二行，行書王漁洋《冶春詞》四首，落款「乾隆己巳六月二十日早飯後書，板橋鄭燮。」引首章「七品官耳」（白文），押尾章「臣燮之印」（白文）。

杜瑞聯《古芬閣書畫記》卷八

注釋：

①王漁洋：即王士禎。詳見康熙四十九年庚寅（1710）「◇廷詔張英、王士禎等編撰《淵鑑類函》成，四百五十卷」注

◇始作《濰縣竹枝詞①》。

王家誠《鄭板橋傳》

丁家桐《鄭燮傳》

注釋：

①竹枝詞：樂府《近代曲》名。本巴渝（今四川重慶）一帶民歌。唐詩人劉禹錫任夔州刺史時，根據民歌改作，系一種七言絕句形式組合的歌詞。歌詠三峽風光和男女戀情，但也曲折地流露出他遭受貶謫後的苦悶心情，盛行於世。以後各代詩人寫《竹枝詞》的很多，也多詠當地風俗和男女愛情，形式都是七言絕句。語言通俗，音調輕快。

◇作〈濰縣寄舍弟墨第四書〉。

凡人讀書，原拿不定發達。然即不發達，要不可以不讀書，主意便拿定也。科名不來，學問在我，原不是折本的買賣。愚兄而今已發達矣，人亦共稱愚兄為善讀書矣，究竟自問胸中擔得出幾卷書來？不過挪移借貸，改竄添補，便爾釣名欺世。人有負於書耳，書亦何負於人哉！昔有人問沈近思①侍郎，如何是救貧的良法？沈曰：讀書。其人以為迂闊。其實不迂闊也。東投西竄，費時失業，徒喪其品，而卒歸於無濟，何如優遊②書史中，不求獲而得力在眉睫間乎！信此言，則富貴，不信，則貧賤，亦在人之有識與有決並有忍耳。

《鄭板橋集・家書》

注釋：

①沈近思：字位三，號暗齋，仁和（今浙江杭州人）。康熙進士。出知臨穎縣。建社倉，設義塚義學，頗有政聲。雍正間累官吏部侍郎、左都御史。五年卒。著有《夙興錄》、《讀論語偶見錄》、《天鑒堂文集》。

②優遊：閒適貌。

◇秋熟，難民陸續返鄉，作〈還家行〉以紀其事。

死者葬沙漠，生者還舊鄉，遙聞齊魯郊，穀黍等人長。目營青岱雲，足辭遼海霜；拜墳一痛哭，永別無相望。春秋社燕雁，封淚遠寄將。歸來何所有，兀然空四牆；井蛙跳我灶，狐狸據我床。驅狐窒鼯鼠，掃徑開堂皇；濕泥塗舊壁，嫩草覆新黃。桃花知我至，屋角舒紅芳；舊燕喜我歸，呢喃話空梁；蒲塘春水暖，飛出雙鴛鴦。念我故妻子，羈賣東南莊；聖恩許歸贖，攜錢負橐囊。其妻聞夫至，且喜且彷徨；大義歸故夫，新夫非不良。摘去乳下兒，抽刀割我腸。其兒知永絕，抱頸索阿娘；墮地幾翻覆，淚面塗泥漿。上堂辭舅姑，舅姑淚浪浪。贈我菱花鏡，遺我泥金箱；賜我舊簪珥，包並羅衣裳。「好好作家去，永永無相忘。」後夫年正少，慚慘難禁當，潛身匿鄰舍，背樹倚斜陽。其妻徑以去，繞隴過林塘。後夫攜兒歸，獨夜臥空房；兒啼父不寐，燈短夜何長！

《鄭板橋集・詩鈔》

◇仲秋八月，書作鄭谷口①遺句。

清臞老鶴閒心遠，歷亂秋花野意多。

鈔鄭谷口先太祖之遺句，時乾隆己巳年仲秋八月寫於揚州綠知書屋之中。板橋道人燮並記。

「雪浪齋」（朱文）、「鄭大」（白文）、「二十年前舊板橋」（朱文）、「鄭燮之印」（白文）、「濰夷長」（白文）、「七品官耳」（白文）。

首都博物館藏墨蹟

注釋：

①鄭谷口：詳見乾隆二十四年己卯（1759）「◇六月十二日，作〈與朱青雷書〉」注。

明放案：此系紙本，墨筆。縱110.7釐米，橫58釐米。

◇秋，作《花卉冊》八頁。

《蘭》，款署：鄭燮。「鄭燮之印」（白文）。

《蘭》，款署：板橋寫。「鄭燮」（白文）

《蘭》，款署：板橋居士燮。「鄭板橋」（白文）

《竹》，款署：板橋。「鄭板橋」（白文）。

《竹》，款署：鄭燮。「克柔」（朱文）。

《石》，款署：板橋。「鄭板橋」。（白文）。

《菊石》，款署：板橋道人。「鄭板橋」（白文）、「克柔」（朱文）。

《石》，款署：乾隆己巳秋板橋畫。「鄭板橋」（白文）。

《鄭板橋書畫》影印

明放案：周積寅先生疑系偽作。

◇作〈濰縣署中與舍弟第五書〉。

無論時文、古文、詩歌、詞賦，皆謂之文章。今人鄙薄時文，幾欲摒諸筆墨之外，何太甚也？將毋醜其貌而不鑒其深乎！愚謂本朝文章，當以方百川①制藝為第一，侯朝宗②古文次之；其他歌詩辭賦，扯東補西，拖張拽李，皆拾古人之唾餘，不能貫串，以無真氣故也。百川時文精粹湛深，抽心苗，發奧旨，繪物態，狀人情，千回百折而卒造乎淺近。朝宗古文標新領異，指畫目前，絕不受古人羈絏；然語不遒，氣不深，終讓百川一席。憶予幼時，行匣中惟徐天池③《四聲猿》、方百川制藝二種，讀之數十年，未能得力，亦不撒手，相與終焉而已。世人讀《牡丹亭》④而不讀《四聲猿》，何故？

文章以沉著痛快為最，《左》、《史》、《莊》、《騷》、杜詩、韓文是也。間有一二不盡之言，言外之意，以少少許勝多多許者，是他一枝一節好處，非六君子本務。敦世間娖娖纖小之夫，專以此為能，謂文章不可說破，不宜道盡，遂訾人為刺刺不休。夫所謂刺刺不休者，無益之言，道三不著兩耳。至若敷陳帝王之事業，歌詠百姓之勤苦，剖晰聖賢之精義，描摹英傑之風猷，豈一言兩語所能了事？豈言外有言、味外取味者，所能秉筆而快書乎？吾知其必目昏心亂，顛倒拖遝，無所措其手足也。王、孟詩原有實落不可磨滅處，只因務為修潔，到不得李、杜沉雄。司空表聖自以為得味外味，又下于王、孟一二等。至今之小夫，不及王、孟、司空萬萬，專以意外言外，自文其陋，可笑也。若絕句詩、小令詞，則必以意外言外取勝矣。

「宵寐匪禎，劄闥洪庥。」⑤以此訾人，是歐公正當處，然亦有淺易之病。「逸馬殺犬於道，」⑥是歐公簡煉處，然五代史亦有太簡之病。高密單進士烺曰：「不是好議古人，無非求其至是。」

寫字作畫是雅事，亦是俗事。大丈夫不能立功天地，字養生民，而以區區筆墨供人玩好，非俗事而何？東坡居士刻刻以天地萬物為心，以其餘閒作為枯木竹石，不害也。若王摩詰⑦、趙子昂輩，不過唐、宋間兩畫師耳！試看其平生詩文，可曾一句道著民間痛癢？設以房、杜、姚、宋⑧在前，韓、范、富、歐陽⑨在後，而以二子廁乎其間，吾不知其居何等而立何地矣！門館才情，遊客伎倆，只合剪樹枝、造亭榭、辨古玩、鬥茗茶，為掃除小吏作頭目而已，何足數哉！何足數哉！愚兄少而無業，長而無成，老而窮窘，不得已亦借此筆墨為糊口覓食之資，其實可羞可賤。願吾弟發憤自雄，勿蹈乃兄故轍也。古人云：「諸葛君真名士。」名士二字，是諸葛才當受得起。近日寫字作畫，滿街都是名士，豈不令諸葛懷羞，高人齒冷？

《鄭板橋集・家書》

注釋：

① 方百川：詳見雍正十三年（1735）注。

② 侯朝宗（1618—1655），名方域。明末清初文學家。河南商丘人。東林名士侯恂之子。復社成員。明末與方以智、陳貞慧、冒襄齊名，稱「四公子」。入清後曾應河南鄉試，中副榜。散文以人物傳記見長，多取法於司馬遷和韓愈，也講求辭采之美。所作《李姬傳》，為後來孔尚仁作《桃花扇》所取材。與魏禧、汪琬齊名，被稱為清初「三大家」。亦能詩。著《壯悔堂文集》、《四憶堂詩集》。

③ 徐天池：即徐渭。詳見乾隆十年乙丑（1745）「◇在興化，題李鱓六十歲之前為退庵禪師四十壽作《枯木竹石圖》」注。

④ 牡丹亭：一名《還魂記》。傳奇劇本。明湯顯祖作。共五十五出。寫南宋時福建南安太守杜寶之女杜麗娘偕侍女春香遊園遣悶，在牡丹亭畔小憩，夢中和一少年書生相愛，醒後相思成疾，便自畫真容，囑咐死後埋在園中的梅花庵裡。三年後，廣州書生柳夢梅去臨安應試，途經南安，因病在杜府園中小住，發現麗娘畫像，悅其美妍，深為愛慕。麗娘感而復生，並陪柳夢梅同

往臨安應試，柳雖高中榜首，卻因賊人作亂未能放榜，於是二人又去淮南求其父母許婚。杜寶得知大怒，誣柳夢梅私掘女墳，將其囚禁獄中。夢梅上書自辯，金榜公放，皇帝賜婚，二人終得結為夫婦。此劇情節取材於明話本《杜麗娘慕色還魂》，但對杜麗娘復生後的處理，有創造性的改動。通過柳、杜的愛情故事，無情地揭露了封建禮教的罪惡，故事曲折動人，人物刻劃細膩，曲調文辭優美。堪稱我國古代戲曲之傑作。

⑤相傳北宋文學家、史學家宋祁（998—1061）與歐陽修（1007—1072）因修《唐書》，宋嚴於用字，時常改得險怪而不可讀。歐陽修便戲書「霄寐匪禎，劄闥洪庥」（夜夢不詳，書門大吉）譏之。

⑥據《宋稗類鈔》載：有人記奔馬踐死一犬，其文為「有犬臥於通衢，逸馬蹄而殺之。」歐陽修曰：「使子修史，萬卷未已也。」改為「逸馬殺犬於道」。

⑦王摩詰：詳見雍正十三年〈儀徵縣江村茶社寄舍弟〉注。

⑧房、杜、姚、宋：即唐代四位名宰相。房，房玄齡（579—648）：唐初大臣，字喬（一說名喬，字玄齡）；杜，杜如晦（585—630）：唐初大臣，字克明。史稱「房杜」。貞觀年間，二人共執朝政，訂定一系列典章制度，對促成「貞觀之治」起了重要作用。姚，姚崇（650—721），唐大臣，字元之。歷任武則天、睿宗、玄宗朝宰相。宋，宋璟（663—737），唐大臣，二人在玄宗開元中力除弊政，選用良材，對促成有名的「開元之治」起了重大作用。史稱「姚宋」。

⑨韓、范、富、歐陽：北宋四位名大臣。

韓，韓琦（1008—1075）字稚圭；范，范仲淹（989—1052）字希文。二人於宋仁宗寶元三年（1040）同時出任陝西經略安撫使，防禦西夏。時人稱為「韓范」。

富，富弼（1004—1083），字彥國。慶曆三年（1043）與范仲淹等同執朝政，建議改革，並條陳河北防禦十二策，以加強對契丹的防禦。後與韓琦、司馬光一起成為反對王安石新法的保守派領袖。

歐陽，歐陽修（1007—1072），曾任參知政事。早年支持范仲淹，在政治與文學方面多有建樹。

王家誠《鄭板橋傳》

◇重訂《家書十六通》、《詩鈔》、《詞鈔》，並手寫付梓。

◇作〈十六通家書小引〉。

板橋詩文，最不喜求人作敘。求之王公大人，既以借光為可恥；求之湖海名流，必至含譏帶訕，遭其荼毒而無可如何，總不如不敘為得也。幾篇家信，原算不得文章，有些好處，大家看看；如無好處，糊窗糊壁，覆瓿覆盎而已，何以敘為！乾隆己巳，鄭燮自題。

《鄭板橋集・家書》

◇作〈後刻詩序〉。

古人以文章經世，吾輩所為，風月花酒而已。逐光景，慕顏色，嗟困窮，傷老大，雖刳形去皮，搜精抉髓，不過一騷壇詞客爾，何與於社稷生民之計，三百篇之旨哉！屢欲燒去，平生吟弄，不忍棄之。況一行作吏，此事又束之高閣。姑更定前稿，復刻數十首於後，此後更不作矣。板橋又題。

板橋詩刻止於此矣，死後如有託名翻版，將平日無聊應酬之作，改竄爛入，吾必為厲鬼以擊其腦！

《鄭板橋集・詩鈔》

◇作〈詞序〉。

燮詞不足存錄。蘭亭樓夫子①謂燮詞好於詩，且付梓人，後來進益，不妨再更定，嗟乎！燮何進也？燮年三十至四十，氣盛而學勤，閱前作輒欲焚去；至四十五六，便覺得前作好；至五十外，讀一過便大得意。可知其心力日淺，學殖日退，忘己丑而信前是，其無成斷斷矣！樓夫子是燮鄉試房師②，得毋愛忘其醜乎？

陸種園先生諱震，邑中前輩。燮幼從之學詞，刊刻二首，以見一斑。

為文須千斟萬酌以求一是，再三更改，故無傷也，然改而善者十之七，改而謬者亦十之三。乖隔晦拙③，反走入荊棘叢中去，要不可以廢改，是學人一片苦心也。燮作詞四十年，屢改屢蹶者，不可勝數。今茲刻本，頗多仍舊，而此中之酸甜苦辣備嘗而有獲者亦多矣。世間為父師者，見其子弟之文疏鬆爽豁便喜，見其拗澀晦拙便憂。吾願少寬歲月以待之，必有屈曲達心、沉著痛快之妙。天下豈有速成而能好者乎？

少年游冶學秦柳④，中年感慨學辛蘇⑤，老年淡忘學劉蔣⑥，皆與時推移而不自知者。人亦何能逃氣數也！

《鄭板橋集・詞鈔》

注釋：

①蘭亭樓：雍正十年（1732），任南京鄉試考官，板橋試卷由他推薦中舉。

②房師，科舉制度中，舉人、貢士對薦舉本人試卷的同考官的尊稱。因為鄉試、會試的同考官各占一房，試卷必須經過某房的同考官選薦，方能取中，故有此稱。

③乖隔晦拙：指文章的四種弊病：違戾而久妥切，阻滯而久通暢，幽隱而久明朗，粗劣而久精巧。

④秦柳：北宋詞人秦觀與柳永。秦觀（1049—1100）：字少遊、太虛，號淮海居士，高郵（今屬江蘇）人。曾任秘書省正字、兼國史院編修官等職。因政治上傾向於舊黨，被目為元祐黨人。後累遭貶謫。文辭為蘇軾所賞識。為「蘇門四學士」之一。工詩詞，內容多寫男女情愛，也有傷感身世之作。風格委婉含蓄，清麗淡雅。著有《淮海集》、《淮海居士長短句》。柳永（？—約1053）：原名三變，字景莊。後改名永，字耆卿，排行第七，崇安（今福建武夷山市）人。景祐進士，官屯田員外郎。世稱柳七、柳屯田。為人放蕩不羈，終生潦倒。其詞多描繪城市風光和歌妓生活，尤長於抒寫羈旅行役之情。創作慢詞獨多。鋪敘刻畫，情景交融，語言通俗，音律諧婉。在當時流傳很廣，對宋詞的發展有一定的影響。著有《樂章集》。

⑤辛蘇：南宋詞人辛棄疾與北宋文學家、書畫家蘇軾。辛棄疾（1140—1207）：字幼安，號

稼軒，歷城（今山東濟南）人。出生時，中原已被金兵所占。二十一歲參加抗金義軍，不久即歸南宋，歷任湖北、江西、湖南、福建，浙東安撫使等職。一生主張抗金，其所提出的抗金建議，均未被採納，並遭受打擊。曾長期落職閒居於江西上饒、鉛山一帶，晚年韓侂冑當政，一度起用，不久病卒。其詞力圖抒發愛國熱情，傾訴壯志難酬的悲憤，對當政者的屈辱求和頗多譴責；也有不少吟詠祖國河山的作品。藝術風格多樣，以豪放為主。與蘇軾並稱為「蘇辛」。今人輯有《辛稼軒詩文鈔存》。蘇軾（1037—1101），字子瞻，號東坡居士，眉州眉山（今屬四川）人。蘇洵之子。嘉祐進士。神宗時曾任祠部員外郎，因反對王安石新法而求外職，任杭州通判，知密州、徐州、湖州。後以作詩「謗訕朝廷」罪貶謫黃州。哲宗時任翰林學士，曾出知杭州、潁州等。官至禮部尚書，後又被貶惠州、儋州。北還後第二年病死常州，南宋時追謚文忠。與父洵弟轍，合稱「三蘇」。為「唐宋八大家」之一。詩清新，詞豪放，對後世很有影響。書擅長行、楷，取法李邕、徐浩、顏真卿、楊凝式，而能自創新意。有筆豐腴跌宕，有天真爛漫之趣。與蔡襄、黃庭堅、米芾並稱「宋四家」。能畫竹、枯木、怪石，論畫主張「神似」。詩文有《東坡七集》等。詞集有《東坡樂府》。存世書跡有《答謝民師論文帖》、《祭黃幾道文》、《前赤壁賦》、《黃州寒食詩帖》等。

⑥劉蔣：南宋詞人、詩人劉過與詞人蔣捷。劉過（1154—1206），字改之，號龍洲道人，吉安太和（今江西泰和）人。終生未仕。流落江湖間，曾從辛棄疾遊。晚年寓居昆山。其詩詞抒發抗金抱負的情懷，語意峻拔，風格豪放。亦有纖豔之作。有《龍洲集》、《龍洲詞》等。蔣捷（約1245—1305後），字勝欲，號竹山，世稱竹山先生。陽羨（今江蘇宜興）人，咸淳進士。宋亡後隱居不仕。其詞頗多追昔傷今之作。有《竹山詞》。

◇作〈自詠〉詩贈載臣。

濰縣三年范五年，山東老吏我居先。一階未進真藏拙，隻字無求倖免嫌。春雨長堤行麥隴，秋風古廟問瓜田。村農留醉歸來晚，燈火千家望杯眠。

載臣先生政，板橋弟鄭燮。「橄欖軒」（朱文）。

北京故宮博物院藏墨蹟

《鄭板橋集・詩鈔》

◇為愷亭作《蘭石圖》並題識。

泰山高絕苦無蘭，特寫幽姿送宰官；石縫峰腰都布遍，一團秀色盡堪餐。

愷亭高六弟之任泰安，板橋同學愚兄，鄭燮作此奉贈，乾隆己巳。

山東省煙臺地區文管組藏墨蹟

◇作行書《板橋自敘》，盡述己之生平志趣。

板橋居士，姓鄭氏，名燮，揚州興化人。興化有三鄭氏，其一為「鐵鄭」，其一為「糖鄭」，其一為「板橋鄭」。居士自喜其名，故天下咸稱為鄭板橋云。板橋外祖父汪氏，名翊文，奇才博學，隱居不仕。生女一人，端嚴聰慧特絕，即板橋之母也。板橋文學性分，得外家氣居多。父立庵先生，以文章品行為士先。教授生徒數百輩，皆成就。板橋幼隨其父學，無他師也。幼時殊無異人處，少長，雖長大，貌寢陋，人咸易之。又好大言，自負太過，漫罵無擇。諸先輩皆側目，戒勿與往來。然讀書能自刻苦，自憤激，自豎立，不苟同俗，深自屈曲委蛇，由淺入深，由卑及高，由邇達遠，以赴古人之奧區，以自暢其性情才力之所不盡。人咸謂板橋讀書善記，不知非善記，乃善誦耳。板橋每讀一書，必千百遍。舟中、馬上、被底，或當食忘匕箸，或對客不聽其語，並自忘所語，皆記書默誦也。書有弗記者乎？

平生不治經學，愛讀史書以及詩文詞集，傳奇說簿之類，靡不覽究。有時說經，亦愛其斑駁陸離，五色炫爛。以文章之法論經，非《六經》本根也。

酷嗜山水。又好色，尤多餘姚口齒，及椒風弄兒之戲。然自知老且醜，此輩利吾金幣來耳。有一言干與外政，即叱去之，未嘗為所迷惑。好山水，未能遠跡；其所經歷，亦不盡遊趣。乾隆十三年，大駕東巡，燮為書畫史，治頓所，臥泰山絕頂四十餘日，亦足豪矣。

所刻詩鈔、詞鈔、道情十首、與舍弟書十六通，行於世。善書法，自號「六分半書」。又以餘閒作為蘭竹，凡王公大人、卿士大夫、騷人詞伯、山中老僧、黃冠煉客，得其一片紙、隻字書，皆珍惜藏庋。然板橋從不借諸人以為名。惟同邑李鱓復堂相友善。復堂起家孝廉，以畫事以內廷共奉。康熙朝，名噪京師及江淮湖海，無不望慕嘆羨。是時板橋方應童子試，無所知名。後二十年，以詩詞文字與之比並齊聲。索畫者，必曰復堂；索詩字文者，必曰板橋。且愧且幸，得與前賢埒也。李以藤縣令罷去。板橋康熙秀才，雍正壬子舉人，乾隆丙辰進士。初為范縣令，繼調濰縣。

乾隆己巳，時年五十有七。「爽鳩氏之官」（白、朱文）、「鄭燮之印」（白文）、「都官」（白文）。

北京故宮博物院藏墨蹟
《鄭板橋集・補遺》

明放案：此系手卷，紙本，墨筆。縱28.7釐米，橫190.1釐米。

◇誤聞好友金農捐世，服緦麻設位而哭。

十年前，臥疾江上，吾友鄭進士板橋宰濰縣，聞予捐世，服緦麻，設位而哭。沈上舍房仲道赴東萊，乃云冬心先生雖攖二豎，至今無恙也。板橋始破涕改容，千里致書慰問。予感其生死不渝，賦詩報謝之。

金農〈冬心自寫真題記〉

明放案：王家誠將此事繫於乾隆十三年（1748），即板橋五十六歲時。

◇作家書〈與四弟書〉。

郭奶奶不肯來，亦怪不得。但愚兄邇日年老近道，蓋其心本平易協和。昨因有兒子，故風事聽其大概。今兒子又死，非郭奶奶不能為我生兒也。我已買得滾盤珠十二顆，雖顆頭略小，亦可直百二十金。又買得古鏡一百面，亦可直百金。都要付與郭奶奶收掌。將來賣出本錢，制市房一所，亦是二位奶奶養老之資也。若決意不來，我亦不怪，但成我平生之過，終古之罪人耳。此時先著人來，帶裱背匠，俟我出場後，再著人來請二位奶奶。我因郭奶奶不肯來，故書中細細說明當來之故。饒奶奶無不來之說，故不必喋喋重言也。我歷觀書史，有兒無兒，自有大命。郭奶來，或可望，若再買丫頭，作死作業，亦殊可笑爾。四弟將書中意，細講與郭奶奶聽。哥哥字。

泰州博物館藏墨蹟

明放案：卞孝萱先生疑系偽作。

◇暮春，汪士慎於青杉舊館作《竹石圖》並題「一枝寒玉抱虛心」七言絕句。又作《梅花卷》、《花卉冊》計十二頁。

尹文《汪士慎傳》

◇九月，李鱓客湖村，作《秋花鴛鴦圖》。

黃俶成《李鱓傳》

◇金農在揚州與曲鄰諸老結菊社。

張郁明《金農傳》

◇黃慎應巡台御史楊開鼎之邀赴臺灣，經長汀、龍岩、南安、泉州、廈門。未果。

李萬才《黃慎傳》

◇正月，李方膺於安慶山谷祠、梅花樓作《雜畫圖冊》。是年調知合肥。

崔莉萍《李方膺傳》

◇夏日，羅聘於金陵為雲壑太史作《水仙扇面》圖。

李曉廷、蔡芃洋《羅聘傳》

◇高鳳翰卒，壽六十七。

常再盛、顧仁榮《高鳳翰傳》

◇帝進魏佳氏為令妃。

◇始舉經學科，僅取四人。吳鼎、梁錫璵召對勤政殿，授國子監司業；陳祖范、顧棟高年邁不能供職，亦授司業銜。

◇清廷定總督均授右都御史銜。

◇詔畫五十功臣像於紫光閣。

◇十二月，全國人口一億七千餘萬。

乾隆十五年庚午（1750）　五十八歲

◇二月初十，撰《文昌祠記》。

文云乎哉！行云乎哉！神云乎哉！修其文，懿其行，祀其神，斯得之矣。濰城東南角，舊有文昌帝君祠，竦峙孤特，翹然為青龍昂首，闔邑之文風賴焉。乾隆年來，日就頹壞。今若不葺修，將來必致一磚、一瓦、一木、一石而無之矣。諸紳士慨然捐助，以復舊觀，並覓一妥貼精幹之人，以為朝夕香火、塵埃草蔓除之用；誠盛舉辦要務也。既已妥侑帝君在天之靈，便當修吾文、懿吾行，以付帝君司掌文衡之意。昔人云：拜此人須學此人，休得要混帳磕了頭去也。必何為悶塞而肥？文何為通套而陋？行何為修飾而欺？文何為謀利而肆？帝君其許我乎！濰邑諸紳士，皆修文潔行而後致力以祀神者，自不與齷齪輩相比數。本縣甚嘉此舉，故愛之望之，而亦諄切以警之，是為民父母之心也。乾隆十五年，歲在庚午二月初十日，杏苑花繁之際。

濰坊市十笏園藏石刻

《鄭板橋集・補遺》

明放案：陳介祺跋《重修文昌閣記》云：乾隆十五年修祠時，邑令板橋先生為之記，書而未刻石。聞諸故老云，裝懸祠壁上。楊潤軒學錄曾鋟之木。越一百三十三年，光緒壬午再修，始訪求墨跡，撫諸石。次年六月，郭恩煌、劉鴻載、王宗彝、劉嘉禾、嘉穎同立石祠壁。先生不可復作，修文潔行之訓猶存，後之讀書者，其共勉之。史氏陳介祺記。季士林、士恒刻字。

◇春，作六分半書七言聯。

秋從夏雨聲中入；
春在寒梅蕊上尋。
乾隆庚午春，板橋鄭燮。

揚州個園①住秋閣木刻

注釋：

① 個園位於揚州東關街318號宅後。清代文學家劉鳳浩〈個園記〉云：「個園者，本壽芝園舊址，主人辟而新之。堂皇翼翼，曲廊邃宇，周以虛欄，敞以層樓。疊石為小山，通泉為平地。綠夢嫋煙而依回。嘉樹翳晴而蓊，爽深靚，各極其致。」壽芝園之疊石，相傳為清初大畫家石濤手筆。清朝中葉為揚州鹽商馬曰琯、馬曰璐兄弟別墅，名「小玲瓏山館」。「二馬」雅好書畫，家中藏書百櫥，積十餘萬卷。鄭板橋、盧雅雨、全祖望、厲鶚、惠棟、趙昱等文士均為馬家座上客。清嘉慶二十三年（1818）兩淮鹽業總商黃至筠改築，園中廣植翠竹，清代大才子袁枚「月映竹成千個字，霜高梅孕一身花。」，故名「個園」。

揚州以名園勝，名園以疊石勝。個園以疊石精巧聞名，前人謂「掇山由繪事而來」，是園掇山頗饒畫理。入園處，兩邊建有方形花臺，其上修竹勁挺，間有嶙嶙石筍。正中為園門（滿月洞門），題額「個園」。而最為人樂道的景觀乃假山，假山分三大區域，分別用太湖石、黃山石和宣石疊成，手法不同，風格迥異。

太湖石假山：謂之夏山。在園中西北角，選用柔曲圓潤、玲瓏剔透的太湖石疊成。參差有致、神態古雅，具有「皺、瘦、透、漏」的特色。山前有池水，山下有洞室，水上有曲梁。山上蔥鬱，秀媚婀娜，巧奪天工。洞室可以穿行，拾級而上，數轉而達山頂。山頂建一亭，傍依老松虬曲，淩雲欲去。山上磴道，東接長樓，與黃石山相連。

黃山石假山：謂之秋山。在園中東北角，用粗獷的黃山石疊成，拔地而起，險峻摩空。山頂有亭，名「拂雲」，依亭憑欄，修竹湧浪，幽篁疊翠。山隙古柏斜伸，與嶙峋山石構成蒼古奇拙的畫面。山上有三條磴道，一條兩折之後仍回原地，一條可行兩轉，逢絕壁而返。惟有中間一路，可以深入群峰之間或下至山腹的幽室。在山洞中左登右攀，境界各殊，有石室、石凳、石桌、山頂洞、一線天，還有石橋飛樑，深谷絕澗，有平面的迂迴，有立體的盤曲，山上山下，又與樓閣相通，在有限的天地裡給人以無盡之感，其堆疊之精，構築之妙，可以說是達到了登峰造極的地步，在現今江南園林中成為僅存孤例。

宣石假山：謂之冬山。在園內南部，宣石又稱雪石，內含石英，迎光則閃閃發亮，背光則耀耀放白。此地是陽光直射不到的地方，所以無論是近觀或遠看，都似覆蓋著一層未消的殘雪，隱隱散出逼人的寒光。冬景假山南牆多留圓洞，謂之「音洞」，陣風掠過，發出蕭蕭鳴聲。以白礬石冰裂紋鋪地，以臘梅、南天竺點綴，疏影橫斜，暗香浮動。

春山位於個園石額門前，個園門外兩邊修竹勁挺，高出牆垣，作衝霄淩雲之態。竹叢中，插植著石綠斑駁的石筍，以「寸石生情」之態，狀出「雨後春筍」之意。這幅別開生面的竹石圖，運用惜墨如金的手法，點破「春山」主題，即「一段好春不忍藏，最是含情帶雨竹」。同時還巧妙地傳達了傳統文化中的「惜春」理念，提醒遊園的人們，春景雖好，短暫易逝，需要用心品賞加倍珍惜，才能獲得大自然的妙理真趣。

個園假山對祖國南方山水之秀、北方山水之雄作了淋漓盡致的發揮，從中可以看出南北兩宗山水畫家不同的氣派和手法。有人說個園以「四季假山」，是以門景的竹石為春，以湖石山子為夏，以黃石山子為秋，以宣石山子為冬。園林專家認為，這並不是造園疊石時的原意，但遊人用這種眼光去玩賞和遐想，也能產生無窮興味。一園三色假山，各具風格，而總體設計又一氣呵成，充分體現了園林疊石的高超技藝。遊園一周，如隔一年。體現了畫家所謂「春山淡治而如笑，夏山蒼翠而如滴，秋山明淨而如妝，冬山慘澹而如睡」和「春山宜游，夏山宜看，秋山宜登，冬山宜居」的畫理。誠如某君所言：「時景是命題，春山是開篇，夏山是鋪展，秋山是高潮，冬山是結語。可稱章法之不謬。」

個園假山在亭臺樓閣的映襯下，更顯得古樸典雅，深邃雄奇。園中的宜雨軒、抱山樓、桂花廳、拂雲亭、住秋閣、清漪亭、覓句廊、透風漏月等與假山水池結合而成一體。堂以宴、亭以憩、閣以眺，山幽，花豔，竹翠。霧中看花，紅紅暈暈；霧中看山，朦朦朧朧；霧中看竹，影影綽綽，到此一遊，如歷仙山瓊閣也。個園假山分峰造石，助勝增趣，各具匠心。為國內唯一孤例。1998年被國務院公佈為全國重點文物保護單位。

上聯寫酷熱的夏季，一場雨後，涼爽如秋；下聯寫料峭的寒冬，梅蕊初綻，預報春回。春、夏、秋、冬季節的變化，蘊含了時序交替的規律，天下萬物，輪迴曲轉。出句首字「秋」及對句首字「春」，與個園四季景物緊相呼應，有聲有色，耐人尋味。

明放案一：此聯雖懸於個園住秋閣，但並非板橋生前為其所書。

明放案二：南京田原先生藏有與此內容相同的照片，款署「乾隆庚午春」。庚午：即乾隆十五年（1750）。

明放案三：興化鄭板橋故居堂屋亦懸掛與此內容相同的木刻，款署「乾隆乙亥夏」。乙亥：即乾隆二十年（1755）。

明放案四：清人袁枚題揚州個園聯云：「月映竹成千個字；霜高梅孕一身花。」

明放案五：無名氏題揚州個園聯云：「何處簫場醉倚春風弄明月；幾痕波影斜撐老樹護幽亭。」

◇夏，書作古人七絕三首。

晴絲寸尺挽韶光，百舌無聲燕子忙。紅日屋頭槐影暗，微風扇裡麥花香。
收盡狂飆卷盡雲，一竿晴日曉光新。柳魂花魄都無恙，依舊商量作好春。
淮南二十四橋月，馬上時時夢見之。想得揚州醉年少，正圍紅袖寫烏絲。

乾隆庚午夏日，板橋老人鄭燮書。「鄭燮之印」（白文）、「二十年前舊板橋」（朱文）。

揚州博物館藏墨蹟

明放案：此系紙本，墨筆。縱78.2釐米。橫27.6釐米。

◇秋月，與李鱓合作《蕉竹圖》。

《支那南名畫集》第一輯

◇秋，書作古詩軸。

曲江才子漢枚皋，御試憑軒錦帕高。姓字璧人誇計吏，文章金粉壓詞曹。堂餐夜割黃羊炙，閣帖春揮紫兔毫。裘馬翩翩正年少，憶君風度勝醇醪。

乾隆庚午年新秋，板橋鄭燮。

香港《書譜》第10期

◇書作梁武帝蕭衍《古今書人優劣評》。

孔琳之書如散花空中，流徽自得。李凝之書如鏤金素月，屈玉自照。王右軍書字勢雄強，如龍跳天門，虎臥鳳闕，故歷代寶之，永以為則。

乾隆庚午秋九月，板橋老人鄭燮。「鄭燮信印」（白文）、「丙辰進士」（朱文）。

陝西蒲城趙獨英先生藏墨蹟照片

明放案：「李凝」原作「李岩」；「王右軍」原作「王羲之」；「永以為則」原作「永以為訓」。

◇於〈板橋自序〉後又綴附記。

板橋詩文，自出己意，理必歸於聖賢，文必切於日用。或有自云高古而幾唐宋者，板橋輒呵惡之，曰：「吾文若傳，便是清詩清文；若不傳，將不能為清詩清文也。何必侈言前古哉？明清兩朝，以制藝取士，雖有奇才異能，必從此出，乃為正途。其理愈求而愈精，其法愈求而愈密。鞭心入微，才力與學力俱無可恃，庶幾彈丸脫手時乎？若漫不經心，置身甲乙榜之外，輒曰：「我是古學」，天下人未必許之，只合自許而已。老不得志，仰借於人，有何得意？

賈、董、匡、劉①之作，引繩墨，切事情。至若韓信登壇之對，孔明隆中之語，則又切之切者也。理學之執持綱紀，只合閒時用著，忙時用不著。板橋十六通家書，絕不談天說地，而日用家常，頗有言近指遠之處。

板橋非閉戶讀書者，長游于古松、荒寺、平沙、遠水、峭壁、墟墓之間。然無之非讀書也。求精求當，當則粗者皆精；不當則精者皆粗。思之，思之，鬼神通之！

板橋又記，時年已五十八矣。

北京故宮博物院藏墨蹟
《鄭板橋集・補遺》

注釋：

①賈、董、匡、劉：即西漢的四位人物。

賈，賈誼（前200—前168），政論家，文學家。洛陽（今河南洛陽東）人。時稱賈生。少有博學能文之譽，文帝初召為博士。不久遷太中大夫。受大臣周勃、灌嬰等排擠，貶為長沙王太傅。後為梁懷王太傅。他多次上疏，批評時政，建議用「眾建諸侯而少其力」的辦法，削弱諸侯王勢力，鞏固中央集權；主張重農抑商，「驅民而歸之於農」，並力主抗擊匈奴的攻掠。原有集，已散佚，明人輯有《賈長沙集》。另傳有《新書》十卷。今人輯之《賈誼集》。

董，董仲舒（前179—前104），哲學家，今文經學大師。廣川（治今河北景縣西南）人。專治《春秋公羊傳》。漢景帝時舉為博士，下帷講誦。漢武帝舉賢良文學之士。他對策建議：「諸不在六藝之科，孔子之術者，皆絕其道，勿使並進。」為武帝所採納，遂為江都相，事易王（江都易王係武帝之兄，驕橫好勇，董以禮儀匡正之。頗受敬重。——党明放注）。開此後兩千餘年封建社會以儒學為正統的先聲。著作有《春秋繁露》（明放案：疑為後人附益修改）及《董子文集》。

匡，匡衡，今文經學家。字稚圭。東海承（今山東棗莊東南）人。能文學，善說《詩》。時引經義議論政治得失。元帝時任丞相，封樂安侯。成帝時為司隸校尉王尊所劾，後免官。

劉，劉向（約前77—前6），經學家、目錄學家、文學家。本名更生，字子政，沛（今江蘇沛縣）人。漢皇族楚元王（劉交）四世孫。治《春秋穀梁傳》，亦好《左氏傳》。曾任諫議大夫、宗正等。成帝時，任光祿大夫，終中壘校尉。曾校閱群書，撰成《別錄》。為中國目錄學之祖。又編有《楚辭》。所作辭賦三十三篇，今多亡佚，惟存〈九歎〉為完篇。原有集，已佚。明人輯有《劉中壘集》。又有《洪範五行傳》、《新序》、《說苑》、《列女傳》等，今存。又有《五經通義》，已佚，清馬國翰《玉函山房輯佚書》輯存一卷。

明放案：此系手卷，紙本，墨筆。縱28.7釐米，橫190.1釐米。

◇作《盆蘭圖》。

畫得幽蘭在瓦盆，西施未出苧蘿邨。天然秀骨非容易，筆底分明有露痕。

乾隆十五年歲在庚午夷□□□十有八日，板橋居士鄭燮寫於華□注山下。

廣東省博物館藏墨蹟

明放案：此系紙本，墨筆。縱54釐米。橫86釐米。

◇書作七絕詩二首

雨歇楊林東渡頭，永和三日蕩輕舟，故人家在桃花岸，直到門前溪水流。

南朝官紙女兒膚，玉版雲英比不如，乞與此翁原不稱，他年留待子瞻書。

庚午秋日，板橋鄭燮。「鄭燮之印」（白文）、「二十年前舊板橋」（朱文）。

昭雪堂主人藏墨蹟

明放案一：此系紙本，水墨。縱174釐米，橫44.5釐米。在2006年秋季北京保利國際拍賣有限公司拍賣會上估價8—12萬元。

明放案二：其一、唐代常建〈三日尋李九莊〉詩；其二、北宋陳師道〈從寇生求茶庫紙〉詩。

◇倡建狀元橋。

狀元橋，城東南角文昌閣下，清乾隆十五年，知縣鄭燮倡建。

常之英等《濰縣誌稿》卷十

◇作隸書匾額。

龍跳虎臥。

乾隆庚午，板橋。「板橋之印」（朱文）。

濰坊市博物館複製木刻

◇在修濰縣城牆、建橋等重大工程中，郎一鳴慷慨解囊，為板橋令所敬重。遂贈五言聯。

鄭燮令濰時，修城垣，建橋樑，及邑中一切大工役，（郎一鳴）慨然出倍資為眾倡，以是令重其為人，贈聯曰：「為善無不報；讀書當及時。」

常之英等《濰縣誌稿》卷廿九

◇書志田廷琳捐修邑城事。

田廷琳。字林玉。南屯莊人。家室素豐，勇於為義。乾隆十五年，邑城久失修，知縣鄭燮倡諸紳捐資，重為補築。廷琳暨侄穎捐修八十尺。鄭令素善隸法。為其事以志之。

常之英等《濰縣誌稿》卷廿九

◇黃慎作《壽星圖》。除夕會楊開鼎於南昌城下舟中。

李萬才《黃慎傳》

◇六月，金農於揚州石塔寺壁上畫竹；九月，刻《冬心先生畫竹題記》（五十八篇。起於乾隆十三年，訖於乾隆十五年。）

張郁明《金農傳》

◇秋九月，汪士慎與諸友會於城東吳蔚洲家。賦「吳氏家藏十三銀鑿落歌」，並書長卷答贈。

尹文《汪士慎傳》

◇六月，清廷禁蒙漢通婚。

◇帝冊烏喇那拉氏為皇后。

乾隆十六年辛未（1751）　五十九歲

◇二月十五日，魯東海水溢，至濰縣禹王臺勘災並作〈禹王臺北勘災〉詩記其災情。

滄海茫茫水接天，草中時見一畦田。波濤過處皆鹽鹵，自古何曾說有年！

郭榆壽《榆園雜錄》卷一

《鄭板橋集・補遺》

◇三月作《蘭花》橫幅。

款署：乾隆十有六年春三月題，板橋居士鄭燮。「鄭燮之印」（白文）、「濰夷長」（白文）、「興化人」（白文）。

余毅《鄭板橋書畫拓片集》

◇三月初三，土匪圍攻濰城。

此間三月初三日土匪滋事，圍攻濰城，幸賴巡丁民團協力合守，生擒土匪頭目朱老哥子其黨羽六人，餘匪始鼠竄。是役全賴鄭勇魁與范金鏢奮不顧身，率領團丁出城殺賊，方得擒獲匪首。余感二人忠勇，以三百金分酬其功，並為之稟呈上峰請獎。

《鄭板橋文集・書劄》

明放案：卞孝萱先生疑系偽作。

◇三月，作行草書〈范縣①詩〉。

十畝種棗，五畝種梨，胡桃頻婆，沙果柿椑。春花淡寂，秋實離離，十月霜紅，勁果垂枝。爭榮謝拙，轀采於斯，消煩解渴，拯疾療饑。

桑下有梯，桑上有女，不見其人，葉紛如雨。小妹提籠，小弟趨風，掇彼桑葚，青澀未紅。既養我蠶，無市我繭，杼軸在堂，絲絮在拈。暖老憐童，秋風裁剪。

維蒿維蕨，蔬百其名，維筐維榼，百獻其情。蒲桃在井，萱草在坪，棗花侵縣，麥浪平城。小蟲未翅，窈窕厥聲，哀呼老趙，望食延頸。范以黃口為小蟲，以銜食哺雛者為老趙。

臭麥一區，饑雞弗顧，甜瓜五色，美于甘瓠。結草為庵，扶翳遠樹，苜蓿綿芊，蕎花錦互。三豆為上，小豆斯附，綠質黑皮，勻圓如注。范有臭麥，成熟後則不臭。黃、黑、綠為三豆，為大豆，餘俱小豆。黑豆而骨青者最貴。

鵝為鴨長，率游于池，悠悠遠岸，漠漠楊絲。人牛晝臥，高樹蔭之，赤日不到，清風來吹。斗斯巨矣，三登其一；尺斯廣矣，十加其七。豆區權衡，不官而質。田無埂隴，畝無侵軼。爾種爾黍，我稷我稷。丈之以弓，畚之以尺。

黍稷翼翼，以蔥以鬱，黍稷栗栗，以實以積。九月霜花，雇役還家；腰鐮背穀，腳露肩霞。遙指我屋，思見我婦，一縷晨煙，隔於深樹。牽衣獻果，幼兒識父。

錢十其貫，布兩其端，四十聘婦，我家實寒。亦有勝村，童兒女孫，十五而聘，十七而婚。菀枯異勢，造化無根。我欲望天，我實戴貧。六十者傭，不識妻門，籠燈昇彩，終身為走奔。

驢騾馬牛羊，匯費斯為集；或用二五八，或以一四七。期日。長吏出收租，借問民苦疾；老人不識官，扶杖拜且泣。官差分所應，吏擾竟何極；最畏朱標籤，請君慎點筆。貪者三其租，廉者五其息。即此悟官箴，恬退亦多得。

朝歌在北，濮水在南；維茲范邑，匪淫匪婪。陶堯孫子，劉累庶枝，鼻祖于會，衍世於茲。娖娖斤斤，〈唐風〉所吹；墾墾力力，物土之宜。

乾隆辛未三月，板橋。

香港霍寶材先生藏墨蹟

《中國繪畫總圖錄》第二卷影印

注釋：

①范縣：詳見乾隆七年壬戌（1742）「◇春，為范縣令，兼署朝城縣」注。

明放案一：此系墨筆，絹本。縱61.3釐米，橫135.8釐米。

明放案二：周積寅先生疑系偽作。

◇五月，法坤宏①過濰縣，招飲友人家，聽濰縣商客語及板橋治況，遂作《書事》以記其事。

濰縣知縣鄭板橋燮，揚州人。乾隆丙辰進士，與吾膠南阜老人高鳳翰善。余曾于南阜處見鄭往來筆劄，心慕其人。辛未五月，下第歸，過濰，招飲友人家。濰俗重賈，二三賈客與語焉。語次及板橋，余亟問曰：「何如？」群賈答曰：「鄭令文采風流，施於有政，有所不足。」余曰：「豈以詩酒廢事乎？」曰：「喜事。丙寅丁卯間，歲連歉，人相食，斗粟值錢千百。令大興工役，修城鑿池，招徠遠近饑民，就食赴工；籍邑中大戶，開廠煮粥，輪飼之；盡封積粟之家，責其平糶。訟呈則左窶子而左富商。監生以事上謁，輒庭見，據案大罵：馱錢驢有何陳乞，此豈不足君所乎！命皂卒脫其帽，足蹋之，或捽頭黥面驅之出。」余曰：「令素憐才愛士，此何道？」曰：「惟不與有錢人面作計。」余笑而言曰：「賢令，此過乃不惡！」群賈相視愕起坐去。語曰：商賈之言，醫匠之心。錄其事以俟采風者。

李桓《國朝耆獻類徵》初編卷二百三十三

《鄭板橋集・補遺》

注釋：

①法坤宏（1699—1785）：字直方，又字鏡野，號遇齋。山東膠州人。乾隆六年（1741）舉人，後以年老授大理寺評事。一生治學嚴謹，著述甚豐。著有《學古編》、《綱目要略》、《春秋取義測》等。《十二家古文選》把他同歸有光、方苞、姚鼐並列稱為「明清四子」。

◇九月十九日，作六分半書匾額。

難得糊塗。

聰明難，糊塗難，由聰明而轉入糊塗更難。放一著，退一步，當下心安，非圖後來福報也。

乾隆辛未秋九月十有九日，板橋。「鄭燮之印」（白文）、「七品官耳」（白文）。

起首印：「？」（白文）。

余毅《鄭板橋書畫拓片集》

明放案：清錢泳《履園叢話》云：「鄭板橋嘗書四字於座右，曰：『難得糊塗』。此極聰明人語也。余謂糊塗人難得聰明。聰明人又難得糊塗，須要於聰明中帶一點糊塗，方為處世守身之道。若一味聰明，便生荊棘，必招怨尤，反不如糊塗之為妙用也。」

◇秋，作行書四言聯。

山奔①海立②；

沙起③雷行④。

乾隆辛未秋，板橋鄭燮。

濰坊市十笏園藏石刻

注釋：

①山奔：山峰撼動，疾奔而去。
②海立：海浪排空，如立天地。
③沙起：沙子被飆風捲起，揚塵彌天。漢末王粲〈雜詩〉：「風飆揚塵起，白日忽已冥。」
④雷行：驚雷滾動，震耳欲聾。

明放案一：此聯以浪漫主義的手法，用「奔」、「立」、「起」、「行」盡寫「山」、「海」、「沙」、「雷」自然景象的威勢。讀之令人胸襟開闊。

明放案二：此句源自明代袁宏道〈徐文長傳〉：「……文長既已不得志於有司，遂及放浪曲蘖，恣情山水。走齊魯燕趙之地，窮覽朔漠，其所見山奔海立，沙起雷行，風鳴樹偃，幽谷大都，人物魚鳥，一切可驚可愕之狀，一一皆達之於詩。」

◇**秋，作《竹圖》。**

一兩三枝竹竿，四五六片竹葉；自然淡淡疏疏，何必重重疊疊？
乾隆辛未秋，板橋居士鄭燮。　上海博物館藏墨蹟

明放案：劉九庵、傅熹年疑系仿作。

◇**秋月，作行書節錄蘇軾〈書海苔紙〉。**

昔人以海黛為紙，而今無有；今人以繭為紙，亦古所無有也。

乾隆辛未秋月，板橋鄭燮。

濰坊工藝美術研究所《板橋書畫拓片集》

明放案：此文見《蘇軾文集・題跋》，所書略作改動。「今無復有」原作「而今無有」；「今人有以竹為紙」原作「今人以繭為紙。」

◇秋，作《梅蘭竹菊》四屏條。

一、梅

玉骨冰肌品最高，冷談清臒任揮毫；等閒著上胭脂水，卻是紅梅不是桃。

板橋燮。「鄭板橋」、（白文）「思貽父母令名」（朱文）

二、蘭

留得根科大，何愁葉短稀；春雷潛夜發，香氣入雲飛。

板橋居士。「揚州興化人」（白文）、「七品官耳」（白文）。

三、竹

老幹扶疏新葉放，龍孫原種後來枝。

乾隆辛未秋，鄭板橋寫。「鄭燮之印」（白文）、「直心道腸」（朱文）。

四、菊

進又無能退又難，宦途局蹐不堪看；吾家頗有東籬菊，歸去秋風耐歲寒。

板橋鄭燮。「板橋」（白文）、「老畫師」（白文）。

揚州黃俶成先生藏木刻拓本

明放案：此詩見《鄭板橋集・題畫・畫菊與某官留別》。

◇十一月，書舊作《濰縣竹枝詞》二十四首。

三更燈火不曾收，玉膾金齏滿市樓。雲外清歌花外笛，濰州原是小蘇州。

鬥雞走狗自年年，只愛風流不愛錢。博進已償三十萬，青樓猶伴美人眠。

負郭園林竹樹深，良田美產貴于金。誰家子弟能銷費，為買溫柔一片心。

城上春雲覆畫樓，城邊春水泊天流。夜來雨過千山碧，亂落桃花出澗溝。

水流曲曲樹叢叢，樹裡青山一兩峰。茅屋深藏岩壑靜，數聲雞犬夕陽中。

幾家活計賣青山，石塊堆來錦繡斑。薄暮回車人半醉，亂鴉聲裡唱歌還。

滿城豪富好栽花，洋菊洋桃信口誇。昨日膠州新送到，一盆紅豔寶珠茶。

大魚買去送財東，巨口銀鱗曉市空。更有諸城來美味，西施舌進玉盤中。

羅綺成箱繡作堆，春衫窄袖好新裁。閨人不肯持刀尺，斷要姑蘇定織來。

小閣桐陰送晚涼，茉莉花間夜來香。微風搖動輕羅帳，銀蒜金鉤玳瑁床。
翩翩少俊好腰身，半揖鞭梢對客人。忽漫翻身騎馬去，綠楊陰裡一行塵。
美人家處綠楊橋，樹裡春風酒旆招。一字香銷怨南國。杏花零落馬蹄遙。
姑蘇子弟好清歌，多少青春欲著魔。今日暫來明日去，他心已是隔山河。
兩行楊樹一條堤，東自登萊達濟西。若論五都兼百貨，自然濰縣甲青齊。
醃豬滴血滿城紅，南販蘇州北薊中。縱使千金誇利益，何如本富作田翁。
天道由來最好生，家家刀梃太無情。老夫欲種菩提樹，十里春風入化城。
北窪深處好拿魚，淡蕩春風漾綠渠。日暖人家曬網罟，水光山色浸茅廬。
小橋曲岸水灣環，荻葦花中釣艇間。忽漫鷺鷥驚起去，一痕晴雪上西山。
繞郭良田萬頃賒，大都歸併富豪家。可憐北海窮荒地，半簍鹽挑又被拿。
二十條槍十口刀，殺人白晝共稱豪。汝曹軀命原拚得，父母妻兒慘泣號。
放囚出獄淚千行，拜謝君恩轉自傷。從此更無牢粥飯，又為盜竊觸桁揚。
馬思南北是山田，石塊沙窩不殖錢。坐得三分秋稼熟，大家歡喜說豐年。
徵發錢糧只恨遲，茅簷蔀屋又堪悲。掃來草種三升半，欲納官租賣與誰？
濰城原是富豪都，尚有窮黎痛剝膚。慚愧他州兼異縣，救災循吏幾封書。

乾隆十二年告災不許，反記大過一次，百姓含愁，知縣解體。板橋居士鄭燮舊作，辛未建子月書。

明放案：板橋《潍縣竹枝詞》有數種鈔本，少則二十四首，多則四十首，此二十四首，乃是至今所見最早署有年款之作。

◇**作行書七言聯。**

作畫題詩①雙攬擾②；
棄官耕地③兩便宜④。
鄭板橋。「鄭燮之印」（白文）、「潍夷長」（白文）。

潍坊市十笏園藏石刻
興化鄭板橋紀念館藏拓片

注釋：

①作畫題詩：丹青繪事，妙口吟詩，乃士人雅舉。

②攬擾：擾亂。唐代白居易〈分司〉詩：「錢塘五馬留三匹，還擬騎遊攬擾春。」五代王定保《唐摭言・無官受黜》：「無何，執政間復有惡，奏庭筠攬擾場屋，黜隨州縣尉。」

③棄官耕地：辭去官職，歸隱田園。

④便宜：方便適宜。《南齊書・顧憲之傳》：「愚又以便宜者，蓋謂便於公宜於民也。」

明放案：從聯語內容分析，應屬離潍前夕所撰。板橋棄官歸田，去意已定。

◇**作行書〈田遊岩①佚事一則〉。**

田遊岩，嘗補太學生，罷歸，入太白山，棲遲林壑間。自蜀歷荊楚，愛夷陵青溪，止廬其側。召赴京師，及汝不進。入箕山，居許由祠傍，自號曰許由東鄰。高宗幸嵩山，遣使就問其母，又親至其門，遊岩野服出拜。帝曰：「先生比佳否？」對曰：「臣所謂泉石膏肓，煙霞痼疾者也。」

板橋鄭燮。

濰坊市十笏園藏石刻

注釋：

① 田遊岩：唐代隱士。京兆三原（今陝西三原）人。永徽時，補太學生。罷歸，自蜀歷荊、楚，愛夷陵青溪，止廬其側。長史李安期表其才，召赴京師，行及汝，辭疾入箕山，築室許由廟東，自號「許由東鄰」。每遇林泉會意，輒留連不能去。其母及妻子並有方外之志，調露中，調露元年（679）高宗幸嵩山，遣中書侍郎薛元超就問其母，並親至其門，遊岩山衣田冠出拜，帝令左右扶止之。謂曰：「先生養道山中，比得佳否？」對曰：「臣泉石膏肓，煙霞痼疾，既逢聖代，幸得逍遙。」帝曰：「朕今得卿，何異漢獲四皓乎？」薛元超曰：「漢高祖欲廢嫡立庶，黃、綺方來，豈如陛下崇重隱淪，親問岩穴！」帝甚歡，因將遊岩就行宮，並家口敕乘傳赴都，授崇文館學士，令與太子少傅劉仁軌談論。帝后將營奉天宮於嵩山，遊岩舊宅，先居宮側。特令不毀，仍親書題額懸其門，曰「隱士田遊岩宅」。文明中，進授朝散大夫，拜太子洗馬。垂拱元年（685），坐與裴炎交結，特放還山。蠶衣耕食，不交當世，惟與韓法昭、宋之問為方外友。頻召不出。

◇撰〈思歸行〉，服官十年，及萌歸田之意。

山東遇荒歲，牛馬先受殃；人食十之三，畜食何可量。殺畜食其肉，畜盡人亦亡。帝心軫念之，布德回穹蒼。東轉遼海粟，西截湘漢糧；雲帆下天津，艨艟竭太倉。金錢數百萬，便宜為賑方。何以未賑前，不能為周防？何以既賑後，不能使樂康？何以方賑時，冒濫兼遺忘？臣也實不材，吾君非不良。臣幼讀書史，散漫無主張：如收敗貫錢，如撐斷港航；所以遇煩劇，束手徒周章。臣家江淮間，蝦螺魚藕鄉；破書猶在架，破氈猶在床。待罪已十年，素餐何久長。秋雲雁為伴，春雨鶴謀粱；去去好藏拙，滿湖蓴菜香。

《鄭板橋集・詩鈔》

任乃賡〈鄭板橋年表〉

◇撰〈滿江紅・思家〉。

我夢揚州，便想到揚州夢我。第一是隋堤綠柳，不堪煙鎖。潮打三更瓜步月，雨荒十里紅橋火。更紅鮮冷淡不成圓，櫻桃顆。　何日向，江村躲；何日上，江樓臥。有詩人某某，酒人個個。花徑不無新點綴，沙鷗頗有閑功課。將白頭供作折腰人，將毋左。

《鄭板橋集・詞鈔》

任乃賡〈鄭板橋年表〉

◇十月八日同科狀元金德瑛曾宿濰縣，板橋贈金德瑛古鏡，並作〈小古鏡為同年金殿

元作諱德瑛①〉詩。

土花剝蝕蛟龍缺，秋水澄泓海月殘。料得君心如此鏡，玉堂高掛古清寒。

《鄭板橋集・詩鈔》

任乃賡〈鄭板橋年表〉

注釋：

① 金德瑛（1701—1762）：字汝白，號檜門，仁和（今浙江杭州）人。乾隆丙辰（1736）狀元，授翰林院編修。曾屢充鄉試主考官，江西、山東等省督學，官至左都御史。性好古。善鑒別金石摹本及古人手跡。工書。卒於任。有《金檜門詩存》。

同年：鄭、金同為乾隆丙辰進士，故稱。

殿元：殿試第一，即狀元。

明放案一：金德瑛作〈板橋分贈古鏡五奩疊韻謝之〉詩：「寒潭秋月涵空青，搜露毛骨酷無情。良工何名鑄何代，篆文獸象徒縱橫。等閒長物無所以，照膽照妖殊可已。藉將鑒戒白頭心，漏盡鐘鳴庶行止。一朝分贈拆聯行，如要聚散難忖量。君言有故官當罷，不須更照眉間黃①」。（金德瑛《金檜門詩存》卷三）

注釋：

① 金德瑛自注：「板橋頃以事干部議，有去志矣。」

明放案二：金德瑛作〈十月初八日宿濰縣板橋答詩過譽復惠畫二幅因次來韻〉詩：白狼著霜流愈清，陰雲釀雪如有情。未須見畫畫意得，開緘妙態修而橫。詩書拄腹終何以，遊戲博奕賢於己。爾我一笑共杼機，兔起鶻落烏能止。偶然側厘吟幾行，敢言斗石與古量。只容一宿毋多戀，且向官齋看硬黃①。（金德瑛《金檜門詩存》卷三）

注釋：

①金德瑛自注：「板橋署中出示碑版數十種。」

◇饒氏患疾。

饒嫂臥病已一月有半，初僅半身不遂，又增加右腳腫痛，恒自伏枕啜泣，憂能傷人，病勢轉劇。余度其症象，難以挽回，而金醫士謂脈無敗象，決無性命之憂……

《鄭板橋文集・書劄》

◇作家書〈濰縣署中寄四弟墨〉。

父母皆有愛子之心，而余之愛子，更甚于尋常萬倍，何則？蓋因餘晚年得子，不得不鄭重視之。而麟兒猶時時患病，諒由先天不足之故。當其母懷孕時，胎氣極惡，眠食難安，為預防滑胎計，請醫調治，謂系不服水土。余遂決意遣歸饒氏，抵家後果然眠食如常。產後余恐長途跋涉，與母子均有妨礙，未敢遽接來署。直到周歲始來，喂乳時代，兒體甚形肥胖。自四歲斷乳，兒體日漸瘦削，疾病常侵，求醫服藥，胃口愈敗，骨瘦如柴。茲據胡醫生云：「本元不足之兒童，容易不服水土，欲其發育完全，只有移居產生地，不須服藥，身體自能強壯也。」余回憶初生時之事實，胡氏之言，未必無因。由是決計使內子挈麟兒南歸，留饒氏在署照料。返里後教育之責，全賴我弟，內子僅司寒暖饑飽，尚恐不周，遑論教育。現擬三月初四日登程，約初十前後抵家。先此函達，餘待續聞。哥哥寄。

《鄭板橋文集・書劄》

◇作楷書匾額。

小書齋。

乾隆辛未，板橋鄭燮。

濰坊市十笏園藏石刻

◇應同里陸白義之約，為家鄉節孝祠題寫匾額。

節孝坊。

鄭炳純《鄭板橋外集・家書》

明放案：鄭板橋家書〈濰縣署中寄墨弟〉云：「陸白義乞書之節孝坊匾額，附函寄歸，煩我弟遣人送往陸宅。」今不詳此匾藏匿何處。

◇除夕，金農獨酌於揚州，並作〈憶老妻〉詩。

張郁明《金農傳》

◇黃慎再度賣畫揚州。寓楊倬雲之刻竹齋。

李萬才《黃慎傳》

◇早秋，汪士慎與厲樊榭，授衣等人聚會天寧寺，與具公方丈用東坡病中游祖塔院韻賦詩。

尹文《汪士慎傳》

◇李方膺被劾罷官。兩老僕因受牽累入獄。七到九月於合肥五都軒作梅、蘭、竹及《沅江煙雨圖》。

崔莉萍《李方膺傳》

◇帝慶皇太后六十壽誕，於頤和園甕山前建大報恩延壽寺，更甕山為萬壽山。

◇清廷定世襲二品官為恩騎尉。

乾隆十七年壬申（1752） 六十歲

◇**正月初一，作《城隍廟碑草稿自跋》。**

板橋居士作〈城隍廟碑草稿〉初就，趙君六吉即剪貼成冊，可謂刻劃無鹽①唐突西子②矣。是碑不足觀，而作文之意無非欲寫人情，所欲言而未能說者，實在眼前，實出意外，是千古作文第一訣。若抄經摘史、竊柳偷蘇，成何筆手？

乾隆十七年元日③，板橋道人鄭燮又記。鈐印：「鄭」「燮」（白文・立）、「古狂」（白文・立）、「橄欖軒」（朱文・立）。

南京博物館藏墨蹟

注釋：

① 無鹽：傳說故事人物。姓鍾離，名春。因系齊國無鹽邑人而得名。狀貌醜陋，但關心政事。曾自謁齊宣王。面責其奢淫腐敗，宣王感動，立為王后。舊時用以稱頌和比擬貌醜而有德行的婦女。故事見西漢劉向《列女傳》。

② 西子：即西施。一作先施。姓施。春秋末越國苧羅（今浙江諸暨南）人。因其絕美，由越王勾踐獻於吳王夫差，成為夫差最寵愛的妃子。傳說吳亡後，與范蠡泛五湖而去。故事見東漢趙曄《吳越春秋》。

③元日：正月初一。

◇二月初十，作《蘭竹》條幅

款署，乾隆十七年壬申二月十日，板橋居士鄭燮。「鄭燮之印」（白文）。

余毅《鄭板橋書畫拓片集》

◇四月初四，作〈題宋拓聖教序①〉。

此《聖教序》之未斷本也。非復唐拓，亦是宋元間物。惜其拓手鹵莽，傷于水墨，如「宇宙千劫，凡愚疑惑」等字皆漫漶，共兩頁十六行，入後則無不善也。自「微言廣被」以下，其鋩鍛皆可觀。近世絳雲樓藏本為最，後入泰興季滄葦家，價六百金。何義門、王蒻林兩先生皆有善本，曾見之。商邱宋氏本最明晰，今歸德州盧雅雨先生，蓋以二百六十金收之。此本不逮諸家，非時代之後，而拓者之咎也。昔為棗強鄭氏物，今歸板橋鄭氏。乾隆廿四年七月十九日，橄欖軒主人燮記。

用墨之妙，當觀墨蹟，其濃淡燥濕，如火如花。用筆之妙，當觀石刻，其弱者強之，肥者瘦之，鐫手亦大有力。新碑不如舊碑，取其退火氣。然三四百年後，過於剝落，亦無取焉。鄭燮又記。

或問此貼與定武《蘭亭》孰優劣，愚曰：未易言也。《蘭亭》乃一時高興所至，天機鼓舞，豈復自知！如李廣、郭汾陽用兵，隨水草便益處，軍人皆各得自由，而未嘗有失。至《聖教序》，字字精悍，筆筆嚴緊，程不識刁斗森嚴，李臨淮旌旗整肅，又是一家氣象。板橋鄭燮。

《金錢帖》一錢易一字，是雜湊來的，豈無大小參差，真草互異之病；卻如一氣呵成，定出高人部署。李北海②《嶽麓碑》③及《雲麾將軍神道碑》④皆出於此，而姿媚愈多，骨力愈少。回視此帖，所謂「撼泰山易，撼岳家軍難⑤」矣。

乾隆十七年寒食⑥，濰縣署中記。鄭燮。

四川省博物館藏墨蹟

注釋：

①聖教序：唐碑刻。全稱《大唐三藏聖教序》。唐太宗李世民製此序，表彰唐僧玄奘從印度取經，回長安後翻譯佛教三藏（經、律、論）要籍事，並以冠諸經之首。唐高宗李治為皇太子時，又撰〈述三藏聖教序記〉。高宗朝，將序、記刻石立碑。弘福寺僧懷仁從唐內府所藏王羲之遺墨中集字，歷時二十餘年。碑首刻有七佛像，亦稱《七佛聖教序》。序、記二文後，又刻玄奘所譯《心經》及潤色、鐫勒諸人職官姓名。咸亨三年（672）立。通稱《集王書聖教序》，簡稱《王聖教序》。碑在宋以後中斷，並因捶拓日久，字劃逐漸淺細，故未斷之拓本稱為宋拓。碑現存於西安碑林。

②李北海：即李邕（678—747）唐書法家：字泰和，江都（今江蘇揚州人）。李善子。初為諫官，歷任郡守，官至汲郡、北海太守，人稱李北海。工文、善書。尤擅以行楷寫碑，取法二王（羲之、獻之）而有所創造，筆力沉雄，自成面目，對後世影響較大。他對學書反對一味摹仿，曾說：「學我者死，似我者俗。」存世碑刻有《麓山寺碑》、《李思訓碑》等。文集已佚，明人輯有

《李北海集》。

③《嶽麓碑》：即《嶽麓寺碑》，亦稱《麓山寺碑》。唐碑刻。行楷書。碑額篆書。李邕撰並書。黃仙鶴刻。開元十八年（730）立。筆勢凝重雄健，為李邕所書碑中之傑出者。石在湖南長沙嶽麓公園。

④《雲麾將軍神道碑》，即《雲麾將軍李思訓碑》，簡稱《雲麾碑》。唐碑刻。李邕撰文並行書。碑額篆書「唐故右武衛大將軍李府君碑」，開元八年（720）立。碑文上半截清晰，下半截被琢。碑額高1.30米，雕盤龍六條。碑高2.80米，寬1.30米，厚0.50米。李思訓碑筆法瘦勁，渾厚有力，為李邕書法精品。唐呂總稱其「如同華嶽三峰，黃河一曲」，「如蛟龍出海，猛虎下山，倚側處有安定之勢，妍麗中有雄強之氣。」雲麾將軍碑石在今陝西蒲城縣三合鄉北劉村。1956年被列入陝西省名勝古跡第一批重點文物保護單位。1979年被列為全國第一批書法藝術名碑。

李思訓（651—716）：畫家。字建，李唐宗室。唐高宗時任揚州江都令。武則天當政，李棄官潛匿。中宗朝出為宗正卿。玄宗開元初，拜右武衛大將軍彭國公，後封為雲麾將軍、秦州大都督。擅畫山水樹石，受隋展子虔的影響，繪寫「湍瀨潺湲，雲霞縹緲」之景。金碧輝映為一家法。還常用神仙故事來點綴幽曲的岩嶺。其畫風對後世影響很大。存世《江帆樓閣圖》相傳為李思訓作品。開元四年（716），睿宗李旦葬橋陵，李思訓死後陪葬。李思訓是橋陵陪葬的唯一名臣。

⑤見《宋史・岳飛傳》。原文：「故敵為之語曰：撼山易，撼岳家軍難。」

⑥寒食：節令名，清明前一天（一說前兩天）。相傳起於晉文公悼念介之推事，以介之推抱木焚死，就定於是日禁火寒食。《鄴中記・附錄》：「寒食三日，作醴酪。又煮粳米以麥為酪，搗

杏仁煮作粥。」

◇**五月，城隍廟①重修竣工，作〈新修城隍廟碑記〉。**

乾隆十七年歲在横艾涒灘②，月在蕤賓③，知濰縣事板橋鄭燮撰並書。

一角四足而毛者為麟，兩翼兩足而文采者為鳳，無足而以齟齬行者為蛇，上下震電，風霆雲雷，有足而無所可用者為龍，各一其名，各一其物，不相襲也。故仰而視之，蒼然者天也；俯而臨之，塊然者地也。其中之耳目口鼻手足而能言、衣冠揖讓而能禮者，人也。豈有蒼然之天而又耳目口鼻而人者哉？自周公以來，稱為上帝，而俗世又呼為玉皇。於是耳目口鼻手足冕旒執玉而人之；而又寫之以金，範之以土，刻之以木，琢之以玉；而又從之以妙齡之官、陪之以武毅之將。天下後世，遂裒裒然從而人之，儼在其上，儼在其左右矣。至如府州縣邑皆有城，如環無端，齒齒鬵鬵者是也；城之外有隍，抱城而流，湯湯汩汩者是也。又何必烏紗袍笏而人之乎？而四海之大，九州之眾，莫不以人祀之；而又予之以禍福之權，授之以死生之柄，而又兩廊森肅，陪以十殿之王，而又有刀花、劍樹、銅蛇、鐵狗、黑風、蒸鬲以懼之。而人亦裒裒然從而懼之矣。非惟人懼之，吾以懼之。每至殿庭之後，寢宮之前，其窗陰陰，其風吸吸，吾以毛髮豎栗。狀如有鬼者，乃知古帝王神道設教不虛也。子產④曰：「凡此所以為媚也，愚民不媚不信。」然乎！然乎！

濰邑城隍廟在縣治西，頗整翼。十四年大雨，兩廊壞；東廊更甚，見而傷之。謀葺新於諸紳士，咸曰：「俞。」爰是重新兩廊，高於舊者三尺。其殿廈、寢室、神像、鼓鐘筍虡，以堅以煥，而於大門之外，新立演劇樓居一所。費及千金，不且多事乎哉！豈有神而好戲者乎？是又不然，

《曹娥碑》⑤云：「盱能撫節安歌，婆娑樂神」。則歌舞迎神，古人已累有之矣。《詩》云：「琴瑟擊鼓，以迓田祖。」夫田果有祖，田祖果愛琴瑟，誰則聞知？不過因人心之報稱，以致其重疊愛媚於爾大神爾。今城隍既以人道祀之，何必不以歌舞之事娛之哉！況金元院本，演古勸今，情神刻肖，令人激昂慷慨，歡喜悲號，其有功於世不少。至於鄙俚之私，情欲之昵，直可置弗復論耳。則演劇之樓，亦不為多事也。總之，虙羲、神農、黃帝、堯、舜、禹、湯、文、武、周公、孔子，人而神者也，當以人道祀之；天地、日月、風雷、山川、河嶽、社稷、城隍、中霤、井灶，神而不人者也，不當以人道祀之。然自古聖人亦皆以人道祀之矣。夫繭栗握尺之牛，太羹元酒之味，大路越席之素，瑚璉簠簋之華，天地神祇豈嘗食之飲之驅之御之哉？蓋在天之聲色臭味不可仿佛，姑就人心之慕願，以致其崇極云爾。若是則城隍廟碑記之作，非為一鄉一邑而言，直可探千古禮意矣。董其事者，州同知陳尚志、田廷琳、譚信、郭耀章，諸生陳翠，監生王爾傑、譚宏。其餘醵貲助費者甚夥，俟他日摹勒碑陰，壽諸永久，愚亦未敢惜筆墨焉。

上元⑥司徒文膏鐫。

濰坊市十笏園藏碑

《鄭板橋集・補遺》

注釋：

① 城隍廟：城隍，古代神話傳說是守護城池的神。道教尊為「剪惡除凶，護國保邦」之神。古代曾稱有水環護的城塹為「池」，無水環護的城塹為「隍」。據說是由《周禮》臘祭八神之一的水（即隍）庸（即城）衍化而來。自唐以來，郡縣皆祭城隍。後唐清泰元年（934）封城隍為王。

宋以後，普遍有了祭祀城隍的習俗。明洪武三年（1370），正式規定各州府縣設城隍神並加以祭祀。解放後即廢。

濰縣城隍廟位於濰縣署西，為明代所建。乾隆十一年（1746），板橋由范縣改署濰縣。乾隆十四年（1749）暴雨成災，部分建築坍塌。乾隆十七年（1752），板橋令倡捐重修，並新建戲樓一座。五月，撰〈城隍廟碑記〉，並書丹於石以紀其事。上元司徒文膏鐫。此碑現藏濰坊市十笏園。戲樓聯亦當撰於此時。

②橫艾：亦作「玄默」。十干中壬的別稱。

涒灘：十二支中申的別稱。

③蕤賓：農曆五月的別稱。

④子產（？—前522），即公孫僑、公孫成子。名僑，字子產，一字子美。春秋時政治家。

⑤曹娥碑：原為孝女曹娥所立之碑，上刻誄辭，內容宣揚封建孝道。

曹娥（130—143），東漢會稽上虞（今屬浙江）人。順帝漢安二年（143），其父親溺死江中，曹娥求父親屍體不得，遂投江而死，年僅十四。桓帝元嘉元年（151），縣長度尚命邯鄲淳作誄辭，立石，以宣揚孝道。世稱孝女曹娥碑。原碑早已不存。今有東晉升平二年（358）小楷本及宋元祐八年（1093）蔡卞行書碑傳世。

⑥上元：舊縣名。治今南京市。

明放案：此碑原立於城隍廟內，後被埋入地下。1962年出土。現陳列在山東濰坊市博物館內鄭板橋紀念堂前。板橋《劉柳村冊子》云：「濰縣城隍廟碑最佳，惜其拓

本少爾。」城隍廟原有戲樓、大門、過廳、大殿、寢宮、廂房及東西兩長廊。現大門、戲樓及西廊已不存。

◇為城隍廟書作匾額。

惟德是輔。
鄭燮板橋。

常之英等《濰縣誌稿》卷二十

◇在重修的城隍廟①大門外，新建戲樓一座，為之書作七言聯。

切齒②漫嫌③前半本④；
平情⑤只在⑥局終頭⑦。

《板橋》1984年第1期

注釋：

①城隍廟：詳見本年「◇五月，城隍廟重修竣工，作〈城隍廟碑記〉」注。

②切齒：牙齒相互磨切。表示極端痛恨。《韓非子•守道》：「人主甘服於玉堂之中，而無瞋目切齒之患。」《國策•燕策三》：「樊於期偏袒扼腕而進曰：『此臣日夜切齒拊心也。』」

③漫嫌：漫，不受約束。唐代杜甫〈閣夜〉詩：「臥龍躍馬終黃土，人事音書漫寂寥。」北宋秦觀《滿庭芳》詞：「消魂，當此際，香囊暗解，羅帶輕分，漫嬴得青樓，薄倖名存。」

嫌：憎惡，不滿意。《荀子•正名》：「其累百年之欲，易一時之嫌。」

④前半本：劇本的前半部分。

⑤平情：平靜心情。《詩•小雅•常棣》：「喪亂既平，既安且寧。」

⑥只在：只，僅，不過。唐代杜甫〈示侄佐〉詩：「只想竹林眠。」在，居於，處於。《易•乾•九三》：「在下位而不憂。」

⑦局終頭：將要結束的時候。局，近。三國魏曹丕〈與朝歌令吳質書〉：「塗路雖局，官守有限。」終，末了。《詩•大雅•蕩》：「靡不有初，鮮克有終。」

明放案：上聯寫戲劇的發展。通常先是矛盾展開，或忠良遭難，或情人難眷。觀眾咬牙切齒，恨之入骨；下聯寫戲劇終局。一般是以正壓邪，揚善除惡。觀眾喜掛眉稍。此聯充分表現出了傳統戲劇的教化作用及觀眾的審美情趣。

◇為城隍廟戲樓再作十言聯。

儀鳳①簫韶②，遙想當年節奏③；
文衣④康樂⑤，休誇後代淫哇⑥。

《板橋》1984年第1期

注釋：

①儀鳳：唐高宗李治年號（676—679）。

②蕭韶：即《大韶》，簡稱《韶》。亦稱《大磬》、《韶箾》、《箾韶》、《簫韶》、《韶虞》、《昭虞》、《招》。六舞之一。由九段組成，即「簫韶九成」。相傳為舜時代的樂舞，周代用以祭祀四望（即四方，一說為名山大川，或為日月星海）。吳季札在魯國（魯襄公二十九年）觀看《大韶》的演出，歎為觀止；孔子也稱《韶》為盡善盡美的樂舞。《書•益稷》：「簫韶九成，鳳皇（凰）來儀。」《禮記•樂記》：「韶，繼也。」鄭玄注：「韶之言紹也，言舜能繼紹堯之德。」

③節奏：音樂術語。指各種音響有一定規律的長短強弱的交替組合，是音樂的重要表現手段。三國魏曹丕《典論•論文》：「譬諸音樂，曲度雖均，節奏同檢，至於引氣不齊，巧拙有素，雖在父兄，不能以移子弟。」

④文衣：指戲衣。文，彩色交錯。《易•繫辭下》：「物相雜，故曰文。」《禮•樂記》：「五色成文而不亂。」

⑤康樂：舞曲名。西漢司馬遷《史記•孔子世家》：「於是選齊國中女子好者八十人，皆衣文衣而舞《康樂》。」

⑥淫哇：放蕩的歌曲。嵇康〈養生論〉：「目惑玄黃，耳務淫哇。」

◇為城隍廟戲樓再作匾額。

神之聽之。

板橋鄭燮。

常之英等《濰縣誌稿》卷二十

◇八月十八日，於范縣官署作《竹石圖》並題識。

小院茅堂近郭門，科頭競日擁山尊；夜來葉上瀟瀟雨，窗外新栽竹數根。

乾隆壬申中秋後二日畫於范縣官署。板橋老人鄭燮。

《鄭板橋集・題畫》

◇九月，作《蘭竹石圖》並題識。

世間盆盎空栽植，唯有青山是我家。畫人懸崖孤絕處，蘭花竹葉兩相遲。

乾隆壬申九秋，板橋居士鄭燮寫于北海。

余毅《鄭板橋書畫拓片集》

◇十月二十五日，適逢六十壽辰，遂作五十二言自壽聯。

常如作客，何問康寧①，但使囊有餘錢，甕有餘釀，釜②有餘糧，取數葉賞心③舊紙，放浪吟哦④，興要闊，皮要頑，五官靈動勝千官，過到六旬猶少；

定欲成仙，空生煩惱，只令耳無俗聲，眼無俗物，胸無俗事，將幾枝隨意新花，縱橫穿插⑤，睡得遲，起得早，一日清閒⑥似兩日，算來百歲已多。

梁章鉅《楹聯叢話》卷十二

注釋：

① 康寧：康健安寧。《書・洪範》：「一曰壽，二曰富，三曰康寧，四曰攸好德，五曰考終

命。」攸好德，謂所好者德；考終命，謂善終不橫夭。

②釜：古量器名。也叫「鬴」。春秋戰國時代流行於齊國。以四升為豆，四豆為區（甌），四區為釜，即六斗四升。陳氏（即田氏）的「家量」以四升為豆，五豆為區，五區為釜，即二斗為區，十斗為釜。

③賞心：心情歡暢。南朝宋詩人謝靈運〈擬魏太子鄴中集詩序〉：「天下良辰、美景、賞心、樂事，四者難並。」

④吟哦：猶吟詠。唐代白居易〈和寄問劉白〉：「吟哦不能散，自午將及酉。」北宋黃庭堅〈奉和王世弼寄上七兄先生用其韻〉詩：「吟哦口垂涎，嚼味有餘雋。」

⑤穿插：交叉。雍正六年（1728），吳宏謨序《陸仲子遺稿》云：「一日，折緋桃枝貫辮發，落英繽紛被肩背，行歌過市。市兒轟笑隨之，仲子神色自若，歌愈高。」有誡之者，則曰：「我貧士耳，彼奈我何哉！」

仲子，即陸震。字仲遠，又字仲子，號榕材，又號北郭生，江蘇興化人。康熙間諸生，懷才不遇。曾設帳授徒，生徒有板橋等。陸長於古文辭，工行草書。性情孤峭，家貧好飲。常以筆質酒家，索書者出錢為之贖筆。

⑥清閒：清靜閒空。《漢書・龔遂傳》：「遂曰：『臣痛社稷危也！願賜清閒竭愚。』王辟左右。」

◇**十二月，作行書〈贈鍾啟明並留別〉詩軸。**

一堂五世古今稀，父祖曾高子姓依；漫道在官無好處，須知積德有光輝。

乾隆壬申嘉平月，板橋老人題贈鍾啟明並留別。「鄭燮之印」（白文）、「七品官耳」（白文）、「丙辰進士」（朱文）、「二十年前舊板橋」（白文）。

《支那墨蹟大成》卷八

◇**作《墨竹圖》。**

款署：乾隆十七年壬申作。

余毅《鄭板橋書畫拓片集》

◇**同窗陸白義慘遭文字獄禍，不得已，書作十一字聯。**

世道不同，話到口邊留半句；

人心難測，事當行處再三思。

乾隆十七年壬申，板橋鄭燮。

任祖鏞《板橋對聯》

王家誠《鄭板橋傳》

◇**捐銀五十兩，倡修城北玉清宮。**

◇**作《盆菊瓶竹圖》並題識。**

蘭梅竹菊四名家，但少春風第一花。寄與東君諸子弟，好將文事奪天葩。

乾隆壬申，板橋鄭燮。「鄭燮」（白文）、「橄欖軒」（朱文）

濟南市博物館藏墨蹟

明放案：此系紙本，墨筆。縱116釐米，橫55釐米。

◇**作《盆菊瓶竹圖》並題識。**

蘭梅竹菊四名家，但少春風第一花。寄與東君諸子弟，好將文事奪天葩。

乾隆壬申，板橋鄭燮。「鄭燮」（白文）、「橄欖軒」（朱文）

北京故宮博物館藏墨蹟

明放案：此系紙本，墨筆。縱113釐米，橫40.7釐米。

◇**書作唐人七絕詩三首。**

雨歇楊林東渡頭，永和三日蕩輕舟。故人家在桃花岸，直到門前溪水流。

雨中禁火空齋冷，江上流鶯獨坐聽。把酒看花想諸弟，杜陵寒食草青青。

獨憐幽草澗邊生，上有黃鸝深樹鳴。春潮帶雨晚來急，野渡無人舟自橫。

乾隆壬申，板橋鄭燮□□。「鄭燮之印」（白文）、「板橋」（朱文）。起首印：「古狂」（白文）。

濟南市博物館藏墨蹟

明放案一：其一，常建〈三日尋李九莊〉；其二，韋應物〈寒食寄京師諸弟〉；其三，韋應物〈滁州西澗〉。

明放案二：此系紙本，墨筆。縱164釐米，橫94釐米。

◇年底，去任。借住友人郭質亭、芸亭之南園①舊華軒。並在此渡歲。

鄭公名燮，……十一年任濰，十七年以病去任，時年六十。吏治文名，為時所重。

郭榆壽《榆園雜錄》卷一

注釋：

①南園：常之英《濰縣誌稿》卷十一云：「南園在縣署東南天仙宮東，明嘉靖時劉應節園也。天啟時，歸郭尚友，增構舊華軒、知魚亭、松篁閣、來風軒諸勝。其孫饒州府知府一璐復加修葺。一璐侄偉業字質亭、偉績字芸亭，均能詩工書，與知縣鄭燮為文字交。時觴詠其中。今園已無跡可尋，而鄭之詩畫猶存人間。」

明放案：關於板橋去任，歷來存在兩大說法：

一為「罷官說」：李斗《揚州畫舫錄》卷十云：「後以報災事忤大吏，罷歸鄉里。」曾衍東《小豆棚》卷十六謂：「因邑中有罰某人金事，控發，遂以貪婪褫職。」姚鵬春《白蒲鎮志》卷八謂：

「罷官後，浪遊大江南北，寓蒲最久。」阮元《淮海英靈集》謂：「以歲饑，為民請賑忤大吏，罷歸。」一為「辭官說」：《清史列傳》卷七十二云：「以請賑忤大吏，遂乞病歸。」劉熙載等《重修興化縣誌》卷八云：「乞休歸。」葉衍蘭等《清代學者像傳》云：「以歲饑，為民請賑，忤大吏，遂乞病歸。」張庚《國朝畫徵續錄》卷下云：「以病歸，遂不復出。」常之英等《濰縣誌稿》卷二十云：「以疾歸。」鄭方坤《本朝名家詩鈔小傳》云：「以疾乞歸。」趙爾巽等《清史稿》卷五百四十云：「辭官鬻畫。」金農〈冬心先生寫真題記〉云：「近板橋解體。」林蘇門《邗江三百吟》云：「晚年乞休歸里，往來揚郡，字畫易錢。」王文治《夢樓詩集》卷五云：「棄官落拓遊淮陽，板橋道人志更狂。」凌霞云：「辭官賣畫謀泉刀。」羅聘云：「一官輕棄返初心。」徐世昌云：「等閒拋卻七品官，賣畫揚州殊不辱。」四留老人云：「怒擲烏紗去，一笑兩袖清。」

◇汪士慎雙目全盲。

尹文《汪士慎傳》

◇李方膺於金陵寄寓城內淮清橋北項氏花園，名其借園，後與袁枚、沈鳳（凡民）訂交，時人稱為「三仙」；十一月，作《花卉四屏圖》。

崔莉萍《李方膺傳》

◇十二月，李鱓寄居崇川（今南通）西寺。

◇二月，金農撰〈冬心先生續集序〉。

黃俶成《李鱓傳》

◇盧見曾為汪士慎《感舊集》作序。

張郁明《金農傳》

◇翁方綱、程晉芳、錢載登進士。

尹文《汪士慎傳》

◇法式善①生。

注釋：

①法式善（1752—1813）：文學家。姓烏爾濟氏，原名運昌，字開文，號時帆，蒙古正黃旗人。乾隆進士，官至侍講學士。熟諳當代制度掌故。論詩信奉王士禛的「神韻說」。作詩學王維、孟浩然。有《存素堂詩集》、《清秘述聞》、《槐廳載筆》。又編集時人詩，成《湖海詩》六十餘卷。

◇羅聘娶方婉儀①為妻。

韋明鏵《邊壽民傳》

注釋：

① 方婉儀（1732—1779）：詩人、畫家。一作畹儀，號白蓮居士，安徽歙縣人。據翁方綱〈女士方氏墓誌銘〉載：婉儀「習詩書，明禮度，兼長於詩畫。故揚州人皆能誦其〈哭姑〉十二詩。族戚等皆稱道。……江山清淑之氣，不鍾於綺羅豐厚之閨閣，而生在清寒徹骨，畫梅相對之貧士家。」因自號「白蓮」。故銘曰：「萬卷梅花，一卷白蓮。其畫也禪，其詩也仙，吾文冰雪兮，與此石俱傳。」工詩擅畫。以梅、蘭、菊、竹、石等為最。曾與聘合作畫圖，甚至有些為她所代筆。又與金冬心詩詞唱和，瘦影疏香，自有意趣。羅聘稱其有「出塵之致，惟不苟作。」所用印曰：「兩峰之妻」。與羅聘結婚後，二人琴瑟合唱，恩愛無比。她不但美貌多才，而且是一位了不起的賢妻良母，畢生耗盡心血苦苦支撐羅聘困窘的家庭，培養三個兒女吟詩作畫，個個成才，創出清代畫史有名的「羅家梅派」。祖父方願英，雍正時曾任廣東按察使。父方寶儉，國子監生。

◇**邊壽民卒，壽六十九。**

◇**厲鶚卒，壽六十一。**

◇**清廷特設盛京內務府，由盛京將軍兼充總管大臣。**

54歲—60歲（乾隆十一年至乾隆十七年）在濰縣所作詩文及范、濰任上所留判詞尚有：

◇貧寒書生韓鎬①請教板橋為文之道，板橋書作七言聯贈之：

刪繁就簡三秋樹；
領異標新二月花。

與韓生鎬論文，鄭板橋。

濰坊市十笏園藏石刻

注釋：

① 韓鎬：常之英等《濰縣誌稿》卷三十云：「韓鎬，字西京。為文豪宕有奇氣。鄭板橋燮令濰時，縣試識拔冠其偶。尋遊庠食餼，而鄉舉則屢蹶，乾隆甲午，母丌病歿。又連遭期功喪，坎坷潦倒二十年。胸次牢騷不平之氣，一寄之於詩酒。酒酣，與諸友生談史論文及古今奇士亮節偉行，非常功業，唏噓感歎，勃勃有壯志。癸卯始登鄉薦，而年已老矣。詩散失，多不存稿。年五十九卒。」

明放案：此副對聯，陳介祺①於同治八年（1869）將其刻之於石，並跋云：「板橋先生蘊書卷之秀，發於政治筆墨，此其一事也。同治己巳，陳介祺刻並記。」

注釋：

①陳介祺（1813—1884），清末金石學家。字壽卿，號簠齋，山東濰縣（今濰坊市）人。道光進士，曾任翰林院編修。嗜好收藏，又長於墨拓。著有《傳古別錄》、《十鐘山房印舉》等。近人鄧實集錄其所藏彝器拓本為《簠齋吉金錄》八卷。

◇為君謀、翊清父子書作七言聯。

有子①才如不羈馬②；

知君身是後凋松③。

書賀君謀老先生暨令郎翊清年兄大教。板橋鄭燮。

濰坊市博物館藏墨蹟

注釋：

①有子（前518—？），春秋末魯國人。有氏，名若，字子有。孔子晚年弟子。主「禮之用，和為貴。」（《論語•學而》）孔子死後，孔門弟子因他「狀似孔子」，曾一度奉以為師。此喻翊清。

②不羈馬：不可羈縻的駿馬。羈，繫住。《淮南子•氾論訓》：「禽獸可羈而從也。此喻賢達之士。」

③後凋松：後凋，本作「後雕」。《論語•子罕》：「歲寒，然後知松柏之後彫也。」「彫」，「凋」的異體字。

明放案：此系板橋送給濰縣郭家的壽聯。北宋黃庭堅〈和高仲本喜相見〉詩：「有子才如不羈馬，知公心似後凋松」。板橋改「知公心似」為「知君身是」。

◇尺牘〈濰縣署中寄郭南江〉。

棕亭來，出足下所著說經之文，包括《易傳》、《尚書》、《論語》、《孟子》等，文凡三十有七，洋洋巨觀，足使小儒見而咋舌。足下又識言於後，謂文有不是處，要請板橋指正，板橋何敢焉！惟中有〈越人關弓〉篇，愚意似未曾參得要義，姑為之說，一作商量。《孟子》：「有人於此，越人關弓而射之，則己談笑而道之；其兄關弓而射之，則己垂泣涕而道之。」朱子、趙氏皆未細釋其文，自來亦無人精譯說過。解之者曰：越人關弓而射人，己不過談笑而開道之；其兄關弓而射人，則恐限兄于殺人之罪，己必垂泣涕而勸道之。被射一人，談笑涕泣又一人，合之越人，其兄，凡四人。或又曰：射之，射己也，越人將射己可以理喻，可以情遣，談笑道之，亦橫逆自反之意。其兄將射己，則人倫之大變，故必涕泣。是以有人於此之人，為談笑涕泣之人，亦即被射之人。《文選》左思〈吳都賦〉，劉氏注引《孟子》作「越人彎弓而射我」，可見其說由來久矣。

余謂二說皆涉迂曲，於引義不甚切當。越人、其兄當一讀。有人於此，於越人而欲射人，所射者越人，與己何干。于其兄而欲射之，則哀痛迫切，是有不能已者。〈小弁〉之時，申繒西戎方強，王室方騷，為之傅者，習見夫龍漦作孽，檿弧告災，哲婦傾城，青宮失位，逆知驪山之禍，有甚於關弓而射其兄者，故悲怨之積，作歌告哀，冀幸君之一悟，所謂親親也。考之毛萇《詩傳》引《孟子》云：「有越人於此，彎弓而射之，我則談笑而道之」，明以所射之人為越人，如此說，義既直截，與〈小弁〉亦切於事情。燮向不喜細考細究之文，今因讀大文偶然觸悟，特地寫出一觀。義之當否，不可強同，且勿笑為餑餑上剝芝麻也。

《鄭板橋文集・書劄》

◇尺牘〈濰縣署中寄陸伯儀〉。

燮方生子，兄已抱孫。我與兄年相若耳，而一則得子已晚，一則抱孫甚早，人生之遭逢苦樂，豈可以常情測量哉。憶彼此少年時，兄台豪氣淩雲，才華飆發，談文古廟，縱酒山家。謂不得一官，情甘磨穿鐵硯，埋頭於書本中老卻此身。乃曾幾何時，兄台因慈親老邁，奉養任重，不忍棄家遠遊，以故兩番鎩羽，即捨棄舉業，務農事親。天倫之樂，絕勝名題雁塔，可謂善事其親，善用其身者也！兄自太夫人棄養，即亦不思再舉，及今二十有餘年，家園久守，有田可耕，有忽可吃，甘為太平之民，人生如是，何必定要做官哉。燮自筮仕至今，未有寸進，牧民下吏，上負宸恩，下慚親故；而鬢有二毛，齒牙搖動，若與兄台相較，真在官不如在野。一身閒散，優遊卒歲，含飴弄孫，人倫至樂。興思及此，燮真欲感歎死矣！茲因家報之便，輒奉微物二色，紋銀四兩，以代買果餌與文孫吃，禮薄心誠，故人當不見卻也。

《鄭板橋文集・書劄》

◇尺牘〈濰縣署中寄胡天遊①〉。

人生不幸，讀書萬卷而不得志，抱負利器而不得售，半世牢落，路鬼揶揄，此殆天命也夫！

稚威曠代奇才，世不恒有，而乃鬱鬱不自得，人多以狂目之，嗟夫！此稚威之所以不遇也。雖然，以子之才，不遇何傷，子所為詩文，早已競傳於眾口，名公巨宦，大人先生，詩壇文場之中，莫不知有山陰胡天遊者，子即不遇，而子之才不因不遇而汩沒也，子何鬱鬱為？

近聞子有北遊之訊，且將歷燕趙，出居庸，至遼瀋，繞海道而歸，歸而遁跡山中，著書立言以終老，子之志何其壯而悲涼乎！遼瀋為我朝龍興之地，山川雄浩，實生異人，以子之曠代奇才，將所經所歷者發而為詩歌，寫而為文章，我知異日必有勝過〈秋霖賦〉，《孝女李三行》之絕作出現。板橋不死，定有摩挲雙眼快讀奇篇之一日焉。贈詩一章，為吾子壯其行色，祈賜觀覽！

《鄭板橋文集・書劄》

注釋：

① 胡天遊：詳見乾隆二年丁巳（1737）「◇作〈贈胡天游弟〉詩」注。

◇**尺牘〈濰縣署中寄答程羽宸①〉**。

音書隔絕者數載，每念故人，輒縈魂夢。不謂今日坐堂甫罷，朵雲忽從天外飛來，開緘快讀，胸腹俱舒。箋尾別注一行曰：「錢唐袁枚死矣。」嗚呼哀哉！只此六字，已令我神呆、心跳、目登、鼻酸、搓手、頓足。適接故人書而一喜，此際睹六字而大悲，袁枚其真死耶？我但覺天地昏沉，雲日黯淡，庭中之樹木花草，室中之圖籍器具，無一而不易色。此無他，奇才變滅，萬物無光也。夔與袁枚，初無一面之雅，或一箋之通問，然讀其詩，知其人奇才也。世間出一學人易，得一奇才難。若山陰胡天游與袁枚，均曠代奇才也，而今已去其一，可不哀哉！夫奇才為天地山川靈秀所鍾毓，百年難得一人，世有奇才，則江山生色，邦國增輝，可謂異寶。百年中得一已難，今聖朝乃並世有其二，非盛世不可得而有也。所恨者如此奇才顧乃不永其年，不留之點綴江山文物，中道遽奪之以去，使聖朝喪此異寶，殊使人頓足號陶而不能自已。雖然，留有《小倉山詩》卷在，袁枚死為不虛矣！

《鄭板橋文集・書劄》

注釋：

① 程羽宸：詳見康熙五十三年甲午（1714）「◇二月，程羽宸遊黃山，作《黃山紀遊詩》六十八首」注。

◇尺牘〈濰署中寄劉宋二生〉。

宋生作文，文中將二十七寫作廿七，三十四寫作卌四。劉生以為不典，斥言其近俗，宋生不服，口舌爭辯，彼此不能決，乃來書請問板橋，願有說以定是非，好學哉二生！愚烏可以不答乎。按廿音入，《說文》：二十並也。顏之推〈稽聖賦〉云：「魏嫗何多，一孕四十，中山何夥，有子百廿」。此即文中用廿之證。十與廿相葉，俗音讀廿為念者，大誤。又，三十並為卅，四十並為卌，卅音撒，卌音錫。始皇《禪梁父刻石》辭曰：「皇帝臨位，作制明法。臣下修飭。廿有六年，初並天下罔不賓服。」此乃以四字為句，三句一葉韻，而今《史記》刻本皆作「二十有六年」，一字改作二字，失其真矣。茲略引一段，以明宋生用作文字非俗。劉生能於此等處研索，亦見細心。此番雖屬宋生操勝，然劉生好學不倦，亦有可敬處！總之，讀書以字字咀嚼，潛心探討，不放一字一句含糊過去為上。昔蘇東坡在翰林時，讀〈阿房宮賦〉至四更時候，老吏苦之，坡猶灑然不倦，此可謂善讀書者。若過目成誦以為能者，其實卻最不濟事，眼中了了，心下匆匆，方寸無多，何暇應接，何能細味，所以陶潛之不求甚解，最是學他不得，一生應該要明白此層道理。

《鄭板橋文集・書劄》

◇尺牘〈濰縣署中寄黃癭瓢①〉。

足下因鍾馗出處無據，故堅拒孔公之情，卻還其金與紙，不願作此荒唐畫，此畫家之審慎也。乃孔公不加細察，遷怒於足下之身，危言相逼，飾詞中傷，竟欲置人於死地，毒哉孔公，手段何若是其辣乎！畫雖小道，然於誨淫誨盜，敗壞綱常名教，牽引人心，或涉離奇怪妄，事無考據者，本不當昧然下筆，惹人譏嘲笑罵，自貽其辱。鍾馗既無其人，斬鬼更無其事，如果著墨，足下拒之，情真而理合也。羅兩峰善畫鬼趣，憑空落墨，任情設境，千態萬狀，興趣兼到。畫非不佳妙，而人有好之，亦有非之者，正以其荒唐無稽故耳。有一種蔓生之菜，葉圓而厚，名曰葵。故《考工記》云：「大圭長三尺，杼上終葵首。」蓋言圭首圓而厚如終葵，齊人謂椎為終葵，又因其音而廣之，遂以終葵訛為鍾馗焉。世俗不察，懸空冥構一神像，鐵面虬髯，襆首長袍，手執一椎以擊鬼，狀殊猙獰可怕。文人之好事者，又架空樓閣，戲為之立一傳，謂為開元進士，剛正不阿，嚴而有威，忠貞而死，死後為神，善啖鬼卒。懸其像於堂中，足使諸邪退避，辟除不祥。相沿既久，心而不察，鍾馗神遂即真矣。其實皆文人寓言，何足為據。足下稟無稽不畫之旨，不因金多而動心，不以威逼而屈志，毅然拒卻，是真氣骨崚嶒，見識遠大，畫師中之錚錚者！癭雖欲不為拜倒，不能也。今日因威力與陷阱交逼，為圖自保，不得不遁而去之。然有知之者，必不謂足下畏怯而潛蹤，皆曰遠害而高飛，微特清名不損，大筆之流傳，且因此而益高貴，得不謂之畫以人重乎。黔中多炎瘴，伏維珍攝自愛！燮頓首啟。

《鄭板橋文集・書劄》

注釋：

① 黃癭瓢：即黃慎。詳見康熙四十一年（1702）「◇黃慎別母離家，拜師學畫」注。

◇**尺牘〈濰縣署中寄李復堂①〉**。

作宰山東，忽忽八年餘茲，薄書鞅掌，案牘勞形，忙裡偷閒，坐衙齋中，置酒壺，具蔬碟，攤《離騷經》一卷，且飲且讀，悠悠然神怡志得，幾忘此身在官；然與當日江南之樂比並，又渺乎其小也。燮愛酒，好漫罵人，不知何故，歷久而不能改。在范縣時，嘗受姚太守之告誡，謂世間只有狂生狂士而無狂官，板橋苟能自家改變性情，不失為一個循良之吏，且不一定屈於下位，作宰到底也。姚太守愛我甚摯，其言甚善，巴望板橋上進之心，昭然可見。余也何德，乃蒙太守如此加愛。但是板橋肚裡曾打算過，使酒罵人，本來不是好事，欲圖上進，除非戒酒閉口，前程蕩蕩，達亦何難；心所不甘者，為了求官之故，有酒不飲，有口不言，自加桎梏，自抑性情，與墟墓中之陳死人何異乎？天生萬物，各適其用，各遂其好。鳥，翼而飛，獸，足而走；人，口而言。有口不言，豈非等諸翼而不飛，足而不走，有負其用，于心安否？且衣之暖者莫如裘，味之美者莫如酒。酒品酒德，前人早有詞贊，何必多說。伯倫之荷鍤以行，「死便埋我」，正以愛酒之故。苟非呆漢，斷無美味當前而自甘捨棄者。登徒子見十六七歲嬌娃，其果不動心焉乎？幾番商量，寧可烏紗不戴，不可一日無酒；寧可伍於劉四，不甘學作金人。官小官大，身外之事耳。適我性情，不官亦可長壽；違性逆情，雖官而不永年。官而夭不知壽而樂，我寧取其前者。故人，故人，謂我何哉？揚州有應時之鮮魚佳蔬，此地則甚苦，飲食那及江南？幸有門生所饋火腿，堪以下酒。平山堂北，梅花嶺畔，神魂系之！

《鄭板橋文集‧書劄》

注釋：

① 李復堂：即李鱓：詳見康熙五十年辛卯（1711）「◇李鱓中舉」注。

◇尺牘〈濰縣署中再寄李復堂〉。

署後有小園半畝，結構甚妙，中一池如掌大，池中多栽芙蕖，應時作花，清香四溢。傍通一小徑，徑連雜花淺草，相間互映，亦有清趣。小樓一間跨水上，樓中僅可坐四五人，安置一几一爐，文房用具，四面開窗牖，身處其中，尚覺光亮，憑窗望朝霞夕暉，嵐光峰影，水色波紋，莫不愉快。公退之暇，每登樓科頭袒跣，偃臥其中，薰風南來，胸襟爽朗，不欲復問人間事。越半個時辰，襟懷既爽，意興自來，乘時而起，鋪紙研墨，拈毫畫大幅之竹，以寄我故人李鱓。想此畫到得江南時，知了已叫於樹杪，炎炎長夏，對此之翛翛之竹，亦可助我故人滌煩卻暑，何況畫中竹與水相間乎。板橋作大幅竹，每好畫水，因水與竹性相近也。少陵詩云：「映竹水穿沙」，又云：「懶性從來水竹居。」此亦為水竹之一證。渭川千畝，淇泉綠竹，西北且然，況瀟湘雲夢之間，洞庭青草之外，何在非水，何在非竹也。板橋少時，讀書真州之毛家橋，日在竹中閒步，潮去則濕泥軟沙，潮來則溶溶漾漾，水淺沙明，綠蔭澄鮮可愛。時有鯈魚數十頭，自池中溢出，遊戲於竹根短草之間，至足樂也！斯地斯情，猶依留於我之心上，而少年不再，此樂難逢，畫事既竣，不禁惝恍若有所失。古人畫意高超，筆精墨妙，蘭竹尤工。讀此劄，觀此畫後，不知作何感想？

《鄭板橋文集・書劄》

◇**尺牘〈濰縣答金棕亭〉**。

世間之物，一物有一物之味，各不相同，而人之所嗜，各有所喜，亦各有所不喜。喜甜者必惡鹹，喜酸者必惡辣，或有兼而好之，其人必不知味者也。凡物，質味兩佳者固多，有質無味者亦不少。若素食中之刀豆、茭白、茄子，葷腥中之海參，豬肝、羊肚、黃鰻，皆有質而無味，一嘗即不思再食。鱗介中之蟹，蔬中之筍，水果中之荔枝，皆質美而味醇，苟一嘗之，令人一再思食。此所謂天生尤物也。人具口舌齒牙，莫不愛嗜此等尤物，竟有終身嗜之若命者，無他，食色根於天性，不可強焉。余於蟹、筍、荔枝等，亦所愛嗜，每逢其物見新，必一再嗜之以為快；然覺物之具有至未，雖久嗜而不厭者，舍狗肉莫能勝也！所謂物各有味，粗人笨漢，一嚼下嚥，初不知其質之高下，味之精粗，必得用一番咀嚼功夫，深辨其質味之良窳，定其品物之美惡。斯不孤負我有此口，有此舌頭。不然，凡物入肚，都變糞汙，一頓咬嚼，又何必分雞肉與豆腐哉！盡世間之食物，無論其為貴、為賤，為熊掌、鹿尾，為鹹菜、蘿蔔，殘餘一入牙縫之中，未有不變臭腐者，品質如何，已混淆不能分別，遑論其物之貴賤乎？故食物中只有一種入牙縫而不臭腐，經宿而不變，剔而聞之，本質依然。其物為何？薑與狗肉是已。謂余難信，曷不一試？板橋每食狗肉，必加薑少許與之同煮，其味更美，所嫌此物最宜冬季，不能常將下酒，引為恨事。薑者，食物中之雋味，狗肉則為至味，亦神味也！若以狗肉為穢物，為不可食，世間再無更有味之物可吃，奈何，奈何！袁枚最喜品評食物，每嘗佳味，著之筆墨，極有辨別本事。但聞其確信因果，生平不敢嘗狗肉，此是袁家才子之大缺陷！足下素以知味自負，郇公之廚，譽出眾口，今乃來書痛斥狗肉，貶之為穢物，毀之為臊臭，狗肉何辜，蒙此惡名，而豈知味者之言乎？爰代狗肉昭雪，著諸辯論，若心不甘服，盡可來書再決，謹操不律以待。

《鄭板橋文集．書劄》

◇尺牘〈濰縣署中答侯嘉璠①〉。

鄂公子選妾吳門，得邵氏之女，姻緣將成，忽因此女足大而黜，事遂中變，嘻！公子何不達乎。凡女子之美醜，不全繫於足。設有足下如菱，而身軀臃腫，肌膚糙黑，痳瘢滿面，如鳩盤荼、母夜叉者，試問公子當意否耶？老弟謂婦女弓足，始作俑者是李後主。後主宮中，有令宮女素帛裹足之說，此說恐不儘然，未敢全信。按，樂府〈雙行纏〉詞云：「新羅繡行纏，足趺如春妍。他人不言好，獨我知可憐。」以此，似起始於六朝時代。然《史記》有云：「臨淄女子，彈弦纏足。」又云：「揄修袖，躡利屣。」意古已有之，不始於六朝也。又《襄陽耆舊傳》云：「盜發楚王塚，得宮人玉屣」；而晉世履有鳳頭、重台、分梢之制，亦似與弓足有關。陶宗儀謂唐人題詠，略不及之，亦未博考。杜牧詩云：「鈿尺裁量減四分，碧琉璃滑裹春雲；五陵年少欺他醉，笑把花前出畫裙。」段成式詩云：「醉袂幾侵魚子纈，彩纓長戛鳳凰釵；知君欲作閒情賦，應願將身托繡鞋。」《花間集》云：「慢移弓底繡羅鞋。」據此，則婦女弓足，亦屢見於唐人詩詠矣。可知婦女纏足之風，實不始於李後主，其來已古，特無從考定，起始於何代何人耳。總之，若以婦女足下為美，正見其瞳子如豆大，不識豐韻姿色為何物也。陋劣之極！

《鄭板橋文集・書劄》

注釋：

① 侯嘉璠：詳見乾隆元年丙辰（1736）「◇繼續接交京中官員，作〈贈國子學正侯嘉璠弟〉詩」注。

◇尺牘〈濰縣再寄侯嘉璠〉。

前書想已賜覽。考婦女弓足，必於幼小時以帛纏裹極緊，使肌肉受堅逼之力，兩足不得生長過大，漸至瘦小而成弓形，此即今之纏足也。詠足詩之見於古者，如「兩足白如霜」，如「臨流濯素足」，此不纏之說也。若前書中所引，卻是纏足之說，相傳東昏始作其俑，使潘妃以帛纏足，金蓮貼地行其上，謂之步步生蓮花；然石崇悄沉香為塵，使姬人步之無跡，殆又已先之矣。《史記》所云利屣者，以屣首尖銳言之也。若據此言，則纏足之風，由來已久，如唐詩所云：「六寸膚圓光緻緻」，但不及後世之極纖小耳。至於弓足之稱，言足纏久而中斷，變如弓形，殊不知燕趙女子，於五六歲時即纏，天然纖小，並無弓形，其弓形者，或嗤之為鵝頭腳，何足為貴。愚以為婦女妍媸，不能專憑雙足之大小斷，當分別其肌膚、面目、姿色、豐韻等等，分而觀之，合而論之，美醜自辨。若姿態絕佳之婦女，而裙下襯以一雙鵝頭腳，竊恐不見其美，反顯其有病態耳。嘗有士人娶一女，姿色絕世，而裙底之雙足極大，士人意有不滿，時露於悒之色，女問之，士人以實告，女微哂之，隨口朗吟曰：「三寸金蓮自古無，觀音大士赤雙趺。不知纏足何時起？起自人間賤丈夫。」士人頓覺開悟，夫妻歡愛，逾于新婚燕爾焉。愚謂此女性靈質慧，胸中具有如許大學問，寥寥二十八字，竟能啟悟其夫，閨房婉好，女子中實不可多得。惜鄂公子選妾吳門時，無人念此詩與他聽耳。

《鄭板橋文集・書劄》

◇尺牘〈濰縣三寄侯嘉璠〉。

板橋於第一書中早已說過，大凡一個婦女之美醜，並不全在於裙下雙鉤，盡有金蓮三寸，而容態如無鹽轉世，嫫母再生，偶一見之，均將低眉垂睫而過，不敢正視，雖有小足，亦莫如之何也。乃今老弟來書，烘雲托月，語帶雙關，若謂板橋之婦之雙足，不是尺二蓮船，定是十寸編鰤，心有顧忌，故不得不為大足作護法，以博床頭人之歡心，寃哉枉也！老弟之多疑如是乎？余二十五歲姑娘娶婦，夫婦同庚，至今已屆三十年，雖人老珠黃。說不到一個美字，但拙荊雙足，故不因年高而變大，老弟指我為大足解嘲，為床頭人作護法，直以河東獅子視拙荊，以季常疑我也，可不寃哉！若言拙荊裙底真形，雖不及燕趙女子之天然纖小，猶足壓倒一般鵝頭腳而有餘，我若誇口，爛斷舌頭，老弟再不相信，不妨親來署中一見。端的人老腳不老，不是妻子腳大，丈夫替他撒一大謊也。擲筆胡盧。

《鄭板橋文集・書劄》

◇**尺牘〈濰縣署中寄靳秋田〉**。

我不知是何冤孽，自到濰縣以來，官事不忙，卻忙於寫字作畫，天天執筆，累得人好苦也！本來畫是文章經濟之餘，雕蟲小技，不足為貴。昔人課餘習畫，陶情尋樂，原雅事也。我今反因作畫而忙，官書簿冊，幾至不治，我不是做官而來，變了作畫而來，此苦事也！若至應接不暇，我雖欲畫一蘭、一竹、一石、一水，又安望其能畫得有神哉？我非俳優，而人乃以俳優視我，索畫則逕畫可耳，由我造境，由我落墨，一竿竹，幾片葉；一本蘭，幾朵花，任意隨心，方有樂趣。然而索畫者偏不然，此人要我畫竹石，彼人要我畫水竹，一紙傳來，出題點索，或要題詩，或要題款，我非戲臺上之俳優，豈能宛轉依人，任他點戲乎？忿恨之極，亦懊惱之極！我因思得一法，凡有來紙出題點索者，原紙退回，一概不畫。彼以白紙來，我以白紙去，我筆不動，彼能強執我之手腕哉？行之數月，其法大驗，求者即少，身心俱安，此拒畫之靈方也，而板橋得其應驗，不亦快活！但若忙則思閑，靜極則思動，久未弄墨，又覺心兒癢癢，想得一幅紙來玩玩，解此宿積。不意故人之紙適至，欣然命筆，為作數箭蘭，數塊石，題長歌一首以張之。畫有灑然清脫之趣，歌有冷冷幽遠之香，畫得其時，筆得其候，是何因緣之巧合歟？此畫必當懸諸壁上，焚香瀹茗，穆然靜對而讀之，自有幽芳飄落襟袖，使人意消神適。彼傖夫俗子，安得知此？

《鄭板橋文集・書劄》

◇作《濰縣竹枝詞》四十首，描摹濰縣的風土人情及民生疾苦，情真意切，委宛動人。

三更燈火不曾收，玉膾金齏滿市樓。雲外清歌花外笛，濰州原是小蘇州。
鬥雞走狗自年年，只愛風流不愛錢。博進已賒三十萬，青樓猶伴美人眠。
美人家處綠楊橋，樹裡春風酒旆招。一自香銷怨南國，杏花零落馬蹄遙。
四面山光樹木深，良田美產貴千金。呼盧一夜燒紅蠟，割盡膏腴不掛心。
豪家風氣好栽花，洋菊洋桃信口誇。昨夜膠州新送到，一盆紅豔寶珠茶。
大魚買去送財東，巨口銀鱗曉市空。更有諸城來美味，「西施舌」進玉盤中。
小閣桐陰日影斜，晚風吹放茉莉花。衣裳盡道南中好，細葛香羅萬字紗。
翠袖湘裙小婢扶，時興打扮學姑蘇。村中婦女來相耀，亂戴銀冠釘假珠。
幾家活計賣青山，石塊堆來錦繡斑。薄暮回車人半醉，亂鴉聲裡唱歌還。
水流曲曲樹重重，樹裡春山一兩峰。茅屋深藏人不見，數聲雞犬夕陽中。
集散人歸掩市門，市樓燈火定黃昏。白狼河水無情甚，不肯停留盡夜奔。
兩行官樹一條堤，東自登萊達濟西。若論五都兼百貨，自然濰縣甲青齊。
連雲甲第尚書府，帶宅園林太守家。是處池塘秋水闊，紅荷花間白荷花。
蒼松十里郭西頭，系馬松根上酒樓。天外暮霞紅不盡，秋山浮翠是青州。
北窪深處好拿魚，淡蕩春風二月初。河水盡開冰盡化，家家網罟曝村墟。
秋風荻葦路彎環，釣叟潛藏亂草間。忽漫鷺鷥驚起去，一痕青雪上西山。

淺草平沙秋氣高，青光不動海光搖。忽騰一騎鸞鈴響，繡箭前坡落皂雕。
射罷黃羊獵罷山，雕弓掛在老松間。帳中嫋嫋聞吹笛，新買吳姬號小蠻。
城上春雲拂畫樓，城也春水泊天流。昨宵雨過千山碧，亂落桃花出澗溝。
迎婚娶婦好張羅，彩轎紅燈錦繡拖。鼓樂兩行相疊奏，漫騰騰響小雲鑼。
席棚高揭遠招魂，親戚朋交拜墓門。牢醴漫誇今日備，逮存曾否薦雞豚？
醃豬滴血滿城紅，南販姑蘇北薊中。縱使千金誇利益，刀頭富貴梃頭雄。
天道由來自好生，家家殺戮太無情。老夫欲種菩提樹，十里春風作化城。
繞郭良田萬頃賒，大都歸併富豪家。可憐北海窮荒地，半簍鹽挑又被拿。
行鹽原是靠商人，其奈商人又赤貧？私賣怕官官賣絕，海邊餓灶化冤磷。
二十條槍十口刀，殺人白晝共稱豪。汝曹軀命原拚得，父母妻兒慘泣號。
街頭攫得百錢文，爛肉燒腸濁酒醺。到得來朝無理料，又尋瞎賬鬧紛紛。
面上春風眼上波，秧歌高唱扮漁婆。不施脂粉天然俏，一幅纏頭月白羅。
東家貧兒西家僕，西家歌舞東家哭。骨肉分離只一牆，聽他笞罵由他辱。
莫怨詩書發跡遲，近來風俗笑文辭。高門大舍聰明子，化作朱顏市井兒。
百歲辛勤貌可哀，養兒嬌縱不成材。骰盆博局開門去，待得三更徑不回。
放囚宣詔淚潺潺，拜謝君恩轉戚顏。從此更無牢獄食，又為盜竊觸機關。
馬思南北是山田，石塊沙窩不殖錢。待到三分秋稼熟，大家歡喜說豐年。
徵發錢糧只恨遲，茅簷蔀屋又堪悲。掃來草種三升半，欲納官租賣與誰？

濰城原是富豪都，尚有窮黎痛剝膚。慚愧他州兼異縣，救災循吏幾封書。
木饑水毀太凋殘，天運今朝往復還。閒行北郭南郊外，麥隴青青正好看。
闕東逃戶幾人歸，攜得妻兒認舊扉。茅屋再新牆再葺，園中春韭雨中肥。
淚眼今生永不乾，清明節候麥風寒。老親死在遼陽地，白骨何曾負得還。
賣兒賣婦路倉皇，千里音書失故鄉。帝主深恩許重聚，豐年稼熟好商量。
奢靡只愛學南邦，學得南邦未算強。留取三分淳樸意，與君攜手入陶唐。

民國二十年石印本
《鄭板橋集・補遺》

◇濰人求板橋書畫者眾，板橋因忙於政務，令其弟子譚雲龍①代筆。

子久恒慶跋譚雲龍乾隆五十八年癸丑春正月作《竹石圖》：鄭板橋公宰濰，濰人求書畫者無弗應。一日，選匠作器皿，有譚木匠與焉。每遇板橋作畫，則侍立傍觀。心會其妙，緣身雖為匠，曾習儒有年也。板橋喜其聰慧，樂為教之，不數年，譚氏所作，酷似板橋。真偽幾不能辨。板橋政務冗忙時，輒令其代筆。此也一段嘉（佳）話也。譚遂在家，日日仿為，借用板橋圖章。至板橋仙去，一字一畫，世人珍之。而譚氏所作，外來字畫商人，亦不能辨其真偽，每以重價購去，譚氏子孫因以小康。

青島市博物館藏墨蹟

注釋：

①譚雲龍：《濰縣誌稿》卷三十二云：「譚雲龍，一名化龍。東關木工，幼失學而姿性靈敏，戲摹鄭邑令燮書畫，幾於亂真。又酷嗜金石，所著印譜若干卷，黃縣賈文正公極稱之。曲阜桂未谷馥教授萊州時，驚其畫神似板橋，因以『子猶』字之。與掖縣翟雲升交最厚，每至掖，必住其家。其見推重于名流如此。捐職四譯正館教序班。」

賈禎〈譚子猶印譜序〉云：「濰縣譚子猶先生……善板橋書畫，得其骨髓，乃神似非形似也。」于原普云：「譚雲龍，字子猶，乾隆時木工也。能仿邑侯鄭板橋先生書畫，款識印章均偽託逼肖。」「一日，選匠作器皿，有譚木匠與焉。每遇板橋作畫，則侍立傍觀，心會其妙，緣身雖為匠，曾習儒有年也。板橋喜其聰慧，樂為教之，不數年，譚氏所作，酷似板橋，真偽幾不能辨。板橋政務冗忙時，輒令其代筆。」

明放案：譚子猶平生作畫多署板橋款，至乾隆五十八年（1793），譚氏已九十二歲，仍在摹寫板橋老人存世的筆意之作。譚氏一生偽造板橋之作總數不下萬幅。

◇鄭方坤①贈茶，以〈家兗州太守贈茶諱方坤〉詩作答謝。

頭綱八餅建溪茶②，萬里山東道路賒。此是蔡丁③天上貢，保期分賜野人家④。

《鄭板橋集・詩鈔》

注釋：

①鄭方坤：詳見雍正元年癸卯（1723）「◇鄭方坤登進士」注。

②頭綱：綱，舊時成批運輸貨物的組織。如：茶綱、鹽綱、花石綱。八餅：唐宋時製茶法，

把鮮葉蒸熟，搗碎做成餅，再用繩子穿起來烘乾，稱茶餅。宋葉夢得《石林燕語》云：「建州歲貢大龍鳳茶各二斤，以八餅為斤。」建溪：源出福建省浦城縣北仙霞嶺，日南浦溪。由南浦溪、崇陽溪、松溪合流而成。南流到南平溪和富屯溪、沙溪匯合為閩江，長296公里。流域面積1.65萬平方公里。建溪指流經建陽縣的一段，亦稱建陽溪

③蔡、丁：蔡，蔡襄（1012—1067）北宋書法家。字君謨，興化仙遊（今屬福建）人。官至端明殿學士。工書，學虞世南、顏真卿，並取法晉人。正楷端重沉著，行書溫淳婉媚。草書參用飛白法。為「宋四家」之一。傳世碑刻有《萬安橋記》，書跡有〈謝賜御書詩〉和書劄、書稿等。後人輯有《蔡忠惠集》。丁，丁謂（966—1037），北宋蘇州長洲（治今江蘇蘇州）人。字謂之，一字公言。淳化進士。真宗景德時為右諫議大夫，權三司使，他與王欽若迎合帝意，大營道觀，屢上祥異。天禧三年（1019）為參知政事，次年擠寇準去位，升為宰相，封晉國公，勾結宦官雷允恭，獨攬朝政。乾興元年（1022）仁宗即位後，累貶為崖州司戶參軍，後受秘書監。卒於光州（治今河南潢川）。向皇帝貢茶之事，始於丁，成於蔡。蘇軾〈荔枝歎〉：「君不見武夷溪邊粟粒芽，前丁後蔡相籠加。爭新買寵各出意，今年斗品充官茶。」

④野人家：板橋自謙。

◇於蔡莊山大令署中作《九秋圖》巨幅並題詩。

九秋寶豔勝春三，時雨何如露水甘。不遺芙蓉入圖畫，恐驚顏色夢江南。

姚鵬春《白蒲鎮志》卷六

◇過安邱，讚劉重慶書藝。

本邑劉鴻翱故門有「大中丞」匾額，系臨自安邱東門大街馬文煒坊字，原掖縣劉重慶書。劉素有神筆之稱，縣令板橋鄭燮過安邱時，極稱讚之，有「『大』、『丞』容或能書，『中』字今生不能之語」。

常之英等《濰縣誌稿》卷四十二

◇與流飯橋人王儼友善。

王儼，字畏之。流飯橋人。性剛直，人有過失，必面折之。顧好施予，遇義舉，輒慷慨解囊，無吝色。乾隆初，知縣鄭燮與友善，每至鄉，必造其廬，訪問民間疾苦，儼直言不諱，以是鄭深器之。及致仕歸，書留別詩以贈。

常之英《濰縣誌稿》卷二十九

◇與濰城關帝廟住持恒徹上人友善。

恒徹上人，縣城東北濠外路北關帝廟住持，有戒行，與邑令鄭燮善。其廟中盛栽葡萄，秋風起，葡萄既熟。鄭、恒往啖之，歲以為常。鄭燮有〈留別恒徹上人〉詩詠其事。郭麟《濰縣竹枝詞》中亦記之……

常之英等《濰縣誌稿》卷四十二

◇**與流河莊人朱士魁友善。**

朱士魁，字斗占，流河莊人。工文翰，尤精畫理。乾隆間，板橋鄭公與友善，嘗自謂畫不如魁云。

常之英等《濰縣誌稿》卷三十二

◇**與曾在濰縣幕中許湘結為畫友。**

許湘：畫家。號衡州老人，安徽歙（今歙縣）人。畫山水筆墨古雅，神韻嫵媚，設色淹潤，出石溪自成一格。醞釀墨色，亦能入妙，堪與板橋、黃慎、李鱓等並傳。

◇**於濰縣官廨書作「吃虧是福」匾額，述論盈與損的辯證關係。**

吃虧是福。

滿者，損之機；虧者，盈之漸。損於己則益於彼，外得人情之平，內得我心之安，即平且安，福即在是矣。

板橋鄭燮題於濰縣官廨。「橄欖軒」（朱文）、「鄭燮之印」（朱文）、「七品官耳」（白文）。

余毅《鄭板橋書畫拓片集》

◇**於濰署書「靜軒」匾額。**

靜軒。

板橋鄭燮書於濰署。「鄭燮」（朱文）、「板橋」（白文）。

余毅《鄭板橋書畫拓片集》

◇為友人書作「靜儉齋」匾額。

靜儉齋。

板橋。

濰坊市博物館藏墨蹟

◇〈署中無紙書狀尾①數十與佛上人②〉詩。

閒書狀尾與山僧③，亂紙荒麻④疊幾層。最愛一窗晴日照，老夫衙署冷於冰⑤。

《鄭板橋集・題畫》

注釋：

①狀尾：狀紙尾端空白之處。

②佛上人：濰縣僧人。板橋在濰縣任上與之訂交。

③山僧：指佛上人。

④亂紙荒麻：指狀尾。舊時紙張多用麻製造而成，故紙又稱麻。

⑤「老夫」句：既是寫實又隱喻宦況。

◇極力保護貧民及小商販的既得利益。

鹽店商送一私販求懲，鄭見其人襤褸非梟徒，乃謂曰：「吾為爾枷示之何如？」商首肯。鄭即令役取蘆席編成一枷，高八尺，闊一丈，剪成一孔，令販進首帶（戴）之；鄭于堂上取紙十餘張，用判筆悉畫蘭竹，淋漓揮灑，頃刻而就，命皆貼枷上，押赴鹽店，樹塞其門，觀者如堵，終日雜遝，若閉門市，浹辰商大窘，苦哀鄭，鄭乃笑而釋之。

曾衍東《小豆棚》卷十六

◇《青玉案・宦況》詞，抒寫對官場生活的厭倦之情。

十年蓋破黃綢被，盡歷遍、官滋味。雨過槐廳天似水，正宜潑茗，正宜開釀，又是文書累。坐曹一片吆呼碎，衙子催人妝傀儡，束吏平情然也未？酒闌燭跋，漏寒風起，多少雄心退！

《鄭板橋集・詞鈔》

◇〈小園〉詩。

月光清峭射樓臺，淺夜籬門尚未開。樹裡燈行知客到，竹間煙起喚茶來。數聲犬吠秋星落，幾陣風傳遠笛哀。坐久談深天漸曙，紅霞冷露滿蒼苔。

《鄭板橋集・詩鈔》

◇〈惱濰縣〉詩。

行盡青山是濰縣，過完濰縣又青山。宰官枉負詩情性，不得林巒指顧問。

《鄭板橋集·詩鈔》

◇《賀新郎·食瓜》詞。

五色嘉瓜美，問東陵故侯安在，圃園殘廢。多少金台名利客，略啖腥膻滋味，便忘卻田家甘旨，門徑薜蘿荒不剪，綠楊橋板斷空流水，總不作，抽身計。　吾家家在煙波裡，繞秋城藕花蘆葉，渺然無際。底事欲歸歸不得，說是粗通作吏，聽此話令人慚恥。不但古賢吾不逮，看眼前何限賢勞輩，空日費，官倉米。

《鄭板橋集·詞鈔》

明放案：陸種園《賀新郎·吊史閣部墓》：孤塚狐穿罅，對西風招魂剪紙，澆羹列鮓。野老為言當日事，戰火連天相射，夜未半層城欲下。十萬橫磨刀似雪，盡孤臣一死他何怕，氣堪作，長虹掛。　犯難禁恨淚如鉛瀉，人道是衣冠葬所，音容難畫，欹仄路傍松與柏，日日行人系馬，且一任樵蘇盡打。只有殘碑留漢字，細摩挲不識誰題者，一半是，荒苔藉。

《鄭板橋集·詞鈔》

◇《唐多令·思歸》。

絕塞雁行天，東吳鴨嘴船，走詞場三十餘年。少不如人今老矣，雙白鬢，有誰憐？　官舍冷無煙，江南薄有田，買青山不用青錢。茅屋數間猶好在，秋水外，夕陽邊。

板橋。「康熙秀才雍正舉人乾隆進士」（白文）。起首印：「俗吏」（朱文）。

安徽省博物館藏墨蹟

明放案一：此系行書，紙本，墨筆。縱108.5釐米，橫45.5釐米。年代不詳。

明放案二：上海博物館所藏板橋行草書《唐多令・思歸》扇面，內容與此同。署款：「為體老長兄正，板橋鄭燮。」

◇范縣、濰縣任上所作判詞。

鄭生瑞等果將糧食、器具私載潛逃，該莊何止爾一人呈控？明有別情，不將實情說出，不准。

據稱王小胖出外五年不歸，究在何處？作何生理？有無音信？夫婦大倫未便因貧而廢。著王振先同原媒據實覆奪。

既據地已退還，情願息結，准具遵依銷案。

既於五月十三日逃走，何至今始來遞字？明有別情，姑准存案，仍一面找尋，務獲具稟。

同堂兄弟視為仇讎，無怪乎於茂勉之不理於爾也。仍自央人理說。

婦必戀夫，爾子相待果好，焉肯私自歸家？應著爾子以禮去喚，不必控。

既系墳地，又經告爭用貴價贖回，未便絕賣，但系荒年救急，應著崔鳳彩認還，一切使費並□契錢□價，放贖可耳。

既有一段大義，何男人悉皆昏昧，惟借一年老婦人出控？著該族支眾據實呈奪。

據詞已悉，秋後起埋祖塋可也。原詞註銷。

陳氏雖經改嫁，小丑律應歸宗，何時藉詞悔賴？不准。

張復舉在伊地內使土，且離爾墳尚遠，不便告阻。至復舉蓋屋如果侵佔爾地尺餘，自邀約地，原中理講，丈退可也。

屢批詞證理處，乃抗延不理，是否唐貞違拗，抑係詞證擱置不理？准拘詞證覆奪。

陰雨連綿，水淹到處都有，所稱潘兒莊挑築新堤與爾莊妨礙，何不早稟？至今日水淹始控乎？況爾莊八十餘家獨爾一人出頭，明系挾嫌，藉端生事。不准。

牟兆玨于牟昌吉過繼兆仁之時，何不出而理阻？至今三十餘年，突欲告爭，無此情理，不必過慮。

據稱臘月廿六日夜間，張玉滋將爾母搶去盜賣，娶主是何名姓？何處人氏？財禮若干？爾母是否情願？現在何處？何早不控？搶去糧粟多少？家器系何名目？爾現年若干？詳細開明，用代書戳呈奪。

譚氏究因何故自經？恐嚇詞內情節是否確實？仰該族長、約地、甲、鄰秉公確查，覆奪。

樹已清楚，從寬准息，仍具兩造遵依備案。

王朴庵被王六戮傷身死，爾將其全家兄弟人等悉行告上，已拖死王奮薦一人。王六迭夾幾次未得真情。現去嚴審，刑房理當伺候，有何偏袒？從來殺人者死，一人一抵，有何拘縱之處？因該犯病未痊癒，不能招解，何得聽信訟師倚恃屍親，屢行刁瀆，凜之慎之。

因富姐已嫁，批令媒調處查覆，今反逃匿不出，可惡已極！准拘訊。

郎氏因無嗣而嫁，又有母家主婚，便非苟合，明系不得分財禮，借詞瀆控。既無干證，又無代書狀圖記，不准。

廟系合莊有分，何止爾一人具控？應自邀集莊眾並議，不必多事。

過嗣有一定之例，先盡同父周親，次及大功、小功、緦麻。爾系何等服制？是否應繼，自邀該族長、支眾、親鄰秉公議繼，不必控。

即著爾等協同族眾，查應繼人，議繼可耳。

既系服弟，墳樹已經伐空，應邀族長、尊親以家法處之可也。

婚姻大事，全憑聘禮，雖寸絲尺布，皆可為據，若止換盅、注柬，未便即指為紅定之盟也。不准。

李氏既已改適，覆水難收，所有遺產應著繼子承受。不遵另稟。

既據李之蘭等承認賠樹築墳，今因何翻悔不修？著將原由據實開明，稟奪。

馬顯出賣林樹與韓四何涉？遽行攔阻，其中必非無因。著爾等再行確查，據實聲明，另行覆奪。

張氏於何月日改適？既于四月不家，何早不俟問？管姓何名？究系何人使錢？著詳晰開明呈奪。

既系四房公樹，業經出伐，時值封印。著自邀各房長、友眾，以理諭處。

爾於前七月廿三日，將董景姐托侯氏尋主雇工，若不說明，雇主焉肯交人領去？據稱二十五日即去要人。已云送歸，如果無人，何當不呈控？既云私販賣出，又云推諉支吾，呈詞含混，又無干證，不准。

所稱聘禮八千，銀簪、綢衫曾否收下？著再覆奪。

孀婦寡媳，應善為撫恤，何得縱子逼嫁。姑從寬，准息，再犯倍處。

李氏如果守貞，豈肯改適？今成親一月，告亦何益？無非為財禮起見，著詞證確查理處。

爾既相幫在前，再幫其將母柩出殯可耳。

爾宅賣與李小好，系何人作中？果否李斌等分肥？著詞證據實稟，覆奪。

爾被孫萬年等毒打，受傷何處？未據聲明，自是節外生枝，不准。

爾有糧銀四兩七錢，非貧士可知。束脩應聽學生按季自送，何得借完糧名色橫索！不准。

准撥醫保外調治，仍查傳的屬保領。

爾既不知地被人種去，又何知是賭帳准折？刁詞可惡！但是否墳地出典，詞證確查覆奪。

所粘並非合同，且字跡新鮮，未足為據，應自邀人理說。

既據小起出外僅十八月，兩有信音，並未身死。業經伊父赴黃村去叫，應俟回日完姻。徐思恭不得借詞滋事。原詞註銷。

爾果情願守貞，李明山何敢強嫁？准存案。

所稱祖塋，系爾何人？李來臻等是否有分？白楊系何年月日盜賣？開明另稟。

既據調處，從寬准息，仍取兩造，遵依備案。

既據張則榮之子昭穆不對，著族長、詞證等將小二用議立可也。

如果年限未滿，地種麥禾，自不肯放贖。但是否勒霸，干證確查實覆。

既據劉顯得次子劉小卜系應繼，劉長生不得阻撓。即著爾等公同議立可也。

張鳳池究系何人？想亦奉先自寫自遞，亂鬧官牙（衙），可惡之至！不准。

既據患病三月，耽誤子弟亦所不免，但斯文體統，非可斤斤較計，應彼此看破。

師道固所當尊，友誼亦不可不篤。准息，銷案。

詞證協同公親查處覆。

遵依存案。

准開印日拘訊。

准照舊充頭。

准換文申送，著禮房出票。

卅□聽之。

從寬准息。

遵依附卷。

准據詞關覆。

准結附卷。

遵依附卷。

准存案官中理交，不得借詞人實稟。附卷候訊。

果不交價，自應理討。十千而外，爾無望也。詞證查覆。

著宋交關查，至地畝糧食自行取討，准訴，候訊奪。

俟全退日稟奪。

准拘，割完糧，稟覆奪。

尊依附卷。既奉批查，焉敢徇私？應俟覆到奪。

准候覆奪，不必揑瀆于孟大對詞內批示矣。

昨已明白批示，不得多瀆。

私宰奉禁，那得牛行貼？並本縣捐廉買牛致祭可耳。

陳介祺批：「存心如此，祭時神或歆之。」

各集貼，並非可為例，嗣後每逢祭期公平買賣可也。仍不准。約地干證查處覆。

陳介祺批：「稽而不徵，方不擾民而各得其所。」

爾既遭喪，便不合與人爭訟，仍著徐曰誠調處可耳。

陳介祺批：「衰經入公門，大干教化，調處輕矣。」

雖據同中契買。著將後買五分墳地以原價放贖可也。

陳介祺批：「原值准贖先隴，仁人孝子之推恩矣。」

矢志守節，甚屬可嘉。准據稟批照收執可也。

陳介祺批：「使君自有婦，羅敷自有夫。余常謂有《三百》古義，化行俗美，方能不妒不淫。」

陳介祺又批：「此等處一不循理，則孽由我作矣。」

爾女十五，婿年二十歲，年甲未為不當，亦難審斷分拆，業經做親，應成連理。彼此當堂具。銷案。

陳介祺批：「戶昏田土不能公允，則釀大案而入刑名。教化風俗陰騭，俱存乎此。刑則法不可枉、不可縱而已。」

陳介祺又批：「刑期無刑，辟以止辟，聖人所以殺人而當謂之仁也。」

查閱合同，有不許棟與族人（耀先）傷折一枝。則爾未便砍賣。爾果貧窮，應自央該族人量為周給。

陳介祺批：「思人猶愛其樹，況先隴之松楸乎！」

既有合同，應邀原議事人理說，何必控?仍著爾等協同各房支眾秉公理處覆。

張惠背議歸宗是何情故?著族證查明確覆。繼單暫存。

陳介祺批：「歸宗自是大義，兼祧或可兩全。」

張惠反變，必非無因，著聲明實覆，不得含糊混瀆。

著該地鄰確查，秉公據覆。是否屬實，再行稟奪。著仍管行頭，如有抗違者，重責。是否詞證?確查處覆。

李一氓藏墨蹟

李一氓編《鄭板橋判牘》

明放案一：此冊陳介祺跋云：「板橋先生以文章之秀，發於政事，吾邑賢令尹也。片紙隻字，人皆珍之。四方亦於濰求之，遂日以少矣。此批牘十一幅，亦將入歷。以余所知，附題數語。田間歸來，視卅年前或少親切耳。陳介祺，光緒戊寅九月十二日。」

明放案二：收藏者李一氓題記云：「有陳介祺跋語之三葉，乃系後得，因重裝添入冊末。前者得之濟南，後者得之京市，要均板橋知濰時所作之判牘也。一氓記。」

著親族遵批即日議覆。如再抗延。先拘重責。

該族長、詞證秉公調處，速覆。

著原差免押，聽爾自由。臨審到案可也。

王廷美有無恃強逞兇？該地保覆奪。

著原差齊犯審。

附卷。仍俟爾父病癒，即行尋找。毋遲。

道遠果否買貨外出？著地鄰查明，結覆。

既於四月二十四日傳柬，何早不具控？爾子不在家又不將婚書呈驗，憑何察核？不准。

仰詞證官中確查理處，覆。

莫聽讒言，靜候諭處。

是否馮顯宗將女盜嫁，干證確查實，覆奪。

詞證確查實，覆。

再不許擅自伐樹。

准息銷案，如再反覆，按名拘責。

已批王林氏詞內矣。

張宗周准免到案。

祭品俱發，現銀買辦，准查。因何分文不給？或在衙役，或在集頭，罪有攸歸。准拘覆。

邀同族證議立。

准照原詞拘訊。

業經批出不得倚恃婦女多瀆。俟來春開訟訊。

准暫緩票喚。

王廷美等有無恃強逞兇？詞未聲明，混覆不准。

既據眾人調處，以地換地，各立界石，准息銷案，遵依附卷。合同發。十六日開倉。

查典買田宅不稅契者，笞五十。仍追契內價□一半入官；不過割者，其田入官。今該生隱匿多年，被人首告，理應詳革究擬，姑從寬，著持契當堂驗稅，薄罰可也。

該族長協同詞證秉公理處。

又無代書圖記，不准。

著原差齊人。

中國歷史博物館藏墨蹟

李一氓編《鄭板橋判牘》

過冬至稟審，前已批示，何必再瀆。

准暫關覆，仍著爾將劉氏訪確，稟縣關發准結。

仍著爾等將劉氏訪查，稟縣關發。

小敬姐現年若干歲？有無生下子女？開明另稟。

業經停借，毋庸再瀆。

仍著原議事人調處。如再不服稟究。

不遵狀式，邀同族證驗界理講，不必構訟。

准訴，契發還，臨審帶來。著原差即日帶人審。

查冊無名無憑，發給。

著孫文智等三日內具覆，如遲拘究。是否實情，原議事人秉公覆奪。准給粥。

俟緝獲張二建到案齊審。票准暫銷。

著即多撥鄉夫，盡力撲捕仍候親打。

告人之夫，使伊妻作證，於理不順。如果情實，添具確證來。

准俟商道人質對。

邀同原議人理講可也。官民草窪自有界限，何得混耳爭奪。著約地查覆。准領銷案。

既經張大河等說過各半分錢，只合同眾理討，不合牽伊牲畜。不必存案。

如果盜典情實，添具干證來。

既據地土俱已清楚，從寬准息，著具。

兩造遵依備查，執批催處於曉等，毋得諉延，致於未便。

孫有初等秉公理處覆。

得鳳詐贓屬實，自應究追。

爾父欲賣地救饑，何得架詞阻當。

量斗于集何損，況協同殷實人量，更無弊竇，楊姓何得借詞。滋准照原詞拘訊。

准麥後拘訊。

□□□□博，只合呈告本人，不得意株連，著據實呈奪。

爾一人不足為據，著同約鄰等來覆。

本縣不忍爾等同室操戈，批令族長支眾理處。乃抗違不理，可惡已極，准拘究。

既據牛已賠訖，著具遵依領狀，銷案可也。

據畢英平時無不孝之處，著畢奉主具，免究。呈詞銷。

該族長協同詞證鄰佑確查理處覆，不得偏徇，遲延驗訊。何該地無有呈報？

種地理應完糧，既系同族，著詞證確查理處覆。

原批約鄰同丁懷仁等確查□□，當堂訊息可也。

生即回家安業可也。

亦無多收錢文，雖稟亦與爾無損。

林氏既送昌邑母家，即在彼居住可也。

遵依附卷，家法處治從寬，准息。

准撥醫調治，□未便准息，候訊奪。

□□量斗所得用錢仍給元亮，曷若仍著元亮量斗，照舊收用，省得雇人滋事。

爾欲賣地救饑，他人焉能阻當？應聽爾售賣，不必控。

詞證秉公確查理處覆，攜歸輸則出首，均非善類，准一併拘究。

既投稅規已繳，即繕記。

著原中催楚，如違稟追。

王鎮業經賠禮，又原差即齊人審。

賭博，著原差即日審。

准限五日繳完，著即幕審。

候訊詳，不必多瀆，邑赴彼控理可也。

冊結必須彼處開造未便，銀先行繳庫，即准保。

□寬准息，如再有欺壓弊，唯息人是問。

是否盜嫁情實，抑系分財禮不均？仰該約地協同干證確查覆。

爾與郭氏是否親叔嫂？另呈奪。

已經賑濟，其外出來歸不可考究，不准。

仍著爾邀人理處。

改嫁聽爾自便，何得混請批示？不准。

著詞證查明理處，並催尚敦、呈繳批文。

口角爭吵，邀證理講，不必架詞捏瀆。

不曾開訟，仍然不准。

爾管業七年，彼不來贖，何必急之。

著將串票呈驗奪。

候族證查處，不必捏詞聳瀆。

著爾查明，速催遵諭幫貼可也。

既有議單，可據自邀原議事人理說，不必控。

著將繼單仍送，用印可也。

過墨甚于過朱，合同發還。

既系同族鄰居，業經和好，從寬。准息。

爾系生員，族人尊敬，只以情理催眾人調處可也。

據云不肯偏袒，其實偏袒之至，武秀才之不堪，如是而已。

著詞證再為理處，羅尚行等。毋得抗違幹咎。

已於劉會覆詞內批令重處矣。

著原差立速帶案，取保辜調治。

准保辜存案。

著將爾賣給某人地若干，應過糧若干，□□若干，逐一查明，另稟奪。

田產細事停訟，不准。

自邀族眾理丈，立界可也。

著原差齊人審。

既有子女，又有祖塋，何得埋於亂崗？但是否情實，該約地確查覆。

既系公夥墳樹，准變賣度活。

當堂查卷稟明，且遵依銷案。

仰族長協同詞證確查理處覆。

錢債細務停訟，不准。

昨已明白批示，不必多瀆。

著同兩造詞證來覆。

該房查稟，核奪。

詞證確查實覆。

既有原媒，何得混賴？即著李明方、許本生來覆。

事隔久遠，又無中人，混瀆不准。

錢債細務，不得架詞聳瀆，可惡！不准。

北京故宮博物院藏墨蹟

李一氓編《鄭板橋判牘》

爾系安邱審定販稍解回安插，何得架詞混瀆。不准，

祖塋樹木既系范有先偷賣，爾應向有先查究，何得罪及買主？混瀆。不准。

准拘爾子董小四到案責究。

賭賬毫無據證，借首子以告人，刁健。不准。

已考取，現在足用，不准具認。

當賣地價是否償還賭債，事隔多年已無確據，明系架捏刁賣。不准。

著保人即日催楚。

靜候訊奪，不必屢瀆。

准保候審。

無抱（報）告不准。

孫小管現處何處？開明呈奪。

事關墓樹，爾又年老，既無確證，又無抱告，仍自邀原議人理說。

既據軍廳斷結之案，大有具口遵依，何得翻控？原詞註銷。

案已據陳悉白等調處，廷珂貧窘無聊，止有地一畝與爾抵麥價，批允照議歸結，曾否給過？未據開明。著詳晰開明呈奪。

王錫之子既不合繼，即邀族眾公議另繼可也。

既據九百年，塋樹，何止爾一人具控？如果盜賣情真。著同眾人來稟。

即著徐守成催贖完聚。

如再遲延，定行拘究。

放火有何確據？呈未聲明，代書又無戳記。不准。

完糧例有定限，何得混請？暫緩，不准。

事隔年遠，混瀆。不准。

王句既未蔔葬，著王永昌、王永富公同料理出殯，不必賣地。

如果理說，何致被毆。明有別情含糊。不准。

果系爾子帶去之產，爾子身死，理應給還，著原議人公同討回可也。

王氏果欲守節，二十日嫁娶，即應喊鳴地鄰稟究，何遲今始控？明有別情。不准。

孫玉梅率子逞兇，如果屬實，因何延至半月始行告理？明系架捏混瀆。不准。

倉內並無可借之穀，不准，冊發還。

已經關查，俟覆到日奪。

立繼以安貞婦，未便延緩。

地土細事，停訟。不准。

當堂具有呈狀，焉有不給之理？明系捏詞。不准。

該族長協同詞證，秉公議應嗣人，理處覆。

既據有地二頃五十畝，尚謂之窮人乎？不准。

有無應繼之人？當堂一訊即明，何必又息，以滋反覆。

爾既系族長，即查照批詞，著為處置。

罵亦所應得，聽之而已。只不與較可也。

有無字帖確據？並不聲明，不准。

時值停忙，邀同族證。自向理講可也。

俟范守成與杜下武和好，還票可耳。

既據調處已妥，著張牟氏具領銷案。

已于孫玉梅詞內批示矣。

准訊究，仍著將爾父傷痕加謹醫痊報查，起獲凶刀貯庫。

仁居二次許給錢文，不過憫爾之孤苦耳。不得援以為據。仍不准。

雖據當日說明，但尚嚴錢未交清，似難退業。仍協同高鳳，催尚嚴還錢出屋可也。

楊滋乏嗣，過繼永休，所遺田產，應歸承受，非爾所得覬覦也，妄控。不准。

查勘該社並未被災。不准。

事關婚姻，應該到案。

俟壽光縣主回署關催。

種地理應完糧，准拘納。

再等三月可也。自今日為始。

該房查卷送閱。

既據原有古路可由，又系一家，著詞證以情理調處。

果系爾子所賣之產，周參何敢憑空霸伐？明有別情。不准。

已經關查，俟覆到日奪。

俟兩造干證覆到奪。

果有盜賣霸產情事，自有小領具控。仍不准。

呂小來現年若干歲，既於二月間拐物潛逃，何早不呈控？爾果以情理取討，呂永傑豈有將爾毆打之理？明有別情不說，不准。

爾妻被馬旺拐賣，如果屬實，因何延至數載始行控究？其中明有別情，混瀆。不准。

爾系當堂承認還錢之人，仍應爾還，不得混延。

羅穀已停，如何添得。不准。

衙門不比菜園，未便出入由爾。不准。

爾既代為說合借錢是實，速為催楚，毋致興訟。

准該生代父聽審。

明系推諉。不准。

既無見證，混瀆。不准。

爾夫在壽光身死，業經驗明通報，何須賣宅告狀。史宏才是爾夫兄，是否分居？並賣宅與何人？是何日月？一併聲明具稟。

岳超元原系半子過嗣，即另繼，超文尚有一半家資，何至無人養活。謊詞。不准。

既據原議人皆故，憑何查斷？應自邀族眾親鄰理說。不必控。

養子原不可逐，但視其人賢否耳。既修舊好，准息。

告狀不許過四名，何得混牽多人？候訊奪。

所拾字跡究系何人寫擲？現在毫無證據，而欲令日輝受害乎？不准。

欠錢嗔賭博，無據混瀆。不准。

伐樹救饑，無大不是。但系祖塋，應同眾說明。

爾果欲守貞，誰敢強爾改嫁？仰族長鄉地鄰佑查察報究。

該社無災，又想增戶，不足之心可惡。不准。

□侄出外，並未死亡，何得議□混瀆。不准。

既無干證，又無抱告。不准。

賭賬欠錢，何不當時舉首？迄今無賭具、賭證而欲揑告乎？搶豆之故，明有別情。不准。

爾子賣產花消（銷），妄首子侄，與蔣爾（爾）洪等何罪？突行牽告，甚屬可惡。不准。

盜賣塋地，罪在爾子，何得以通同等語混行牽告？刁瀆。不准。

如果詐錢情實，例應犯事地方控告，不得越瀆，仍不准。

或有欠租情事，非霸產也。方得時雨，人各自新，何苦退地。不准。

是否患病情實？該鄰右確查覆。

既無干證，又不遵式。不准。

詞無證佐，混瀆。不准。

多事，混瀆。不准。

日本辻本氏藏墨蹟

李一氓編《鄭板橋判牘》

查無原狀，擅敢假揑批詞，朦混率覆，大膽已極，准拘訊。

准爾領回，臨審到案可耳。

爾果不願將次孫出繼，著該族長開明宗圖，呈閱，另議可也。

小黑雖繼林氏為孫，既系張氏之子也。不與母見面，反架詞疊控，何一愚至此，候訊奪。

自向理講鄰回，團聚可也。

爾即交張嘉運可也。

原息人王作鼐等據實覆奪。

口角細故，詞證理處。

靜候理處，不必聳瀆。

准照原詞拘訊。

薑氏現在患病，未便延緩，速繼一子，以慰貞婦之心。

薑氏雖死，理應擇繼承嗣。

既據孫繼，將塋地退出，徐文將原價給還，著各具狀。當堂面領息。

准傳牟瑞雲訊奪。

已批詞證，官中理處，候覆到奪。

爾果同眾議繼，何至爭執？

從寬准息，著具兩造，遵依銷案。

准開印後拘訊。

借場打坯，應自向王善景等情講可也。

著潘可啟自同族眾理說。

爾欲守貞，誰能逼爾改嫁？

業經註銷，何得瑣瀆？

既同眾立有繼單，岳均等何得妄生覬覦？單發還。

既系祖塋樹株，應同公議，不得混請批示。

是非自有公論，著族眾人等將始末根由，據實速覆，毋得偏袒干咎。

爾叔乏嗣，應否何人承繼？著邀同親族議立，不必混請存案。

據稟已悉，候族鄰議覆奪。

奉批查處，焉敢抗違？俟覆到奪。

是否平墳？抑系誣控？著據實覆奪。

於運之母不肯，難以改適，靜候回家完姻。

准麥後拘覆。

准保辜存案。

據詞已悉，婚束鈴墜，暫行寄庫。

買賣地畝，現應隨時稅割，今被他人告發，未便從輕，候當堂訊奪。

爾無攔阻，准免到案。

既據姜氏始欲改適，今仍悔過終志，查應繼嗣人，議繼可也。

准拘息事人等，一併審奪。

准據稟關覆。

如果情實，應著爾弟亓全來稟。

俟龐之德等覆到奪。

許爾魁果否冒充牙行、私抽稅課？著約地確查速覆。

九百年樹誰敢盜竊？必有賣樹之人，開明另稟。

昨已明白批示，不得倚婦人混瀆。

邀同該莊鄉眾，理逐可也。

杜小三是否背恩毆打杜氏？詞證確查實覆。

靜候族長查處，不必混行多瀆。

准喚丁澤協同尋找。

既系王國和等調過，仍著詞證理處。

候當堂查訊奪。

准據結關覆。

爾既不願息，准當堂面訊。

仰族長詞證查應繼人，並開爾圖承奪。

杜下武、范守城處覆。

宋真詳等有無謀嫁情事，著約證查明覆奪。

當官不過一問，如年甲不對，亦應當堂查看，不必多瀆。

准訴王齊氏等，不必到案。
爾不令爾婦出官，又告人婦女何也？候訊奪。
劉進、張汝良、王永富、王賢臣、王燦等，並無原狀，何得混覆？准拘訊究。
有何深冤？已諭詞證調處，刁瀆可惡。
果系祖塋公樹，耿超等何得無故伐賣？致干未便。
俟族長人等覆到奪。
著原息人孫所慧等實覆。

山東高象九藏墨蹟
《鄭板橋書畫》影印

乾隆十八年癸酉（1753）　六十一歲

◇**正月，作隸書扇面，以明去官心跡。**

老困烏紗十二年①，遊魚此日縱深淵。春風蕩蕩春成闊，閑逐兒童放紙鳶。
賣山無力買船居，多載芳醪②少載書。夜半酒酣江月上，美人纖手炙鱸魚。

乾隆癸酉太簇③之月，板橋鄭燮罷官作二首。「鄭燮之印」（白文）。

北京寶古齋藏墨蹟

注釋：

①從乾隆七年（1742）范縣上任至乾隆十八年（1753）濰縣離任，凡十二個年頭。

②芳醪：芬芳的酒釀。

③太簇：正月的別稱。

◇二月，作行書十一言聯。

課子①小書齋②，聊可借觀魚鳥；

連家新竹圃，何須多搆湖山。

乾隆癸酉仲春，板橋鄭燮。「鄭燮」（白文）、「丙辰進士」（朱文）、「無數青山拜草廬」（白文）。

濰坊市十笏園藏石刻

興化鄭板橋紀念館藏拓片

注釋：

①課子：課徒。課，按照規定的內容和分量教授或學習。唐代白居易〈與元九書〉：「苦節讀書，二十已來，晝課賦，夜課書，間有課詩。」

②小書齋：指讀書學習之場所。齋，屋舍。一般指書房、學舍。南朝宋劉義慶《世說新語•

言語》：「〔孫綽〕齋前種一棵松，恒自手壅治之。」

明放案：濰坊市博物館《十笏園石刻資料》云：此聯「大概是鄭板橋離濰前寫給郭芸亭的。」「也可能是為郭家園（南園）寫的。」

◇三月，作《墨竹圖》並題識。

二十年前載酒瓶，春風倚醉竹西亭。而今再種揚州竹，依舊淮南一片青。

乾隆十八年歲次癸酉春三月，板橋鄭燮畫並題。「鄭燮之印」（白文）、「克柔」（朱文）。

南京博物院藏墨蹟

明放案：此疑系偽作。紙本，墨筆。縱137.5釐米，橫72釐米。

◇三月十五日，作《雨後新篁圖》屏風，並題識。

余家有茅屋數間，南面種竹。夏日新篁初放，綠陰照人，置一小榻其中，甚涼適也。秋冬之際，取圍屏骨子，斷去兩頭，橫安以為窗櫺；用勻薄潔白之紙糊之。風和日暖，凍蠅觸窗紙上，冬冬作小鼓聲。於時一片竹影零亂，豈非天然圖畫乎！凡吾畫竹，無所師承，多得於紙窗粉壁日光月影中耳。爰為數首以當竹歌：雷停雨止斜陽出，一片新篁旋剪裁；影落碧紗窗子上，便拈豪素寫將來。二十年前載酒瓶，春風倚醉竹西亭，而今再種揚州竹，依舊淮南一片青。

乾隆十八年春三月之望，板橋鄭燮畫並題。

日本東京國立博物館藏墨蹟

明放案：周積寅先生疑系偽作。

◇作〈留別恒徹上人①〉詩。

隔城何處鬱蒼蒼，落照松林短晝牆。清磬一聲天似水，長河半夜月如霜。

僧閑地僻行難到，官罷雲回別可傷。滿架葡萄珠萬斛，秋風猶憶老夫嘗。

《鄭板橋集・補遺》

丁家桐《鄭燮傳》

注釋：

①恒徹上人：常志英等《濰縣誌稿》卷四十二云：「恒徹上人，縣城東北濠外路北關帝廟主持，有戒行，與邑令鄭燮善。其廟中盛栽葡萄，秋風起，葡萄既熟，鄭恒往啖之，歲以為常。鄭燮有〈留別恒徹上人〉詩詠其事，郭麐《濰縣竹枝詞》中亦記之……」

◇春，作〈予告歸里，畫竹別濰縣紳士民〉詩。

烏紗擲去不為官，囊槖蕭蕭兩袖寒。寫取一枝清瘦竹，秋風江上作漁竿。

《鄭板橋集・題畫》

丁家桐《鄭燮傳》

明放案：卞孝萱編《鄭板橋全集》錄《槐安居樂事冊・鄭燮畫竹》：蕭蕭江上晚風寒，薄宦歸來兩鬢斑。寫取數枝清瘦竹，來年江上作漁竿。板橋鄭燮。又，日本京都圓山淳一藏《蘭竹石圖》，亦題此詩。「囊橐」作「華髮」；「寫取一枝清瘦竹」作「寫去數枝清挺竹」。

款署：懷採年兄鄭燮寫。鈐印：「鄭燮之印」（白文）、「爽鳩氏之官」（朱、白文）。

◇**春，離開濰縣。**

當其去濰之日，止用驢子三頭，其一板橋自乘，墊以鋪陳；其一馱兩夾板書，上橫擔阮弦一具；其一則小皂隸而孌童者，騎以前導。板橋則風帽氈衣出大堂，揖新令尹①，據案而告之曰：「我鄭燮以婪敗，今日歸裝若是其輕而且簡，諸君子力踞清流，雅操相尚，行見上游器重，指顧鶯遷，倘異日去濰之際，其無忘鄭大之泊也。」言罷跨蹇郎當以行。

曾衍東《小豆棚》卷十六

去官日，百姓痛哭遮留，家家畫像以祀。

葉衍蘭等《清代學者像傳》

濰人戴德，為立祠②。

劉熙載重修《興化縣誌》卷八

注釋：

①新令尹：指韓光德，浙江海鹽人。光緒《海鹽縣誌·選舉》云：「韓光德，乾隆七年壬戌（1742）進士，濰縣知縣。」

②道光三十年（1850）冬，代理濰縣知縣何元熙作〈重修三賢祠記〉云：「縣舊有三賢祠，祀有明周公，國朝賴公、鄭公。周、賴二公行事不可得，板橋鄭公翛然具出世概，區區一邑之蒸嘗，曾何足道。邑之民必尊而祀之，此其故可思矣。且夫士君子讀聖賢書，平時所志何事，一旦出而為宰，人品之邪正，才力之短長，學問之優拙，於是乎見。先儒所謂驗吾學者正在是，乃必觀感于左而後勉焉為良吏。彼三賢者，不知當日何所觀而何所感也。……三賢之善政不待言，多或七、八年，少亦五、六年，豈非時會使然哉！」

明放案：明崇禎時的周亮工，清乾隆時的賴光表和鄭燮，三人先後知濰縣，有政聲，受民愛戴，乃立祠。

◇返揚州日，板橋宴請諸友，李嘯村贈之以聯。

板橋解組歸田日，有李嘯村①者，贈之以聯。板橋方宴客，曰：「嘯村韻士，必有佳語。」先覯其出聯云：「三絕②詩書畫③」，板橋曰：「此難對。昔契丹使者以『三才天地人』屬語，東坡對以『四詩風雅頌』，稱為絕對。吾輩且共思之。」限對就而後食。久之不屬，啟視之，則「一官④歸去來⑤」也感歎其工妙。

梁章鉅《楹聯叢話》卷十二

注釋：

①李嘯村：即李葂。詳見乾隆四年己未（1739）「◇十一月五日，作六分半書〈李葂絕句〉方幅」注。

②三絕：史有「鄭虔三絕」。鄭虔（685—764），唐代畫家。字弱齊，鄭州滎陽人。曾向帝獻詩畫，帝署曰：「鄭虔三絕」。天寶初為協律郎，以私撰國史，坐謫十年。開元二十五年（737）還京為廣文館博士。虔素喜彈琴，與李白、杜甫為詩酒朋友。擅書畫，山多用墨色，樹枝老硬。安祿山反，授虔水部郎中，潛以密章達靈武。事平免死，貶台州司戶參軍。未幾卒。

③詩書畫：指詩歌、書法及繪畫。

④一官：一位官員。唐代韓愈〈唐故河南府王屋縣尉畢君墓誌銘〉：「聞君篤行能官，情相見，署諸從事。」

⑤歸去來：歸、回；返回。

去，往。

來，由彼至此；由遠及近。

明放案一：清人張維屏《松軒隨筆》云：「板橋大令有三絕：曰畫，曰詩，曰書。三絕之中有三真：曰真氣，曰真意，曰真趣。」

明放案二：竇鎮《國朝書畫家筆錄》卷二云：「鄭燮，號板橋，興化人。為人疏宕灑脫。乾隆元年進士。官知縣，有惠政，以歲饑，為民請賑，忤大吏，罷歸。書法以隸楷行三體相參，有別致，古秀獨絕。詩近香山、放翁，有『鄭虔三絕』之目。詞勝于詩，吊古攄懷，激昂慷慨。與集中《家書》數篇，皆不可磨滅。工畫蘭竹，以草書之中豎長撇法運之，多不亂，少不疏，脫盡時習，秀勁絕倫。」

◇九秋，友人常書民強索板橋之畫。板橋作《翠竹芝蘭圖》並題識誚讓之。

昔李涉①過皖桐江上，有賊劫之。問是涉，不索物而索詩。涉曰：「細雨微風江上春，綠林豪客夜（也）知聞（文）；相逢不用相回避，世上於今半是君。」書民二哥，晚過寓齋，強索余畫，且橫甚。因也題詩誚讓之曰：「細雨微風江上村，綠林豪客暮敲門；相逢不用相回避，翠竹芝蘭畫幾盆。」狂夫之言，怪迂妄發，公其棒我乎！

癸酉九秋，板橋鄭燮。

曲阜文管會藏墨蹟

《鄭板橋集・補遺》

注釋：

① 李涉：唐代文學家。自號清溪子，洛陽人。憲宗（806—820）時，為太子通事舍人，後貶謫陝州司倉參軍。文宗大（太）和（827—835）時，召為太學博士。復以事流放南方，浪遊桂林。詩擅七絕，語言通俗。《全唐詩》存其詩一卷。

明放案：李涉「嘗於九江遇盜，詢知為涉，向之索詩，款以牛酒而去。」鑒此，疑為板橋所記有誤。

◇十一月，作《遠山煙竹》四連幅並題識。

遠山煙竹。

乾隆十八年仲冬，板橋鄭燮。

美國私人藏墨蹟

《中國繪畫總合圖錄》第一卷

明放案：周積寅先生疑系偽作。

◇十二月二十五日，為粹西寫蘭並題識。

乾隆癸酉十二月二十有五日，為粹西張道友寫蘭。板橋居士鄭燮。「鄭燮之印」（白文）、「揚州興化人」（白文）。

素心蘭與赤心蘭，總把芳心與客看。豈是春風能釀得，曾經霜雪十分寒。

板橋又題。「鷓鴣」（朱文）。

北京故宮博物院藏墨蹟

明放案：此系立軸，紙本，墨筆。縱116釐米，橫58.5釐米。

◇作《南園叢竹圖》並題詩二首，留別郭質亭、四弟郭雲亭先生。

名園修竹古煙霞，云是饒州太守家①。飲得西江一杯水，如今清趣滿林遮。
七載春風住濰縣，愛看修竹郭家園，今日寫來還贈郭，令人常憶舊華軒。

郭榆壽《榆園雜錄》卷一
《鄭板橋集·補遺》

注釋：
①板橋原注：饒州太守芸亭胞伯也。

◇畫竹贈門生王允升。

款署：乾隆癸酉，板橋居士鄭燮畫竹，留贈門生王允升字泰階。「丙辰進士」（朱文）。

南京博物館藏墨蹟

明放案：此系立軸，紙本，墨筆。縱125釐米，橫54.5釐米。

◇為文翁年老長兄作《墨竹圖》並題跋。

新篁寫得四三莖，濃淡相兼自有情。記否讀書窗紙破，蕭蕭夜半起秋聲。
乾隆癸酉畫，為文翁年老長兄政。板橋弟鄭燮。「鄭燮之印」（白文）。

湖北省博物館藏墨蹟

明放案：此系紙本，墨筆。縱121.5釐米，橫62釐米。

◇**為聖翁作《蘭竹石圖》**。

一幅青山疊又高，竹枝蘭葉兩蕭蕭。山中樵子曾相約，二月春和去結茅。

乾隆癸酉，寫似聖翁老年□□政畫。板橋道人鄭燮。「燮何力之有焉」（白文）、「七品官耳」（白文）。

濟南市博物館藏墨蹟

明放案：此系紙本，墨筆。縱74釐米，橫130釐米。

◇**書作〈為道士吳雨田作〉**。

揚州北城道士吳雨田年十八，極聰明，愛讀儒書。神腴骨潤，非凡品也。其道友張粹西年十七，神清骨朗，有姑射之風。二人者，居相近，氣相親，學相礪。予每過吳，而張必在。及過張，而吳已先往。如是者不一年，因作〈二雲詩〉以贈之，所以，樂其初而勉其後。江上飄飄二碧雲，桂葉蘭蕊度芳芬。世間多少閑煙霧，漫向春風亂我群。

乾隆癸酉，板橋居士鄭燮草，其一與吳雨田師。「濰夷長」（白文）、「鄭燮之印」（白文）。

北京故宮博物院藏墨蹟

明放案：此系紙本，墨筆。縱64釐米，橫35釐米。

◇正月，李鱓寓蒲州（泰州）梅熟庵，作花卉屏十二開；九月，寓興化浮漚館作《牡丹松石圖》

黃俶成《李鱓傳》

◇春日，金農①在杭州請丁敬②為《冬心先生續集》作序；秋至揚州，從此不再返里。

張郁明《金農傳》

注釋：

①金農：詳見康熙四十二年癸未（1703）「◇金農結識同里項霜田，始與吳徵君、亦諳和尚往來」注。

②丁敬（1695—1765）：篆刻家。字敬身，號鈍丁，又號硯林、梅農、清夢生、玩茶翁、玩茶叟、丁居士，別號龍泓山人、硯林外史、勝怠老人、孤雲石叟、獨遊杖者等，浙江錢塘（今杭州）人。自幼家貧，以賣酒為業，終身淡薄功名。與金農友善，常相唱和。乾隆元年（1736）舉博學鴻詞。又好金石，工篆刻，家富收藏。篆刻宗秦漢，又不囿成規。印風清剛樸茂、古拙渾厚，使當時受柔媚、怪異之風籠罩下的印壇大開眼界。丁敬印章的邊款多為楷書，用刀取法何震，變明人雙刀法為單刀直切石面。由於他對古代碑刻的修養，可以隨刀鋒之起止古趣盎然。開「浙派」之先河，為時所稱。印譜居「西冷八大家」之首，海內奉為圭臬。善寫梅，亦擅蘭、竹、水仙。著有《龍泓山館詩鈔》、《武林金石錄》、《硯林詩集》等。

◇楊開鼎赴京，黃慎作贈別詩送之。

李萬才《黃慎傳》

◇春末，合肥事了，兩老僕出獄，李方膺①作〈盧郡對簿〉詩四首，〈兩老僕釋囚詩以志喜〉詩二首。離合肥，作〈出合肥別諸父老〉詩二首。十月，為此君和尚畫竹。

崔莉萍《李方膺傳》

注釋：

①李方膺：詳見康熙三十四年乙亥（1695）「◇李方膺生」注。

◇盧見曾①再度出任兩淮都轉鹽運使，李方膺賦詩志喜。盧連署九年。

注釋：

①盧見曾：詳見康熙五十年辛卯（1711）「◇盧見曾中舉」注。

◇暮春，程南坡在重建的揚州竹西亭會宴聯吟。

◇高翔①卒於揚州五嶽草堂，壽六十六。

尹文《高翔傳》

注釋：

①高翔：詳見康熙五十一年壬辰（1712）「◇高翔於揚州城南之燕（宴）集作《揚州即景圖》冊頁」注。

明放案：高翔生前曾為板橋刻「充柔」一印。《板橋先生印冊》云：「充柔：高鳳岡，名翔，字西塘，刻此。賤字克柔，犀堂刻作「充柔」。真成錯謬。余亦寶而藏之，人亦愛而玩之。若俗筆，雖字字六書，絲毫無舛，我正不取。」

◇七月，清廷禁翻譯滿文小說。

◇清廷徵地丁銀二千九百九十五萬兩；鹽課七百零一萬五千兩；雜賦一百零四萬九千兩。